U0922466

2022

广西调查年鉴

GUANGXI SURVEY YEARBOOK

国家统计局广西调查总队 编
Compiled by Survey Office of the National Bureau of Statistics in Guangxi

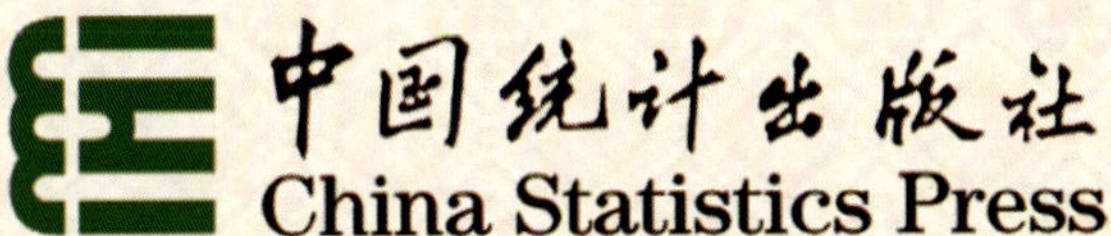

图书在版编目（CIP）数据

广西调查年鉴. 2022 = Guangxi Survey Yearbook 2022：汉、英 / 国家统计局广西调查总队编. -- 北京：中国统计出版社, 2022.7
ISBN 978-7-5037-9862-7

Ⅰ. ①广… Ⅱ. ①国… Ⅲ. ①统计资料－广西－2022－年鉴－汉、英 Ⅳ. ①C832.67-54

中国版本图书馆CIP数据核字 (2022) 第127947号

广西调查年鉴 2022

作　　者/ 国家统计局广西调查总队
责任编辑/ 高媛媛
封面设计/ 蔡　英　吴福海
责任校对/ 王雪梅　文　著
出版发行/ 中国统计出版社
通信地址/ 北京市西城区月坛南街57号　　邮政编码/ 100826
办公地址/ 北京市丰台区西三环南路甲6号　　邮政编码/ 100073
电　　话/ 邮购（010）63376909　　书　　店（010）68783171
网　　址/ http://www.zgtjcbs.com
印　　刷/ 广西民族印刷包装集团有限公司
经　　销/ 新华书店
开　　本/ 890mm × 1240mm　1/16
字　　数/ 770千字
印　　张/ 27
版　　别/ 2022年8月第1版
版　　次/ 2022年8月第1次印刷
定　　价/ 350.00元

本书附同版本CD-ROM一张，光盘内容以书面文字为准。

如有印装错误，本社发行部负责调换。

《广西调查年鉴 2022》

编委会和编辑工作人员

Guangxi Survey Yearbook 2022

EDITORIAL BOARD AND STAFF

Ⅰ. Editorial Board

Ⅱ. Editorial Staff

编者说明

一、《广西调查年鉴 2022》系统收录了广西及各市、县（区）2021年城乡居民收入和消费、居民消费价格与生产者价格、农业经济发展与脱贫县农村住户监测等方面的各项统计调查数据，以及收录了近年全国及各省（直辖市、自治区）主要统计指标的统计调查数据，是一部记录和反映广西城乡居民生活、物价、农村农业经济发展等情况的大型资料性年刊。

二、本年鉴正文内容分为6个篇章，即：1.综述；2.人民生活；3.脱贫县农村住户监测；4.价格调查；5.农业生产；6.分析资料；另外，还有附录篇章，即：附录一.全国及各省（直辖市、自治区）主要统计调查指标。

为方便读者使用，各篇章前设有《简要说明》，对本篇章的主要内容、资料来源、统计范围、统计方法予以简要说明，主要篇章末附有《主要统计指标解释》。

三、本年鉴所使用的度量衡单位均采用国际统一标准计量单位，并统一使用最新颁布实施的产品目录。

四、本年鉴总量指标计算所采用的价格均为现行价格。

五、本年鉴中涉及到的历史数据，均以最新出版的本年鉴数据为准；本年鉴中部分数据合计数或相对数由于单位取舍不同而产生的计算误差，均未做机械调整。

六、资料中部分药品、化学、矿产品名称采用中文汉语拼音拼写。

七、符号使用说明：

“...”表示数据不足本表最小计量单位数；

“#”表示其中的主要项；

“空格”表示该项统计指标数据不详或无该项数据；

“①”表示本表下有注解。

八、在本年鉴的编辑过程中，得到了许多单位和同志的大力支持，在此我们深表谢意。限于我们的水平，年鉴中的错误和不足之处在所难免，恳请广大读者给予批评指正。

第三篇　脱贫县农村住户监测
Chapter 3 Rural Household Monitoring in Poverty Alleviation Counties

第四篇 价格调查
Chapter 4 Price Survey

第五篇　农业生产
Chapter 5 Agriculture Production

第六篇　分析资料
Chapter 6 Analysis of Data

附录：全国及各省（直辖市、自治区）主要统计调查指标
APPENDIX . Main Statistical Survey Indicators by Region

第一篇 综述

Chapter 1 Review

国家统计局广西调查总队概况

【机构沿革】

国家统计局广西调查总队（以下简称广西调查总队）既是政府统计调查机构，也是统计执法机构，依法独立行使统计调查、统计监督的职权，独立向国家统计局上报调查结果，并对上报的调查资料的真实性负责。同时，承担地方政府委托的各项统计调查任务。

（一）组织实施住户调查、劳动力调查、价格调查、农业与农村调查，组织实施有关社情民意调查、企业和个体经营户调查等。

（二）组织实施国家统计快速反应制度，组织开展经济社会重大问题和经济发展新动能专项调查，及时报告本地区的突发性经济事件和重大社会经济问题等方面信息。

（三）参与组织实施国家有关普查项目。

（四）根据国家统计局的授权，管理和公布有关统计调查数据。

（五）依法查处其组织实施的统计调查活动中发生的统计违法行为。

（六）组织开展统计信息化的有关工作。

（七）负责调查总队机关人事、财务工作，管理下属各级调查队人事、财务工作。

（八）加强党对调查队工作的全面领导，承

2021年9月24日，广西调查总队开展“礼赞祖国　唱响颂歌”我为祖国送祝福活动

2021年3月1日，广西调查总队召开广西国家调查队系统全面从严治党工作视频会议

担总队和下属调查队系统党的建设、全面从严治党主体责任，组织落实总队和下属调查队系统党的建设、纪检监察、巡察工作。

（九）受国家统计局委托管理下属各级调查队；组织领导地方调查队的业务工作。

（十）接受地方党委政府的委托，开展统计调查和提供信息服务。

（十一）完成国家统计局交办的其他事项。

2005年，根据国务院办公厅《关于印发国家统计局直属调查队管理体制改革方案的通知》（国办发〔2005〕14号）、中央编办《关于国家统计局各级调查队机构设置和人员编制的批复》（中央编办复字〔2005〕149号）和《国家统计局直属调查队管理体制改革实施方案》（国统字〔2005〕158号），国家统计局撤销广西壮族自治区农村社会经济调查队（1984年5月成立）、城市社会经济调查队（1984年5月成立）、企业调查队（1997年3月成立），设立国家统计局广西调查总队。国家统计局广西调查总队是国家统计局的派出机构，为正厅级单位，事业编制106名（含华南数据中心编制10名）。2005年12月为了加强对统计工作的领导，成立广西调查总队党组。

2006年4月，经自治区直属机关工委批准，成立广西调查总队机关党委。广西调查总队内设：办公室、执法监督处、制度方法处、综合处、农业调查处、农村调查处、居民收支调查处、住户监测处、劳动力调查处、生产价格调查处、消费价格调查处、专项调查处、社会调查处、信息技术应用处、人事教育处、财务管理处、纪检监察室（巡察办）、机关党委办公室、业务应用处、系统运维管理处。

截至2021年12底，广西国家调查队系统共有44个市县级调查队，其中市级调查队14个，县级调查队30个，全系统在职在编人员613人，其中广西调查总队机关104人，市级调查队291，县级调查队218人。

【工作情况】

2021年，广西调查总队坚持以习近平新时代中国特色社会主义思想为指导，认真学习贯彻党的十九大及十九届二中、三中、四中、五中、六中全会精神，深入贯彻落实习近平总书记关于统计工作重要讲话指示批示精神和党中央关于统计工作重大决策部署，聚焦统计现代化改革总要求，在国家统计局党组正确领导下，以高站位推进高水平、以高标准引领高质量，谱写广西国家调查事业高质量发

2021年11月3日，广西调查总队在防城港市成功举办以《15年历程·15年奋斗·15年成就》为主题的第三期首席统计师访谈

展壮美篇章。

2021年，广西调查总队突出抓好中央关于统计改革发展重大决策部署的贯彻落实，统筹完成中央和地方的各项统计调查任务，统计调查发展取得新突破。住户调查实行网络化管理，加强分市县源头数据监控，压实数据质量责任；农民工监测调查、农民工市民化进程动态监测调查、脱贫县农村住户监测调查修订业务规范化实施细则，基层基础工作不断规范，顺利完成网购用户专项调查，有序开展脱贫攻坚普查后续工作；工业生产者价格调查和房地产价格调查开展线上线下培训检查，扎实提高基层调查队业务能力；消费价格调查活用表格工具减负赋能提质量，获邀在全国消费价格统计培训班上作经验介绍；受委托开展的文明城市测评、营商环境、青年发展状况等专项调查高质量完成；强化采购经理指数预警监测作用，调查结果成为地方党委政府每月关注的重点指标。

一、扎实推进党史学习教育

通过上好一堂学习课、建好一座指挥部、开好一次动员会、做好一份方案书、编好一张计划表、织好一张宣传网的“六个一”措施，全系统落实52项党史学习教育工作任务安排，开展“我为群众办实事”志愿服务活动1016人次，将党史学习教育成果落在实处。通过推动五级联动学，紧紧围绕党的百年历史、习近平总书记“七一”重要讲话精神、党的十九届六中全会精神、共和国统计发展史等，总队党组理论学习中心组开展9次13个专题的学习研讨，广西调查总队班子成员为25个分管单位讲授专题党课28人次，基层党支部和青年理论学习小组按照学习计划开展专题学习780余次，切实做到学习教育深学细悟。通过组建9个党史学习教育巡回指导组，对总队机关7个党支部和44个市县调查队学习教育情况进行全覆盖实地督导，传导工作压力，确保学习教育工作质量，切实做到巡回指导严督实导。

二、巡视巡察整改动真碰硬

配合做好国家统计局党组对广西调查总队党组的巡视工作，坚持把巡视整改作为重大政治任务和全面从严治党的有力抓手，制定《中共国家统计局广西调查总队党组落实巡视整改问题清单、任务清单、责任清单》，提出68项整改措施。上下联动，组织44个市县队对照查摆共提出876条整改措

2021年2月7日，广西调查总队在南宁市成功举办以《统计建模与统计课题研究》为主题的第二期首席统计师访谈

2021年3月25日，国家统计局经贸司刘金钟副司长（左三）一行赴广西开展专题调研工作

施。按照标本兼治、务实管用的质量标准，立行立改和建章立制相结合，确保整改工作不留死角、取得实效。截至11月15日，总队本级已完成65项整改措施，完成率为95.6%，期间建立完善10项规章制度。各市县级调查队已完成867项整改措施，完成率为99.0%，整改工作取得阶段性成果。发挥巡察政治体检作用，2021年组织完成对梧州等8个队的常规巡察和河池队巡察“回头看”，对马山、上林、忻城等队进行巡察回访检查，提前一年实现巡察全覆盖。总队党组和纪检组全面从严治党会商常态化，统筹国家局党组巡视反馈意见整改、对照国家统计局党组与驻委纪检监察组会商问题及意见建议整改，推进集成整改、一体整改。2020年度会商制定的39项整改措施和2021年上半年会商制定的30项整改措施，截至11月11日已分别完成89.7%和100%。

三、持续深化统计业务改革

粮食畜牧业统计调查数据归口管理工作迈入正轨。开展非大县粮食生产监测点试点，解决数据质量评估依据少的“痛点”，制定《广西非国家调查县畜牧业调查监测点调查方法制度》，为非国家调查县开展调查工作提供制度规范；畜牧业调查电子化记账进入测试运行阶段，调查手段改革探索迈出新的步伐。高位推动劳动力调查扩样工作。加强人员选聘和业务培训，组建起一支规模近1000人的辅助调查员队伍。强化基础工作检查和指导，编印《劳动力调查手册》下发102个市县级统计调查机构业务人员和719个劳动力调查点的调查员，有效提高基层业务水平，劳动力调查工作开创崭新局面。数据质量监管更加有力。成立总队数据质量领导小组，在重要节点、关键环节上集体把脉问诊，在组织管理上形成合力，初步形成步调一致的数据质量管理工作机制。落实《广西统计调查报表质量通报制度（试行）》，定期公开通报，倒逼提高调查源头数据质量。出台《关于进一步加强数据质量管理的若干意见》，严格控制数据生产各流程各环节管理，确保符合调查业务规范化实施细则的各项要求。业务制度建设更加完善。制发《广西国家调查队系统统计调查项目管理办法》，为统计调查项目管理提供依据。系统总结梳理近年来广西辅助调查员管理情况和问题建议，出台《广西国家调查队系统辅助调查

2021年7月26日，广西调查总队开展首次领导接访日活动，党组书记、总队长廖金昌（右中）主持接访

2021年9月2日，广西调查总队举行“全国文明单位”授牌仪式，自治区党委区直机关工委二级巡视员黄智平一行莅临总队调研指导并授牌（一）

员管理办法》，规范辅助调查员的选聘、管理和考核等环节，为充分发挥辅助调查员作用、保障辅助调查员权益提供制度依据。

四、推动依法统计依法治统

落实防范和惩治统计造假弄虚作假责任制。坚持常态化学习《关于深化统计管理体制改革　提高统计数据真实性的意见》《统计违纪违法责任人处分处理建议办法》《防范和惩治统计造假、弄虚作假督察工作规定》（以下简称《意见》《办法》《规定》）和经常性检视，推动统计法律法规及系列配套文件落实落细。召开全系统统计法治集中谈话会，对市级调查队主要负责同志进行集中谈话，进一步压实依法统计、依法治统的主体责任。跟进学习《国家统计局防范和惩治统计造假弄虚作假约谈办法》《统计违法案件查处所涉失实历史数据改正办法》，逐级向各级领导班子、统计人员传导压力，压紧压实防范和惩治统计造假弄虚作假的政治责任，确保统计调查数据真实可靠，把调查成效转化为有效发挥统计监督职能作用的生动实践。圆满完成“双随机”统计执法检查工作任务。年内开展两轮“双随机”统计执法检查，共检查15个市县级调查队、5个县（区）统计局，成功实现三年内44个市县队和总队23个常规专业全覆盖。及时将检查结果在全系统和各县（市、区）统计局进行书面通报和分片区当面通报，并对问题较多的受检单位进行约谈，有针对性地细化提出具体整改要求，组织对整改情况开展“回头看”，力促执法检查整改工作举一反三、标本兼治。

五、强化系统管理体制建设

推动为基层减负赋能，落实减负意见措施161条、赋能措施20条。政务管理工作规范有序，档案管理在自治区档案局年度检查中获得100分的好成绩。日常事务管理更加规范，统筹疫情防控和保障调查工作富有实效，维护发展稳定大局。机关食堂保障水平不断提升，在全区机关食堂标准化建设现场推进会上做先进典型发言；大力推进节约型机关创建，获评首批自治区级无烟党政机关和南宁市卫生机关。系统财务工作完成数字化转型，基层调查队全部实现网上报账、数字签名、移动审批、自动

2021年9月2日，自治区党委区直机关工委二级巡视员黄智平一行实地检查了广西调查总队精神文明建设情况，并就业务与文化建设进行了交流指导（二）

2021年9月10日，国家统计局党组成员、副局长、党史学习教育第三巡回指导组组长毛有丰（前排左三）带队到广西调查总队督导党史学习教育和党建工作

化账务处理，财务运转效率、服务水平大幅提升，风险防范能力、管控手段有效加强，形成上下联动、齐抓共管的工作局面。完成11个市县队内部审计，对9个市县队进行财务和审计整改专项检查。统筹资金推进完成全系统历年养老保险资金清算。服务乡村振兴大局，安排总队机关3名干部担任驻村第一书记、驻村工作队员。助力民族团结示范区建设，选择与马山、金秀、融水等3个少数民族村建立民族团结进步共建关系。统筹做好综合绩效考评和五个专项考评工作，推进平安广西建设和综合治理工作，服务地方经济社会发展。

六、推进网络安全和信息化建设

华南数据中心运维工作迈入正轨。职能处室人员配备基本完成，建立并持续完善设施台账、配电图、设备操作手册等基础信息，编制日常管理制度和应急处置流程，开展7×24小时值守和定期巡检工作，强化人员、设备出入审批，常态化开展日常电量、故障管理，根据需要进行设备试验检验、升级改造工作，确保华南数据中心物理安全和平稳运行，成功储存脱贫攻坚普查、“四经普”“七人普”等相关数据。信息化重点项目建设取得实质性进展。广西国家调查业务综合平台建成投入使用，发挥集成优势搭建统计信息资源中心、统计调查价格信息系统、应用支撑平台、价格调查培训系统、价格调查视频会议系统等建设内容，拓展应用于农村调查、农业调查、住户监测等专业领域，成为事关广西国家调查事业改革和创新发展的关键支撑平台。业务应用取得新成效。升级打造壮美广西2.0版本，更好地为文明城市测评工作服务，新版系统更节省人力、保密性更强，获得各方好评。

七、加强数据分析解读

加大资料共享，向自治区党委政研室、政府发展研究中心、人大财经委、自治区绩效办和自治区发展改革、统计、人社、农业、卫健、商务等多个部门按时提供多期数据、分析专报材料，较好地满足自治区党委政府及有关部门的经济形势研判、宏观经济核算等需求。高质量完成“十三五”经济社会发展成就专题分析工作，推出53篇高质量的专题分析报告，其中：自治区政府办公厅采用1篇，国家局内网采用23篇。强化课题研究成果转换，统计科研能力水平显著提高。相关课题改写成专题分析报告后，1篇获得自治区党委办公厅采用和领导批示，6篇获得国家局内网采用。守好统计新闻宣传主阵地，为推进统计现代化改革营造良好舆论氛围，《中国国情国力》刊发广西总队主要负责人署名文章《赓续红色血脉发扬红色传统高质量开展统计调查工作——广西调查队系统扎实开展党史学习教育综述》，2名系统干部获《中国信息报》新闻评选个人表彰。政务新媒体工作亮点突出，全系统43个官方微信公众号纳入国家“统计新媒体矩阵”管理，继续扩大“广西调查统计”官方微信公众号宣传效应，综合影响力最高排位进入全国统计调查系统排名前10名，获国家统计局官方微信采用量同比增长2.3倍。

【调查数据】

据国家统计局广西调查总队抽样调查资料显

示，2021年，广西居民收入增长实现与经济增长基本同步、居民消费价格低位运行、工业生产者价格高位运行、农产品生产者价格下跌、主要畜禽生产形势总体趋好、粮食再获丰收、农民工总量比上年增长。

一、居民收入与消费支出情况

（一）居民收入情况

2021年，广西居民人均可支配收入26727元，比上年增加2164元，名义增长8.8%，扣除价格因素，实际增长7.8%，与2021年广西生产总值增长7.5%基本同步。

从结构看，四大项收入均实现不同程度增长。其中，工资性收入12598元，比上年增长6.2%；经营净收入6605元，增长17.1%；财产净收入2082元，增长24.0%；转移净收入5442元，增长1.2%。

从城乡看，农村居民收入增速快于城镇居民。2021年，广西城镇居民人均可支配收入38530元，比上年增长7.4%；广西农村居民人均可支配收入16363元，比上年增长10.4%。农村居民人均可支配收入增速比城镇快3.0个百分点，城乡居民人均收入比值为2.35：1，比上年缩小0.07。

（二）居民消费支出情况

2021年，广西居民人均生活消费支出为18088元，同比名义增长由上年的-0.4%提高到10.6%，与2019年相比，两年平均增长5.0%，居民生活消费支出呈恢复性增长态势。

分城乡看，城镇居民人均生活消费支出22555元，比上年增长7.9%，高于均可支配收入0.5个百分点；农村居民人均生活消费支出14165元，比上年增长14.0%，高于人均可支配收入3.6个百分点。农村居民人均生活消费支出增速快于城镇，城乡居民消费比（以农村居民生活消费为1计算）为1.59，比上年缩小0.09，城乡居民消费差距进一步缩小。

2021年9月17日，广西调查总队联合南宁调查队在南宁市南湖公园举办第十二届“中国统计开放日”活动

从消费结构看，居民八类消费支出由上年的“六降两增”态势转全面正增长。其中，交通通信、教育文化娱乐、医疗保健等消费支出大幅增长，由上年的-11.6%、-12.0%、-4.7%提高到17.3%、29.3%、13.8%，分别比上年提高28.9、41.3、18.5个百分点。

二、价格运行态势

（一）居民消费价格低位运行

2021年，广西居民消费价格上涨0.9%，涨幅比上年回落1.9个百分点，为2010年以来同期最低水平。其中，城市上涨1.1%，农村上涨0.5%，城市涨幅明显高于农村。

分类别看，广西八大类商品和服务价格同比呈“六涨二降”走势。其中，教育文化娱乐价格上涨3.7%，交通通信价格上涨2.7%，医疗保健价格上涨2.4%，衣着价格上涨1.0%，居住价格上涨0.8%，生活用品及服务价格上涨0.4%，其他用品及服务价格下降0.3%，食品烟酒价格下降1.2%。

2021年，广西居民消费价格与全国平均水平（0.9%）一致，在全国31个省（自治区、直辖市）涨幅高低排序中，广西位于第18位，比上年的第4位下降14个位次；在西部12个省（自治区、直辖市）CPI涨幅高低排序中，广西位于第7位。

（二）工业生产者价格高位运行

2021年，广西工业生产者出厂价格同比上涨8.9%，比全国平均水平（8.1%）高0.8个百分点，总体看呈现高位运行态势。

2021年1—5月，随着新冠疫苗的推广，全球疫情有所好转，下游需求增大带动工业品价格迅速回升，同比涨幅持续扩大，环比波动上涨。6—7月受广西错峰用电，高温、雷雨、台风等极端天气影响，生产放缓，需求缩减，同比涨幅回落，环比由升转降。8—10月，受全区能耗双控政策影响，限电限产形势下市场供不应求，推动工业品价格快速上涨，10月工业生产者出厂价格同比上涨15.3%，创近26年新高。11—12月，市场逐步恢复正常，同比涨幅回落，环比涨幅由正转负。

2021年9月17日，广西调查总队联合南宁调查队在南宁市南湖公园举办第十二届“中国统计开放日”活动

2021年，广西工业生产者价格调查涉及的36个行业大类中，30个行业大类产品价格上涨，上涨面达83.3%，比上年的43.2%扩大40.1个百分点。受国际油价普涨、能耗双控等大环境影响，黑色金属冶炼和压延加工业上涨24.4%、有色金属冶炼和压延加工业上涨19.9%、石油、煤炭及其他燃料加工业上涨26.6%、化学原料和化学制品制造业上涨20.2%、农副食品加工业上涨6.7%，这五个主要行业价格上涨推高PPI（工业生产者价格指数，下同）上涨7.2个百分点。

（三）农产品生产者价格下跌

2021年，广西农产品生产者价格比2020年下跌5.1%。从各季度看，一季度上涨2.1%，二、三四季度分别下跌4.5%、14.2%和6.4%。从主要品种看，生猪价格下跌39.2%，谷物价格上涨12.2%，蔬菜价格上涨6.7%，水果价格下跌8.7%。生猪价格同比大幅下跌是总指数下跌的主要原因。

2021年，广西农、林、牧、渔业四个行业大类农产品生产者价格呈现“三涨一降”态势。农业、林业、渔业产品价格分别上涨3.3%、4.2%、5.6%，畜牧业产品价格下降21.7%。

2021年，广西农业产品生产者价格比上年同期累计上涨3.3%，分季度看，一季度上涨5.0%，二季度上涨0.4%，三季度下跌2.1%，四季度上涨10.7%。分品种看，谷物、油料、豆类、蔬菜及食用菌、茶及饮料原料、中草药材价格同比分别上涨12.2%、1.8%、28.0%、6.3%、0.3%、4.5%，糖料价格与上年同期持平，薯类、生剑麻、水果价格同比分别下跌10.2%、1.1%、8.7%。

2021年，广西林业产品生产者价格比上年同期上涨4.2%。分季度看，一至四季度分别上涨14.3%、8.3%、0.8%、2.7%。分品种看，育种和育苗、竹材采伐产品、林产品价格同比分别上涨1.8%、8.4%、37.5%，木材采伐产品价格同比下跌0.6%。

2021年，广西畜牧业产品价格比上年同期下跌21.7%。分季度看，一至四季度分别下跌6.4%、18.5%、36.1%和31.0%。分品种看，猪、牛价格同比分别下跌39.2%和0.4%，羊、活家禽、禽蛋、蚕

2021年11月19日，广西调查总队召开2021年度经济类研究课题中期报告会暨首席统计师研讨例会，廖金昌总队长出席会议并讲话

2021年11月24日，广西调查总队举办全区国家调查队系统学习贯彻党的十九届六中全会精神视频培训班

茧价格同比分别上涨5.9%、9.7%、7.6%和51.5%。

2021年，广西渔业生产者价格上涨5.7%。分季度看，一至四季度分别上涨7.5%、5.6%、5.8%、2.1%。分品种看，海水养殖产品、淡水养殖产品价格同比分别上涨8.9%和7.5%，海水捕捞产品价格下跌3.9%。

三、农业生产形势

（一）主要畜禽生产形势总体趋好

2021年，广西主要畜禽生产总体形势呈现生猪产能快速增长、牛羊生产稳步增长和家禽稳步发展的态势，畜禽产品供给充足。

2021年，广西整个生猪市场产能持续恢复并扩大，存栏数量不断增加，生产形势保持稳步提升，生猪存栏和能繁母猪2021年存栏分别突破2000万头和220万头。

2021年，广西的生猪存栏为2128.2万头，同比增16.4%；能繁母猪存栏221.0万头，同比增4.5%。2021年，广西的生猪出栏为3113.9万头，同比增36.5%。

2021年，广西的猪肉产量为245.2万吨，同比增40.9%；生猪胴体重平均为78.8公斤/头，较上年同期增3.2%。2021年广西生猪出栏3113.9万头，较2016年的3280.1万头少166.2万头，但猪肉产量基本与2016年持平。

2021年，广西的家禽存栏为36483.2万羽，同比降3.8%；家禽出栏为108728.4万羽，同比降5.1%。2021年，广西的禽蛋产量为27.1万吨，较上年同期增1.4%。

2021年，广西的牛、羊存栏分别为355.7和259.0万头，同比分别增1.9%和8.3%；牛、羊出栏分别为134.4和245.8万头，同比分别增2.5%和7.8%。

（二）粮食再获丰收

2021年，广西粮食播种面积为2822.9千公顷，比上年增加16.9千公顷，增长0.6%；单位面积产量为4911.7公斤/公顷，比上年增加29.7公斤/公顷，增长0.6%；总产量为1386.5万吨，比上年增加16.5万吨，增长1.2%。继2020年后，广西又一次实现了面积、总产和单产“三增长”。在全国31个省

（区）中，广西粮食播种面积列第17位，总产量列第17位，单位面积产量列第25位，面积、总产量、单产排位与2020年持平。

分大类看：谷物播种面积3587.3万亩，比上年增加20.4万亩，增长0.6%；亩产364.3公斤，比上年增加2.4公斤，增长0.7%；总产量1306.7万吨，比上年增加15.9万吨，增长1.2%。（注：部分数据因四舍五入，分大类、分季节、分品种合计数与全区合计数略有差异，下同。）

豆类播种面积246.1万亩，比上年增加4.8万亩，增长2%；亩产108.8公斤，比上年减少1.5公斤，下降1.3%；总产量26.8万吨，比上年增加0.2万吨，增长0.6%。（其中，大豆播种面积152.3万亩，比上年增加7.6万亩，增长5.3%，亩产104.7公斤，比上年减少2公斤，减幅为1.9%，总产量15.9万吨，比上年增0.5万吨，增幅为3.3%。）

薯类播种面积401万亩，比上年增加0.1万亩，增长0.03%；亩产（折粮）132.4公斤，比上年增加1.2公斤，增长0.9%；总产量（折粮）53.1万吨，比上年增加0.5万吨，增长0.9%。

分季节看：春收粮食（注：国家口径为“夏粮”）播种面积174万亩，比上年增加3.6万亩，增长2.1%；亩产152.9公斤，比上年增加0.4公斤，增长0.3%；总产量26.6万吨，比上年增加0.6万吨，增长2.4%。

早稻播种面积为1211.3万亩，比上年增加3.5万亩，增长0.3%；亩产为396.3公斤，比上年增加1.6公斤，增长0.4%；总产量为480.0万吨，比上年增加3.2万吨，增长0.7%。

秋收粮食播种面积2849.1万亩，比上年增加18.1万亩，增长0.6%；亩产308.8公斤，比上年增加2.5公斤，增长0.8%；总产量879.9万吨，比上年增加12.7万吨，增长1.5%。

分品种看：玉米播种面积922.5万亩，增加27万亩，增长3%；亩产309.1公斤，增加3.8公斤，增长1.3%；总产量285.2万吨，增加11.8万吨，增长4.3%。

中稻播种面积205.9万亩，增加5.3万亩，增长

2021年12月10日，广西调查总队、南宁调查队赴百花岭社区召开基层社会治理“共建、共治、共享”工作促进协商会，陆奉昌副总队长参会并慰问困难群众

农村居民家庭人均可支配收入（元）

Per Capita Disposal Income of Rural Households (RMB)

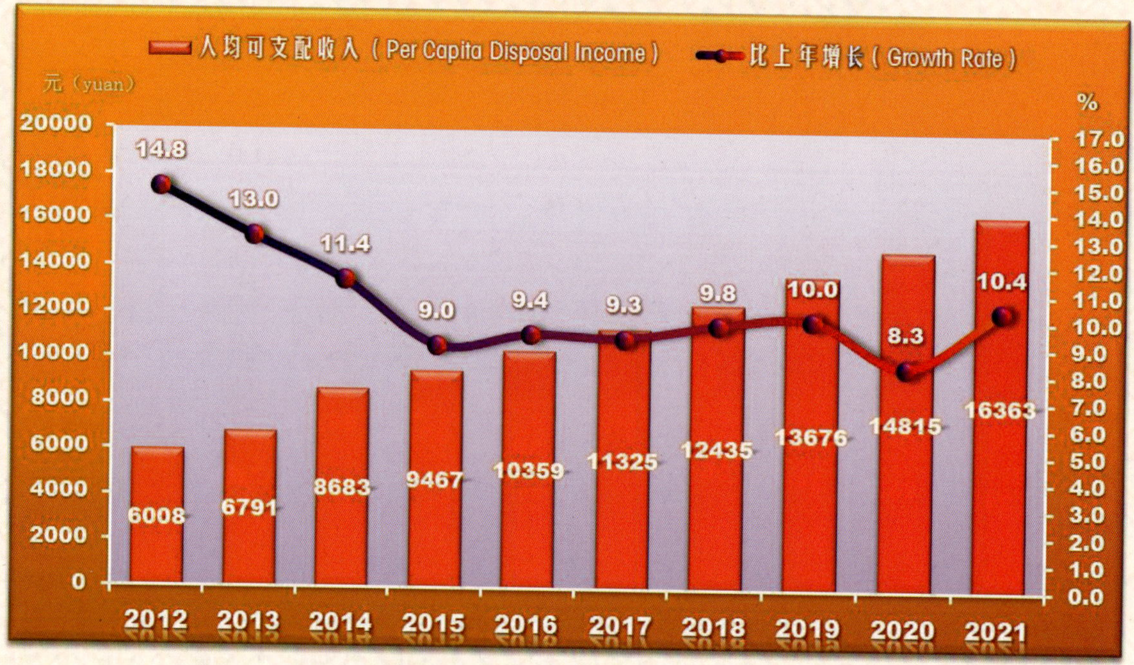

农村居民家庭人均消费支出（元）

Per Capita Consumer Expenditure of Rural Households (RMB)

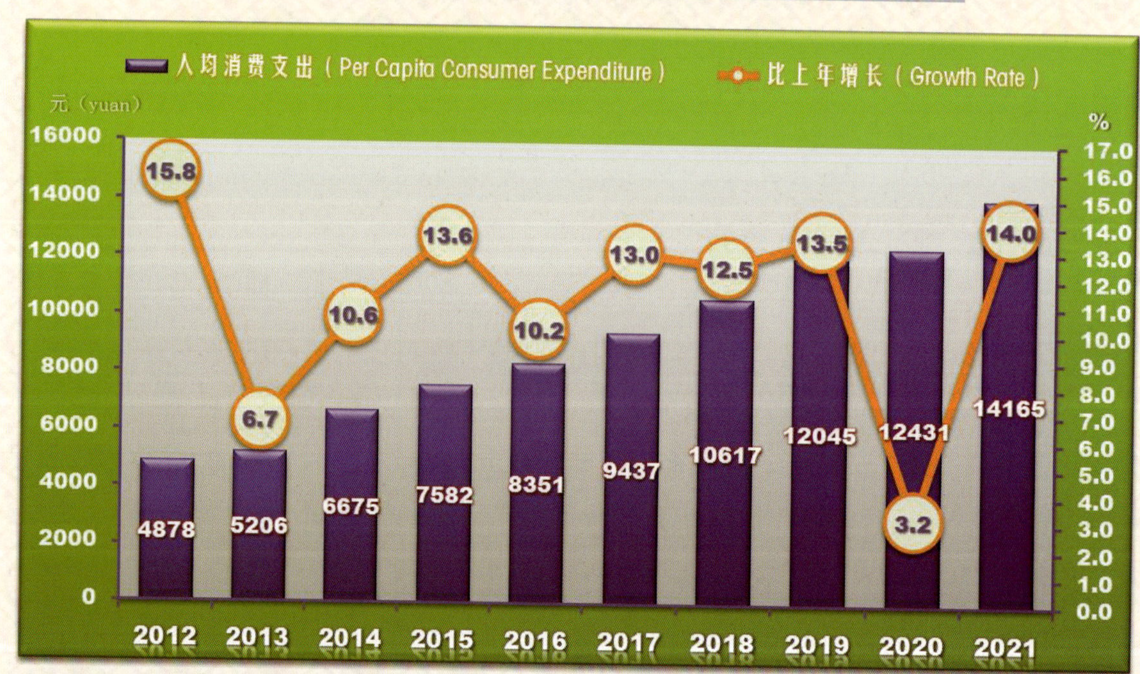

说明：从2014年起，开展城乡一体化的住户收支与生活状况调查，与2013年及以前分别开展的城镇和农村住户调查的调查范围、调查方法、指标口径有所不同（2014年及以前农村居民家庭人均可支配收入为农村居民家庭人均纯收入）。

Note: Started an integrated household income and expenditure survey in 2014.The coverage,methodology and definitions used in the survey are different from those used for the separated urban and rural household surveys prior to 2013 (In 2014 and before, the per capita disposable income of rural households was the per capita net income of rural households) .

居民消费价格指数（上年=100）

Consumer Price Index (Preceding Year=100)

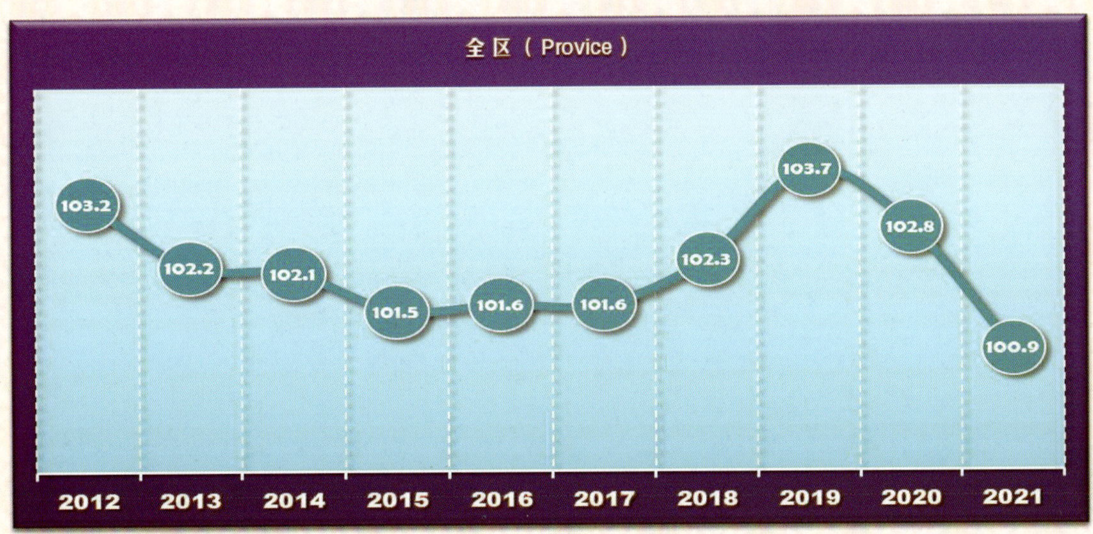

商品零售价格指数（上年=100）
Retail Price Index (Preceding Year=100)

工业生产者出厂价格指数（上年=100）

Producer Price Indices for Industrial Products (Preceding Year=100)

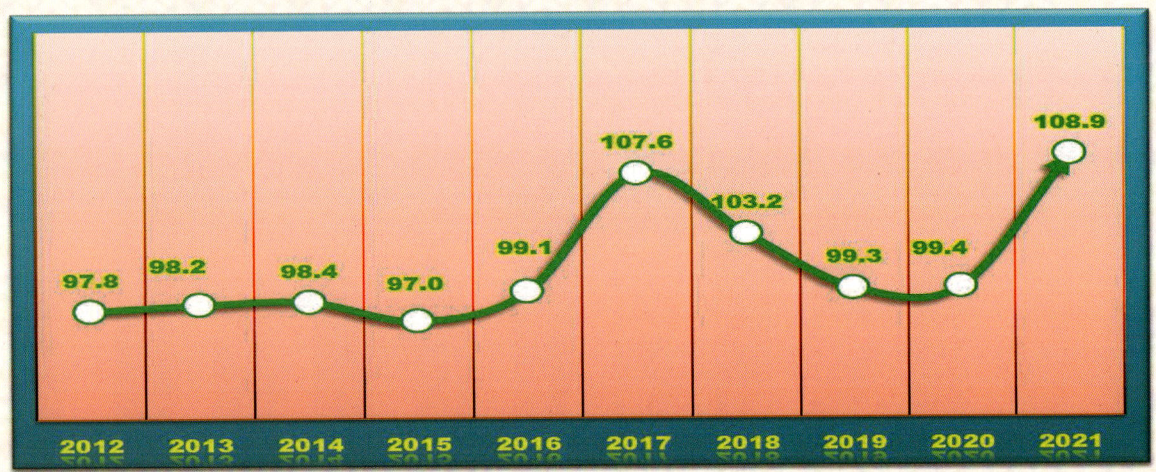

工业生产者购进价格指数（上年=100）

Purchasing Price Indices for Industrial Producers (Preceding Year=100)

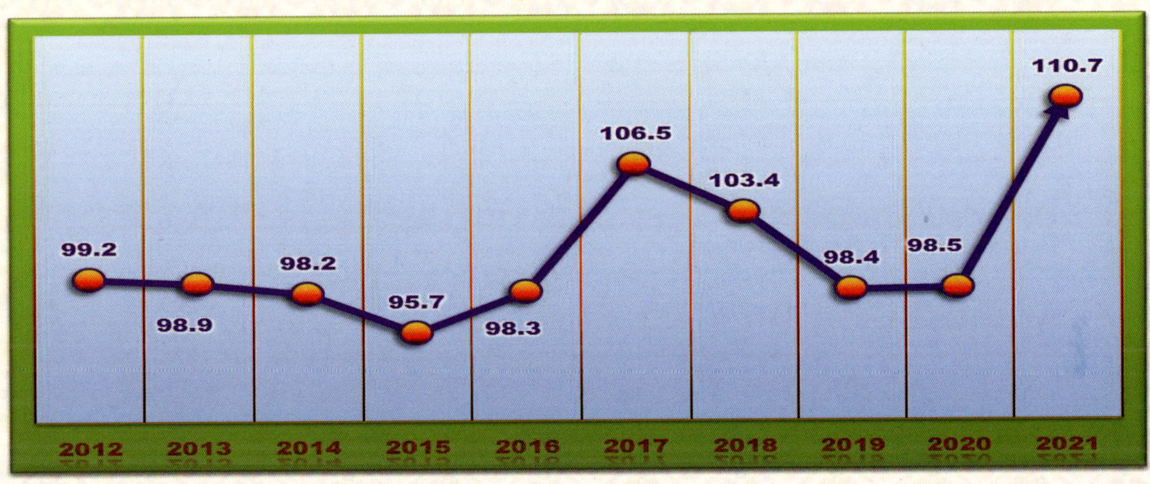

农产品生产价格指数（上年=100）

Indices of Producers' Prices for Farm Products (Preceding Year=100)

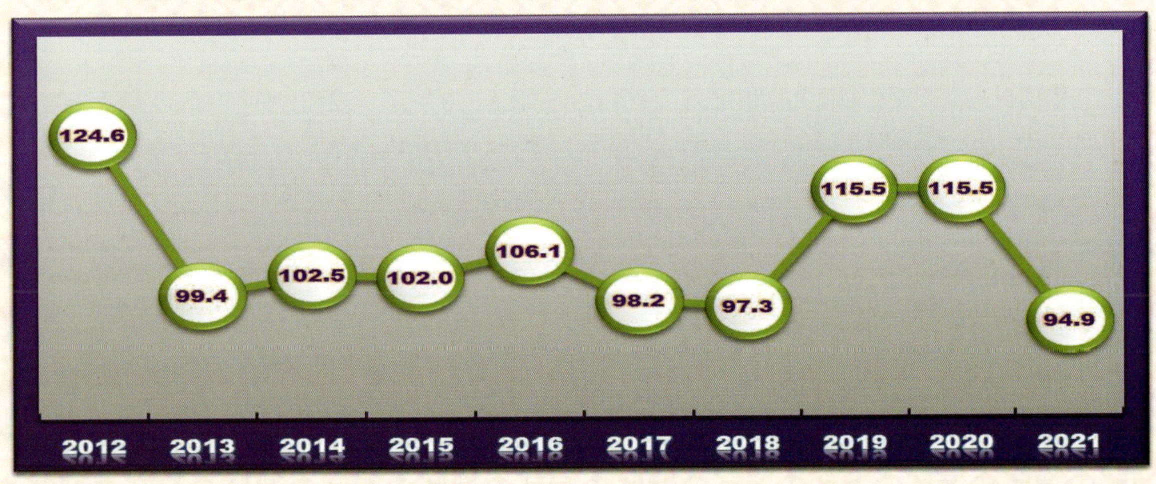

粮食作物播种面积（千公顷）

Sown Area of Grain Crops (1000 hectares)

粮食作物总产量（万吨）

Total Output of Grain Crops (10 000 tons)

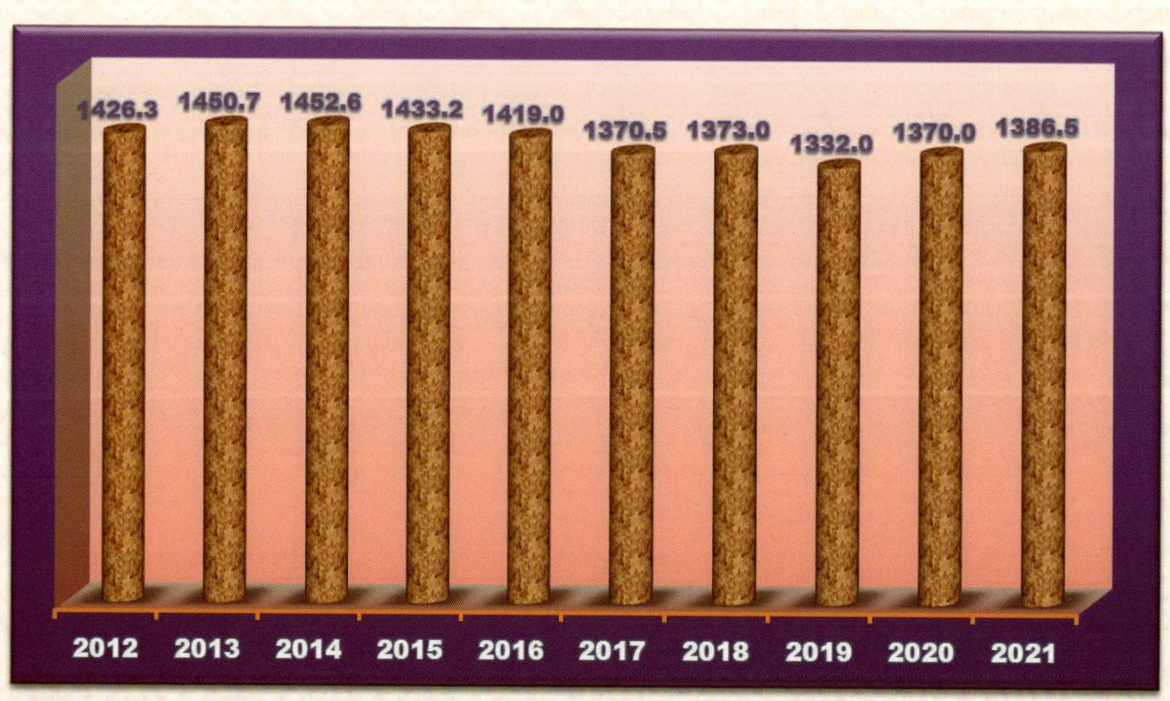

第二篇 人民生活

Chapter 2 People's Livelihood

（编辑：陈娟　张建裕）

（Editor: Chen Juan　Zhang Jianyu）

简要说明

一、本篇资料的主要内容

本篇资料反映广西人民生活现状及变化情况，分为2013年及以后的城乡一体化住户收支与生活状况调查（简称住户调查），2012年及以前分别开展的城镇住户调查和农村住户调查。

二、城乡一体化住户收支与生活状况调查数据来源及调查方法

国家统计局住户调查办公室从2012年四季度起实施城乡一体化住户收支与生活状况抽样调查。主要内容包括：居民收入和消费情况，同时收集反映居民就业、社会保障参与、住房状况、家庭经营和生产投资以及收入分配影响因素等调查内容。

城乡一体化住户收支与生活状况调查是以各省（区、市）为总体，采用分层、多阶段、与人口规模大小成比例的概率抽样方法，随机抽选调查住宅，确定调查户。全国共抽选出1650个县（市、区）的1.6万个调查小区进行全面摸底调查，在此基础上随机等距抽选出住户参加记账调查。其中广西共抽选出约13000户参与住户调查，调查小区和调查户定期进行轮换。

城乡一体化住户收支与生活状况调查是在95%的置信度下，采用调查户记日记账的方式采集居民收支数据，同时辅之以统一的调查问卷，收集与收入支出有关的其他调查内容。所有调查工作由国家统计局派驻各地的调查队及各地统计局完成。各地统计机构使用统一的方法和数据处理程序对原始调查资料进行编码、审核、录入，然后将分户基础数据直接传输至国家统计局广西调查总队统一汇总计算，汇总计算出各地居民可支配收入、城镇居民可支配收入、农村居民可支配收入等收支数据。

根据城乡一体化住户收支与生活状况调查，新口径的城镇和农村居民人均可支配收入等数据的覆盖人群主要变化：一是计算城镇居民人均可支配收入时分母包括了在城镇地区常住的农民工，计算农村居民人均可支配收入时分母不包括在城镇地区常住的农民工；二是由本户供养的在外大学生视为常住人口。新口径的城镇居民和农村居民人均可支配收入及消费等指标口径变化主要是：计算城镇居民和农村居民人均可支配收入和消费支出时，包括了自有住房折算租金。

三、城镇住户调查数据来源及调查方法

2012年及以前，国家统计局城市司组织开展城镇住户调查。调查内容主要包括家庭人口及其构成、家庭现金收支、主要商品购买数量及支出金额、劳动就业状况、居住状况和耐用消费品的拥有量等。

调查对象在2001年以前为全国非农业住户，2002至2012年改为全国城市市区和县城关镇区住户。

城镇住户调查采用分层随机抽样的方法确定，首先，按照城镇规模将全国所有省（自治区、直辖市）的城镇划分为三层：第一，大中城市（地级和地级以上的城市）、县级市和县城（镇）。第二，按各层人口占全省（自治区、直辖市）人口的比例来分配每层的样本量。第三，按城镇就业者年人均工资从高到低排队，依次计算各城镇人口累计数，然后根据样本量的大小随机起点等距抽取所需数量的调查城镇。

城镇调查户的抽选工作分两步进行。第一步进行一次性的大样本调查；第二步从大样本调查中抽出一个小样本，作为经常性调查户，开展记账工作。

大样本调查每三年进行一次，其目的主要是为经常性调查提供抽样框和为经常性调查数据评估提供基础资料。在大样本调查中，各调查市、县采取分层、二（多）阶段、与大小成比例（PPS方法）的随机等距方法选取调查样本。即先按区分层，在层内按照PPS方法随机等距抽选调查社区/居委会，在抽中社区/居委会内随机等距抽选调查住宅。部分大城市根据需要可以采用三阶段抽样，即先抽选社区/居委会，再抽选调查小区，最后抽选调查住宅。对选出的大样本或一相样本开展调查，取得调查户家庭人口、就业人口、收入等辅助资料，然后，根据这些资料进行分组，从中按比例抽出一个小样本也称二相样本，作为经常性调查户，开展日记账工作。

四、农村住户调查数据来源及调查方法

2012年及以前，国家统计局农村司组织开展农村住户调查。主要内容包括农村居民家庭基本情况、住房情况、收入、生活消费支出、主要食品消费量、耐用消费品拥有量等。

农村住户调查是以各省（自治区、直辖市）为总体，直接抽选调查村，在抽中村中抽选调查户。综合运用多种抽样方法确定住户调查网点，农村住户调查在95%的概率把握程度下要求抽样误差不得超过±3%。

为解决调查户的厌烦情绪及样本老化问题，增强抽样调查网点的代表性，更加准确、及时地反映农村社会经济情况，对农村住户调查网点实行样本轮换制度，每五年为一个周期。

2-1　城镇居民人均收支及恩格尔系数（1981—2021年）

Per Capita Income and Expenditure & Engle's Coefficient of Urban Households（1981—2021）

年　份 Year	城镇居民人均可支配收入 Per Capita Disposable Income of Urban Households		城镇居民人均消费支出 Per Capita Consumption Expenditure of Urban Households		城镇居民恩格尔系数（%） Engel's Coefficient of Urban Households（%）
	绝对数（元） Value（yuan）	比上年±% Growth Rate Over Preceding Year（%）	绝对数（元） Value（yuan）	比上年±% Growth Rate Over Preceding Year（%）	
1981	429		423		58.7
1982	427	-0.6	442	4.5	60.4
1983	444	4.1	466	5.3	61.4
1984	563	26.8	542	16.4	57.9
1985	683	21.4	664	22.5	56.6
1986	784	14.7	740	11.4	58.0
1987	899	14.7	861	16.4	59.1
1988	1159	28.9	1198	39.2	54.6
1989	1304	12.5	1296	8.2	59.3
1990	1448	11.0	1338	3.2	58.6
1991	1614	11.4	1584	18.4	55.3
1992	2104	30.4	1740	9.9	55.9
1993	2895	37.6	2303	32.4	53.7
1994	3981	37.5	3327	44.5	50.4
1995	4792	20.4	4046	21.6	51.0
1996	5033	5.0	4339	7.3	50.4
1997	5110	1.5	4453	2.6	47.5
1998	5412	5.9	4381	-1.6	46.3
1999	5620	3.8	4587	4.7	44.3
2000	5834	3.8	4852	5.8	39.9
2001	6666	14.3	5225	7.7	37.7
2002	7315	9.8	5413	3.6	40.7
2003	7785	6.4	5763	6.5	40.0
2004	8177	5.0	5862	1.7	44.0
2005	8917	9.0	6424	9.6	42.5
2006	9899	11.0	6792	5.7	42.1
2007	12200	23.2	8151	20.0	41.7
2008	14146	16.0	9627	18.1	42.4
2009	15451	9.2	10352	7.5	39.9
2010	17064	10.4	11490	11.0	38.1
2011	18854	10.5	12848	11.8	39.5
2012	21243	12.7	14244	10.9	39.0
2013	23305	9.7	15418	8.2	37.9
2014	24669	8.7	15046	4.0	35.2
2015	26416	7.1	16321	8.5	34.4
2016	28324	7.2	17268	5.8	34.4
2017	30502	7.7	18349	6.3	33.2
2018	32436	6.3	20159	9.9	30.7
2019	34745	7.1	21591	7.1	30.5
2020	35859	3.2	20907	-3.2	33.9
2021	38530	7.4	22555	7.9	31.4

注：1. 1992年及以前可支配收入为生活费收入；2. 从2014年起，开展城乡一体化的住户收支与生活状况调查，与2013年及以前分别开展的城镇和农村住户调查的调查范围、调查方法、指标口径有所不同（以下相关表同）。

Note: 1.Disposable income is income from living expenses before 1992 and before; 2.Started an integrated household income and expenditure survey in 2014.The coverage,methodology and definitions used in the survey are different from those used for the separated urban and rural household surveys prior to 2013 (The same applies to the relevant tables following).

2-2　城镇居民家庭基本情况

Basic Conditions of Urban Households

单位：人　　　　(person)

指　标	Item	2020	2021
年末住户常住成员数（人）	**Number of Permanent Residents Per Households（person）**	**8225**	**8306**
调查样本住户数（户）	**Number of Households Surveyed Sample（household）**	**2330**	**2330**
年末人均自有现住房面积（平方米）	**Per Capita Floor Space of Houses（sq.m）**	**42.3**	**47.4**
常住成员从业人数	**Number of Employed by Permanent Residents**	**3845**	**3995**
户主文化程度	**Degree of Education of Householder**		
未上过学	Not in School	15	10
小学	Primary School	376	257
初中	Junior Secondary Schools	875	914
高中	Senior Secondary School	577	569
大学专科	Junior College	303	322
大学本科	Undergraduate College	172	242
研究生	Graduate Student	12	16
常住从业人员就业类型	**Employed Types of Permanent Residents**		
雇主	Employer	22	24
公职人员	Public Officers	112	121
事业单位人员	Business Unit Personnel	247	319
国有企业雇员	State-owned Enterprises Employee	130	181
其他雇员	Other Employees	2177	2179
农业自营	Agricultural Own Business	552	539
非农自营	Non Agricultural Own Business	605	632
常住从业人员从事主要行业	**Engaged in Major Industries of Permanent Residents**		
第一产业	Primary Industry	624	609
第二产业	Secondary Industry	735	800
第三产业	Tertiary Industry	2486	2586

2-3　城镇居民人均收入与支出

Per Capita Disposable Income and Consumption Expenditure of Urban Households

单位：元　　　　（yuan）

指　标	Item	2020	2021
可支配收入	**Disposable Income**	**35859**	**38530**
工资性收入	Income from Wages and Salaries	20241	20640
工资	Wages	18833	19299
实物福利	Benefit in Kind	212	267
其他	Other	1196	1073
经营净收入	Net Business Income	5375	6848
第一产业经营净收入	Net Business Income of Primary Industry	680	1557
农业	Agriculture	437	969
林业	Forestry	51	207
牧业	Animal Husbandry	181	344
渔业	Fishery	11	37
第二产业经营净收入	Net Business Income of Secondary Industry	1004	781
第三产业经营净收入	Net Business Income of Tertiary Industry	3691	4510
财产净收入	Property Net Income	3217	4015
转移净收入	Transfer Net Income	7026	7027
转移性收入	Income form Transfer	9143	9004
# 养老金或离退休金	# Pensions and Retirement Pay	6452	5528
转移性支出	Transfer Expenditure	2117	1977
# 社会保障支出	# Social Secuity Expenditure	1793	1721
城镇居民按收入五等份分组的人均可支配收入	**Per Capita Disposable Income of Urban Households by Income Quintile**		
20%低收入组家庭人均可支配收入	Low 20% Households	13084	13355
20%中间偏下收入组家庭人均可支配收入	Second 20% Households	22749	23803
20%中间收入组家庭人均可支配收入	Third 20% Households	32599	35714
20%中间偏上收入组家庭人均可支配收入	Fourth 20% Households	47035	49250
20%高收入组家庭人均可支配收入	Highest 20% Households	85901	91109
消费支出	**Consumption Expenditure**	**20907**	**22555**
食品烟酒	Food, Tobacco and Liquor	7092	7089
衣着	Clothing	874	996
居住	Residence	4645	4704
生活用品及服务	Household Facilities, Articles and Services	1233	1371
交通通信	Transport and Communications	2602	3009
教育文化娱乐	Education, Cultural and Recreation	2181	2812
医疗保健	Health Care and Medical Services	1904	2163
其他用品和服务	Other Goods and Services	376	413

2-4 城镇居民人均现金收入与支出

Per Capita Cash Income and Expenditure of Urban Households

单位：元 （yuan）

指 标	Item	2020	2021
现金可支配收入	**Cash Disposable Income**	**33602**	**35998**
现金工资性收入	Cash Income from Wages and Salaries	20029	20373
工资	Wages	18833	19299
其他	Other	1196	1073
现金经营净收入	Cash Net Business Income	5620	7065
第一产业现金经营净收入	Cash Net Business Income of Primary Industry	538	1304
农业	Agriculture	335	774
林业	Forestry	47	188
牧业	Animal Husbandry	148	309
渔业	Fishery	8	33
第二产业现金经营净收入	Cash Net Business Income of Secondary Industry	1154	885
第三产业现金经营净收入	Cash Net Business Income of Tertiary Industry	3928	4875
现金财产净收入	Cash Property Net Income	1695	2410
现金转移净收入	Cash Transfer Net Income	6258	6151
现金转移性收入	Cash Income form Transfer	8375	8128
# 养老金或离退休金	# Pensions and Retirement Pay	6452	5528
现金转移性支出	Cash Transfer Expenditure	2117	1977
# 社会保障支出	# Social Secuity Expenditure	1793	1721
现金消费支出	**Cash Consumption Expenditure**	**16996**	**18337**
食品烟酒	Food, Tobacco and Liquor	6749	6562
衣着	Clothing	873	995
居住	Residence	1857	1892
生活用品及服务	Household Facilities, Articles and Services	1174	1333
交通通信	Transport and Communications	2599	3004
教育文化娱乐	Education, Cultural and Recreation	2181	2810
医疗保健	Health Care and Medical Services	1202	1348
其他用品和服务	Other Goods and Services	361	393

2-5 城镇居民人均消费支出

Per Capita Consumption Expenditure of Urban Households

单位：元 （yuan）

指 标	Item	2020	2021
消费支出	**Consumption Expenditure**	**20907**	**22555**
食品烟酒	Food, Tobacco and Liquor	7092	7089
食品	Food	5275	4944
烟酒	Tobacco and Liquor	352	418
饮料	Beverages	108	134
饮食服务	Catering Services	1357	1592
衣着	Clothing	874	996
衣类	Clothes	731	833
鞋类	Footwear	143	162
居住	Residence	4645	4704
租赁房房租	Rental Housing Accommodation	115	115
住房维修及管理	Housing Maintenance and Management	868	878
水电燃料及其他	Water, Electricity and Other Fuels	887	919
自有住房折算租金	Owned Housing of Convert Rent	2775	2791
生活用品及服务	Household Facilities, Articles and Services	1233	1371
家具及室内装饰品	Furniture and Interior Decorations	208	208
家用器具	Household Appliances	306	379
家用纺织品	Home Textiles	93	107
家庭日用杂品	The Family Daily Sundry Goods	287	292
个人用品	Personal Products	245	270
家庭服务	Household Service	94	115
交通通信	Transport and Communications	2602	3009
交通	Transport	1910	2300
通信	Communications	692	708
教育文化娱乐	Education, Cultural and Recreation	2181	2812
教育	Education	1635	2278
文化娱乐	Cultural and Recreation	546	533
医疗保健	Health Care and Medical Services	1904	2163
医疗器具及药品	Medical Apparatus and Drugs	439	425
医疗服务	Medical Services	1465	1738
其他用品和服务	Other Goods and Services	376	413
其他用品	Other Goods	146	164
其他服务	Other Services	230	249

2-6 城镇居民人均现金消费支出

Per Capita Cash Consumption Expenditure of Urban Households

单位：元 (yuan)

指 标	Item	2020	2021
现金消费支出	**Cash Consumption Expenditure**	**16996**	**18337**
食品烟酒	Food, Tobacco and Liquor	6749	6562
食品	Food	5057	4606
烟酒	Tobacco and Liquor	352	418
饮料	Beverages	107	134
饮食服务	Catering Services	1233	1404
衣着	Clothing	873	995
衣类	Clothes	730	833
鞋类	Footwear	143	162
居住	Residence	1857	1892
租赁房房租	Rental Housing Accommodation	115	115
住房维修及管理	Housing Maintenance and Management	869	878
水电燃料及其他	Water, Electricity and Other Fuels	873	899
生活用品及服务	Household Facilities, Articles and Services	1174	1333
家具及室内装饰品	Furniture and Interior Decorations	205	208
家用器具	Household Appliances	306	379
家用纺织品	Home Textiles	93	107
家庭日用杂品	The Family Daily Sundry Goods	231	254
个人用品	Personal Products	245	270
家庭服务	Household Service	94	115
交通通信	Transport and Communications	2599	3004
交通	Transport	1907	2296
通信	Communications	692	708
教育文化娱乐	Education, Cultural and Recreation	2181	2810
教育	Education	1635	2278
文化娱乐	Cultural and Recreation	546	532
医疗保健	Health Care and Medical Services	1202	1348
医疗器具及药品	Medical Apparatus and Drugs	438	393
医疗服务	Medical Services	764	955
其他用品和服务	Other Goods and Services	361	393
其他用品	Other Goods	144	157
其他服务	Other Services	217	236

2-7 城镇居民人均主要食品消费量

Per Capita Consumption of Major Foods of Urban Households

指 标	Item	单位	Unit	2020	2021
粮食	Grain	千克	kg	103.3	118.6
谷物	Cereal	千克	kg	95.1	110.8
薯类	Tuber	千克	kg	1.3	1.1
豆类	Beans and the Products	千克	kg	6.9	6.7
大豆	Soybean	千克	kg	0.3	0.3
油脂类	Grease	千克	kg	8.3	8.8
植物油	Vegetable Oil	千克	kg	7.9	8.1
蔬菜及菜制品	Vegetable and Vegetable Products	千克	kg	96.9	97.3
鲜菜	Fresh Vegetables	千克	kg	93.2	94.5
肉类	Meat	千克	kg	27.4	36.1
猪肉	Pork	千克	kg	21.7	30.2
牛肉	Beef	千克	kg	3.0	2.7
羊肉	Mutton	千克	kg	0.7	0.8
禽类	Poultry	千克	kg	29.0	25.3
水产品	Aquatic Products	千克	kg	16.5	15.4
蛋类及蛋制品	Eggs and Egg Products	千克	kg	8.2	6.6
奶和奶制品	Milk and Milk Products	千克	kg	9.0	9.5
干鲜瓜果类	Dried and Fresh Melons and Fruits	千克	kg	50.4	50.3
鲜瓜果	Fresh Melons and Fruits	千克	kg	47.2	47.4
坚果类	Nuts and Processed Products	千克	kg	2.5	2.3
糖果糕点类	Sweets and Cakes	千克	kg	5.0	5.0
# 食糖	# Suger	千克	kg	1.3	1.1

2-8 城镇居民平均每百户年末主要耐用消费品拥有量

Main Durable Goods Owned Per 100 Urban Households

指 标	Item	单位	Unit	2020	2021
家用汽车	Automobile	辆	unit	45.4	48.1
摩托车	Motorcycle	辆	unit	31.2	42.1
助力车	Electric Bicycle	辆	unit	104.9	115.2
洗衣机	Washing Machine	台	set	103.2	102.8
电冰箱（柜）	Refrigerator	台	set	106.3	106.5
微波炉	Microwave Oven	台	set	70.2	69.1
彩色电视机	Color Television Set	台	set	112.8	112.7
空调	Air Conditioner	台	set	177.0	183.2
热水器	Water Heater	台	set	109.5	105.8
排油烟机	Vacuum Cleaner	台	set	71.4	66.4
固定电话	Telephone	部	set	8.5	4.6
移动电话	Mobile Telephone	部	set	276.2	285.9
计算机	Computer	台	set	79.4	63.6
照相机	Camera	架	set	19.2	9.0

2-9 农村居民人均收支及恩格尔系数（1981—2021年）

Per Capita Income and Expenditure & Engle's Coefficient of Rural Households（1981—2021）

年 份 Year	农村居民人均可支配收入（元） Per Capita Disposable Income of Rural Households（yuan）	比上年±% Growth Rate Over Preceding Year（%）	农村居民人均消费支出（元） Per Capita Consumption Expenditure of Rural Households（yuan）	比上年±% Growth Rate Over Preceding Year（%）	# 食品消费支出（元） # Food Expenditure（yuan）	比上年±% Growth Rate Over Preceding Year（%）	农村居民恩格尔系数（%） Engel's Coefficient of Rural Households（%）
1981	204	17.6	171	13.6	116	20.9	67.6
1982	235	15.4	210	22.6	139	20.0	66.2
1983	262	11.2	224	6.6	148	6.6	66.2
1984	267	2.1	238	6.1	154	3.6	64.6
1985	303	13.4	268	12.9	167	8.6	62.2
1986	316	4.3	284	5.8	176	5.3	61.9
1987	354	12.0	309	9.0	192	9.2	62.1
1988	424	19.9	362	17.0	216	12.4	59.6
1989	483	13.9	419	15.8	244	13.2	58.3
1990	639	32.4	537	28.1	346	41.6	64.4
1991	658	2.9	581	8.2	360	4.1	62.0
1992	732	11.2	616	6.1	381	5.8	61.8
1993	885	21.0	705	14.4	448	17.6	63.6
1994	1107	25.1	926	31.4	552	23.2	59.6
1995	1446	30.6	1143	23.4	700	26.9	61.3
1996	1703	17.8	1399	22.4	795	14.6	56.8
1997	1875	10.1	1376	-1.7	800	0.6	58.2
1998	1972	5.2	1415	2.8	809	1.1	57.2
1999	2048	3.9	1457	3.0	849	5.0	58.3
2000	1865	-9.0	1488	2.1	825	-2.9	55.4
2001	1944	4.3	1551	4.2	811	-1.7	52.3
2002	2013	3.5	1686	8.7	875	7.9	51.9
2003	2095	4.1	1751	3.9	899	2.7	51.3
2004	2305	10.1	1929	10.1	1048	16.5	54.3
2005	2495	8.2	2350	21.8	1187	13.3	50.5
2006	2771	11.1	2414	2.7	1196	0.8	49.6
2007	3224	16.4	2747	13.8	1379	15.3	50.2
2008	3690	14.5	2985	8.7	1595	15.7	53.4
2009	3980	7.9	3231	8.2	1573	-1.4	48.7
2010	4543	14.1	3455	6.9	1675	6.5	48.5
2011	5231	15.1	4211	21.9	1845	10.1	43.8
2012	6008	14.8	4878	15.8	2086	13.1	42.8
2013	6791	13.0	5206	6.7	2085	-0.1	40.1
2014	8683	11.4	6675	10.6	2463	11.2	36.9
2015	9467	9.0	7582	13.6	2681	8.8	35.4
2016	10359	9.4	8351	10.2	2880	7.5	34.5
2017	11325	9.3	9437	13.0	3043	5.6	32.2
2018	12435	9.8	10617	12.5	3195	5.0	30.1
2019	13676	10.0	12045	13.5	3724	16.6	30.9
2020	14815	8.3	12431	3.2	4297	15.4	34.6
2021	16363	10.4	14165	14.0	4715	9.7	33.3

注：从2014年起，开展城乡一体化的住户收支与生活状况调查，与2013年及以前分别开展的城镇和农村住户调查的调查范围、调查方法、指标口径有所不同（2014年及以前农村居民家庭人均可支配收入为农村居民家庭人均纯收入）。

Note: Started an integrated household income and expenditure survey in 2014.The coverage, methodology and definitions used in the survey are different from those used for the separated urban and rural houschold surveys prior to 2013 (In 2014 and before, the per capita disposable income of rural households was the per capita net income of rural households).

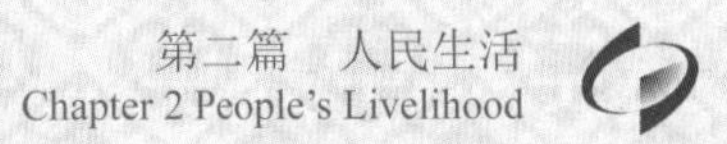

2-10　农村居民家庭基本情况

Basic Conditions of Rural Households

单位：人　　(person)

指　标	Item	2020	2021
年末住户常住成员数（人）	**Number of Permanent Residents Per Households（person）**	**9663**	**9630**
调查样本住户数（户）	**Number of Households Surveyed Sample（household）**	**2670**	**2670**
年末人均自有现住房面积（平方米）	**Per Capita Floor Space of Houses（sq.m）**	**53.0**	**56.5**
常住成员从业人数	**Number of Employed by Permanent Residents**	**5063**	**5243**
户主文化程度	**Degree of Education of Householder**		
未上过学	Not in School	29	29
小学	Primary School	824	714
初中	Junior Secondary Schools	1353	1483
高中	Senior Secondary School	421	379
大学专科	Junior College	39	52
大学本科	Undergraduate College	4	13
研究生	Graduate Student		
常住从业人员就业类型	**Employed Types of Permanent Residents**		
雇主	Employer	4	13
公职人员	Public Officers	9	6
事业单位人员	Business Unit Personnel	69	106
国有企业雇员	State-owned Enterprises Employee	8	6
其他雇员	Other Employees	1785	1863
农业自营	Agricultural Own Business	2668	2676
非农自营	Non Agricultural Own Business	520	573
常住从业人员从事主要行业	**Engaged in Major Industries of Permanent Residents**		
第一产业	Primary Industry	2899	2870
第二产业	Secondary Industry	936	1001
第三产业	Tertiary Industry	1228	1372

2-11 农村居民人均收入与支出

Per Capita Disposable Income and Consumption Expenditure of Rural Households

单位：元 （yuan）

指 标	Item	2020	2021
可支配收入	**Disposable Income**	**14815**	**16363**
工资性收入	Income from Wages and Salaries	4638	5536
工资	Wages	4524	5280
实物福利	Benefit in Kind	60	117
其他	Other	54	139
经营净收入	Net Business Income	5868	6391
第一产业经营净收入	Net Business Income of Primary Industry	4066	4270
农业	Agriculture	2409	2653
林业	Forestry	594	691
牧业	Animal Husbandry	908	763
渔业	Fishery	155	163
第二产业经营净收入	Net Business Income of Secondary Industry	278	278
第三产业经营净收入	Net Business Income of Tertiary Industry	1524	1842
财产净收入	Property Net Income	352	385
转移净收入	Transfer Net Income	3957	4051
转移性收入	Income form Transfer	4390	4696
# 养老金或离退休金	# Pensions and Retirement Pay	905	942
转移性支出	Transfer Expenditure	433	645
# 社会保障支出	# Social Secuity Expenditure	363	526
农村居民按收入五等份分组的人均可支配收入	**Per Capita Disposable Income of Rural Households by Income Quintile**		
20%低收入组家庭人均可支配收入	Low 20% Households	7414	7585
20%中间偏下收入组家庭人均可支配收入	Second 20% Households	10024	10980
20%中间收入组家庭人均可支配收入	Third 20% Households	13611	15081
20%中间偏上收入组家庭人均可支配收入	Fourth 20% Households	18457	20674
20%高收入组家庭人均可支配收入	Highest 20% Households	33066	36119
消费支出	**Consumption Expenditure**	**12431**	**14165**
食品烟酒	Food, Tobacco and Liquor	4297	4715
衣着	Clothing	354	460
居住	Residence	2659	2814
生活用品及服务	Household Facilities, Articles and Services	667	784
交通通信	Transport and Communications	1682	2003
教育文化娱乐	Education, Cultural and Recreation	1408	1821
医疗保健	Health Care and Medical Services	1228	1393
其他用品和服务	Other Goods and Services	136	175

2-12　农村居民人均现金收入与支出

Per Capita Cash Income and Expenditure of Rural Households

单位：元　　(yuan)

指　标	Item	2020	2021
现金可支配收入	**Cash Disposable Income**	**13625**	**14809**
现金工资性收入	Cash Income from Wages and Salaries	4578	5419
工资	Wages	4524	5280
其他	Other	53	139
现金经营净收入	Cash Net Business Income	5256	5637
第一产业现金经营净收入	Cash Net Business Income of Primary Industry	3288	3356
农业	Agriculture	1806	1873
林业	Forestry	577	611
牧业	Animal Husbandry	766	722
渔业	Fishery	139	150
第二产业现金经营净收入	Cash Net Business Income of Secondary Industry	307	303
第三产业现金经营净收入	Cash Net Business Income of Tertiary Industry	1661	1978
现金财产净收入	Cash Property Net Income	352	385
现金转移净收入	Cash Transfer Net Income	3440	3368
现金转移性收入	Cash Income form Transfer	3873	4013
# 养老金或离退休金	# Pensions and Retirement Pay	905	942
现金转移性支出	Cash Transfer Expenditure	433	645
# 社会保障支出	# Social Secuity Expenditure	363	526
现金消费支出	**Cash Consumption Expenditure**	**9591**	**10735**
食品烟酒	Food, Tobacco and Liquor	3365	3700
衣着	Clothing	353	460
居住	Residence	1192	1030
生活用品及服务	Household Facilities, Articles and Services	607	733
交通通信	Transport and Communications	1681	2003
教育文化娱乐	Education, Cultural and Recreation	1408	1820
医疗保健	Health Care and Medical Services	856	829
其他用品和服务	Other Goods and Services	129	160

2-13 农村居民人均消费支出

Per Capita Consumption Expenditure of Rural Households

单位：元 （yuan）

指 标	Item	2020	2021
消费支出	**Consumption Expenditure**	**12431**	**14165**
食品烟酒	Food, Tobacco and Liquor	4297	4715
食品	Food	3596	3732
烟酒	Tobacco and Liquor	341	413
饮料	Beverages	73	97
饮食服务	Catering Services	287	473
衣着	Clothing	354	460
衣类	Clothes	282	368
鞋类	Footwear	72	92
居住	Residence	2659	2814
租赁房房租	Rental Housing Accommodation	26	32
住房维修及管理	Housing Maintenance and Management	715	450
水电燃料及其他	Water, Electricity and Other Fuels	464	629
自有住房折算租金	Owned Housing of Convert Rent	1454	1704
生活用品及服务	Household Facilities, Articles and Services	667	784
家具及室内装饰品	Furniture and Interior Decorations	100	128
家用器具	Household Appliances	180	217
家用纺织品	Home Textiles	38	44
家庭日用杂品	The Family Daily Sundry Goods	226	235
个人用品	Personal Products	107	139
家庭服务	Household Service	16	21
交通通信	Transport and Communications	1682	2003
交通	Transport	1244	1447
通信	Communications	438	556
教育文化娱乐	Education, Cultural and Recreation	1408	1821
教育	Education	1222	1653
文化娱乐	Cultural and Recreation	186	168
医疗保健	Health Care and Medical Services	1228	1393
医疗器具及药品	Medical Apparatus and Drugs	201	279
医疗服务	Medical Services	1027	1113
其他用品和服务	Other Goods and Services	136	175
其他用品	Other Goods	68	93
其他服务	Other Services	68	82

2-14　农村居民人均现金消费支出

Per Capita Cash Consumption Expenditure of Rural Households

单位：元　　　　（yuan）

指　标	Item	2020	2021
现金消费支出	**Cash Consumption Expenditure**	**9591**	**10735**
食品烟酒	Food, Tobacco and Liquor	3365	3700
食品	Food	2715	2819
烟酒	Tobacco and Liquor	341	413
饮料	Beverages	71	94
饮食服务	Catering Services	238	374
衣着	Clothing	353	460
衣类	Clothes	281	368
鞋类	Footwear	72	92
居住	Residence	1192	1030
租赁房房租	Rental Housing Accommodation	26	32
住房维修及管理	Housing Maintenance and Management	715	450
水电燃料及其他	Water, Electricity and Other Fuels	451	548
生活用品及服务	Household Facilities, Articles and Services	607	733
家具及室内装饰品	Furniture and Interior Decorations	99	128
家用器具	Household Appliances	180	217
家用纺织品	Home Textiles	38	44
家庭日用杂品	The Family Daily Sundry Goods	167	184
个人用品	Personal Products	107	139
家庭服务	Household Service	16	21
交通通信	Transport and Communications	1681	2003
交通	Transport	1243	1447
通信	Communications	438	556
教育文化娱乐	Education, Cultural and Recreation	1408	1820
教育	Education	1222	1652
文化娱乐	Cultural and Recreation	186	168
医疗保健	Health Care and Medical Services	856	829
医疗器具及药品	Medical Apparatus and Drugs	201	247
医疗服务	Medical Services	655	582
其他用品和服务	Other Goods and Services	129	160
其他用品	Other Goods	67	86
其他服务	Other Services	62	74

2-15 农村居民人均主要食品消费量

Per Capita Consumption of Major Foods of Rural Households

指　标	Item	单位	Unit	2020	2021
粮食	Grain	千克	kg	175.1	171.3
谷物	Cereal	千克	kg	167.7	164.6
薯类	Tuber	千克	kg	0.8	0.8
豆类	Beans and the Products	千克	kg	6.6	5.9
大豆	Soybean	千克	kg	0.5	0.4
油脂类	Grease	千克	kg	9.7	10.4
植物油	Vegetable Oil	千克	kg	8.4	8.6
蔬菜及菜制品	Vegetable and Vegetable Products	千克	kg	83.5	96.0
鲜菜	Fresh Vegetables	千克	kg	82.1	94.7
肉类	Meat	千克	kg	21.8	33.2
猪肉	Pork	千克	kg	19.8	30.5
牛肉	Beef	千克	kg	0.9	1.0
羊肉	Mutton	千克	kg	0.3	0.4
禽类	Poultry	千克	kg	32.2	26.8
水产品	Aquatic Products	千克	kg	10.9	10.6
蛋类及蛋制品	Eggs and Egg Products	千克	kg	7.1	6.2
奶和奶制品	Milk and Milk Products	千克	kg	2.6	3.5
干鲜瓜果类	Dried and Fresh Melons and Fruits	千克	kg	29.6	33.7
鲜瓜果	Fresh Melons and Fruits	千克	kg	27.8	32.0
坚果类	Nuts and Processed Products	千克	kg	1.6	1.4
糖果糕点类	Sweets and Cakes	千克	kg	3.7	4.0
# 食糖	# Suger	千克	kg	1.1	1.1

2-16 农村居民平均每百户年末主要耐用消费品拥有量

Maio Durable Goods Owned Per 100 Rural Households

指　标	Item	单位	Unit	2020	2021
家用汽车	Automobile	辆	unit	20.0	23.4
摩托车	Motorcycle	辆	unit	89.4	88.2
助力车	Electric Bicycle	辆	unit	69.5	84.4
洗衣机	Washing Machine	台	set	84.8	90.4
电冰箱（柜）	Refrigerator	台	set	101.4	103.6
微波炉	Microwave Oven	台	set	32.4	36.7
彩色电视机	Color Television Set	台	set	107.3	107.4
空调	Air Conditioner	台	set	55.5	76.8
热水器	Water Heater	台	set	88.1	91.8
排油烟机	Vacuum Cleaner	台	set	17.4	22.9
固定电话	Telephone	部	set	2.6	1.2
移动电话	Mobile Telephone	部	set	283.4	285.4
计算机	Computer	台	set	20.8	21.9
照相机	Camera	架	set	0.7	0.4

2-17 农村居民家庭固定资产投资情况

Fixed Assets Investment of Rural Households

单位：亿元 (100 million yuan)

项 目	Item	2017	2018	2019	2020	2021
新增固定资产原值	**New Original Value of Fixed Assets**	**575.44**	**580.62**	**612.48**	**584.54**	**645.87**
固定资产投资完成额	**Finished Value of Investment of the Fixed Assets**	**590.08**	**596.16**	**619.39**	**585.57**	**645.87**
按投资来源分	Investment by Source					
国内贷款	Domestic Loans	18.06	17.19	18.17	17.88	17.70
自筹资金	Self-raising Funds	565.25	570.90	591.51	558.95	615.40
其他资金	Others	7.53	8.06	9.71	8.74	12.77
按投资构成分	According to Constitute Sub-investment					
建筑工程	Construction	451.71	454.87	437.58	431.14	422.09
设备工、器具购置	For Equipment, the Purchase of Equipment	81.70	83.28	103.15	77.51	90.46
其他	Others	57.43	58.01	78.66	76.91	133.32
按投资方向分	According to the Investment Direction Pm					
农业	Agriculture	125.68	128.63	156.12	145.25	181.57
采矿业	Mining	…	…	…	…	…
制造业	Manufacturing	2.32	2.09	2.29	1.45	1.40
建筑业	Construction	0.84	0.82	1.01	1.39	1.56
交通运输、仓储和邮政业	Transport, Storage and Post	24.04	25.24	31.61	34.99	16.59
批发和零售业	Wholesale and Retail Trades	2.91	3.25	4.21	4.57	2.77
住宿和餐饮业	Hotels and Catering Services	0.28	…	…	…	2.57
房地产业	Real Estate	420.87	423.40	408.77	385.06	403.95
租赁和商务服务业	Leasing and Business Services	0.43	0.46	0.51	0.43	0.48
居民服务和其他服务业	Serices to Households and Other Services	13.47	12.27	14.87	12.42	35.00
按具体投资项目分	Based on specific investment projects pm					
房屋	Housing	433.80	436.75	420.02	375.78	403.95
设备	Equipment	81.70	83.28	103.15	93.72	109.37
水利	Water	0.90	0.88	0.94	0.87	1.29
其他	Others	74.44	75.25	95.28	115.20	131.26
施工房屋面积（万平方米）	**Acreage of House Construction（10 000 sq.m）**	**6638.34**	**6684.81**	**6423.49**	**6106.01**	**6030.17**
竣工房屋面积（万平方米）	**Acreage of House Completion（10 000 sq.m）**	**6051.62**	**6142.39**	**6020.09**	**5747.40**	**5556.24**
竣工房屋投资完成额	**Completion Amount of Investment in House**	**365.67**	**372.62**	**365.20**	**383.74**	**403.53**

2-18 各市城镇居民人均可支配收入（1981—2021年）

单位：元

年　份 Year	南宁市 Nanning	柳州市 Liuzhou	桂林市 Guilin	梧州市 Wuzhou	北海市 Beihai	防城港市 Fangchenggang
1981	445	385	442	438	432	
1982	478	420	498	459	486	
1983	513	447	505	436	491	
1984	624	540	621	545	701	
1985	716	668	757	708	751	
1986	851	761	884	849	895	
1987	949	871	1033	991	990	
1988	1166	1226	1228	1189	1296	
1989	1274	1307	1335	1327	1376	
1990	1454	1515	1501	1545	1591	
1991	1658	1794	1829	1790	1910	
1992	2105	2306	2453	2315	2727	
1993	3081	3544	3168	3246	4516	
1994	4544	4243	4672	4309	5649	
1995	5544	4884	5506	4909	6365	
1996	5973	5243	5977	4945	6396	
1997	5931	5457	6025	4934	6558	
1998	6570	5552	6230	4838	6306	
1999	6947	5328	6494	5415	6483	
2000	7448	5740	6997	5221	6167	
2001	7906	7547	7547	5837	7013	
2002	8796	7928	7852	6282	7692	
2003	9162	8369	8246	7062	8007	
2004	9531	9155	8803	7325	8773	
2005	10078	9986	9502	8190	9520	
2006	10905	10592	10244	8855	11071	
2007	12955	11919	11514	10123	13090	
2008	14983	14536	13665	13351	14625	
2009	16531	15395	15001	14617	15536	
2010	17741	17532	16566	16578	16612	
2011	19972	18631	17915	18531	18347	
2012	22024	22261	19450	21416	20296	
2013	24817	24355	24552	22537	23407	24423
2014	27075	26693	26811	24272	25818	26523
2015	29106	28722	28768	25898	27729	28433
2016	30728	30270	30124	27260	29412	29758
2017	33217	32661	32534	29359	31912	32079
2018	35276	34849	34649	31209	33954	34325
2019	37675	37358	37178	33518	36602	36385
2020	38542	38479	38145	34591	37956	37185
2021	41394	41442	40739	37185	40727	39676

注：1. 1992年及以前可支配收入为生活费收入；2. 从2016年起，各市人均可支配收入为新口径数据，2015年及以前的数据不可比。

Per Capita Disposable Income of Urban Households by Cities（1981—2021）

（yuan）

钦州市 Qinzhou	贵港市 Guigang	玉林市 Yulin	百色市 Baise	贺州市 Hezhou	河池市 Hechi	来宾市 Laibin	崇左市 Chongzuo
	416		442	401			
	525		549	520			
	695		663	653			
	787		784	776			
	981		947	926			
	1179		1163	1251			
	1304		1288	1521			
	1410		1421	1590			
	1523		1427	1615			
	1876		2002	2060			
	2417		2703	2536			
	4241		4017	3494			
	5258		5035	4355			
	4987		5180	4542			
	4927		5049	4520			
	5235		5495	4940			
	5590		5607	5199			
	5468		5747	5549			
	6118		6807	5997			
	6927		7215	7030			
	7607		7362	7869			
	7906		8532	10530			
	8253		9510	10105			
	8965		10116	10612			
	9880		11685	12020			
	11414		12984	13643			
	12455		14219	15013			
	14447		15554	16761			
	16276		16929	18612			
	18595		19242	21442			
23695	21361	24366	21458	21682	19653	23563	21288
25425	23262	26681	23282	23590	21363	25401	23184
27281	24890	28842	24958	25194	22752	27077	24668
29360	26771	30083	26919	26883	23660	28962	26605
31415	28806	32159	29126	28899	25647	31047	28813
33488	30506	33960	30611	30864	27468	32910	30916
35732	32916	36133	32784	33179	29665	34950	33297
37126	34002	37362	33964	34075	30881	36173	34562
40170	36756	40314	36375	36665	33351	38705	36947

Note: 1. 1992 disposable income before income for living expenses; 2.From 2016 onwards, the per capita disposable income of each city is a new caliber of data, which is incomparable from 2015 and before.

2-19 各市城镇居民人均消费支出（1981—2021年）

单位：元

年 份 Year	南宁市 Nanning	柳州市 Liuzhou	桂林市 Guilin	梧州市 Wuzhou	北海市 Beihai	防城港市 Fangchenggang
1981	440	398	423	414	428	
1982	456	394	458	461	447	
1983	499	435	480	440	450	
1984	566	503	568	512	508	
1985	724	645	813	691	713	
1986	825	718	883	794	855	
1987	944	862	1031	956	933	
1988	1229	1367	1366	1224	1257	
1989	1293	1357	1320	1333	1327	
1990	1360	1462	1445	1418	1449	
1991	1667	1755	1807	1780	1860	
1992	1852	1936	2179	1916	2091	
1993	2624	2916	2595	2510	3483	
1994	4288	3708	3935	3794	4482	
1995	5055	4385	4531	4405	5014	
1996	5425	4577	5082	4580	5302	
1997	5456	4732	5221	4455	5394	
1998	5800	4273	5358	4424	5214	
1999	6321	4351	5786	4475	5693	
2000	6705	4458	5893	4604	5092	
2001	7107	6010	6111	5116	5407	
2002	6970	5992	6123	5129	5898	
2003	7217	6033	6326	6136	5865	
2004	7329	7117	6755	6417	6681	
2005	7882	7850	7186	6670	7128	
2006	8160	7245	7915	7100	8447	
2007	9459	8723	8252	7914	9289	
2008	10268	11351	8992	9552	9917	
2009	11120	11276	9880	9965	12414	
2010	12867	11978	10934	11126	11746	
2011	14834	13720	11890	12995	13176	
2012	15292	14115	14470	13630	14224	
2013	17128	15398	15555	14748	15191	14792
2014	19032	16970	16930	15899	16461	16058
2015	20897	18314	17998	17008	17959	17452
2016	15886	19360	17649	17969	18861	19005
2017	17279	20909	19005	19017	20238	20538
2018	18724	22421	20465	21215	21152	22752
2019	20143	24023	22450	23602	22875	24815
2020	19237	23254	21507	22870	22326	24071
2021	20584	24672	23335	23991	23219	25467

注：从2016年起，各市人均消费支出为新口径数据，与2015年及以前的数据不可比。

Per Capita Consumption Expenditure of Urban Households by Cities（1981—2021）

（yuan）

钦州市 Qinzhou	贵港市 Guigang	玉林市 Yulin	百色市 Baise	贺州市 Hezhou	河池市 Hechi	来宾市 Laibin	崇左市 Chongzuo
	375		431	377			
	417		485	447			
	608		632	634			
	667		776	762			
	840		886	904			
	1215		1153	1258			
	1337		1259	1672			
	1344		1334	1336			
	1479		1355	1558			
	1470		1622	1633			
	1845		2094	1879			
	3257		3213	2786			
	4092		4396	3562			
	3923		4647	3515			
	4198		4639	3902			
	4120		4661	3813			
	4739		4785	3791			
	4134		5409	4076			
	4677		5701	4610			
	4563		5635	5075			
	5661		5766	5287			
	5143		6405	6230			
	5997		7245	6792			
	6313		7615	7545			
	6692		8176	8529			
	8189		9079	8063			
	7979		10268	9129			
	9686		11528	11084			
	11505		12344	11493			
	13123		12327	11706			
14361	14646	14938	13448	12635	12021	14676	12378
15316	15779	15996	14474	13493	14203	15654	13219
16446	16650	17299	15531	14322	14867	16757	14026
17173	15995	17207	16488	15206	15708	17389	15953
18392	17791	18306	17985	16335	16784	18619	17453
19513	19329	19596	19009	17564	18301	19325	18814
20898	21029	21535	19977	18736	19592	20195	20291
20543	20293	20954	19298	17987	19043	19529	19763
21509	22647	22442	20186	19948	20471	20525	21463

Note: Since 2016, the per capita consumption expenditure of each city is a new caliber data, which is incomparable with the data of 2015 and before.

2-20 各市城镇居民恩格尔系数（1981—2021年）

单位：%

年 份 Year	南宁市 Nanning	柳州市 Liuzhou	桂林市 Guilin	梧州市 Wuzhou	北海市 Beihai	防城港市 Fangchenggang
1981	57.7	57.4	58.2	62.4	60.5	
1982	59.6	60.4	61.4	60.3	60.7	
1983	58.3	60.9	62.2	63.2	64.7	
1984	56.6	58.0	55.4	62.5	64.0	
1985	54.5	59.3	54.4	63.8	59.4	
1986	58.6	61.1	57.6	67.7	59.1	
1987	59.3	63.8	57.7	65.7	64.1	
1988	58.9	51.1	55.8	56.4	58.9	
1989	63.7	64.1	60.5	64.4	65.8	
1990	62.1	61.0	57.5	62.0	60.4	
1991	56.1	57.9	56.6	53.9	56.8	
1992	57.0	54.8	52.7	56.9	58.8	
1993	52.9	48.3	54.0	56.6	50.1	
1994	49.2	48.4	48.8	50.4	51.8	
1995	49.9	53.3	52.3	54.6	55.9	
1996	49.7	51.0	49.8	53.7	57.0	
1997	46.5	46.4	48.0	53.2	55.2	
1998	42.4	48.5	43.5	50.2	52.0	
1999	37.5	45.9	41.6	49.5	48.9	
2000	36.5	43.8	38.7	44.4	47.1	
2001	34.7	35.3	37.2	43.3	46.9	
2002	37.5	38.8	40.3	47.6	45.3	
2003	37.5	40.8	40.4	46.5	46.3	
2004	40.1	44.0	42.1	45.5	48.0	
2005	40.5	39.1	39.1	48.0	42.7	
2006	39.0	39.3	39.7	46.8	41.3	
2007	39.6	40.3	45.2	50.4	44.1	
2008	41.0	39.7	50.8	51.9	44.9	
2009	38.8	37.4	49.4	47.5	37.5	
2010	35.1	37.6	46.0	48.4	43.3	
2011	36.0	37.9	43.3	47.2	45.1	
2012	39.2	41.5	41.0	45.1	46.9	
2013	39.0	40.8	41.1	43.8	46.3	40.4
2014	38.8	40.5	40.6	42.8	46.1	40.9
2015	37.9	40.6	40.2	42.3	44.9	40.9
2016	35.9	40.4	36.7	42.3	44.8	41.0
2017	35.3	40.2	36.4	40.8	43.0	33.5
2018	31.1	39.4	35.4	36.6	41.6	30.9
2019	32.0	39.0	34.3	33.0	39.9	31.4
2020	32.7	36.8	33.9	31.4	38.6	34.6
2021	31.8	34.8	33.8	31.0	36.7	33.1

注：从2016年起，各市城镇居民恩格尔系数采用新口径数据进行计算，2015年及以前为老口径数据计算。

Engle's Coefficient of Urban Households by Cities（1981—2021）

（%）

钦州市 Qinzhou	贵港市 Guigang	玉林市 Yulin	百色市 Baise	贺州市 Hezhou	河池市 Hechi	来宾市 Laibin	崇左市 Chongzuo
	61.9		56.1	56.7			
	58.6		55.5	55.7			
	49.9		57.8	59.2			
	54.0		55.5	56.0			
	53.4		59.5	57.1			
	49.3		52.9	49.8			
	53.2		59.7	46.4			
	57.1		59.4	59.1			
	53.4		59.5	54.1			
	55.3		57.9	57.4			
	58.0		57.0	58.6			
	48.3		49.9	51.1			
	48.3		47.5	50.9			
	50.2		45.8	55.1			
	47.2		45.8	49.3			
	48.0		45.8	47.9			
	41.1		44.9	49.9			
	42.0		36.4	46.8			
	36.5		35.8	39.6			
	40.8		39.2	41.3			
	35.9		39.0	42.0			
	42.3		39.0	40.1			
	40.3		40.3	42.1			
	40.4		38.1	39.9			
	47.9		42.2	38.7			
	43.8		42.4	46.3			
	46.1		37.3	41.9			
	39.9		35.0	36.2			
	38.8		40.6	40.2			
	42.3		40.0	39.8			
45.8	41.8	39.5	39.6	39.5	40.0	37.8	41.1
45.7	41.7	40.0	39.1	38.9	33.8	37.6	39.2
45.6	41.6	40.0	38.4	38.7	33.3	37.1	40.3
35.4	41.3	40.5	31.1	38.7	33.5	36.5	41.4
35.3	39.4	39.3	34.2	38.4	32.4	35.8	40.6
34.5	38.1	38.0	33.2	37.3	32.2	35.7	40.3
34.7	36.9	36.0	32.7	35.0	32.3	34.6	41.2
35.0	35.0	33.1	34.4	34.1	34.1	37.1	35.8
33.9	34.8	31.1	33.5	31.5	33.6	35.7	35.0

Note: Since 2016, the Engel coefficient of urban residents in various cities has been calculated with the new caliber data, and calculated for the old caliber data before 2015.

2-21 各市城镇居民人均收支情况（2021年）

单位：元

项 目	Item	南宁市 Nanning	柳州市 Liuzhou	桂林市 Guilin	梧州市 Wuzhou
城镇居民人均收入	**Per Capita Income of Urban Households**				
可支配收入	Disposable Income	41394	41442	40739	37185
工资性收入	Income from Wages and Salaries	23358	25252	22529	21416
经营净收入	Net Business Income	6376	4655	5133	5739
财产性收入	Income from Properties	5159	1827	2689	2645
转移性收入	Income from Transfers	6501	9708	10388	7385
城镇居民人均支出	**Per Capita Expenditure of Urban Households**				
消费性支出	Consumption Expenditure	20584	24672	23335	23991
食品烟酒	Food, Tobacco and Liquor	6543	8597	7882	7435
衣着	Clothing	935	1687	1263	1922
居住	Residence	4962	2874	4793	3209
生活用品及服务	Household Facilities, Articles and Services	1190	1891	1398	2109
交通和通信	Transport and Communications	2337	4317	2398	3368
教育文化娱乐	Education, Culture and Recreation	2223	2990	2853	3191
医疗保健	Health Care and Medical Services	1991	1541	2326	2173
其他用品和服务	Other Goods and Services	403	775	422	584

Per Capita Income and Consumption Expenditure of Urban Households by Cities（2021）

（yuan）

北海市 Beihai	防城港市 Fangchenggang	钦州市 Qinzhou	贵港市 Guigang	玉林市 Yulin	百色市 Baise	贺州市 Hezhou	河池市 Hechi	来宾市 Laibin	崇左市 Chongzuo
40727	39676	40170	36756	40314	36375	36665	33351	38705	36947
23530	21901	21000	25129	23359	23121	21192	18925	23249	20875
6912	7471	7989	4373	6993	5709	4848	5721	6407	8867
2095	3096	2900	1439	2387	2510	3838	2143	2173	1958
8190	7208	8281	5815	7575	5035	6787	6562	6876	5246
23219	25467	21509	22647	22442	20186	19948	20471	20525	21463
8532	8431	7288	7884	6986	6769	6284	6882	7331	7512
1035	1191	876	1761	1552	1328	1428	871	1014	944
3086	5788	5050	1903	2497	3672	2426	4221	4188	4314
1303	2121	1058	1755	1820	1295	1331	1414	1142	1502
4867	2983	3145	4709	3399	2894	3673	2713	2459	2919
2582	2232	2395	3161	3574	2480	2840	2181	2337	2146
1290	2028	1300	1020	1960	1397	1602	1757	1733	1653
524	693	397	454	654	351	364	432	321	473

2-22 各市农村居民人均收支情况（2021年）

单位：元

项目	Item	南宁市 Nanning	柳州市 Liuzhou	桂林市 Guilin	梧州市 Wuzhou
农村居民人均收入	**Per Capita Income of Rural Households**				
可支配收入	Disposable Income	17808	17369	18993	16331
工资性收入	Income from Wages and Salaries	7856	5351	8034	7289
经营净收入	Net Business Income	6501	8810	7958	5116
第一产业	Primary Industry	5232	7658	5133	2953
第二产业	Secondary Industry	138	89	756	321
第三产业	Tertiary Industry	1131	1063	2069	1842
财产性收入	Income from Properties	720	161	399	397
转移性收入	Income from Transfers	2731	3047	2602	3529
农村居民人均支出	**Per Capita Expenditure of Rural Households**				
消费支出	Consumption Expenditure	14276	11990	12358	9984
食品烟酒	Food, Tobacco and Liquor	4458	4397	4367	3122
衣着	Clothing	439	523	405	361
居住	Residence	3420	3145	2620	2416
生活用品及服务	Household Facilities, Articles and Services	734	669	803	718
交通和通信	Transport and Communications	1781	661	1503	1358
教育文化娱乐	Education, Culture and Recreation	1702	833	1218	901
医疗保健	Health Care and Medical Services	1579	1495	1250	872
其他用品和服务	Other Goods and Services	163	267	192	236

Per Capita Income and Consumption Expenditure of Rural Households by Cities（2021）

（yuan）

北海市 Beihai	防城港市 Fangchenggang	钦州市 Qinzhou	贵港市 Guigang	玉林市 Yulin	百色市 Baise	贺州市 Hezhou	河池市 Hechi	来宾市 Laibin	崇左市 Chongzuo
18460	19031	17041	18381	19635	14755	15312	12325	15317	15694
6110	6602	6755	8026	5605	4436	6926	4209	4899	3829
10019	8329	5854	8665	8991	7038	6729	5221	7402	9667
7033	6602	3332	6293	6000	5472	5107	3599	5742	7831
324	159	603	904	222	232	290	367	111	213
2662	1568	1919	1468	2769	1334	1332	1255	1549	1624
488	523	252	324	247	112	283	131	166	204
1843	3577	4180	1366	4792	3169	1374	2764	2850	1993
12656	14406	10284	11528	14143	10016	10499	9241	13087	10045
4479	4955	3735	4188	4582	3388	3488	3135	4374	3516
488	489	322	292	557	406	399	346	446	281
3035	2955	2331	2014	3326	1924	2578	1914	2883	2009
719	813	595	651	1104	522	709	633	756	623
1300	1686	1248	2016	1640	1573	1093	977	1657	1477
1524	1534	1202	1214	1291	1386	1020	1211	1654	1175
929	1653	678	892	1260	697	994	871	1145	824
182	321	173	261	383	120	218	154	172	141

2-23 各市城镇居民家庭基本情况（2021年）

Basic Statistics of Urban Households by Cities（2021）

地 区	Region	平均每户家庭人口（人） Average Households Size（person）	平均每户就业人口（人） Average Number of Employed Persons per Households（person）	平均每一就业者负担人数（人） Average Number of Persons Supported by a Laborer（person）	平均每人年末拥有房屋面积（平方米） Per Capita Have House Space at Year-end（sq.m）	平均每百户拥有家用汽车（辆） Average per 100 Households of Ownership of Automobile（unit）
南 宁 市	Nanning	3.4	1.7	2.0	48.6	47.4
柳 州 市	Liuzhou	3.2	1.6	2.0	45.8	62.1
桂 林 市	Guilin	3.2	1.6	2.0	46.8	48.9
梧 州 市	Wuzhou	3.8	1.8	2.1	55.1	41.0
北 海 市	Beihai	3.7	1.8	2.1	47.7	43.3
防城港市	Fangchenggang	4.2	1.9	2.2	53.4	48.4
钦 州 市	Qinzhou	4.4	2.1	2.1	61.8	64.4
贵 港 市	Guigang	3.8	1.8	2.1	56.8	45.4
玉 林 市	Yulin	4.1	2.0	2.0	57.8	54.7
百 色 市	Baise	3.6	1.9	1.9	48.1	45.9
贺 州 市	Hezhou	3.8	1.9	2.0	54.7	61.8
河 池 市	Hechi	3.5	1.7	2.1	51.0	43.5
来 宾 市	Laibin	3.5	1.7	2.1	49.6	46.9
崇 左 市	Chongzuo	3.5	1.7	2.0	47.9	48.8

2-24　各市农村居民家庭基本情况（2021年）

Basic Statistics of Rural Households by Cities（2021）

地　区	Region	平均每户家庭人口（人） Average Households Size（person）	平均每户整半劳动力（人） Average Number of Full/Semi Labour Force Per Household（person）	平均每一劳动力负担人数（人） Average Number of Dependents per Labour Force（person）	平均每人年末拥有房屋面积（平方米） Per Capita Have House Space at Year-end（sq.m）	平均每百户拥有生活用汽车（辆） Average per 100 Households of Life for Automobile（unit）
南 宁 市	Nanning	3.6	2.3	1.6	53.4	33.5
柳 州 市	Liuzhou	3.6	2.4	1.5	56.4	50.1
桂 林 市	Guilin	3.6	2.4	1.5	55.4	31.7
梧 州 市	Wuzhou	3.8	2.3	1.7	57.3	24.4
北 海 市	Beihai	3.9	2.6	1.5	60.2	30.9
防城港市	Fangchenggang	4.1	2.5	1.6	51.9	37.6
钦 州 市	Qinzhou	3.9	2.3	1.7	55.8	28.1
贵 港 市	Guigang	3.9	2.4	1.6	58.4	31.2
玉 林 市	Yulin	4.1	2.5	1.6	52.5	39.3
百 色 市	Baise	3.7	2.4	1.6	46.2	31.8
贺 州 市	Hezhou	3.9	2.4	1.6	60.9	30.3
河 池 市	Hechi	3.4	2.1	1.6	57.7	26.2
来 宾 市	Laibin	3.5	2.2	1.6	55.8	31.7
崇 左 市	Chongzuo	3.6	2.3	1.6	53.1	28.8

2-25 广西及各市、县（市、区）居民人均可支配收入

Per Capita Disposable Income of Households by Guangxi and Region

单位：元 (yuan)

地　区	Region	2017	2018	2019	2020	2021
广　西	**Guangxi Total**	**19905**	**21485**	**23328**	**24562**	**26727**
南宁市	**Nanning**	**24984**	**26798**	**28929**	**30114**	**32679**
兴宁区	Xingning District	32749	34859	37520	38592	41775
青秀区	Qingxiu District	39614	42863	45655	47219	50632
江南区	Jiangnan District	28388	30658	33113	33928	36695
西乡塘区	Xixiangtang District	29292	31724	33969	34929	37887
良庆区	Liangqing District	24228	26044	27933	29064	31578
邕宁区	Yongning District	19264	20983	22874	24129	26328
武鸣区	Wuming District	22075	23723	25774	26977	29551
隆安县	Long’an	15173	16364	17818	18985	20755
马山县	Mashan	13966	15034	16409	17560	19281
上林县	Shanglin	14910	16026	17491	18553	20305
宾阳县	Binyang	20520	21984	23961	24945	27234
横州市	Hengzhou	19955	21407	23347	24658	26868
柳州市	**Liuzhou**	**25075**	**27041**	**29209**	**30500**	**33036**
城中区	Chengzhong District	39567	42201	45260	46544	50368
鱼峰区	Yufeng District	35767	38249	41075	42054	45527
柳南区	Liunan District	37710	40127	42980	43927	47485
柳北区	Liubei District	35436	37846	40363	41949	45414
柳江区	Liujiang District	21846	23777	25895	27718	30468
柳城县	Liucheng	19936	21947	23943	25257	27570
鹿寨县	Luzhai	22317	24007	25950	27467	29779
融安县	Rong’an	17292	18938	20745	21829	23766
融水苗族自治县	Rongshui	16632	18212	19850	21197	23120
三江侗族自治县	Sanjiang	15224	16683	18328	19565	21252
桂林市	**Guilin**	**22480**	**24289**	**26381**	**27745**	**29964**
秀峰区	Xiufeng District	32888	35486	37828	39076	41694
叠彩区	Diecai District	31129	33184	35766	37124	39477
象山区	Xiangshan District	33293	35566	38129	38995	41959
七星区	Qixing District	34168	36625	39700	40656	44059
雁山区	Yanshan District	24860	27130	29241	30763	33067
临桂区	Lingui District	22597	24981	27903	29476	31667
阳朔县	Yangshuo	22781	24433	25917	27569	29976

2-25　续表 1　continued

单位：元　　　　(yuan)

地　区	Region	2017	2018	2019	2020	2021
灵川县	Lingchuan	22582	24666	26776	27934	30103
全州县	Quanzhou	18648	20480	22392	24241	26478
兴安县	Xing'an	21933	23790	25980	27698	29712
永福县	Yongfu	19028	21212	23079	24554	26686
灌阳县	Guanyang	16661	18300	20175	21235	22972
龙胜各族自治县	Longsheng	16827	18308	20106	21412	23480
资源县	Ziyuan	15750	17539	19319	20576	22558
平乐县	Pingle	18140	19859	21778	23085	25188
荔浦市	Lipu	22028	23982	25911	27183	29071
恭城瑶族自治县	Gongcheng	16992	18810	20517	21658	23374
梧州市	**Wuzhou**	**20330**	**21936**	**23827**	**25140**	**27338**
万秀区	Wanxiu District	28720	30742	33026	34319	37044
长洲区	Changzhou District	29033	31081	33527	34777	37454
龙圩区	Longxu District	18011	19506	21269	22581	24578
苍梧县	Cangwu	12214	13316	14603	15554	17090
藤　县	Tengxian	17418	18869	20656	22005	24023
蒙山县	Mengshan	15456	16808	18276	19453	21248
岑溪市	Cenxi	22320	23803	25847	27239	29616
北海市	**Beihai**	**23536**	**25374**	**27684**	**29196**	**31602**
海城区	Haicheng District	32594	34784	37677	39035	41769
银海区	Yinhai District	26627	28744	31378	32839	35613
铁山港区	Tieshangang District	19049	20798	22869	24489	26730
合浦县	Hepu	19951	21619	23764	25230	27404
防城港市	**Fangchenggang**	**23916**	**25824**	**27679**	**28880**	**31222**
港口区	Gangkou District	30898	33394	35717	36891	39748
防城区	Fangcheng District	24251	26082	27885	28970	31180
上思县	Shangsi	14377	15625	16896	18036	19756
东兴市	Dongxing	31275	33694	35936	37088	39855
钦州市	**Qinzhou**	**19215**	**20749**	**22556**	**24061**	**26413**
钦南区	Qinnan District	23793	25564	27538	29078	31727
钦北区	Qinbei District	20298	21877	23745	25180	27693
灵山县	Lingshan	17529	18994	20728	22323	24505
浦北县	Pubei	17485	18938	20652	22062	24226

2-25 续表 2 continued

单位：元 (yuan)

地　区	Region	2017	2018	2019	2020	2021
贵港市	**Guigang**	**20344**	**21894**	**23930**	**25326**	**27664**
港北区	Gangei District	26482	28350	30600	31965	34775
港南区	Gangnan District	19457	20942	23048	24641	26953
覃塘区	Qintang District	20549	22358	24552	26091	28499
平南县	Pingnan	19919	21241	23289	24696	26954
桂平市	Guiping	19200	20875	22811	24148	26437
玉林市	**Yulin**	**22371**	**24041**	**25882**	**27401**	**29912**
玉州区	Yuzhou District	32071	34169	36652	38386	41609
福绵区	Fumian District	21271	22927	24782	26312	28747
容　县	Rongxian	19914	21535	23192	24668	26881
陆川县	Luchuan	19677	21284	22924	24205	26563
博白县	Bobai	18234	19634	21321	22776	25006
兴业县	Xingye	17994	19352	20787	22135	24324
北流市	Beiliu	25229	26977	29052	30646	33448
玉东新区	Yudongxin District	28977	30954	32960	34590	37530
百色市	**Baise**	**16841**	**18065**	**19669**	**20962**	**22817**
右江区	Youjiang District	24807	26305	28612	29916	32204
田阳区	Tianyang District	19111	20404	22121	23532	25710
田东县	Tiandong	20359	21699	23656	25031	27288
平果市	Pingguo	20947	22481	24554	26012	28341
德保县	Debao	15731	16902	18468	20035	21755
那坡县	Napo	11688	12629	13783	14792	16130
凌云县	Lingyun	12957	13947	15159	16159	17555
乐业县	Leye	13408	14444	15676	16806	18498
田林县	Tianlin	14167	15285	16864	18099	19866
西林县	Xilin	13760	14840	16064	17333	18917
隆林各族自治县	Longlin	13415	14398	15640	16809	18244
靖西市	Jingxi	14165	15307	16793	17965	19733

2-25 续表 3 continued

单位：元 (yuan)

地区	Region	2017	2018	2019	2020	2021
贺州市	**Hezhou**	**18590**	**20160**	**21975**	**23185**	**25248**
八步区	Babu District	20410	22140	24129	25390	27748
平桂管理区	Pinggui District	18569	20156	22011	23320	25451
昭平县	Zhaoping	18002	19435	21188	22098	24023
钟山县	Zhongshan	16879	18430	20122	21468	23301
富川瑶族自治县	Fuchuan	16548	17973	19596	20758	22623
河池市	**Hechi**	**14529**	**15865**	**17379**	**18637**	**20414**
金城江区	Jinchengjiang District	19285	21222	23199	25058	27905
宜州区	Yizhou District	18626	20294	22241	23697	26049
南丹县	Nandan	19301	20868	22805	24313	26633
天峨县	Tian'e	13883	15136	16479	17555	19260
凤山县	Fengshan	10825	11850	13012	14015	15387
东兰县	Donglan	10628	11639	12798	13789	15154
罗城仫佬族自治县	Luocheng	11537	12607	13845	14977	16381
环江毛南族自治县	Huanjiang	13689	15077	16551	17716	19420
巴马瑶族自治县	Bama	11613	12794	14146	15539	16967
都安瑶族自治县	Du'an	12707	13930	15237	16385	17911
大化瑶族自治县	Dahua	11357	12396	13708	14937	16330
来宾市	**Laibin**	**19269**	**20844**	**22498**	**23849**	**25874**
兴宾区	Xingbin District	20650	22433	24259	25687	27963
忻城县	Xincheng	16655	17921	19373	20765	22499
象州县	Xiangzhou	18787	20335	21939	23279	25130
武宣县	Wuxuan	18940	20503	22101	23471	25430
金秀瑶族自治县	Jinxiu	16998	18432	19817	21186	22936
合山市	Heshan	23563	25028	26732	27901	30136
崇左市	**Chongzuo**	**17541**	**19140**	**20967**	**22253**	**24114**
江州区	Jiangzhou District	21104	23004	25131	26893	29186
扶绥县	Fusui	20071	21912	24106	25430	27524
宁明县	Ningming	15051	16469	18004	19142	20855
龙州县	Longzhou	15945	17401	18916	19875	21534
大新县	Daxin	16463	17955	19871	21087	22972
天等县	Tiandeng	13738	15004	16518	17817	19317
凭祥市	Pingxiang	22363	24435	26953	28289	30184

2-26 各市、县（市、区）城乡居民人均可支配收入

Per Capita Disposable Income of Urban and Rural Households by Region

地　区	Region	城镇居民人均可支配收入（元） Per Capita Disposable Income of Urban Households（yuan）		农村居民人均可支配收入（元） Per Capita Disposable Income of Rural Households（yuan）	
		2020	2021	2020	2021
南宁市	**Nanning**	**38542**	**41394**	**16130**	**17808**
兴宁区	Xingning District	41940	45211	17280	18939
青秀区	Qingxiu District	49638	53013	17803	19565
江南区	Jiangnan District	37823	40660	17562	19511
西乡塘区	Xixiangtang District	36731	39706	16026	17741
良庆区	Liangqing District	33442	36084	17598	19446
邕宁区	Yongning District	35206	37670	16790	18385
武鸣区	Wuming District	37071	40037	18777	20824
隆安县	Long'an	30044	32117	13958	15465
马山县	Mashan	29960	32177	12851	14213
上林县	Shanglin	29241	31463	13268	14648
宾阳县	Binyang	36255	38865	16321	18165
横州市	Hengzhou	36684	39289	16253	17878
柳州市	**Liuzhou**	**38479**	**41442**	**15848**	**17369**
城中区	Chengzhong District	46612	50434	26698	29154
鱼峰区	Yufeng District	42488	46015	27286	29742
柳南区	Liunan District	43934	47493	24910	27202
柳北区	Liubei District	42846	46317	20047	22052
柳江区	Liujiang District	39129	42025	16267	17943
柳城县	Liucheng	36243	39106	16625	18321
鹿寨县	Luzhai	39009	41779	16766	18459
融安县	Rong'an	32098	34505	15337	16825
融水苗族自治县	Rongshui	32282	34800	15077	16524
三江侗族自治县	Sanjiang	32074	34319	14698	16036
桂林市	**Guilin**	**38145**	**40739**	**17345**	**18993**
秀峰区	Xiufeng District	39076	41694		
叠彩区	Diecai District	38942	41240	17567	19148
象山区	Xiangshan District	39010	41975	17161	18585
七星区	Qixing District	40848	44198	21086	23089
雁山区	Yanshan District	36622	39002	16206	17940
临桂区	Lingui District	41736	44365	20485	22165
阳朔县	Yangshuo	41851	44739	19859	21865

2-26　续表 1　continued

地　区	Region	城镇居民人均可支配收入（元）Per Capita Disposable Income of Urban Households（yuan）		农村居民人均可支配收入（元）Per Capita Disposable Income of Rural Households（yuan）	
		2020	2021	2020	2021
灵川县	Lingchuan	39067	41489	18169	19950
全州县	Quanzhou	36860	39293	17759	19695
兴安县	Xing'an	38966	41148	20811	22580
永福县	Yongfu	38463	41194	16629	18275
灌阳县	Guanyang	35122	37651	12942	14146
龙胜各族自治县	Longsheng	36304	38845	13931	15408
资源县	Ziyuan	35764	38589	13327	14726
平乐县	Pingle	36708	39388	16643	18357
荔浦市	Lipu	37934	40096	17859	19306
恭城瑶族自治县	Gongcheng	35578	37855	15160	16494
梧州市	**Wuzhou**	**34591**	**37185**	**14660**	**16331**
万秀区	Wanxiu District	36171	38884	18807	20951
长洲区	Changzhou District	36489	39153	17963	19975
龙圩区	Longxu District	31870	34197	14188	15862
苍梧县	Cangwu	26134	28251	10859	12108
藤　县	Tengxian	31758	34203	14613	16264
蒙山县	Mengshan	31210	33395	12550	14018
岑溪市	Cenxi	36043	38782	17323	19229
北海市	**Beihai**	**37956**	**40727**	**16797**	**18460**
海城区	Haicheng District	39057	41791	17964	19760
银海区	Yinhai District	37375	40216	18728	20638
铁山港区	Tieshangang District	37317	40041	17581	19269
合浦县	Hepu	37127	39874	16545	18183
防城港市	**Fangchenggang**	**37185**	**39676**	**17223**	**19031**
港口区	Gangkou District	39756	42539	18599	20645
防城区	Fangcheng District	38524	40990	17536	19219
上思县	Shangsi	25766	27518	14296	15840
东兴市	Dongxing	43430	46296	21173	23439
钦州市	**Qinzhou**	**37126**	**40170**	**15352**	**17041**
钦南区	Qinnan District	37879	40909	15841	17663
钦北区	Qinbei District	36696	39852	15404	17206
灵山县	Lingshan	37119	40126	15335	16884
浦北县	Pubei	36891	39916	15041	16665

2-26 续表 2 continued

地　区	Region	城镇居民人均可支配收入（元）Per Capita Disposable Income of Urban Households（yuan）		农村居民人均可支配收入（元）Per Capita Disposable Income of Rural Households（yuan）	
		2020	2021	2020	2021
贵港市	**Guigang**	**34002**	**36756**	**16619**	**18381**
港北区	Gangbei District	36210	39143	17415	19261
港南区	Gangnan District	35059	37934	16975	18723
覃塘区	Qintang District	34289	37032	17631	19553
平南县	Pingnan	34046	36736	16248	18003
桂平市	Guiping	33400	36172	16949	18729
玉林市	**Yulin**	**37362**	**40314**	**17721**	**19635**
玉州区	Yuzhou District	42972	46324	20202	22303
福绵区	Fumian District	39842	42830	17385	19315
容　县	Rongxian	34852	37570	16915	18607
陆川县	Luchuan	33759	36561	16689	18592
博白县	Bobai	31540	34095	16868	18757
兴业县	Xingye	31959	34676	15937	17706
北流市	Beiliu	39657	42830	19001	21148
玉东新区	Yudongxin District	38405	41439	19461	21524
百色市	**Baise**	**33964**	**36375**	**13305**	**14755**
右江区	Youjiang District	36943	39455	17663	19359
田阳区	Tianyang District	35106	37634	15710	17611
田东县	Tiandong	36430	39417	17518	19252
平果市	Pingguo	37405	40248	15011	16782
德保县	Debao	35940	38132	12386	13773
那坡县	Napo	27242	29122	10043	11098
凌云县	Lingyun	31055	32980	10601	11757
乐业县	Leye	32332	34854	10869	12162
田林县	Tianlin	31884	34435	13491	14921
西林县	Xilin	28296	30277	12233	13542
隆林各族自治县	Longlin	33711	35902	10929	12066
靖西市	Jingxi	31866	34224	12334	13777

2-26　续表 3　continued

地　区	Region	城镇居民人均可支配收入（元）Per Capita Disposable Income of Urban Households（yuan）		农村居民人均可支配收入（元）Per Capita Disposable Income of Rural Households（yuan）	
		2020	2021	2020	2021
贺州市	**Hezhou**	**34075**	**36665**	**13832**	**15312**
八步区	Babu District	36405	39317	14713	16331
平桂管理区	Pinggui District	32922	35523	13974	15483
昭平县	Zhaoping	32723	35177	13059	14430
钟山县	Zhongshan	32601	34981	13403	14797
富川瑶族自治县	Fuchuan	31835	34191	13306	14756
河池市	**Hechi**	**30881**	**33351**	**11074**	**12325**
金城江区	Jinchengjiang District	39437	42513	13054	14555
宜州区	Yizhou District	38618	41901	14042	15699
南丹县	Nandan	37656	40781	13036	14561
天峨县	Tian'e	28551	30864	10713	11956
凤山县	Fengshan	26315	28394	9665	10757
东兰县	Donglan	26745	28804	9692	10768
罗城仫佬族自治县	Luocheng	26072	28053	9789	10846
环江毛南族自治县	Huanjiang	30386	32817	11900	13197
巴马瑶族自治县	Bama	29317	31721	9941	11054
都安瑶族自治县	Du'an	26775	28783	9825	10945
大化瑶族自治县	Dahua	26446	28667	9991	11090
来宾市	**Laibin**	**36173**	**38705**	**13950**	**15317**
兴宾区	Xingbin District	36942	39602	14696	16122
忻城县	Xincheng	35925	38296	13379	14704
象州县	Xiangzhou	36634	39015	14390	15800
武宣县	Wuxuan	35771	38418	14594	15951
金秀瑶族自治县	Jinxiu	36541	39099	12116	13279
合山市	Heshan	34991	37545	14395	15906
崇左市	**Chongzuo**	**34562**	**36947**	**14306**	**15694**
江州区	Jiangzhou District	37369	40284	16320	17887
扶绥县	Fusui	36417	38821	16578	18269
宁明县	Ningming	30607	32780	14053	15472
龙州县	Longzhou	31806	34032	12709	13916
大新县	Daxin	35966	38627	15081	16559
天等县	Tiandeng	30627	32618	12550	13767
凭祥市	Pingxiang	39078	41501	14315	15646

2-27 各市、县（市、区）城乡居民人均消费支出

Per Capita Consumption Expenditure of Urban and Rural Households by Region

地 区	Region	城镇居民人均消费支出（元） Per Capita Consumption Expenditure of Urban Households（yuan）		农村居民人均消费支出（元） Per Capita Consumption Expenditure of Rural Households（yuan）	
		2020	2021	2020	2021
南宁市	**Nanning**	**19237**	**20584**	**12804**	**14276**
兴宁区	Xingning District	20506	21736	12208	13575
青秀区	Qingxiu District	32938	35178	16712	18467
江南区	Jiangnan District	23935	26089	10777	12167
西乡塘区	Xixiangtang District	22286	23913	15215	16995
良庆区	Liangqing District	15813	17094	10247	11528
邕宁区	Yongning District	19013	20648	12009	13402
武鸣区	Wuming District	14541	15748	12403	13829
隆安县	Long'an	17334	18339	11416	12660
马山县	Mashan	16427	17807	13347	14935
上林县	Shanglin	16468	17571	14034	15592
宾阳县	Binyang	11109	12153	13776	15360
横州市	Hengzhou	14685	15904	11729	13136
柳州市	**Liuzhou**	**23254**	**24672**	**11185**	**11990**
城中区	Chengzhong District	26905	28735	15151	16166
鱼峰区	Yufeng District	24278	25613	18806	19972
柳南区	Liunan District	29735	32946	16704	18241
柳北区	Liubei District	26505	29209	17431	19540
柳江区	Liujiang District	23967	26244	10906	12269
柳城县	Liucheng	22818	23525	10012	11183
鹿寨县	Luzhai	18091	19918	10286	11016
融安县	Rong'an	17681	19414	10070	11158
融水苗族自治县	Rongshui	18887	20096	10189	10861
三江侗族自治县	Sanjiang	18350	19139	10559	11340
桂林市	**Guilin**	**21507**	**23335**	**11064**	**12358**
秀峰区	Xiufeng District	21490	23317		
叠彩区	Diecai District	22923	24573	10937	12129
象山区	Xiangshan District	22371	24541	11296	12550
七星区	Qixing District	22821	25057	13743	15337
雁山区	Yanshan District	20782	22424	9633	10856
临桂区	Lingui District	23074	24874	11505	12748
阳朔县	Yangshuo	23267	25361	12102	13542

2-27　续表 1　continued

地　区	Region	城镇居民人均消费支出（元）Per Capita Consumption Expenditure of Urban Households（yuan）		农村居民人均消费支出（元）Per Capita Consumption Expenditure of Rural Households（yuan）	
		2020	2021	2020	2021
灵川县	Lingchuan	21099	22703	10197	11370
全州县	Quanzhou	19845	21492	11176	12618
兴安县	Xing'an	20762	22215	12212	13580
永福县	Yongfu	20868	22788	9804	11010
灌阳县	Guanyang	18835	20474	8482	9390
龙胜各族自治县	Longsheng	20823	22614	8708	9805
资源县	Ziyuan	19862	21669	8345	9321
平乐县	Pingle	18829	20637	9912	11111
荔浦市	Lipu	22070	23725	11175	12438
恭城瑶族自治县	Gongcheng	19690	21305	9552	10679
梧州市	**Wuzhou**	**22870**	**23991**	**9340**	**9984**
万秀区	Wanxiu District	26759	28445	9863	10534
长洲区	Changzhou District	24983	26007	14564	15496
龙圩区	Longxu District	18457	19085	7898	8482
苍梧县	Cangwu	19231	20154	7607	8147
藤　县	Tengxian	21077	22004	8814	9422
蒙山县	Mengshan	15370	16185	9491	10155
岑溪市	Cenxi	13547	14333	11598	12375
北海市	**Beihai**	**22326**	**23219**	**11310**	**12656**
海城区	Haicheng District	24023	25104	14054	15726
银海区	Yinhai District	21452	22310	12994	14579
铁山港区	Tieshangang District	20293	21024	11926	13321
合浦县	Hepu	17671	18342	9850	11012
防城港市	**Fangchenggang**	**24071**	**25467**	**13591**	**14406**
港口区	Gangkou District	24450	25819	13257	13893
防城区	Fangcheng District	25811	26689	11477	12384
上思县	Shangsi	15560	17225	8976	9299
东兴市	Dongxing	24537	25420	12451	13435
钦州市	**Qinzhou**	**20543**	**21509**	**9496**	**10284**
钦南区	Qinnan District	20978	22027	9174	10009
钦北区	Qinbei District	20264	21095	9511	10338
灵山县	Lingshan	19594	20672	9183	9982
浦北县	Pubei	19530	20624	9228	9994

2-27 续表 2 continued

地 区	Region	城镇居民人均消费支出（元） Per Capita Consumption Expenditure of Urban Households（yuan）		农村居民人均消费支出（元） Per Capita Consumption Expenditure of Rural Households（yuan）	
		2020	2021	2020	2021
贵港市	**Guigang**	**20293**	**22647**	**10404**	**11528**
港北区	Gangbei District	21632	24012	11803	12912
港南区	Gangnan District	18284	20588	8933	10076
覃塘区	Qintang District	17325	19352	9541	10542
平南县	Pingnan	22845	25267	11093	12213
桂平市	Guiping	22320	24998	10980	12188
玉林市	**Yulin**	**20954**	**22442**	**12374**	**14143**
玉州区	Yuzhou District	25705	28018	14283	15983
福绵区	Fumian District	12962	14232	9981	11189
容 县	Rongxian	16080	17543	10336	11215
陆川县	Luchuan	17780	19362	11739	13183
博白县	Bobai	18458	19769	11240	12274
兴业县	Xingye	19350	21188	10694	11656
北流市	Beiliu	24516	26379	10259	11757
玉东新区	Yudongxin District	22532	24920	12905	14608
百色市	**Baise**	**19298**	**20186**	**9335**	**10016**
右江区	Youjiang District	22259	23305	12175	12820
田阳区	Tianyang District	17000	17782	10804	11679
田东县	Tiandong	19319	20227	10217	10983
平果市	Pingguo	19874	20967	9454	10154
德保县	Debao	16490	17051	8632	9279
那坡县	Napo	17558	18295	7660	8257
凌云县	Lingyun	16214	16798	8551	9141
乐业县	Leye	15941	16913	8516	9138
田林县	Tianlin	17546	18581	9547	10282
西林县	Xilin	19300	20169	7669	8221
隆林各族自治县	Longlin	17580	18318	7567	8150
靖西市	Jingxi	16235	16982	8166	8746

2-27　续表 3　continued

地　区	Region	城镇居民人均消费支出（元）Per Capita Consumption Expenditure of Urban Households（yuan）		农村居民人均消费支出（元）Per Capita Consumption Expenditure of Rural Households（yuan）	
		2020	2021	2020	2021
贺州市	**Hezhou**	**17987**	**19948**	**9519**	**10499**
八步区	Babu District	20135	22451	10431	11537
平桂管理区	Pinggui District	16833	18752	10088	11127
昭平县	Zhaoping	16369	18104	9570	10546
钟山县	Zhongshan	16475	18205	8119	8939
富川瑶族自治县	Fuchuan	14315	15847	7901	8731
河池市	**Hechi**	**19043**	**20471**	**8333**	**9241**
金城江区	Jinchengjiang District	21512	23254	9652	10994
宜州区	Yizhou District	26803	29671	10604	11749
南丹县	Nandan	19757	21911	8610	9712
天峨县	Tian'e	16968	18851	8548	9719
凤山县	Fengshan	15073	15902	6945	7389
东兰县	Donglan	13827	15265	6751	7527
罗城仫佬族自治县	Luocheng	14046	15296	7118	7566
环江毛南族自治县	Huanjiang	17014	18852	9596	10891
巴马瑶族自治县	Bama	15413	15952	7002	7597
都安瑶族自治县	Du'an	18316	19616	6735	7469
大化瑶族自治县	Dahua	14573	15375	7987	8921
来宾市	**Laibin**	**19529**	**20525**	**11243**	**13087**
兴宾区	Xingbin District	20222	21577	11698	13347
忻城县	Xincheng	18943	19644	9914	11589
象州县	Xiangzhou	18902	19564	11500	13306
武宣县	Wuxuan	19482	20359	10960	12856
金秀瑶族自治县	Jinxiu	20278	21454	10198	12095
合山市	Heshan	13736	14574	9246	10679
崇左市	**Chongzuo**	**19763**	**21463**	**8937**	**10045**
江州区	Jiangzhou District	20724	22859	9888	11124
扶绥县	Fusui	21351	22952	10521	11941
宁明县	Ningming	17375	18661	8623	9684
龙州县	Longzhou	16922	18428	8424	9443
大新县	Daxin	20925	22536	10297	11440
天等县	Tiandeng	16732	18154	8122	9129
凭祥市	Pingxiang	23046	25328	8818	9982

主要统计指标解释

从2012年四季度起，国家统计局对分别进行的城乡住户调查实施了一体化改革，统一了城乡居民收入指标名称、分类和统计标准，建立了城乡统一的一体化住户调查《住户收支与生活状况调查》。广西从2014年开始，正式发布此项改革后的一体化城乡住户收支与生活状况调查数据。

住户 指居住在一个住宅内，共同分享生活开支或收入的一群人。居住在同一房间内、不共同分享生活开支的人群，每个人都视为一个住户。住家保姆、住家家庭工视为单独的住户。

常住居民 指住户成员中，经常在家居住、或者调查期内居住时间超过一半的人员，以及本住户供养的学生。常住居民是住户收支的调查对象。

居民可支配收入 指居民可用于最终消费支出和储蓄的总和，即居民可用于自由支配的收入，既包括现金收入，也包括实物收入。按照收入的来源，可支配收入包含四项，分别为：工资性收入、经营净收入、财产净收入、转移净收入。

工资性收入 指就业人员通过各种途径得到的全部劳动报酬和各种福利，包括受雇于单位或个人、从事各种自由职业、兼职和零星劳动得到的全部劳动报酬和福利。

经营净收入 指住户或住户成员从事生产经营活动所获得的净收入，是全部经营收入中扣除经营费用、生产性固定资产折旧和生产税净额（生产税减去生产补贴）之后得到的净收入。计算公式具体为：

经营净收入=经营收入-经营费用-生产性固定资产折旧-生产税净额（生产税-生产补贴）

财产净收入 指住户或住户成员将其所拥有的金融资产和自然资源交由其他机构单位、住户或个人支配而获得的回报并扣除相关的费用之后得到的净收入。计算公式为：

财产净收入=财产性收入-财产性支出

转移净收入 指国家、单位、社会团体对住户的各种经常性转移支付和住户之间的经常性收入转移。包括政府、非行政事业单位、社会团体对居民转移的养老金或退休金、社会救济和补助、政策性生活补贴、救灾款、经常性捐赠和赔偿以及报销医疗费等；住户之间的赡养收入、经常性捐赠和赔偿以及农村地区（村委会）在外（含国外）工作的本住户非常住成员寄回的收入等。计算公式为：

转移净收入=转移性收入-转移性支出

居民收入五等份分组 指将所有调查户按人均收入水平从低到高顺序排列，平均分为五个等份，处于最高20%的收入群体为高收入组，依此类推依次为中高收入组、中等收入组、中低收入组、低收入组。

居民消费支出 指居民用于满足家庭日常生活消费需要的全部支出，既包括现金消费支出，也包括实物消费支出。根据用途不同，消费支出可划食品烟酒、衣着、居住、生活用品及服务、交通通信、教育文化娱乐、医疗保健、其他用品及服务八大类。

食品烟酒 指用于各种食品和烟草、酒类的支出。

衣着 指与居民穿着有关的支出，包括服装、服装材料、鞋类、其他衣类及配件、衣着相关加工服务的支出。

居住 指与居住有关的支出，包括房租、水、电、燃料、物业管理等方面的支出，也包括自有住房折算租金。

生活用品及服务 指家庭及个人的各类生活品及家庭服务。包括家具及室内装饰品、家用器具、家用纺织品、家庭日用杂品、个人用品和家庭服务。

交通通信 指用于交通和通信工具及相关的各种服务费、维修费和车辆保险等支出。

教育文化娱乐 指用于教育、文化和娱乐方面的支出。

医疗保健 指用于医疗和保健的药品、用品和服务的总费用。包括医疗器具及药品，以及医疗服务。

其他用品及服务 指无法直接归入上述各类支出的其他用品与服务支出。

Explanatory Notes on Main Statistical Indicators

In the fourth quarter of 2012, the NBS launched its reform on the household survey programme in order to produce aggregates with the same concepts and definitions for the urban and rural population. This new survey Programme is an integrated one whereas there had existed two separate household surveys ofr the urban and rural households. The reform took a number of measures, including the integration of concepts, classifications and standards, which provided a basis for producing data covering all households. Guangxi from 2014, officially announced the integration of urban and rural household income and expenditure survey data after the reform.

Households A group of people who live in a house and share their living expenses or incomes. Living in the same room, not to share the living expenses of the crowd, everyone is considered as a household. Nanny, home family work as a separate household.

Permanent Resident Of the members of the household, who often live at home, or have more than half the residence time of the survey period, and the students who are supporting the residents. Residents are residents of household income and expenditure survey.

Disposable Income of Households refers to the income of households for purpose of final expenditure and savings. It includes income both in cash and in kind. By sources of income, disposable income includes four categories: income from wages and salaries, net business income, net income from properties and net income from transfer.

Income from Household Operations refers to all the labor remuneration and various benefits obtained by the employed persons through various means, including all the labor remuneration and benefits obtained from the employment of the unit or individual, in various kinds of free occupations, part - time, and sporadic work.

Net Business Income refers to the net income received by the household or household members engaged in thc production and operation activities, and the net income after deducting operating expenses, depreciation of productive fixed assets, and net production tax (net income of production tax). Calculation formula is concrete:

Net Business Income = Operating Income – Operating Expenses – Depreciation of Productive Fixed Assets – Net Production Tax（Production Tax – Production Subsidies）

Property Net Income refers to the net income of the household or household members of the financial assets and natural resources owned by the financial assets and natural resources by other institutional units, households or individuals to obtain the return and deduct the relevant expenses. Calculation formula:

Property Net Income = Property Income – Property Expenses

Transfer Net Income refers to the country, the unit, the social group to the resident's each kinds of regular transfer payment and the inhabitant's regular income transfer. Including the government, non administrative institutions, social groups on the transfer of pension or pension, social relief and subsidies, policy of living subsidies, relief funds, regular donations and compensation and reimbursement of medical expenses, etc.. Calculation formula:

Transfer Net Income = Transfer Income – Transfer Expenditure

Per Capita Disposable Income of Households by Income Quintile refers to all households surveyed by per capita income level from high to low order arrangement, the average score for five equal parts, 20% of the highest income groups in the high income group, by analogy in order to high income group, medium income group and low income group and low income group.

Consumption Expenditure of Households refers to all expenditure of households for living expenditure to satisfy family daily living. It includes expenditure in cash and in kind. It includes eight categories: food, tobacco and liquor; clothing; residence; household facilities, articles and services; transport and communications; education, cultural and recreational activities; health care and medical services, and miscellaneous goods and services.

Food, Tobacco and Liquor refers to expenditure for food, tobacco and liquor of all kinds.

Clothing refers to expenditure related to clothing, including clothes, clothing materials, footwear, other clothing and accessories, processing services related to clothing.

Residence refers to expenditure related to residence, including housing rents, water, electricity, fuel, property management, and including converted self-owned housing rents.

Household Facilities, Articles and Services refers to expenditure for family and individual articles for living purpose and family services. It includes furniture and interior decoration, home appliances, home textiles, household miscellaneous daily articles, personal articles, and family services.

Transport and Communications refers to expenditure for transport and communication and related services, maintenance and repairs, and vehicle insurance.

Education, Cultural and Recreational Activities refers to expenditure on education, cultural and recreational activities.

Health Care and Medical Services refers to expenditure on drugs, supplies and services of medical and health care. It includes medical appliances and drugs, and medical services.

Miscellaneous Goods and Services refers to expenditure of all kinds of expenditure of other articles and services that can not divided into the category above.

第三篇 脱贫县农村住户监测

Chapter 3 Rural Household Monitoring in Poverty Alleviation Counties

（编辑：邓维乐　王佳辰）

（Editor: Deng Weile　Wang Jiachen）

简要说明

一、本篇资料的主要内容

本篇资料是根据国家统计局开展的脱贫县农村住户监测调查收集反映广西脱贫地区（共33个国家监测县）农村居民收支与生活现状、变化趋势和帮扶成效等情况。

二、脱贫县农村住户监测调查数据来源及调查方法

在国家统计局统一领导下，广西调查总队具体负责本地区的脱贫县农村住户监测调查工作。有国家调查队的县，现场调查工作由县级调查队承担；没有国家调查队的县，由县级统计局承担。所有基础数据由市县调查队、县统计局直接上报调查总队，经调查总队审核后，上报国家统计局住户调查办公室。

调查对象为广西脱贫地区的县（市、区），即33个监测县以及抽中行政村、农村住户及住户成员。

脱贫县农村住户监测调查户样本抽选是以省（区、市）为总体，采用分层、多阶段、与人口规模大小成比例（PPS）的概率抽样方法，随机抽选调查住宅，确定调查户。广西共抽选出33个县（市、区）的271个调查小区，2710个住户参加记账调查。

脱贫县农村住户监测调查内容主要包括居民现金和实物收入、住户及劳动力从业情况、居民家庭住房和耐用消费品拥有情况，家庭经营和生产投资情况、社区基本情况、县（市）社会经济基本情况等。

脱贫县农村住户监测调查内容由两部分组成，分别为住房收支与生活状况调查内容和脱贫县农村住户监测补充调查内容。脱贫县在统一开展住户收支与生活状况调查的基础上，补充调查与巩固拓展脱贫攻坚成果同乡村振兴有效衔接等方面高度相关的内容。

脱贫县农村住户监测调查采用日记账和问卷调查相结合的方式采集基础数据。其中，居民现金收入与支出、实物收入与支出等内容主要使用记账方式采集。住户成员及劳动力从业情况、住房和耐用消费品拥有情况、家庭经营和生产投资情况、社区基本情况及村和户的产业发展等情况使用问卷调查方式采集。县级统计表和社区基本情况补充调查表中的村庄治理与公共服务情况全部指标数据均来源于《县域社会经济基本情况统计报表制度》，由国家统计局农村司相关数据库过录得到，无须基层采集。

所有基础数据由调查县、市直接上报调查总队，经调查总队审核，上报国家统计局住户调查司。

3-1　脱贫地区农村居民家庭基本情况

Basic Conditions of Rural Households in Poverty Alleviation Areas

项　目	Item	2020	2021
调查户类别（户）	**Household Survey Categories（household）**		
调查户数	Number of Household Surveyed	2710	2710
低保户	Low Income Households	252	232
建档立卡户	Cardholder Archiving Legislation	744	744
退耕还林户	Grain for Green by Households	365	358
当年参加专业性合作经济组织的户	Specialized Cooperative Economic Organizations of Households	214	185
当年家中是否发生大事	The Occurrence of Events at Home		
没有大事	No Big Thing	2315	2190
盖房买房	Build a House Buy a House	93	125
婚丧嫁娶	Wedding and Funeral	59	48
子女上大学（含大中专）	Their Children to University（Including College）	115	176
大病治疗	Serious Illness Treatment	125	171
家庭成员基本情况（人）	**Basic Statistics of Family Members（person）**		
家庭全部人口	Family Entire Population	12897	12063
常住人口	Resident Population	9662	9456
男	Male	4955	4879
女	Female	4707	4577
少数民族人口	Minority Population	9978	9850
有病是否能及时就医	Whether Prompt Medical Illness		
是	Yes	12155	12051
否	No	30	12
不能及时就医的主要原因	Main Reasons for Not Timely Medical Treatment		
经济困难	Economic Difficulties	9	2
医院太远	Hospitals Too Far	18	3
没有时间	No Time		
本人不重视	I Do Not Pay Attention		
小病不用医	Minor Ailments Without Doctors	2	4
其他	Other	1	3
5周岁及以下人口是否接受计划免疫人数	Whether to Accept the Number of Planned Immunization	825	847

3-1 续表 1 continued

项 目	Item	2020	2021
劳动力素质及就业状况（人）	**Quality of Labor Force and Employment Status（person）**		
常住从业人员中劳动力人数	Number of Permanent Employees	6180	6120
住房及生活设施情况（户）	**Household and Living Facilities（household）**		
居住住房主要建筑材料	Residential Housing Construction Materials	2710	2710
钢筋混凝土	Reinforced Concrete	622	608
砖混材料	Masonry Materials	1881	1914
砖瓦砖木	Brick and Tile Brick	190	176
竹草土坯	Bamboo Grass Adobe	3	2
其他	Other	11	10
住宅外道路路面情况	Road Surface State of the Road Outside the House	2710	2710
水泥或柏油路面	Cement or Road Surface of Pitch	2379	2392
沙石或石板等硬质路面	Stone, Sand gravel or Other Hard-surface	278	469
其他	Other	53	49
对家庭饮用水所采取的主要处理措施	Main Treatment Measures for Domestic Drinking Water	2710	2710
煮沸	Boiled	2424	2505
加漂白剂/氯等	Add Bleach/Chlorine	14	12
使用水过滤器	Use Water Filter	47	44
其他处理措施	Other Treatment Measures	54	50
没有任何水处理措施	No Water Treatment Measures	171	99
厕所类型	Toilet Type	2710	2710
水冲式卫生厕所	Water Flush Sanitary Toilet	2628	2658
水冲式非卫生厕所	Water Flush Non-sanitary Toilet	49	28
卫生旱厕	Sanitary Toilet	16	14
普通旱厕	Ordinary Toilet	11	8
无厕所	No Toilet	6	2
厕所使用情况	Situation of Toilet Use	2710	2710
本住户独用	Household Use Alone	2566	2584
几户合用	Several Families Sharing	144	126
公用厕所	Communal Lavatories		
洗澡设施	Facilities for Bathing	2710	2710
统一供热水	Unity of Hot Water Supply	37	23

3-1　续表 2　continued

项　目	Item	2020	2021
家庭自装热水器	Families Install Their Own Water Heater	2069	2190
其他	Other	373	335
无洗澡设施	No Bathing Facilities	231	162
主要炊用能源状况	Mainly to Cooking Energy Situation	2710	2710
柴草	Firewood	704	567
煤炭	Coal		
罐装液化石油气	Bottled Liquefied Petroleum Gas	1455	1579
电	Electricity	515	530
沼气	Biogas	22	24
其他	Other	5	2
使用照明电的	Use of Lighting Electricity	2710	2710
社会事务参与情况（户）	**Statistics of Participation in Social Affairs（household）**		
当年有人参加过村务会议的户	Households of Participated in Village meetings This Year	1170	1319
当年有人为村级公共事务提过建议的户	Households of Village-level Public Affairs When Someone Mentioned Recommendations This Year	727	830
本村的低保户是如何确定的	The Village is How to determine the minimal Assurance Households		
村民公开评议	Public Comment by Villagers	2435	2251
村干部指定	Specified by Village Cadres	20	11
大家轮流	Everyone Take Turns	2	2
关系户优先	Priority of Family Relations	3	3
其他	Other	250	443
您家当年面临的主要问题	The Main Problem That Faces in Your Home		
缺乏致富技术	Lack of Enrichment Technology	725	670
缺乏资金	Lack of Funds	1086	794
缺乏劳动力	Lack of Labour Force	239	230
家中有人患大病	Someone Suffering From a Serious Illness by Households	93	100
家中有人残疾	Someone Disability by Households	47	34
容易遭受自然灾害	Vulnerable to Natural Disasters	23	24
其他	Other	497	142

3-2 脱贫地区农村居民家庭人均总收入及构成

Per Capita Gross Income and Composition of Rural Households in Poverty Alleviation Areas

项　目	Item	2020	2021
总收入（元）	**Total Income（yuan）**	**17084.6**	**18665.1**
工资性收入	Wages Income	3774.1	4582.0
家庭经营收入	Household Business Income	8624.6	9219.4
第一产业	Primary Industry	6344.1	6665.6
农业	Farming	3656.2	3739.0
林业	Forestry	655.9	836.2
牧业	Animal Husbandry	1904.1	1992.2
渔业	Fishery	127.9	98.2
第二产业	Secondary Industry	640.7	727.2
工业	Industry	306.7	533.3
建筑业	Construction	334.0	193.9
第三产业	Tertiary Industry	1639.8	1826.6
批发和零售业	Wholesale & Retail Trade	611.7	666.9
交通、运输、邮电业	Transport and Telecommunications Industries	554.4	636.2
住宿和餐饮业	Hotel & Catering Trade	30.7	47.0
居民服务修理和其他服务业	Residents Service Repair & Other Services	211.4	200.2
其他行业	Other Industry	231.6	276.4
财产性收入	Property Income	173.4	179.3
转移性收入	Transferred Income	4512.5	4684.4
总收入构成（%）	**Composition of Total Income（%）**		
工资性收入	Wages Income	22.1	24.5
家庭经营收入	Household Business Income	50.5	49.4
第一产业	Primary Industry	37.1	35.7
农业	Farming	21.4	20.0
林业	Forestry	3.8	4.5
牧业	Animal Husbandry	11.2	10.7
渔业	Fishery	0.8	0.5
第二产业	Secondary Industry	3.8	3.9
工业	Industry	1.8	2.9
建筑业	Construction	2.0	1.0
第三产业	Tertiary Industry	9.6	9.8
批发和零售业	Wholesale & Retail Trade	3.6	3.6
交通、运输、邮电业	Transport and Telecommunications Industries	3.2	3.4
住宿和餐饮业	Hotel & Catering Trade	0.2	0.3
居民服务修理和其他服务业	Residents Service Repair & Other Services	1.2	1.1
其他行业	Other Industry	1.4	1.5
财产性收入	Property Income	1.0	1.0
转移性收入	Transferred Income	26.4	25.1

3-3 脱贫地区农村居民家庭人均可支配收入及构成

Per Capita Disposable Income and Composition of Rural Households in Poverty Alleviation Areas

项 目	Item	2020	2021
可支配收入（元）	**Disposable Income（yuan）**	**13140.8**	**14663.5**
工资性收入	Wages Income	3774.1	4582.0
经营净收入	Net Business Income	5042.7	5648.0
第一产业	Primary Industry	3579.7	4062.9
农业	Farming	2170.8	2418.6
林业	Forestry	584.7	731.2
牧业	Animal Husbandry	767.3	851.0
渔业	Fishery	57.1	62.1
第二产业	Secondary Industry	256.6	271.1
工业	Industry	87.7	154.4
建筑业	Construction	169.0	116.7
第三产业	Tertiary Industry	1206.4	1314.0
批发和零售业	Wholesale & Retail Trade	547.6	600.9
交通、运输、邮电业	Transport and Telecommunications Industries	333.5	365.0
住宿和餐饮业	Hotel & Catering Trade	27.5	34.9
居民服务修理和其他服务业	Residents Service Repair & Other Services	150.8	146.6
其他行业	Other Industry	147.0	166.6
财产净收入	Net Income from Property	152.6	162.4
转移净收入	Net Income from Transfer	4171.4	4271.0
可支配收入构成（%）	**Composition of Disposable Income（%）**		
工资性收入	Wages Income	28.7	31.2
经营净收入	Net Business Income	38.4	38.5
第一产业	Primary Industry	27.2	27.7
农业	Farming	16.5	16.5
林业	Forestry	4.5	5.0
牧业	Animal Husbandry	5.8	5.8
渔业	Fishery	0.4	0.4
第二产业	Secondary Industry	2.0	1.8
工业	Industry	0.7	1.1
建筑业	Construction	1.3	0.8
第三产业	Tertiary Industry	9.2	9.0
批发和零售业	Wholesale & Retail Trade	4.2	4.1
交通、运输、邮电业	Transport and Telecommunications Industries	2.5	2.5
住宿和餐饮业	Hotel & Catering Trade	0.2	0.2
居民服务修理和其他服务业	Residents Service Repair & Other Services	1.2	1.0
其他行业	Other Industry	1.1	1.1
财产净收入	Net Income from Property	1.2	1.1
转移净收入	Net Income from Transfer	31.7	29.1

3-4 脱贫地区农村居民家庭人均现金可支配收入及构成

Per Capita Cash Disposable Income and Composition of Rural Households in Poverty Alleviation Areas

项　目	Item	2020	2021
现金收入（未扣除生产费用）（元）	**Cash Income（Production Cost is not Deducted）（yuan）**	**15152.1**	**16695.4**
工资性收入	Wages Income	3748.4	4547.8
经营性收入	Net Business Income	7270.3	7810.9
第一产业	Primary Industry	4989.9	5257.0
农业	Farming	2752.4	2798.4
林业	Forestry	624.7	751.5
牧业	Animal Husbandry	1498.9	1622.2
渔业	Fishery	113.9	84.9
第二产业	Secondary Industry	640.7	727.2
工业	Industry	306.7	533.3
建筑业	Construction	334.0	193.9
第三产业	Tertiary Industry	1639.8	1826.6
批发和零售业	Wholesale & Retail Trade	611.7	666.9
交通、运输、邮电业	Transport and Telecommunications Industries	554.4	636.2
住宿和餐饮业	Hotel & Catering Trade	30.7	47.0
居民服务修理和其他服务业	Residents Service Repair & Other Services	211.4	200.2
其他行业	Other Industry	231.6	276.4
财产性收入	Property Income	173.4	179.3
转移性收入	Transferred Income	3960.0	4157.5
现金收入构成（%）	**Composition of Cash Income（%）**		
工资性收入	Wages Income	24.7	27.2
经营性收入	Net Business Income	48.0	46.8
第一产业	Primary Industry	32.9	31.5
农业	Farming	18.2	16.8
林业	Forestry	4.1	4.5
牧业	Animal Husbandry	9.9	9.7
渔业	Fishery	0.8	0.5
第二产业	Secondary Industry	4.2	4.4
工业	Industry	2.0	3.2
建筑业	Construction	2.2	1.2
第三产业	Tertiary Industry	10.8	10.9
批发和零售业	Wholesale & Retail Trade	4.0	4.0
交通、运输、邮电业	Transport and Telecommunications Industries	3.7	3.8
住宿和餐饮业	Hotel & Catering Trade	0.2	0.3
居民服务修理和其他服务业	Residents Service Repair & Other Services	1.4	1.2
其他行业	Other Industry	1.5	1.7
财产性收入	Property Income	1.1	1.1
转移性收入	Transferred Income	26.1	24.9

3-5　脱贫地区农村居民家庭人均总支出及构成

Per Capita Total Expenditure and Composition of Rural Households in Poverty Alleviation Areas

项　目	Item	2020	2021
总支出（元）	**Total Expenditure（yuan）**	**17360.4**	**18471.6**
生活消费支出	Consumption Expenditure	11065.7	12143.5
食品	Food	3180.5	3164.6
衣着	Clothing	360.6	410.5
居住	Residence	2364.0	2529.8
家庭设备、用品及服务	Household Facilities, Articles and Services	592.6	704.2
医疗保健	Medicines and Medical Services	1076.4	1204.1
交通通信	Transport and Communications	1401.3	1580.9
文化娱乐用品及服务	Stationery & Recreation Goods and Services	1310.6	1667.2
其他商品和服务	Other Commodities and Services	137.8	142.9
家庭经营费用支出	Expenditure for Household Business	3301.5	3320.5
第一产业	Primary Industry	2586.8	2449.9
农业	Farming	1400.8	1252.1
林业	Forestry	70.1	104.4
牧业	Animal Husbandry	1047.1	1059.4
渔业	Fishery	68.7	34.1
第二产业	Secondary Industry	368.8	428.1
工业	Industry	211.2	360.0
建筑业	Construction	157.6	68.2
第三产业	Tertiary Industry	346.0	442.5
批发和零售业	Wholesale & Retail Trade	47.2	49.5
交通、运输、邮电业	Transport and Telecommunications Industries	174.1	235.2
住宿和餐饮业	Hotel & Catering Trade	1.7	4.4
居民服务修理和其他服务业	Residents Service Repair & Other Services	53.0	49.8
其他行业	Other Industry	69.9	103.4
财产性支出	Expenditure for Property	20.8	16.9
转移性支出	Transferred Expenditure	341.1	413.3
购置生产性固定资产支出	Expenditure for Productive Fixed Assets	2242.9	2173.1

3-5 续表 continued

项　目	Item	2020	2021
总支出构成（%）	**Composition of Total Expenditure（%）**		
生活消费支出	Consumption Expenditure	63.7	65.7
食品	Food	18.3	17.1
衣着	Clothing	2.1	2.2
居住	Residence	13.6	13.7
家庭设备、用品及服务	Household Facilities, Articles and Services	3.4	3.8
医疗保健	Medicines and Medical Services	6.2	6.5
交通通信	Transport and communications	8.1	8.6
文化娱乐用品及服务	Stationery & Recreation Goods and Services	7.6	9.0
其他商品和服务	Other Commodities and Services	0.8	0.8
家庭经营费用支出	Expenditure for Household Business	19.0	18.0
第一产业	Primary Industry	14.9	13.3
农业	Farming	8.1	6.8
林业	Forestry	0.4	0.6
牧业	Animal Husbandry	6.0	5.7
渔业	Fishery	0.4	0.2
第二产业	Secondary Industry	2.1	2.3
工业	Industry	1.2	1.9
建筑业	Construction	0.9	0.4
第三产业	Tertiary Industry	2.0	2.4
批发和零售业	Wholesale & Retail Trade	0.3	0.3
交通、运输、邮电业	Transport and Telecommunications Industries	1.0	1.3
住宿和餐饮业	Hotel & Catering Trade	…	0.0
居民服务修理和其他服务业	Residents Service Repair & Other Services	0.3	0.3
其他行业	Other Industry	0.4	0.6
财产性支出	Expenditure for Property	0.1	0.1
转移性支出	Transferred Expenditure	2.0	2.2
购置生产性固定资产支出	Expenditure for Productive Fixed Assets	12.9	11.8

3-6　脱贫地区农村居民家庭人均现金支出及构成

Per Capita Cash Expenditure and Composition of Rural Households in Poverty Alleviation Areas

项　目	Item	2020	2021
现金支出（元）	**Cash Expenditure（yuan）**	**14442.4**	**15427.8**
生产费用现金支出	Cash Expenditure of Productive Costs	3041.8	3082.0
第一产业	Primary Industry	2327.0	2211.4
农业	Farming	1319.2	1212.3
林业	Forestry	70.1	104.4
牧业	Animal Husbandry	869.7	861.2
渔业	Fishery	68.0	33.5
第二产业	Secondary Industry	368.8	428.1
工业	Industry	211.2	360.0
建筑业	Construction	157.6	68.2
第三产业	Tertiary Industry	346.0	442.5
批发和零售业	Wholesale & Retail Trade	47.2	49.5
交通、运输、邮电业	Transport and Telecommunications Industries	174.1	235.2
住宿和餐饮业	Hotel & Catering Trade	1.7	4.4
居民服务修理和其他服务业	Residents Service Repair & Other Services	53.0	49.8
其他行业	Other Industry	69.9	103.4
购置生产性固定资产支出	Expenditure for Productive Fixed Assets		
生活消费支出	Consumption Expenditure	8407.4	9338.2
财产性支出	Expenditure for Property	20.8	16.9
转移性支出	Transferred Expenditure	341.1	413.3
现金支出构成（%）	**Composition of Cash Expenditure（%）**		
生产费用现金支出	Cash Expenditure of Productive Costs	21.1	20.0
第一产业	Primary Industry	16.1	14.3
农业	Farming	9.1	7.9
林业	Forestry	0.5	0.7
牧业	Animal Husbandry	6.0	5.6
渔业	Fishery	0.5	0.2
第二产业	Secondary Industry	2.6	2.8
工业	Industry	1.5	2.3
建筑业	Construction	1.1	0.4
第三产业	Tertiary Industry	2.4	2.9
批发和零售业	Wholesale & Retail Trade	0.3	0.3
交通、运输、邮电业	Transport and Telecommunications Industries	1.2	1.5
住宿和餐饮业	Hotel & Catering Trade	…	0.0
居民服务修理和其他服务业	Residents Service Repair & Other Services	0.4	0.3
其他行业	Other Industry	0.5	0.7
购置生产性固定资产支出	Expenditure for Productive Fixed Assets		0.0
生活消费支出	Consumption Expenditure	58.2	60.5
财产性支出	Expenditure for Property	0.1	0.1
转移性支出	Transferred Expenditure	2.4	2.7

3-7 脱贫地区农村居民家庭人均主要食品消费量

Per Capita Main Food Consumption of Rural Households in Poverty Alleviation Areas

单位：公斤　　　　(kg)

项　目	Item	2020	2021
谷物消费量	Cereal Consumption	157.80	123.12
# 稻谷	# Rice	126.85	100.97
玉米	Corn	20.01	12.80
薯类消费量	Potato Consumption	0.57	0.47
豆类消费量	Soy Consumption	7.43	5.61
油脂类消费量	Oil and Fats Consumption	7.11	5.36
蔬菜及菜制品消费量	Vegetables and Food Products Consumption	76.98	64.70
# 鲜菜	# Fresh Vegetables	75.93	63.85
肉禽及其制品	Meat, Poultry and Related Products	56.26	40.29
# 猪肉	# Pork	23.06	25.74
牛肉	Beef	1.29	1.01
羊肉	Mutton	0.31	0.25
家禽	Poultry	30.89	19.62
蛋类及蛋制品	Eggs and Eggs Products	6.19	4.09
奶和奶制品	Milk and Dairy Products	2.43	2.03
水产品	Aquatic Products	8.66	6.03
# 鱼类	# Fish	8.12	5.51
虾、贝、蟹类	Shrimp, Shells, Crabs	0.36	0.37
干鲜瓜果类	Dried and Fresh Melons and Fruits	31.14	24.73
鲜瓜果	Fresh Fruits	29.71	23.79
坚果类	Nuts	1.28	0.84
消费茶叶	Tea Consumption	0.16	0.11
食糖	Sugar	1.07	0.77
烟叶消费量	Tobacco Consumption	29.76	23.40
酒	Wine	12.19	9.26
# 白酒	# Liquor	7.89	5.81
啤酒	Beer	4.28	3.44

3-8 脱贫地区社区基本情况

Basic Situation of Community in Poverty Alleviation Areas

项 目	Item	2020	2021
社区情况（个）	**Situation of community（unit）**		
调查村个数	Number of Surveyed Villages	271	271
自然村个数	Number of Natural Village	3226	3303
主干道路面经过硬化处理的自然村	Natural Village by Trunk Road Through Hardened	3119	3278
通宽带的自然村	Broadband Came to Natural Village	2861	3220
被通信信号覆盖的自然村	Natural Village Covered by the Communication Signal	3127	3291
饮用水经过集中净化处理的自然村	Purified Drinking Water Treatment of Natural Village	1747	1970
上幼儿园或学前班的便利程度如何	How to Facilitate the Extent Kindergarten or Preschool		
村内有，且便利	Village Have, and Convenient	160	153
村内无，但入园较便利	Village Not Have, But More Convenient to Go to Kindergarten	84	104
不便利	Not Convenient	27	14
上小学的便利程度	Convenience Degree of go Elementary School		
村内有，且便利	Village Have, and Convenient	175	165
村内无，但入学校便利	Village Not Have, But More Convenient to Go to School	76	95
不便利	Not Convenient	20	11
人口和资源情况	**Condition of Population and Resource**		
年末户籍人口（人）	Household Population at Year-end（person）	763820	763361
年末常住户数（户）	Number of Resident Households at Year-end（household）	191885	190593
年末常住人口数（人）	Number of Usual Residents（person）	670944	637332
耕地面积（亩）	Area of Cultivated Land（mu）	1046923	1004503
# 有效灌溉面积（亩）	# Irrigated Area（mu）	427698	401806
园地面积（亩）	Area of Garden Plot（mu）	162146	191940
林地面积（亩）	Area of Forests Land（mu）	2854778	2998238
牧草地面积（亩）	Area of Grassland（mu）	33170	31434
养殖水面面积（亩）	Water Area of Breeding Aquatics（mu）	33170	24483
救济及社会保障情况	**Situation of Relief and Social Security**		
年内收到过救济、救灾款物的户数（户）	Number of Households by Received Relief, Relief Funds and Materials（household）	8676	5362
享受农村最低生活保障人数（人）	Number of Rural Residents with Minimum Living Allowance（person）	58876	62064

第四篇　价格调查

Chapter 4　Price Survey

（编辑：蒋志华　唐川雁　罗宇连　叶雪莹）

（Editor: Jiang Zhihua　Tang Chuanyan　Luo Yulian　Ye Xueying）

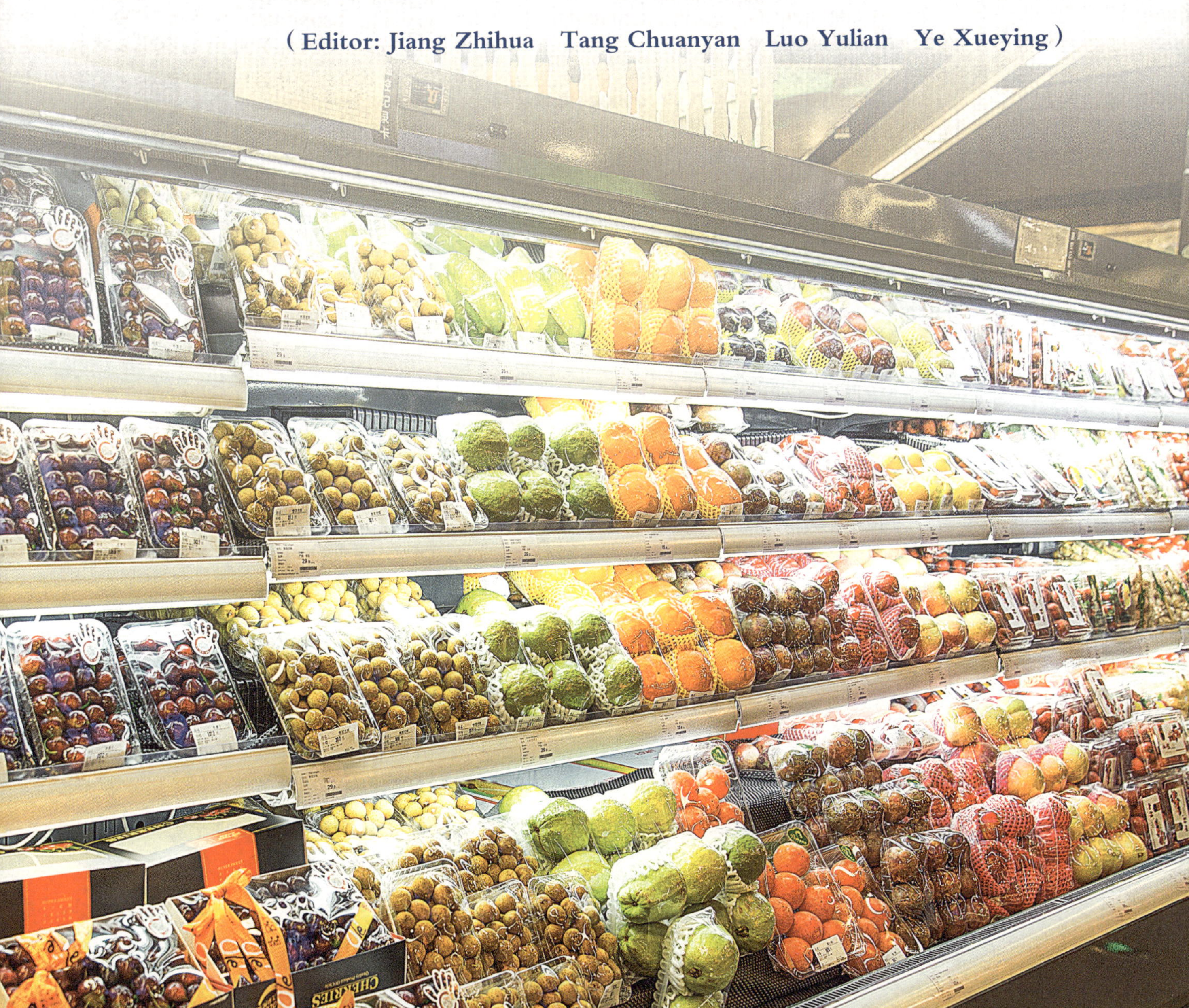

简要说明

一、本篇资料的主要内容

本篇价格指数资料，反映生产、流通、消费与投资等环节的价格变动趋势和变动幅度。主要包括居民消费价格指数、商品零售价格指数、农业生产资料价格指数、农产品生产者价格指数、工业生产者出厂价格指数、工业生产者购进价格指数、固定资产投资价格指数、房地产价格指数、农产品集贸市场价格及指数等。

二、本篇的资料来源

价格指数编制由国家统计局城市社会经济调查司和农村社会经济调查司组织实施。由各省、自治区、直辖市及抽选出的市、县调查队依据国家统计局统一制定的价格统计调查制度从基层采集原始数据汇总后上报。

三、居民消费、商品零售价格指数

编制居民消费、商品零售价格指数的资料采用抽样调查和重点调查相结合的方法取得，即在广西壮族自治区选择不同经济区域和分布合理的地区，以及有代表性的商品作为样本，对其市场价格进行定期调查，以样本推断总体。目前，参加广西省级数据汇总的调查市、县21个。编制过程按下列几个步骤进行：

1.选择调查地区和调查点。调查地区按照经济区域和地区分布合理等原则，选出具有代表性的大、中、小城市和县作为广西的调查地区，在此基础上选定经营规模大、商品种类多的商场（店）、超市、农贸市场、服务网点等作为调查点。

2.选择代表规格品。代表规格品是选择那些消费量大、价格变动有代表性的商品；代表规格品的确定是根据商品零售资料和城乡居民的消费支出记账资料，按照有关规定筛选的。筛选原则：（1）与社会生产和人民生活关系密切；（2）消费（销售）数量（金额）大；（3）市场供应稳定；（4）价格变动趋势有代表性；（5）所选的代表规格品之间性质差异大，价格变动特征的相关性低。

目前，居民消费价格调查按用途划分为8大类，268个基本分类，各调查市县每月调查800种以上的规格品价格；商品零售价格按用途划分为16个大类，197个基本分类，各调查市县每月调查500种以上的规格品价格。

3.价格调查方法。通过手持数据采集器，采用定人、定点、定时的方法直接调查。

4.权数的确定。居民消费价格指数的权数主要根据城乡居民家庭消费支出构成确定。商品零售价格指数的权数主要根据社会商品零售额资料确定；农业生产资料价格指数权数主要根据农村居民家庭消费支出构成确定。

四、工业生产者出厂价格指数

工业生产者出厂价格是工业品第一次出售时的出厂价格。该项调查采用重点调查与典型调查相结合的调查方法。重点调查对象为年主营业务收入2000万元及以上的工业法人企业;典型调查对象为年主营业务收入2000万元以下的工业法人企业。

1.选择代表企业的原则：（1）按工业行业选择调查企业，各中类行业原则上都要有调查企业；（2）大型企业应尽量都选上（或占相当大比重）；（3）选择生产正常、稳定的企业作为调查对象。

2.选择代表产品的原则：（1）按工业行业选择代表产品；（2）选择对国计民生影响大的产品；（3）选择生产较为稳定的产品；（4）选择有发展前景的产品；（5）选择具有地方特色的产品。

目前《工业生产者出厂价格调查目录》包括11000多种产品，并将其划分为1638个基本分类；《工业生产者购进价格调查目录》包括6000多种产品，并划分为900多个基本分类。

3.价格调查方式。采用企业报表形式，每月约1100家工业企业上报数据资料。

4.权数的确定。工业生产者出厂价格统计中，工业小类及小类以上的权数资料来源于工业统计中分行业工业销售产值数据资料；基本分类的权数资料来源于独立的工业企业产品权数调查。权数一般五年更换一次。

五、房地产价格指数

房地产价格指数由新建住宅销售价格指数和二手住宅销售价格指数组成。调查周期为月度。

1.调查城市。包括原有统计的70个大中城市和2019年1月起新增的80个城市。广西壮族自治区的调查城市有南宁市、桂林市、北海市3个市和新增的柳州市、防城港市2个市。

2.调查范围。调查范围为南宁市、桂林市、北海市、柳州市和防城港市的市辖区，不包括县。

3.指标设置。各城市新建商品住宅和二手住宅均设置90平方米及以下、90～144平方米、144平方米以上三个基本分类。

4.二手住宅销售价格调查中的房地产经纪机构和住宅样本选取原则：

（1）选取房地产经纪机构要注重代表性。统筹考虑各种因素，选择规模大、实力强、营业额占当地总营业额比重较大、经营状况比较稳定的房地产经纪机构，并尽量兼顾内资、港澳台商投资、外商投资等不同注册登记类型。选取的房地产经纪机构的总营业额一般应占当地二手住宅总营业额的75%以上。房地产经纪机构应按规定内容和要求填报调查表。

（2）各城市按照具体情况划分统计单位（包括但不限于各商圈、片区、街道、住宅小区或社区以及房地产经纪机构下辖门店等），要综合考虑住宅类型、区域、地段、结构等统计口径的一致性。

5.价格调查方式。70个大中城市新建住宅销售价格调查为全面调查，基础数据直接采用当地房地产管理部门的网签备案数据。二手住宅销售价格为非全面调查，采用重点调查与典型调查相结合的方法，按照房地产经纪机构上报、房地产管理部门提供与调查员实地采价相结合的方式收集基础数据。新增80个城市新建住宅和二手住宅销售价格调查均为全面调查，采用房地产主管部门的网签备案数据。

六、农产品生产者价格指数

农产品生产者价格是农产品生产者直接出售其产品时实际获得的单位产品价格。农产品生产价格调查采用抽样调查和重点调查相结合的方法。内容包括被调查单位生产并出售的主要农产品。农产品代表产品的选择涵盖农、林、牧、渔四大类、各中类以及90%以上的小类，一般是生产量和销售量大的对国计民生影响大、稳定性强的产品，具有发展前景的新产品和具有地方特色的产品。代表品一般稳定五年。

（1）农产品生产者价格：在广西41个调查市县内，由国家调查队通过对抽样确定的农业生产经营单位和农户生产并出售的主要农产品进行登记台账取得。调查周期为季报。

（2）农产品集贸市场价格：在全国选中的农产品主产县的集贸市场调查农牧渔业31种主要产品价格取得。调查周期为月报。

4-1　居民消费、商品零售、农业生产资料价格总指数（1985—2021年）

Consumer Goods Retail, Agricultural Production Materials Price Index（1985—2021）

（上年＝100）　　(preceding year=100)

年　份 Year	居民消费价格指数 Consumer Price Index			商品零售价格指数 Retail Price Index			农业生产资料价格指数 Price Indices of Farming Production Material
	全　区 Province	城　市 Urban Areas	农　村 Rural Areas	全　区 Province	城　市 Urban Areas	农　村 Rural Areas	
1985	113.0	114.7	111.8	111.2	114.5	109.3	104.6
1986	106.2	106.2	106.2	105.1	106.0	104.4	101.1
1987	108.2	110.2	105.8	108.0	110.5	105.5	105.5
1988	120.8	123.3	118.4	121.0	123.2	119.4	126.7
1989	121.1	119.7	123.3	121.3	119.1	123.5	125.8
1990	101.1	98.3	104.4	100.1	97.4	102.4	99.2
1991	102.8	102.7	103.0	102.5	102.5	102.5	101.3
1992	105.9	107.0	105.4	104.6	106.2	103.9	104.0
1993	122.0	123.3	119.1	118.9	121.9	114.8	110.6
1994	126.0	125.4	126.5	124.4	122.7	125.6	118.1
1995	118.4	118.0	118.6	116.4	115.0	117.7	130.1
1996	106.5	105.5	107.4	104.5	104.1	104.9	103.8
1997	100.8	100.7	100.8	99.6	99.9	99.4	100.3
1998	97.0	97.1	96.8	96.3	96.7	95.9	92.1
1999	97.7	97.2	98.2	97.2	96.8	97.6	96.4
2000	99.7	100.0	99.5	98.6	98.4	98.8	99.9
2001	100.6	101.3	99.6	97.8	97.3	99.0	97.7
2002	99.1	98.9	99.3	98.1	98.2	98.0	98.2
2003	101.1	100.9	101.3	100.2	99.6	100.8	102.4
2004	104.4	104.1	104.9	103.9	103.4	104.4	115.3
2005	102.4	103.0	101.6	101.1	101.3	101.0	110.5
2006	101.3	101.6	100.9	100.3	100.8	99.8	101.0
2007	106.1	105.6	106.8	104.8	104.2	105.3	114.4
2008	107.8	107.6	108.5	107.6	107.6	108.3	124.0
2009	97.9	97.9	97.5	98.0	98.1	96.9	94.2
2010	103.0	102.9	103.4	103.0	103.0	103.2	101.9
2011	105.9	105.7	106.4	106.0	105.7	106.6	112.2
2012	103.2	103.2	103.3	102.3	102.2	102.4	103.9
2013	102.2	102.1	102.4	101.2	101.1	101.3	99.9
2014	102.1	102.2	101.9	101.4	101.5	101.1	98.9
2015	101.5	101.5	101.5	100.1	100.1	100.1	100.9
2016	101.6	101.6	101.7	100.4	100.4	100.3	100.7
2017	101.6	101.9	101.1	101.2	101.2	100.8	101.4
2018	102.3	102.4	102.2	101.6	101.6	101.7	101.8
2019	103.7	103.5	104.1	103.2	103.1	103.5	104.6
2020	102.8	102.5	103.5	101.4	101.3	102.1	109.7
2021	100.9	101.1	100.5	101.1	101.2	100.4	

4-2 居民消费价格分类指数（2021年）

Consumer Price Indices by Category（2021）

（上年=100） (preceding year=100)

指 标	Item	全 区 Province	城 市 Urban Areas	农 村 Rural Areas
居民消费价格指数	**Consumer Price Index**	**100.9**	**101.1**	**100.5**
服务价格指数	**Service Price Index**	**101.8**	**101.8**	**101.7**
工业品价格指数	**Industrial Product Price Index**	**101.8**	**101.7**	**101.9**
消费品价格指数	**Consumer Price Index**	**100.3**	**100.6**	**99.8**
非食品价格指数	**Non-food Price Index**	**101.8**	**101.8**	**101.7**
扣除食品和能源价格指数	**Excluding Food and Energy Price Index**	**101.2**	**101.2**	**101.1**
扣除鲜菜鲜果价格指数	**Excluding Fresh Vegetables Fresh Fruit Price Index**	**100.8**	**101.0**	**100.5**
食品烟酒	**Food, Tobacco and Liquor**	**98.8**	**99.4**	**97.6**
食品	Food	97.3	98.0	96.2
粮食	Grain	101.6	101.0	102.3
大米	Rice	101.2	100.4	102.1
面粉	Flour	101.8	102.3	100.6
其他粮食	Other Grain	103.8	103.3	104.5
粮食制品	Grain Products	102.1	102.1	102.1
薯类	Tubers	95.0	96.7	91.2
豆类	Beans	105.1	105.4	104.6
干豆	Dried Beans	108.2	108.0	108.5
豆制品	Beans Products	103.7	104.4	102.7
食用油	Edible Oil and Fats	108.5	110.1	107.0
食用植物油	Oil of Plant	111.0	111.7	110.2
食用动物油	Edible Animal Oil	87.1	84.8	88.0
菜及食用菌	Vegetable and Edible Fungi	103.3	104.4	101.3
鲜菜	Fresh Vegetables	103.5	104.6	101.4
鲜菌	Fresh Fungus	96.6	95.7	98.5
干菜干菌及制品	Dried Vegetables and Edible Fungi Products	103.5	104.6	101.6
畜肉类	Neat of Livestock	78.7	80.8	75.6
猪肉	Pork	67.5	68.5	66.3
牛肉	Beef	100.7	100.2	101.9
羊肉	Mutton	103.7	104.3	102.2
其他畜肉及副产品	Other Meat of Livestock and By-products	89.0	90.6	86.7
畜肉制品	Animal Meat Products	95.2	94.6	96.1
禽肉类	Meat of Poultry	97.9	97.1	99.4
鸡	Chicken	94.0	93.7	94.8
鸭	Duck	105.9	105.1	107.2
其他禽肉及制品	Other Poultry and Products	99.1	98.4	100.6
水产品	Aquatic Products	107.0	106.5	108.2
淡水鱼	Freshwater Fish	111.2	112.3	109.7
海水鱼	Saltwater Fish	102.0	100.3	105.9
虾蟹类	Shrimps and Crabs	106.6	105.6	110.2
其他水产品及制品	Other Aquatic Products and Products	103.5	103.5	103.6

4-2　续表 1　continued

（上年＝100）　(preceding year=100)

指　标	Item	全　区 Province	城　市 Urban Areas	农　村 Rural Areas
蛋类	Eggs	107.3	107.3	107.2
鸡蛋	Egg	109.0	109.3	108.3
其他蛋及制品	Other Eggs and Products	102.3	101.7	103.6
奶类	Milk	100.4	101.2	99.0
鲜奶	Fresh Milk	103.4	104.2	101.5
酸奶	Yogurt	99.4	99.7	97.2
奶粉	Milk Powder	98.8	99.6	97.9
其他奶制品	Other Dairy Products	101.4	100.7	102.7
干鲜瓜果类	Dried and Fresh Melons and Fruits	101.4	101.9	100.2
鲜果	Fresh Fruits	101.6	102.3	100.4
坚果	Nut	100.0	100.2	99.7
瓜果制品	Melon and Fruit Products	98.8	99.2	98.0
糖果糕点类	Candy and Cake	101.1	101.1	101.2
食糖	Sugar	100.4	101.6	99.6
糖果	Candy	101.4	101.5	101.3
糕点	Cakes and Pastries	101.2	101.2	101.2
其他糖果糕点	Other Sweets and Pastries	100.8	100.0	103.4
调味品	Flavoring	101.2	101.6	100.8
食用盐	Edible Salt	99.5	100.7	98.4
酱油	Soy Sauce	100.5	100.8	100.2
食醋	Vinegar	100.6	101.0	100.2
增味剂	Flavoring	100.4	99.7	101.3
其他调味品	Other Condiments	103.2	103.3	102.9
其他食品类	Other Foods	99.6	99.5	99.8
方便食品	Convenience Food	99.1	99.2	98.8
淀粉及制品	Starch and Products	101.3	100.5	102.3
其他食品	Other Food	99.8	99.7	99.9
茶及饮料	Tea and Beverages	101.0	101.0	100.8
茶叶	Tea	101.2	101.2	101.0
固体咖啡	Solid Coffee	100.2	100.0	100.7
其他固体饮料	Other Solid Drinks	101.1	102.1	99.5
饮用水	Drinking Water	101.0	101.4	100.3
果汁饮料	Fruit Juice Beverage	99.2	98.9	99.6
其他液体饮料	Other Liquid Beverages	101.4	101.1	101.8

4-2 续表 2 continued

（上年＝100） (preceding year=100)

指 标	Item	全 区 Province	城 市 Urban Areas	农 村 Rural Areas
烟酒	Tobacco and Liquor	100.6	100.6	100.4
卷烟	Cigarette	100.4	100.3	100.4
酒类	Liquor	101.0	101.3	100.5
白酒	Liquor	102.6	102.8	102.3
葡萄酒	Wine	100.1	101.2	98.8
啤酒	Beer	98.6	98.5	98.7
其他酒类	Other Wines	101.7	102.0	101.3
在外餐饮	Dining Out	102.1	102.4	101.4
餐馆餐饮	Restaurants and Catering	101.5	101.7	101.0
饮品店餐饮	Drink Shop and Catering	105.6	105.9	104.5
外卖	Take Out	100.9	101.0	100.9
其他在外餐饮	Others Dining Out	102.5	103.3	101.1
衣着	**Clothing**	**101.0**	**101.4**	**99.9**
服装	Garments	101.0	101.3	100.0
男式服装	Men's Clothing	101.3	101.6	100.5
男式外套	Men's Coat	101.6	101.9	100.6
男式针织衫	Men's Knit Shirt	102.5	102.3	102.9
男式衬衫T恤	Men's Shirt T-shirt	100.5	100.7	99.9
男式裤子	Men's Dress Pants	101.1	101.4	100.3
男式内衣	Men's Underwaist	101.7	103.2	98.9
女式服装	Women's Clothing	100.9	101.4	99.5
女式外套	Women's Coat	101.1	101.8	99.4
女式针织衫	Women's Knit Shirt	101.2	100.9	101.7
女式衬衫T恤	Women's Shirt T-shirt	101.3	101.9	99.6
女式裤子	Women's Pants	100.7	101.4	99.2
女式裙子	Women's Ladies Skirt	100.2	100.9	98.0
女式内衣	Women's Underwaist	101.1	101.6	99.8
儿童服装	Children's Clothing	100.5	100.7	100.1
婴儿服装	Baby Clothing	100.6	100.7	100.6
儿童上衣	Children's Coat	100.7	101.0	100.2
儿童裤子	Children's Trousers	100.3	100.2	100.4
儿童裙子	Children's Skirt	100.4	100.8	99.5
儿童内衣	Children's Underwaist	100.3	100.5	99.6

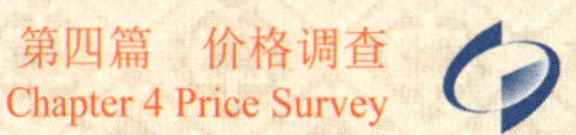

4-2 续表 3 continued

（上年＝100）　　(preceding year=100)

指　标	Item	全　区 Province	城　市 Urban Areas	农　村 Rural Areas
衣着材料及配件	Clothing Materials and Accessories	100.6	100.7	100.2
袜子	Socks	100.4	100.3	100.4
帽子	Cap	100.6	101.1	99.0
其他衣着材料及配件	Other Clothing Materials and Accessories	100.9	101.1	100.4
衣着加工服务费	Clothing Manufacturing Services	101.7	101.6	102.7
衣着洗涤保养	Scrubbing Maintenance	102.9	102.8	103.9
其他衣着服务	Other Clothing Services	99.9	99.7	101.2
鞋类	Footwear	100.9	101.6	99.6
鞋	Shoes	101.0	101.6	99.6
男鞋	Men's Shoes	101.7	103.0	98.8
女鞋	Women's Shoes	100.9	101.2	100.1
童鞋	Children's Shoes	100.0	99.9	100.0
鞋类服务	Footwear Services	100.5	100.8	100.0
居住	**Residence**	**100.8**	**100.7**	**100.9**
租赁房房租	Rent of Rental Housing	100.2	100.3	99.9
公房房租	Rent by Public Houses	100.3	100.3	100.0
私房房租	Private House Rent	100.2	100.3	99.9
住房保养维修及管理	Housing Maintenance and Management	101.9	101.5	102.5
住房装潢材料	Housing Decoration Materials	102.2	101.7	102.9
木地板	Wood Floor	102.4	101.7	103.9
瓷砖	Tile	97.3	96.0	99.1
水泥	Cement	111.0	109.8	113.7
涂料	Paint	100.7	100.6	101.0
板材	Board	103.3	103.6	102.8
管材	Pipe	102.7	102.4	103.1
厨卫设备	Kitchen & Bath Fixtures	101.5	101.3	101.9
门窗	Doors and Windows	105.3	104.5	106.4
其他住房装潢材料	Other Housing Decoration Materials	109.9	111.1	108.0
住房维修管理费用	Housing Maintenance and Management Expenses	101.5	101.3	101.8
物业管理费	Property Management Fee	100.0	100.0	100.2
装潢维修费	Upholstery Maintenance Fee	102.7	102.8	102.4
其他住房费用	Other Housing Costs	98.3	97.9	100.0

4-2 续表 4 continued

（上年＝100） (preceding year=100)

指 标	Item	全 区 Province	城 市 Urban Areas	农 村 Rural Areas
水电燃料	Water, Electricity and Fuels	102.7	102.6	102.8
水	Water	100.9	100.0	103.3
电	Electricity	100.0	100.0	100.0
燃气	Gas	108.2	107.5	109.3
管道燃气	Pipeline Gas	100.0	99.8	100.7
液化石油气	Liquefied Petroleum Gas	114.0	117.2	111.2
其他水电燃料类	Other Water, Electricity and Fuels	103.5	105.6	100.1
自有住房	Private Housing	99.9	99.9	100.0
生活用品及服务	**Articles for Daily Use and Services**	**100.4**	**100.6**	**100.1**
家具及室内装饰品	Furniture and Interior Decorations	100.4	100.3	100.5
家具	Furniture	100.4	100.4	100.5
柜	Cabinet	99.3	98.5	100.6
床	Bed	101.0	101.7	100.2
桌	Table	100.3	100.4	100.0
椅	Chair	101.9	102.7	100.0
沙发	Sofa	99.9	99.4	100.7
其他家具	Other Furniture	102.1	102.4	101.5
室内装饰品	Upholstery	99.4	99.2	99.8
灯具	Lamps and Lanterns	99.0	98.3	100.1
其他室内装饰品	Other Interior Decorations	100.1	100.5	99.3
家用器具	Home Appliances	101.0	101.2	100.5
大型家用器具	Large Household Appliances	100.8	101.1	100.1
洗衣机	Washing Machine	101.5	101.8	100.9
电冰箱（柜）	Refrigerator	100.1	99.9	100.5
抽油烟机	Smoke Lampblack Machine	100.7	101.6	99.7
空调器	Air Conditioner	101.5	102.3	99.9
热水器	Water Heating	100.2	99.8	100.8
炉具灶具	Stove and Cookers	100.5	100.4	100.7
微波炉	Microwave Oven	96.9	96.8	97.2
其他大型家用器具	Other Large Household Appliances	96.1	95.7	97.2
净化器	Purifier	96.5	96.3	96.8
其他大型家用器具	Other Large Household Appliances	100.2	101.5	98.3
小家电	Small Home Appliances	101.9	101.8	102.1
厨房小家电	Kitchen Appliances	102.3	102.3	102.3
生活小家电	Small Household Electrical Appliances	101.0	100.4	101.7

4-2　续表 5　continued

（上年=100）　　(preceding year=100)

指　标	Item	全　区 Province	城　市 Urban Areas	农　村 Rural Areas
家用纺织品	Home Textiles	99.9	99.8	100.0
床上用品	Bedding Article	99.9	100.1	99.3
被子	Quilt	99.7	100.0	99.0
床单被套	Bed Sheet & Duvet Cover	99.4	99.2	99.9
其他床上用品	Other Bedding	100.8	101.3	99.1
窗帘门帘	Curtain	101.5	100.6	103.0
其他家用纺织品	Other Household Textiles	98.6	98.3	100.0
家庭日用杂品	Daily Use Household Articles	100.0	100.3	99.7
洗涤卫生用品	Washing Sanitary Articles	99.8	100.0	99.5
清洗用品	Cleaning Supplies	100.3	100.0	100.6
清洁用具	Cleaning Appliances	100.1	99.9	100.3
清洁用纸	Cleaning Paper	99.3	100.1	98.4
厨具餐具茶具	Kitchenware, Tableware, Tea set	98.2	98.3	98.1
厨具	Kitchenware	97.7	97.7	97.7
餐具	Tableware	97.8	98.2	97.2
茶具	Tea Set	101.4	101.3	101.4
其他家庭日用杂品	Other Family Daily Sundry Goods	101.2	101.4	100.9
配电附件	Distribution Accessories	101.9	102.1	101.4
雨具	Rain Gear	100.7	101.2	100.1
其他日用杂品	Other Daily Sundry Goods	101.1	101.2	101.0
个人护理用品	Personal-care Supplies	99.5	99.7	99.2
化妆品	Cosmetics	99.1	99.3	98.4
清洁化妆品	Cleaning Cosmetics	100.4	101.0	99.5
护肤化妆品	Skin Care Cosmetics	98.8	99.1	97.9
彩妆化妆品	Make Up Cosmetics	98.4	98.4	98.4
化妆器具	Cosmetic Equipment	98.3	98.9	97.5
其他护理用品类	Other Types of Care Products	99.9	100.0	99.8
清洁类护理用品	Cleaning Supplies	100.7	100.9	100.2
护发美发用品	Hair Care Products	99.5	99.4	99.8
护理器具	Nursing Appliance	98.8	98.6	99.5
其他护理用品	Other Nursing Supplies	99.8	99.9	99.4
家庭服务	Household Services	102.3	102.4	101.6
家政服务	Household Management Services	104.4	104.6	103.1
母婴护理服务	Mother and Baby Nursing Services	101.3	101.2	101.6
家庭维修服务	Home Maintenance Services	101.9	102.2	100.8
其他家庭服务	Other Family Services	101.2	101.1	101.8

4-2 续表 6 continued

（上年＝100） (preceding year=100)

指 标	Item	全 区 Province	城 市 Urban Areas	农 村 Rural Areas
交通和通信	**Transport and Communications**	**102.7**	**102.6**	**102.9**
交通	Transport	104.2	104.0	104.6
交通工具	Transport Facility	98.4	97.8	99.5
燃油小型汽车	Fuel Small-car	98.3	97.7	99.3
新能源小汽车	New Energy Car	101.0	100.4	102.5
电动自行车	Electric Bicycle	95.5	93.9	98.1
自行车	Bicycle	103.9	104.2	103.4
其他交通工具	Other Means of Transportation	100.8	101.3	100.3
交通工具用燃料	Fuels for Transport Facility	117.0	116.8	117.2
汽油	Steam-oil	117.4	117.3	117.5
柴油	Diesel Oil	119.2	119.2	119.2
其他车用能源	Other Vehicle Energy	96.1	94.7	99.9
交通工具使用和维修	Use and Maintenance of Transport Facility	100.7	100.6	100.8
停车费	Parking Rate	99.5	99.3	100.5
车辆使用费	Vehicle Usage fee	100.1	100.0	100.5
交通工具零配件	Vehicle Spare Parts	100.7	101.4	99.6
车辆修理与保养	Vehicle Repair and Maintenance	102.0	101.2	103.2
交通费	Traffic Fee	102.6	103.4	101.1
市内公共交通	City Public Transport	100.6	100.0	101.4
出租汽车	Taxi	100.3	100.4	100.0
飞机票	Airplane Ticket	111.9	111.9	112.0
火车票	Train Tickets	101.4	101.4	101.5
长途汽车	Long Distance Bus	98.4	98.6	98.3
网约车	Online Car Hailing	99.5	99.8	98.8
交通工具租赁费	Vehicle Rental Fee	101.9	103.5	99.2
其他交通费	Other Transportation Charges	100.2	100.4	99.9
通信	Communications	98.7	98.8	98.5
通信工具	Communication Tools	100.5	101.1	99.3
电话机	Telephone Set	100.6	101.4	99.2
其他通信工具及零配件	Other Communication Tools and Spare Parts	98.1	97.5	99.7
通信服务	Communication Services	97.5	97.2	98.0
电话费	Telephone Fee	100.3	100.7	99.5
家庭宽带服务	Broadband Service for Home	89.3	87.2	92.7
其他通信服务	Other Communication Services	100.2	100.3	100.0
邮递服务	Postal Services	99.9	99.9	99.9
教育文化和娱乐	**Education, Culture and Recreation**	**103.7**	**104.3**	**102.7**
教育	Education	103.7	104.3	102.9
教育用品	Education Articles	100.4	100.3	100.8
工具书	Reference Book	101.0	100.6	101.4

4-2 续表 7 continued

（上年=100） (preceding year=100)

指 标	Item	全 区 Province	城 市 Urban Areas	农 村 Rural Areas
教材	Textbooks	100.0	100.0	99.9
参考资料	Reference Material	101.5	101.5	101.7
其他教育用品	Other Educational Supplies	97.5	97.4	97.9
教育服务	Education Services	104.0	104.7	103.0
幼儿早期教育	Early Childhood Education	102.4	101.6	104.4
学前教育	Preschool Education	111.6	115.5	105.4
小学初中教育	Primary and Secondary Education	103.8	103.4	104.5
高中中职教育	Secondary Vocational Education	103.4	103.7	103.2
高等教育	Higher Education	101.2	101.1	101.4
课外教育	Extracurricular Education	103.7	103.5	104.1
专业技能培训	Professional Skills Training	98.9	99.0	98.7
其他教育服务	Other Education Services	100.4	100.1	101.2
文化娱乐	Culture and Recreation	103.7	104.4	102.1
文娱耐用消费品	Durable Consumer Goods for Culture and Recreation	102.5	102.7	102.1
电视机	Television	103.9	104.8	102.5
照相机	Camera	100.0	99.8	100.5
台式计算机	Desktop Computer	101.7	101.6	102.1
笔记本电脑	Notebook Computer	103.5	103.1	104.6
平板电脑	Tablet Computer	98.8	99.3	98.2
乐器	Musical Instruments	100.1	100.2	99.9
音响	Acoustics	98.7	98.5	99.1
可穿戴智能设备	Wearable Smart Devices	102.6	102.6	102.5
其他文娱耐用消费品	Other Recreational and Durable Goods	103.7	103.8	103.6
其他文娱用品	Other Articles	101.3	101.8	100.5
书报杂志及音像制品	Newspapers, Magazines and Audio-visual Products	100.7	100.7	100.7
纸张文具	Paper Stationery	100.2	101.0	99.7
体育户外用品	Sports Outdoor Products	100.7	101.2	100.3
游戏用品和玩具	Game Supplies and Toys	100.4	100.6	100.1
园艺花卉及用品	Garden Flowers and Supplies	101.9	102.0	101.4
宠物及用品	Pets and Supplies	101.4	101.7	100.4
其他文化娱乐用品	Other Cultural and Recreational Products	102.8	104.0	101.4
文化娱乐服务	Services for Culture and Recreation	101.6	101.8	100.9
电影及演出票	Film and Performance Tickets	104.7	105.1	103.2
景点门票	Scenic Spot Ticket	101.9	102.5	99.8
电视服务	Television Services	99.4	99.2	100.0
健身活动	Fitness Activities	101.4	101.4	101.5
宠物服务	Pet Services	100.6	100.1	102.5
网络文娱服务	Network Entertainment Services	106.0	106.8	102.9
儿童娱乐项目	Children's Entertainment	98.8	98.4	99.8
其他文娱服务	Other Recreational Services	101.6	102.0	100.9

4-2 续表 8 continued

（上年＝100） (preceding year=100)

指 标	Item	全 区 Province	城 市 Urban Areas	农 村 Rural Areas
旅游	Touring and Outing	109.3	109.5	107.8
旅行社收费	Travel Service Charges	110.1	110.3	108.7
其他旅游	Other Travel	100.0	100.0	100.0
医疗保健	**Health Care**	**102.4**	**101.8**	**103.3**
药品及医疗器具	Medicine and Medical Instrument	98.5	98.1	99.3
中药	Traditional Chinese Medicine	100.8	101.2	100.1
中药材	Chinese Medicinal Materials	102.4	103.4	100.8
中成药	Chinese Patent Medicine	99.9	100.0	99.8
西药	Western Medicines	97.0	96.0	99.1
抗微生物药	Antimicrobial Agents	97.0	96.8	97.5
消化系统用药	Digestive System Drugs	94.9	93.0	98.5
呼吸系统用药	Respiratory System Durgs	99.3	98.3	100.8
解热镇痛药	Antipyretic Analgesics	100.5	100.0	101.4
抗肿瘤药	Antineoplastic Agents	96.4	96.4	96.3
激素及影响内分泌药	Hormones and Endocrine Drugs	93.0	91.0	97.3
心血管系统用药	Cardiovascular System Drugs	90.8	87.6	98.9
血液系统用药	Blood System Drugs	99.2	98.5	100.3
治疗精神障碍药	PSYCHOTHERAPEUTICAGENTS	99.9	99.8	100.1
神经系统用药	Drugs for Nervous System	100.8	100.5	102.0
泌尿系统用药	Urinary System Drugs	101.3	102.6	100.6
维生素、矿物质类药	Vitamins and Minerals	98.9	98.3	99.8
调节水、电解质及酸碱平衡药	Adjust Water, Electrolyte and Acid-base Balance	98.9	100.3	97.2
其他西药	Other Western Medicines	101.3	101.7	100.5
滋补保健品	Nourishing Health Care Products	99.6	99.5	99.9
医疗卫生器具	Medical Sanitation	98.6	98.6	98.6
保健器具	Health Care Appliance	100.4	100.9	99.1
医疗服务	Medical Services	104.4	104.1	105.0
综合医疗类	Synthetic Medicine	108.2	106.1	110.6
一般医疗服务	General Medical Service	101.0	100.8	101.2
一般治疗操作	General Treatment Procedure	115.3	110.4	120.7
护理	Nursing	110.4	109.2	111.9
其他综合医疗服务	Other Comprehensive Medical Services	102.3	100.2	104.5
诊断类	Diagnostic Class	102.1	102.0	102.2
病理学诊断	Pathological Diagnosis	112.1	112.2	111.8
实验室诊断	Laboratory Diagnosis	98.9	98.9	99.0
影像学诊断	Imaging Diagnosis	101.5	100.0	103.5
临床诊断	Clinical Diagnosis	107.1	107.7	106.2

4-2　续表 9　continued

（上年＝100）　　　　　　　　　　　　　　　(preceding year=100)

指　标	Item	全　区 Province	城　市 Urban Areas	农　村 Rural Areas
治疗类	Therapeutic Category	106.3	106.8	105.4
临床手术治疗	Clinical Surgical Treatment	108.9	109.2	108.3
临床非手术治疗	Clinical Non-surgical Treatment	102.4	102.8	101.9
康复类	Rehabilitation Class	100.6	100.1	101.9
康复医疗	Rehabilitation Medicine	100.6	100.1	101.9
中医医疗服务类	Chinese Medicine Medical Service	106.1	104.6	107.9
中医治疗	Traditional Chinese Medicine	106.1	104.6	107.9
其他医疗保健服务	Other Healthcare Services	105.3	104.6	106.5
其他用品和服务	**Other Articles and Services**	**99.7**	**99.8**	**99.6**
其他用品	Other Articles	99.7	99.5	100.2
首饰手表	Jewellery Watches	101.3	101.1	101.8
金饰品	Gold Jewelry	97.4	96.1	99.8
银饰品	Silver Jewelry	106.9	106.9	106.8
铂金饰品	Platinum Jewelry	112.1	112.8	109.8
手表	Wrist Watch	99.7	99.5	100.2
母婴用品	Mother and Baby Supplies	98.4	98.2	98.8
母婴洗护喂养用品	Mother and Baby Washing and Feeding Supplies	98.5	98.3	99.1
其他母婴用品	Other Mother and Baby Supplies	97.5	97.6	97.3
其他杂项用品	Other Miscellaneous Supplies	99.6	99.3	100.1
箱包	Luggage	100.0	99.8	100.5
眼镜	Glasses	98.8	98.6	99.2
其他服务	Other Services	99.7	99.9	99.0
在外住宿	Outside Accommodation	99.8	100.7	97.0
旅馆住宿	Hotel Accommodation	96.9	96.9	97.0
其他住宿	Other Accommodation	107.4	110.6	97.1
美容美发洗浴	Hairdressing & Beauty and Bath	100.3	100.3	100.2
美容	Hairdressing	99.5	98.9	101.3
美发	Hairdressing	100.4	100.7	99.5
洗浴	Bath	103.0	103.5	101.2
养老服务	Pension Services	101.0	101.1	100.4
金融及保险服务	Financial and Insurance Services	98.2	98.0	98.8
金融服务	Financial Service	100.0	100.0	100.0
车辆保险	Vehicle Insurance	92.5	92.3	93.3
旅行保险	Travel Insurance	100.0	100.0	100.0
其他保险	Other Insurance	102.6	102.5	102.9
中介法律及其他服务	Intermediary Laws and Other Services	100.1	100.1	100.2
中介服务	Intermediary Services	100.1	100.3	99.6
法律服务	Legal Service	100.0	100.0	100.0
其他杂项服务	Other Miscellaneous Services	100.2	100.0	100.7

4-3 分月居民消费价格指数（2021年）

（上年同期=100）

指 标	Item	1 月 January	2 月 February	3 月 March
居民消费价格指数	**Consumer Price Index**	**100.0**	**100.1**	**100.9**
服务价格指数	**Service Price Index**	**101.0**	**101.5**	**101.6**
工业品价格指数	**Industrial Product Price Index**	**98.6**	**99.1**	**100.8**
消费品价格指数	**Consumer Price Index**	**99.4**	**99.2**	**100.4**
非食品价格指数	**Non-food Price Index**	**100.1**	**100.5**	**101.2**
扣除食品和能源价格指数	**Excluding Food and Energy Price Index**	**100.7**	**100.8**	**100.9**
扣除鲜菜鲜果价格指数	**Excluding Fresh Vegetables Fresh Fruit Price Index**	**99.7**	**100.0**	**100.7**
食品烟酒	**Food, Tobacco and Liquor**	**100.2**	**99.3**	**100.1**
食品	Food	99.7	98.5	99.5
粮食	Grain	102.0	101.7	102.2
大米	Rice	101.2	101.0	101.9
面粉	Flour	104.1	103.6	102.6
其他粮食	Other Grain	108.4	109.0	107.8
粮食制品	Grain Products	101.7	100.5	100.8
薯类	Tubers	100.4	93.9	95.4
豆类	Beans	106.1	104.4	106.4
干豆	Dried Beans	110.6	111.5	111.5
豆制品	Beans Products	104.1	101.5	104.1
食用油	Edible Oil and Fats	107.6	108.2	108.6
食用植物油	Oil of Plant	108.5	109.0	109.8
食用动物油	Edible Animal Oil	99.7	100.9	98.0
菜及食用菌	Vegetable and Edible Fungi	110.8	100.4	104.0
鲜菜	Fresh Vegetables	112.1	100.4	104.4
鲜菌	Fresh Fungus	94.7	96.6	95.2
干菜干菌及制品	Dried Vegetables and Edible Fungi Products	101.7	101.9	102.6
畜肉类	Neat of Livestock	94.7	89.4	89.8
猪肉	Pork	90.4	83.5	83.9
牛肉	Beef	102.3	98.6	97.9
羊肉	Mutton	101.0	103.4	102.6
其他畜肉及副产品	Other Meat of Livestock and By-products	102.5	99.8	99.4
畜肉制品	Animal Meat Products	101.4	99.7	99.4
禽肉类	Meat of Poultry	91.5	96.1	96.2
鸡	Chicken	89.2	92.1	91.8
鸭	Duck	93.6	103.7	104.8
其他禽肉及制品	Other Poultry and Products	96.7	98.0	98.5
水产品	Aquatic Products	98.9	103.7	105.3
淡水鱼	Freshwater Fish	98.8	100.3	104.4
海水鱼	Saltwater Fish	100.0	100.0	102.3
虾蟹类	Shrimps and Crabs	93.7	118.3	114.9
其他水产品及制品	Other Aquatic Products and Products	103.8	104.1	103.3

Consumer Price Indices by Month（2021）

（preceding year=100）

4 月 April	5 月 May	6 月 June	7 月 July	8 月 August	9 月 September	10 月 October	11 月 November	12 月 December
101.0	**101.3**	**100.9**	**100.5**	**100.4**	**100.6**	**101.2**	**102.2**	**101.4**
101.9	**102.0**	**101.8**	**101.8**	**101.8**	**102.2**	**101.8**	**102.0**	**102.0**
101.7	**102.1**	**102.1**	**102.4**	**102.5**	**102.7**	**103.6**	**103.6**	**102.6**
100.4	**100.8**	**100.4**	**99.7**	**99.6**	**99.7**	**100.8**	**102.3**	**101.0**
101.8	**102.0**	**101.9**	**102.0**	**102.0**	**102.4**	**102.6**	**102.6**	**102.2**
101.2	**101.3**	**101.1**	**101.2**	**101.3**	**101.6**	**101.5**	**101.4**	**101.4**
101.1	**101.3**	**100.9**	**100.7**	**100.6**	**100.8**	**101.0**	**101.6**	**101.2**
99.1	**99.5**	**98.5**	**96.9**	**96.7**	**96.6**	**97.8**	**101.0**	**99.4**
97.9	98.6	96.9	94.3	94.1	93.8	95.5	100.6	98.2
102.0	101.3	101.1	101.2	101.4	101.4	101.8	101.5	101.5
101.7	101.0	100.8	101.0	101.1	101.1	101.5	101.2	100.9
102.3	101.4	101.1	100.5	100.8	100.9	102.1	101.5	101.4
104.8	102.2	101.2	101.0	102.0	101.3	102.0	103.6	103.3
102.0	102.4	102.3	102.3	102.6	102.8	102.8	101.6	103.1
90.2	86.8	88.9	92.9	96.8	96.6	97.3	103.0	101.3
106.0	104.5	104.8	104.7	104.1	104.4	104.5	105.5	105.6
109.6	106.6	107.4	107.6	106.4	107.0	106.9	106.8	107.3
104.4	103.6	103.6	103.4	103.1	103.3	103.4	104.8	104.8
109.6	109.8	109.2	109.3	108.7	108.7	107.7	108.1	106.7
111.4	112.0	112.0	112.4	112.1	112.2	111.2	111.2	109.7
94.2	90.0	84.8	82.0	79.6	78.2	77.3	80.1	80.2
94.5	103.1	100.8	94.8	96.6	97.5	107.7	125.9	104.7
93.9	103.3	100.8	94.1	96.0	97.1	108.1	128.3	104.7
93.6	96.3	96.6	94.5	95.4	94.2	99.4	105.3	97.7
102.5	102.6	102.3	102.8	104.3	104.5	105.2	105.3	106.5
87.4	84.2	75.4	69.2	67.9	67.1	67.1	75.0	75.1
79.5	73.5	61.0	53.7	52.4	51.4	51.3	62.3	62.7
100.1	101.7	102.6	102.1	101.2	100.6	100.1	100.5	100.6
104.2	105.0	105.1	105.2	105.0	104.8	103.4	103.8	101.8
97.5	95.4	88.7	83.2	81.1	79.4	77.2	81.2	82.0
98.6	99.6	95.6	93.9	91.8	91.1	89.8	90.6	91.1
97.3	99.2	100.1	98.3	97.5	97.4	99.0	101.1	102.1
92.8	94.2	95.4	95.0	94.5	93.8	95.0	97.0	98.2
107.1	110.7	110.9	104.9	103.2	103.6	107.2	110.9	111.7
98.5	99.5	100.1	99.5	99.0	99.8	99.4	99.7	100.2
106.0	107.7	108.3	109.9	111.2	110.6	107.8	107.7	108.0
109.7	115.1	116.1	117.6	118.0	116.4	113.9	112.6	111.9
103.4	103.2	102.5	102.2	102.6	102.7	101.9	101.4	102.2
104.2	100.9	101.1	107.3	111.7	112.5	103.0	106.0	107.7
101.1	100.9	101.7	102.2	104.7	104.7	104.5	105.2	106.1

4-3 续表 1

（上年同期＝100）

指 标	Item	1 月 January	2 月 February	3 月 March
蛋类	Eggs	98.6	101.3	102.2
鸡蛋	Egg	99.5	102.0	102.8
其他蛋及制品	Other Eggs and Products	96.2	99.4	100.5
奶类	Milk	100.9	100.2	101.1
鲜奶	Fresh Milk	103.2	104.5	103.9
酸奶	Yogurt	99.6	99.1	99.2
奶粉	Milk Powder	99.8	98.0	100.1
其他奶制品	Other Dairy Products	101.9	102.1	101.4
干鲜瓜果类	Dried and Fresh Melons and Fruits	101.1	103.8	104.3
鲜果	Fresh Fruits	101.1	104.4	104.9
坚果	Nut	102.6	102.0	100.9
瓜果制品	Melon and Fruit Products	96.5	97.2	97.9
糖果糕点类	Candy and Cake	101.2	100.6	100.6
食糖	Sugar	99.2	98.1	98.4
糖果	Candy	103.0	101.9	102.0
糕点	Cakes and Pastries	100.9	100.6	100.5
其他糖果糕点	Other Sweets and Pastries	101.6	100.4	100.4
调味品	Flavoring	101.0	101.1	101.2
食用盐	Edible Salt	99.6	99.1	99.4
酱油	Soy Sauce	99.3	99.9	99.8
食醋	Vinegar	100.2	100.6	100.8
增味剂	Flavoring	99.7	99.6	99.0
其他调味品	Other Condiments	104.3	104.1	104.4
其他食品类	Other Foods	101.2	99.7	99.2
方便食品	Convenience Food	102.0	99.9	98.5
淀粉及制品	Starch and Products	101.3	100.9	101.2
其他食品	Other Food	100.2	99.1	99.5
茶及饮料	Tea and Beverages	101.3	101.1	101.1
茶叶	Tea	102.7	102.9	102.7
固体咖啡	Solid Coffee	100.8	99.3	99.8
其他固体饮料	Other Solid Drinks	101.8	102.0	101.8
饮用水	Drinking Water	99.8	100.2	100.4
果汁饮料	Fruit Juice Beverage	99.9	98.8	98.9
其他液体饮料	Other Liquid Beverages	102.0	101.4	101.3

continued

(preceding year=100)

4 月 April	5 月 May	6 月 June	7 月 July	8 月 August	9 月 September	10 月 October	11 月 November	12 月 December
104.5	108.3	111.8	111.6	109.9	109.5	109.2	111.4	110.4
106.0	110.8	114.8	113.7	111.6	111.2	111.1	113.7	112.3
100.1	101.4	103.6	105.6	104.8	104.4	103.3	104.6	104.8
100.7	100.1	100.1	99.5	100.7	100.8	100.4	99.8	100.1
103.9	102.9	103.8	103.6	103.2	104.2	103.3	102.6	101.7
98.5	99.7	99.0	99.8	100.9	99.6	98.7	99.5	99.4
99.5	98.5	98.3	96.9	99.2	99.1	99.0	98.3	99.2
100.9	101.4	100.7	101.4	101.8	102.0	101.4	100.5	101.1
102.2	99.2	101.4	100.0	98.9	96.5	99.1	103.5	106.0
102.8	99.3	101.8	100.3	99.0	96.0	98.9	104.0	106.9
98.9	98.6	99.4	99.2	98.4	99.5	99.7	100.1	100.8
97.9	97.6	98.3	97.2	98.0	101.9	101.4	100.9	101.3
101.1	101.3	101.2	101.0	100.6	100.7	100.5	102.3	102.5
99.0	100.5	100.3	100.9	100.7	100.8	102.3	102.4	102.7
102.3	102.5	101.8	101.0	100.7	100.9	99.4	100.6	101.0
101.1	100.8	101.2	101.2	101.0	100.7	101.0	102.7	102.8
101.3	102.5	100.8	100.1	98.4	100.3	98.7	102.3	103.2
100.9	100.8	101.3	101.4	101.3	101.0	100.7	101.6	102.4
99.5	98.2	98.6	99.7	100.1	100.5	99.7	99.0	100.2
99.7	99.5	101.5	101.2	101.2	100.8	99.8	101.4	102.1
100.9	100.6	100.3	101.0	100.8	99.8	100.0	100.4	102.1
99.5	98.6	99.6	100.2	100.7	100.3	100.7	102.9	103.8
103.3	104.2	103.1	102.8	102.1	101.9	102.2	102.6	103.2
99.1	99.4	99.6	99.4	99.3	99.3	98.8	100.2	100.7
98.0	98.4	99.4	98.7	98.4	97.4	98.1	99.9	100.3
101.2	101.4	101.2	101.4	101.8	101.6	101.4	101.1	101.6
99.7	99.9	99.4	99.6	99.5	100.8	98.7	100.1	100.9
100.9	100.8	101.2	101.0	100.7	100.9	100.7	100.5	101.5
102.0	101.5	101.5	100.6	100.4	99.9	100.0	99.8	100.2
100.3	100.7	99.8	99.8	101.2	100.5	100.1	99.8	100.5
100.7	100.5	100.9	99.5	100.6	100.4	102.9	100.3	101.8
100.2	100.0	102.5	102.5	101.6	101.6	100.8	100.8	101.4
98.0	98.9	98.2	98.2	100.2	100.0	99.6	98.7	100.6
101.8	101.6	100.9	101.2	100.3	101.3	101.1	101.2	102.8

4-3 续表 2

（上年同期＝100）

指 标	Item	1 月 January	2 月 February	3 月 March
烟酒	Tobacco and Liquor	100.2	100.1	100.3
卷烟	Cigarette	100.2	100.2	100.2
酒类	Liquor	100.2	100.0	100.3
白酒	Liquor	100.9	100.8	100.9
葡萄酒	Wine	98.8	98.9	99.1
啤酒	Beer	98.6	98.5	99.0
其他酒类	Other Wines	102.6	101.7	102.7
在外餐饮	Dining Out	101.7	101.5	101.8
餐馆餐饮	Restaurants and Catering	101.6	101.5	101.6
饮品店餐饮	Drink Shop and Catering	102.9	103.1	103.6
外卖	Take Out	101.1	100.1	101.2
其他在外餐饮	Other Outside Catering	102.0	102.0	101.3
衣着	**Clothing**	**103.1**	**102.2**	**101.8**
服装	Garments	103.1	102.1	101.8
男式服装	Men's Clothing	103.0	102.1	102.0
男式外套	Men's Coat	103.6	102.1	102.0
男式针织衫	Men's Knit Shirt	103.6	102.6	102.7
男式衬衫T恤	Men's Shirt T-shirt	102.0	101.9	101.9
男式裤子	Men's Dress Pants	102.8	102.0	101.8
男式内衣	Men's Underwaist	103.5	102.0	102.1
女式服装	Women's Clothing	103.0	101.7	101.5
女式外套	Women's Coat	104.3	102.4	101.5
女式针织衫	Women's Knit Shirt	102.9	101.4	101.4
女式衬衫T恤	Women's Shirt T-shirt	101.6	101.6	101.4
女式裤子	Women's Pants	103.5	102.3	102.7
女式裙子	Women's Ladies Skirt	102.5	100.9	100.9
女式内衣	Women's Underwaist	102.2	101.3	101.2
儿童服装	Children's Clothing	104.2	103.1	102.4
婴儿服装	Baby Clothing	104.4	103.0	102.6
儿童上衣	Children's Coat	105.8	104.4	103.5
儿童裤子	Children's Trousers	103.9	102.4	101.9
儿童裙子	Children's Skirt	102.8	102.6	101.9
儿童内衣	Children's Underwaist	101.7	101.1	100.8

continued

(preceding year=100)

4 月 April	5 月 May	6 月 June	7 月 July	8 月 August	9 月 September	10 月 October	11 月 November	12 月 December
100.4	100.6	100.7	100.7	100.7	100.7	100.9	100.6	100.7
100.2	100.2	100.3	100.4	100.4	100.5	100.5	100.5	100.5
100.6	101.4	101.4	101.4	101.3	101.1	101.6	100.9	101.3
100.8	102.5	103.4	103.2	103.3	103.2	104.2	103.8	104.2
99.8	100.7	100.6	100.9	101.5	100.5	100.2	99.5	100.6
100.0	100.0	98.5	98.2	97.9	98.3	98.6	97.6	98.1
102.0	101.7	102.1	102.7	101.9	101.2	101.4	100.6	100.4
101.9	101.7	102.1	102.4	102.4	102.6	102.9	102.3	102.1
102.2	101.8	101.9	101.8	101.6	101.5	101.3	100.9	100.9
103.2	104.0	105.7	106.8	107.1	107.6	108.2	107.7	107.2
100.9	99.9	100.5	100.8	100.1	101.4	103.2	101.4	100.7
101.5	101.7	101.8	102.7	103.5	103.5	103.5	103.5	103.6
101.5	**100.9**	**100.7**	**100.4**	**100.3**	**100.6**	**100.3**	**99.8**	**100.0**
101.7	100.9	100.8	100.4	100.2	100.5	100.3	99.7	100.0
101.9	101.3	101.2	100.8	100.6	101.1	101.0	100.2	100.4
101.4	101.3	101.3	101.2	101.4	101.7	101.4	100.5	100.9
102.1	102.3	102.3	102.4	102.6	103.5	103.5	101.2	101.4
102.8	100.9	100.8	99.8	98.9	99.6	99.6	99.3	99.2
101.8	101.2	100.9	100.4	100.3	100.8	100.9	100.3	100.5
101.9	102.2	102.3	101.7	101.6	101.8	101.7	100.4	99.4
101.5	100.8	100.7	100.5	100.4	100.4	100.3	99.7	100.2
101.2	100.8	101.0	100.9	101.0	100.4	99.8	99.5	100.2
101.4	101.0	101.1	101.1	101.0	101.3	100.7	99.9	101.0
102.1	101.5	101.5	101.0	101.2	101.2	101.1	101.1	101.0
102.0	101.0	100.1	99.5	99.2	99.9	99.9	99.1	99.3
100.8	99.7	100.0	100.0	99.4	99.3	99.7	99.3	99.9
101.7	101.4	101.2	100.7	101.3	101.2	101.4	99.6	100.3
101.8	100.6	100.0	99.3	98.9	99.4	99.2	98.8	98.9
102.0	100.5	100.9	99.8	99.2	99.2	99.1	98.8	98.5
102.7	101.0	100.0	98.9	98.5	98.9	98.7	98.3	98.7
101.3	100.3	99.9	99.3	98.6	99.0	98.8	98.8	99.2
101.1	100.5	98.8	99.0	99.1	100.5	100.1	99.2	99.7
101.4	100.2	100.2	99.9	99.8	100.5	99.8	99.4	98.8

4-3 续表 3

（上年同期=100）

指 标	Item	1 月 January	2 月 February	3 月 March
衣着材料及配件	Clothing Materials and Accessories	100.8	100.7	100.6
袜子	Socks	100.8	100.5	100.2
帽子	Cap	101.4	101.0	100.8
其他衣着材料配件	Other Clothing Materials and Accessories	100.6	101.0	101.2
衣着服务费	Clothing Manufacturing Services	100.6	103.0	101.5
衣着洗涤保养	Scrubbing Maintenance	101.1	105.0	102.6
其他衣着服务	Other Clothing Services	99.8	100.1	99.9
鞋类	Footwear	103.0	102.6	101.6
鞋	Shoes	103.6	102.8	101.7
男鞋	Men's Shoes	104.4	103.8	102.1
女鞋	Women's Shoes	103.2	102.2	101.7
童鞋	Children's Shoes	103.0	102.2	101.1
鞋类服务	Footwear Services	97.2	100.7	99.7
居住	**Residence**	**99.5**	**99.6**	**100.0**
租赁房房租	Rent of Rental Housing	99.1	99.2	99.4
公房房租	Rent by Public Houses	100.2	100.2	100.2
私房房租	Private House Rent	99.0	99.1	99.3
住房保养维修及管理	Housing Maintenance and Management	99.9	100.4	100.6
住房装潢材料	Housing Decoration Materials	99.2	99.5	100.5
木地板	Wood Floor	99.0	100.6	101.9
瓷砖	Tile	97.4	97.4	97.9
水泥	Cement	90.1	89.9	92.3
涂料	Paint	100.3	100.0	100.4
板材	Board	101.2	101.2	100.9
管材	Pipe	99.8	100.0	101.4
厨卫设备	Kitchen & Bath Fixtures	100.4	100.3	100.2
门窗	Doors and Windows	100.0	100.9	103.8
其他住房装潢材料	Other Housing Decoration Materials	104.1	104.9	106.0
住房维修管理费用	Housing Maintenance and Management Expenses	100.9	101.5	100.7
物业管理费	Property Management Fee	100.1	100.1	100.1
装潢维修费	Upholstery Maintenance Fee	101.8	102.7	101.4
其他住房费用	Other Housing Costs	98.1	98.1	98.1

continued

(preceding year=100)

4 月 April	5 月 May	6 月 June	7 月 July	8 月 August	9 月 September	10 月 October	11 月 November	12 月 December
100.8	101.0	101.4	101.0	100.7	100.4	99.8	99.8	99.7
100.7	100.8	101.3	101.0	100.7	100.3	99.5	99.4	99.2
100.7	101.2	101.3	100.7	100.4	100.2	99.9	99.6	99.5
100.9	101.2	101.5	101.3	101.0	100.7	100.4	100.7	100.7
102.0	101.8	101.3	101.8	101.8	101.6	101.7	101.4	101.9
103.5	103.2	102.9	102.9	102.9	102.6	102.7	102.2	103.0
99.6	99.5	99.0	100.2	100.2	100.0	100.1	100.2	100.2
100.9	100.7	100.5	100.2	100.5	101.1	100.4	100.2	99.6
101.0	100.7	100.4	100.1	100.5	101.2	100.4	100.2	99.5
101.1	100.9	101.0	101.1	101.2	102.1	101.3	101.2	100.3
101.3	100.7	100.3	100.1	100.7	101.2	100.1	99.8	99.2
100.2	100.1	99.8	98.1	98.4	99.3	99.4	99.3	99.0
100.0	101.6	101.1	101.1	101.0	100.9	100.9	100.9	100.8
100.4	**100.8**	**100.7**	**101.0**	**101.2**	**101.4**	**101.7**	**101.7**	**101.3**
100.1	100.4	100.6	100.9	100.9	100.6	100.5	100.6	100.2
100.2	100.2	100.5	100.3	100.3	100.3	100.3	100.3	100.3
100.1	100.4	100.6	101.0	101.0	100.7	100.5	100.6	100.2
101.0	101.5	100.9	101.4	102.2	103.4	103.9	103.7	103.4
101.1	101.7	100.8	101.7	102.5	104.5	105.3	104.8	104.3
102.1	102.5	101.6	102.1	103.3	103.2	104.0	103.7	105.0
97.6	99.1	99.2	98.4	97.7	96.5	96.0	95.4	95.4
97.7	93.8	91.9	95.2	103.5	154.0	154.2	143.3	131.9
100.5	100.7	99.0	100.9	101.7	101.2	101.2	101.6	101.4
101.6	102.0	103.3	104.2	104.1	104.2	105.7	106.2	105.4
102.1	102.1	100.6	100.8	101.9	102.3	105.4	108.2	107.8
100.8	101.0	99.7	100.5	102.3	102.7	103.4	103.0	103.2
104.4	105.3	103.4	106.0	106.7	106.7	108.5	108.9	108.7
108.4	110.2	110.6	110.5	110.6	113.6	116.1	112.9	110.6
100.8	101.2	101.0	101.2	101.8	101.9	102.0	102.1	102.3
100.1	100.1	100.1	100.1	100.1	100.0	100.0	100.0	100.0
101.6	102.3	102.0	102.1	103.2	103.5	103.6	103.7	104.0
98.1	98.1	98.1	98.5	98.5	98.5	98.5	98.5	98.5

4-3 续表 4

（上年同期=100）

指 标	Item	1 月 January	2 月 February	3 月 March
水电燃料	Water, Electricity and Fuels	99.5	99.6	101.0
水	Water	101.4	101.4	101.4
电	Electricity	100.0	100.0	100.0
燃气	Gas	98.2	97.8	101.9
管道燃气	Pipeline Gas	99.5	99.5	99.5
液化石油气	Liquefied Petroleum Gas	97.4	96.8	103.6
其他水电燃料类	Other Water, Electricity and Fuels	99.0	99.9	102.2
自有住房	Private Housing	99.4	99.5	99.6
生活用品及服务	**Articles for Daily Use and Services**	**100.0**	**99.5**	**99.7**
家具及室内装饰品	Furniture and Interior Decorations	99.5	99.5	99.9
家具	Furniture	99.5	99.5	99.9
柜	Cabinet	98.4	98.3	98.5
床	Bed	99.9	99.8	100.2
桌	Table	99.6	99.8	100.5
椅	Chair	99.4	99.5	100.2
沙发	Sofa	100.2	100.3	100.5
其他家具	Other Furniture	100.6	100.8	101.2
室内装饰品	Upholstery	99.6	99.3	99.7
灯具	Lamps and Lanterns	99.7	98.9	99.1
其他室内装饰品	Other Interior Decorations	99.5	99.7	100.6
家用器具	Home Appliances	99.0	98.7	99.4
大型家用器具	Large Household Appliances	98.2	97.9	98.9
洗衣机	Washing Machine	98.3	97.8	100.0
电冰箱（柜）	Refrigerator	98.1	97.3	98.3
抽油烟机	Smoke Lampblack Machine	101.7	102.0	101.8
空调器	Air Conditioner	97.5	96.9	98.3
热水器	Water Heating	97.9	97.7	98.1
炉具灶具	Stove and Cookers	99.5	99.6	100.0
微波炉	Microwave Oven	97.2	96.8	94.5
其他大型家用器具	Other Large Household Appliances	99.2	98.0	96.0
净水器	Purifier	97.2	99.0	99.3
其他大型家用器具	Other Large Household Appliances	99.8	100.0	100.2
小家电	Small Home Appliances	102.4	102.9	101.8
厨房小家电	Kitchen Appliances	104.0	103.7	102.1
生活小家电	Small Household Electrical Appliances	98.7	100.8	101.2

continued

(preceding year=100)

4 月 April	5 月 May	6 月 June	7 月 July	8 月 August	9 月 September	10 月 October	11 月 November	12 月 December
101.2	102.3	102.7	103.2	103.6	103.9	105.6	105.5	104.4
101.4	101.4	101.4	101.4	101.4	100.0	99.9	99.9	100.3
100.0	100.0	100.0	100.0	100.0	100.0	100.0	100.0	100.0
102.9	107.4	108.0	109.8	111.2	113.6	119.0	117.6	113.5
99.5	99.9	100.1	100.1	99.9	100.1	100.1	100.3	100.9
105.2	113.0	113.9	117.2	119.7	123.9	132.9	129.8	122.0
102.1	101.9	104.0	104.8	104.7	103.5	105.8	107.4	106.4
100.0	100.1	100.0	100.2	100.2	100.2	99.9	100.1	99.9
100.3	**100.5**	**100.1**	**100.4**	**101.0**	**100.9**	**101.0**	**100.8**	**100.9**
100.3	100.2	100.2	100.1	100.8	101.0	100.9	100.8	101.0
100.4	100.2	100.3	100.2	100.9	101.1	101.0	100.9	101.0
99.1	99.2	99.3	99.3	99.4	99.9	100.0	99.8	99.9
100.5	100.6	101.3	101.0	101.8	101.9	101.8	101.9	101.9
100.8	99.3	99.4	99.1	100.9	101.4	100.8	100.8	101.1
101.1	101.7	101.8	102.5	103.5	103.9	103.3	103.3	103.2
101.0	99.8	99.2	99.3	99.6	99.8	99.7	99.5	99.7
102.3	102.5	102.5	102.0	102.9	102.3	102.7	102.7	103.1
99.1	99.3	98.7	98.9	100.0	99.8	99.4	99.4	100.2
98.1	98.7	98.3	98.4	98.7	98.6	99.6	99.3	100.8
100.5	100.2	99.3	99.7	101.8	101.6	99.0	99.5	99.3
100.7	101.8	101.4	101.8	102.1	102.0	101.5	101.6	101.5
100.4	101.6	101.5	101.9	102.3	102.1	101.4	101.5	101.6
101.9	102.4	102.8	103.2	102.9	102.1	102.2	102.3	102.0
99.7	100.9	100.6	100.5	100.9	101.3	101.2	101.3	101.5
102.4	101.9	101.2	100.9	100.2	99.9	99.0	98.8	99.4
100.5	103.0	102.6	103.5	104.9	104.2	102.1	102.6	102.6
99.2	99.9	101.0	101.2	101.4	101.9	101.9	101.5	101.3
100.8	101.0	100.8	100.8	100.2	100.5	100.5	100.9	101.4
95.2	96.7	95.8	97.7	98.0	98.0	100.1	95.6	97.5
96.0	97.6	95.0	98.7	95.3	95.2	93.4	92.2	97.0
98.1	97.2	97.0	96.4	94.4	94.6	94.3	92.5	97.9
100.0	99.5	99.5	99.3	99.9	101.0	101.4	100.9	100.5
102.4	102.9	101.1	101.6	101.1	101.6	101.9	102.3	101.2
102.6	102.6	101.2	101.6	100.9	102.0	102.7	103.3	101.4
102.1	103.7	101.0	101.6	101.7	100.6	99.9	99.9	100.7

4-3 续表 5

（上年同期＝100）

指 标	Item	1 月 January	2 月 February	3 月 March
家用纺织品	Home Textiles	100.6	99.7	99.8
床上用品	Bedding Article	101.2	100.2	100.1
被子	Quilt	101.6	100.4	100.1
床单被套	Bed Sheet & Duvet Cover	99.7	99.2	98.7
其他床上用品	Other Bedding	102.2	101.2	101.5
窗帘门帘	Curtain	99.7	99.6	99.9
其他家用纺织品	Other Household Textiles	99.0	97.7	98.4
家庭日用杂品	Daily Use Household Articles	100.2	99.7	99.3
洗涤卫生用品	Washing Sanitary Articles	100.9	100.3	99.6
清洗用品	Cleaning Supplies	102.3	101.0	99.8
清洁用具	Cleaning Appliances	100.2	100.1	100.4
清洁用纸	Cleaning Paper	100.0	99.8	99.2
厨具餐具茶具	Kitchenware, Tableware, Tea set	97.5	96.7	96.4
厨具	Kitchenware	98.8	94.9	95.3
餐具	Tableware	96.4	98.5	97.0
茶具	Tea Set	96.1	98.3	98.8
其他家庭日用杂品	Other Family Daily Sundry Goods	101.1	100.8	100.6
配电附件	Distribution Accessories	102.6	102.5	102.6
雨具	Rain Gear	100.3	100.7	99.2
其他日用杂品	Other Daily Sundry Goods	100.8	100.3	100.2
个人护理用品	Personal-care Supplies	101.3	99.3	99.9
化妆品	Cosmetics	101.2	98.2	100.0
清洁化妆品	Cleaning Cosmetics	100.0	99.5	100.7
护肤化妆品	Skin Care Cosmetics	102.7	98.6	100.7
彩妆化妆品	Make Up Cosmetics	98.1	95.3	97.0
化妆器具	Cosmetic Equipment	98.7	97.1	98.6
其他护理用品类	Other Types of Care Products	101.5	100.1	99.9
清洁类护理用品	Cleaning Supplies	103.2	101.5	99.8
护发美发用品	Hair Care Products	100.1	100.6	100.2
护理器具	Nursing Appliance	100.6	96.9	99.7
其他护理用品	Other Nursing Supplies	100.4	100.0	100.1
家庭服务	Household Services	100.4	101.5	100.9
家政服务	Household Management Services	99.7	103.2	104.1
母婴护理服务	Mother and Baby Nursing Services	100.9	100.1	98.5
家庭维修服务	Home Maintenance Services	99.6	100.9	100.1
其他家庭服务	Other Family Services	101.9	102.0	100.9

continued

(preceding year=100)

4 月 April	5 月 May	6 月 June	7 月 July	8 月 August	9 月 September	10 月 October	11 月 November	12 月 December
99.7	99.2	100.0	99.6	99.7	99.5	100.3	100.3	100.0
99.7	98.9	99.8	99.7	99.6	99.4	100.3	100.1	100.0
99.1	99.1	99.5	99.4	98.9	98.9	99.7	100.1	99.2
99.1	97.4	99.7	99.7	99.2	98.9	100.4	100.1	100.4
101.3	100.4	100.3	100.3	100.9	100.6	100.9	100.0	100.5
101.4	101.3	101.2	101.4	102.5	101.8	102.6	103.3	103.2
98.7	99.1	100.2	97.6	98.4	98.4	99.0	99.0	98.2
99.8	99.6	99.2	99.8	100.7	100.4	100.5	100.6	100.5
99.8	99.2	99.6	100.1	100.8	100.3	99.9	98.4	98.6
100.8	99.8	99.7	100.4	100.8	99.4	101.1	99.5	99.1
98.8	98.8	100.1	99.3	99.8	100.6	100.9	100.2	102.3
99.2	98.8	99.3	100.0	101.1	101.0	98.8	97.1	97.4
98.0	97.4	97.2	98.9	98.6	98.1	98.3	100.9	100.7
97.4	97.3	96.2	98.6	97.6	97.6	97.9	100.9	100.5
97.9	96.6	96.8	97.0	98.6	97.4	97.1	100.7	99.7
100.8	100.4	102.0	105.8	102.8	102.2	103.9	101.6	104.5
100.8	101.1	100.0	100.1	101.6	101.8	102.1	102.5	102.1
102.1	102.0	100.6	100.1	100.5	101.9	103.0	103.3	101.2
100.1	100.8	99.4	99.2	100.2	101.6	102.0	103.0	102.1
100.4	100.8	100.0	100.3	102.4	101.8	101.8	102.0	102.4
100.4	100.1	99.0	98.3	99.3	99.1	100.0	98.7	99.3
100.5	100.4	99.1	97.1	99.0	98.7	99.4	97.1	98.2
102.2	102.6	99.9	99.6	102.3	100.1	100.5	99.3	98.1
100.8	100.4	99.1	95.4	98.4	98.1	99.1	95.5	97.4
98.3	98.4	98.1	99.4	97.6	99.2	98.9	100.2	100.5
96.6	99.3	98.5	98.3	98.0	98.4	98.9	97.4	100.2
100.3	99.8	98.9	99.2	99.5	99.3	100.6	100.0	100.1
100.8	100.3	99.3	100.7	100.7	100.0	101.5	100.5	100.0
101.6	99.3	95.9	97.9	98.8	98.5	100.8	99.2	101.2
97.4	99.5	99.3	98.2	97.2	98.5	100.1	98.6	100.0
100.8	99.5	99.5	98.7	99.7	99.4	99.4	100.4	99.7
100.7	101.3	101.3	103.2	103.3	103.2	103.6	103.5	104.3
103.1	104.2	104.2	104.8	104.9	105.0	106.1	105.8	107.5
98.8	99.5	99.7	102.8	102.8	102.7	102.9	102.9	103.7
100.2	100.4	100.5	103.4	103.4	103.3	103.3	103.3	103.9
100.9	101.0	100.8	101.3	101.2	101.2	101.3	101.4	100.9

4-3 续表 6

（上年同期＝100）

指 标	Item	1 月 January	2 月 February	3 月 March
交通和通信	**Transport and Communications**	**95.2**	**97.2**	**100.8**
交通	Transport	93.2	96.0	101.0
交通工具	Transport Facility	95.8	95.8	95.7
燃油小汽车	Fuel Small-car	95.2	95.0	95.0
新能源小汽车	New Energy Car	99.2	100.0	99.3
电动自行车	Electric Bicycle	93.1	93.1	92.7
自行车	Bicycle	103.0	103.3	103.9
其他交通工具	Other Means of Transportation	100.7	100.7	100.9
交通工具用燃料	Fuels for Transport Facility	86.5	94.9	111.9
汽油	Steam-oil	86.5	95.0	112.2
柴油	Diesel Oil	85.4	94.7	113.8
其他车用能源	Other Vehicle Energy	90.3	90.3	96.0
交通工具使用和维修	Use and Maintenance of Transport Facility	99.2	101.1	100.4
停车费	Parking Rate	98.7	102.3	98.8
车辆使用费	Vehicle Usage fee	100.3	100.3	100.3
交通工具零配件	Vehicle Spare Parts	99.7	100.0	100.1
车辆修理与保养	Vehicle Repair and Maintenance	97.9	102.9	102.2
交通费	Traffic Fee	93.7	94.4	98.7
市内公共交通	City Public Transport	99.5	96.6	102.6
出租汽车	Taxi	100.3	100.3	100.3
飞机票	Airplane Ticket	76.1	74.1	100.7
火车票	Train Tickets	100.3	100.2	100.3
长途汽车	Long Distance Bus	92.7	100.9	87.5
网约车	Online Car Hailing	98.4	99.4	98.3
交通工具租赁费	Vehicle Rental Fee	99.4	107.9	110.2
其他交通费	Other Transportation Charges	98.5	101.6	102.6
通信	Communications	100.7	100.5	100.5
通信工具	Communication Tools	104.9	104.1	104.5
电话机	Telephone Set	105.3	104.4	104.9
其他通信工具及零配件	Other Communication Tools and Spare Parts	98.2	98.0	98.3
通信服务	Communication Services	99.0	98.7	98.8
电话费	Telephone Fee	100.0	100.0	100.0
家庭宽带服务	Broadband Service for Home	96.1	95.1	95.3
其他通信服务	Other Communication Services	100.1	100.2	100.2
邮递服务	Postal Services	99.9	100.5	99.8
教育文化和娱乐	**Education, Culture and Recreation**	**100.4**	**101.0**	**102.2**
教育	Education	101.2	101.1	103.2
教育用品	Education Articles	100.0	99.2	100.0
工具书	Reference Book	100.6	100.4	100.4

continued

（preceding year=100）

4 月 April	5 月 May	6 月 June	7 月 July	8 月 August	9 月 September	10 月 October	11 月 November	12 月 December
103.5	**104.3**	**103.9**	**104.6**	**103.9**	**104.2**	**105.2**	**106.0**	**103.9**
104.9	105.8	106.2	107.1	106.2	106.5	108.4	110.0	107.1
97.6	98.1	98.1	98.2	99.2	99.2	100.8	101.3	101.7
97.7	98.4	97.5	97.7	99.1	99.4	101.2	101.4	102.1
98.4	99.6	101.8	101.5	101.6	99.8	102.5	104.4	103.6
94.0	94.3	96.7	96.5	96.8	96.5	96.9	98.0	98.4
104.5	104.7	104.5	104.6	104.6	103.4	103.5	103.4	103.6
100.8	100.0	100.2	100.9	101.0	101.1	101.3	101.2	101.0
119.2	121.2	123.4	124.5	121.9	122.7	131.2	135.5	122.1
119.7	121.7	124.0	125.1	122.4	123.3	131.9	136.2	122.6
121.9	124.0	126.6	127.8	125.0	125.3	135.3	140.3	124.9
95.7	96.9	96.4	95.2	96.7	96.5	98.1	101.8	101.0
100.4	100.3	100.6	100.8	100.8	101.1	101.2	101.2	101.2
98.7	98.7	98.7	98.7	98.7	100.0	100.1	100.0	100.2
100.3	100.1	100.6	100.0	100.0	100.0	100.0	100.0	100.0
99.9	99.8	100.0	101.0	101.2	101.3	101.6	101.9	101.8
102.2	102.2	102.8	102.6	102.2	102.4	102.2	102.0	102.0
107.4	108.1	106.5	109.5	104.6	105.3	100.1	101.7	102.5
102.5	100.8	100.8	101.0	100.5	100.4	100.7	100.7	100.7
100.3	100.3	100.3	100.3	100.3	100.3	100.3	100.3	100.3
137.2	137.3	134.5	144.8	120.4	121.7	97.8	105.2	110.3
100.4	101.2	101.8	101.9	101.8	102.2	102.4	102.4	102.4
95.9	98.8	98.3	100.7	100.8	103.4	100.5	102.0	101.9
99.2	99.9	100.4	99.7	99.6	99.8	99.7	100.1	100.1
113.5	110.3	103.0	100.9	96.0	98.0	97.2	95.5	93.1
101.5	101.6	100.7	99.7	99.5	99.4	98.1	99.4	100.1
100.0	100.7	98.2	98.4	98.3	98.3	97.1	96.1	96.0
102.8	103.2	100.4	101.5	101.3	101.3	96.9	93.2	92.6
103.1	103.5	100.6	101.7	101.5	101.6	96.8	92.9	92.2
97.9	98.4	97.6	98.7	97.9	97.6	97.6	97.9	99.4
98.7	99.8	96.6	96.4	96.4	96.4	96.4	96.4	96.4
100.0	100.2	100.4	100.4	100.4	100.4	100.4	100.4	100.4
95.1	98.5	84.8	84.2	84.2	84.2	84.2	84.2	84.3
100.2	100.2	100.2	100.2	100.2	100.2	100.2	100.2	100.2
99.8	99.5	99.8	99.8	99.8	99.8	99.8	99.8	100.1
103.3	**103.2**	**103.0**	**103.6**	**104.6**	**105.9**	**105.5**	**106.0**	**106.2**
103.3	103.1	103.1	103.2	103.3	105.9	105.7	105.8	105.8
100.5	100.1	100.0	100.1	101.3	101.6	100.6	100.8	100.7
101.6	101.1	101.0	100.7	101.7	102.3	100.7	100.7	100.7

4-3 续表 7

（上年同期=100）

指　标	Item	1 月 January	2 月 February	3 月 March
教材	Textbooks	100.0	100.0	100.0
参考资料	Reference Material	100.4	98.8	100.8
其他教育用品	Other Educational Supplies	98.2	97.3	97.3
教育服务	Education Services	101.3	101.3	103.5
幼儿早期教育	Early Childhood Education	100.5	100.5	101.8
学前教育	Preschool Education	102.0	102.0	111.8
小学初中教育	Primary and Secondary Education	100.6	100.6	102.1
高中中职教育	Secondary Vocational Education	101.1	101.1	101.1
高等教育	Higher Education	101.0	101.0	101.0
课外教育	Extracurricular Education	102.2	102.4	103.8
专业技能培训	Professional Skills Training	100.1	100.0	98.8
其他教育服务	Other Education Services	100.7	100.7	100.6
文化娱乐	Culture and Recreation	98.7	100.9	100.0
文娱耐用消费品	Durable Consumer Goods for Culture and Recreation	100.4	100.7	101.2
电视机	Television	100.4	101.0	102.1
照相机	Camera	100.2	99.8	99.1
台式计算机	Desktop Computer	98.8	98.6	98.7
笔记本电脑	Notebook Computer	100.9	100.8	101.8
平板电脑	Tablet Computer	100.3	101.4	101.2
乐器	Musical Instruments	100.8	100.8	100.3
音响	Acoustics	98.2	96.0	96.8
可穿戴智能设备	Wearable Smart Devices	102.1	99.9	101.2
其他文娱耐用消费品	Other Recreational and Durable Goods	101.2	102.9	102.7
其他文娱用品	Other Articles	100.5	100.5	101.5
书报杂志及音像制品	Newspapers, Magazines and Audio-visual Products	102.3	101.7	100.6
纸张文具	Paper Stationery	99.9	99.8	100.4
体育户外用品	Sports Outdoor Products	100.1	100.0	100.5
游戏用品和玩具	Game Supplies and Toys	100.3	100.3	100.4
园艺花卉及用品	Garden Flowers and Supplies	99.4	99.9	100.0
宠物及用品	Pets and Supplies	100.6	101.0	101.5
其他文化娱乐用品	Other Cultural and Recreational Products	100.5	100.8	103.8
文化娱乐服务	Services for Culture and Recreation	98.7	101.1	100.3
电影及演出票	Film and Performance Tickets	100.5	109.5	105.4
景点门票	Scenic Spot Ticket	93.7	99.1	99.5
电视服务	Television Services	99.5	99.5	99.5
健身活动	Fitness Activities	101.2	101.2	101.5
宠物服务	Pet Services	99.6	105.0	100.8
网络文娱服务	Network Entertainment Services	98.9	99.4	99.1
儿童娱乐项目	Children's Entertainment	98.3	97.9	97.9
其他文娱服务	Other Recreational Services	99.4	101.8	100.6

continued

(preceding year=100)

4 月 April	5 月 May	6 月 June	7 月 July	8 月 August	9 月 September	10 月 October	11 月 November	12 月 December
100.0	100.0	100.0	100.0	100.0	100.0	100.0	100.0	100.0
101.8	100.9	100.9	101.2	103.7	104.2	101.9	102.1	101.9
96.7	96.9	96.8	96.7	97.3	97.6	98.2	98.8	98.7
103.6	103.3	103.4	103.5	103.5	106.3	106.2	106.2	106.3
101.8	101.9	101.8	102.1	102.0	104.1	104.1	104.1	104.0
112.3	110.9	111.0	111.0	111.0	116.7	116.7	116.7	116.7
102.1	102.1	102.0	102.0	102.0	108.1	108.1	108.1	108.1
101.1	101.1	101.1	101.1	101.1	108.0	108.0	108.0	108.0
101.0	101.0	101.0	101.0	101.0	101.8	101.8	101.8	101.8
103.9	104.1	103.8	104.6	104.8	104.0	103.3	103.4	103.7
98.5	98.6	99.5	98.8	98.3	98.8	98.4	98.5	98.5
100.0	99.8	100.4	100.0	100.2	99.9	99.9	101.3	101.2
103.2	103.4	102.7	104.4	107.5	105.8	105.1	106.5	107.1
102.9	103.7	102.5	103.3	103.4	103.7	103.4	102.6	102.7
104.7	106.1	105.8	105.6	106.5	105.7	104.4	102.8	102.1
99.0	98.8	99.1	99.5	101.3	100.2	99.5	101.1	102.3
100.5	101.7	101.1	101.5	101.8	105.0	105.0	103.9	103.9
103.7	104.6	100.2	103.3	104.1	104.8	105.6	106.1	106.2
101.7	101.1	96.1	99.5	96.7	98.1	99.3	94.5	96.2
100.4	100.5	103.3	99.9	99.4	99.4	99.3	98.6	98.7
99.6	98.9	100.7	99.8	99.5	99.5	98.4	98.8	98.0
100.8	101.5	101.2	103.5	105.1	103.3	104.9	105.0	102.4
103.1	104.1	104.4	105.1	103.5	102.9	102.7	104.7	107.0
101.1	101.1	100.9	100.8	102.2	101.7	101.4	101.6	102.2
100.5	100.5	100.5	100.5	100.6	100.6	100.1	100.1	100.1
100.4	100.4	100.4	100.3	100.2	100.5	100.2	100.2	100.2
100.6	100.4	100.5	100.6	102.0	101.6	101.7	99.7	100.7
100.4	100.3	100.4	99.1	100.5	100.8	100.8	100.5	100.5
100.9	102.6	102.8	102.1	102.9	101.8	102.4	104.2	103.7
100.8	101.5	101.6	101.5	101.5	101.9	101.3	101.9	101.8
102.6	102.1	101.4	101.9	105.2	103.4	102.7	103.8	105.7
102.3	102.4	102.6	101.9	102.2	101.2	101.9	102.4	102.4
102.1	104.2	103.9	102.9	111.2	103.8	107.8	102.5	103.2
110.2	106.1	105.2	101.8	98.3	97.8	98.5	106.6	107.7
99.5	99.5	99.6	99.6	99.6	99.5	99.5	99.5	98.4
101.5	101.6	101.4	101.1	101.4	100.9	101.8	101.8	101.9
100.5	100.3	99.9	100.0	100.0	99.7	100.4	100.6	100.5
105.3	108.8	110.0	109.8	108.8	108.7	109.1	107.5	106.9
98.5	98.3	98.8	99.1	99.1	99.1	99.0	99.0	100.5
100.4	100.5	102.5	102.7	103.1	102.6	102.2	102.1	101.7

4-3 续表 8

（上年同期=100）

指　标	Item	1 月 January	2 月 February	3 月 March
旅游	Touring and Outing	95.3	101.2	97.3
旅行社收费	Travel Service Charges	94.9	101.3	97.1
其他旅游	Other Travel	99.7	99.9	99.8
医疗保健	**Health Care**	**105.9**	**106.1**	**104.3**
药品及医疗器具	Medicine and Medical Instrument	98.1	97.8	97.9
中药	Traditional Chinese Medicine	100.9	100.8	100.5
中药材	Chinese Medicinal Materials	102.5	102.3	101.6
中成药	Chinese Patent Medicine	100.0	99.9	99.9
西药	Western Medicine	94.9	95.0	95.5
抗微生物药	Antimicrobial Agents	96.4	96.0	97.2
消化系统用药	Digestive System Drugs	92.3	92.6	93.3
呼吸系统用药	Respiratory System Durgs	98.8	98.8	98.5
解热镇痛药	Antipyretic Analgesics	102.4	102.4	102.1
抗肿瘤药	Antineoplastic Agents	96.8	97.1	97.9
激素及影响内分泌药	Hormones and Endocrine Drugs	88.5	88.5	88.6
心血管系统用药	Cardiovascular System Drugs	81.3	81.4	82.7
血液系统用药	Blood System Drugs	98.1	97.4	97.6
治疗精神障碍药	PSYCHOTHERAPEUTICAGENTS	98.7	101.3	102.0
神经系统用药	Drugs for Nervous System	98.9	99.5	99.3
泌尿系统用药	Urinary System Drugs	101.5	101.7	100.8
维生素、矿物质类药	Vitamins and Minerals	99.9	100.7	100.7
调节水、电解质及酸碱平衡药	Adjust Water, Electrolyte and Acid-base Balance	100.5	100.5	100.1
其他西药	Other Western Medicines	101.4	101.2	101.6
滋补保健品	Nourishing Health Care Products	99.8	100.0	100.7
医疗卫生器具	Medical Sanitation	102.3	100.3	99.9
保健器具	Health Care Appliance	98.9	98.7	99.3
医疗服务	Medical Services	110.3	110.8	107.9
综合医疗类	Synthetic Medicine	119.4	121.6	114.2
一般医疗服务	General Medical Service	102.6	102.7	100.2
一般治疗操作	General Treatment Procedure	134.8	139.9	128.3
护理	Nursing	132.6	135.0	120.2
其他综合医疗服务	Other Comprehensive Medical Services	105.7	105.7	105.7
诊断类	Diagnostic Class	103.5	103.6	103.0
病理学诊断	Pathological Diagnosis	124.4	124.7	124.2
实验室诊断	Laboratory Diagnosis	97.7	97.7	97.6
影像学诊断	Imaging Diagnosis	100.0	100.4	100.4
临床诊断	Clinical Diagnosis	118.7	118.7	115.1

continued

（preceding year=100）

4 月 April	5 月 May	6 月 June	7 月 July	8 月 August	9 月 September	10 月 October	11 月 November	12 月 December
106.0	105.8	104.6	110.9	122.3	116.7	113.2	119.7	121.6
106.6	106.3	105.0	111.9	124.4	118.3	114.4	121.6	123.7
99.9	100.0	99.8	100.2	100.2	100.2	100.1	100.1	100.3
102.4	**102.5**	**102.7**	**101.4**	**101.0**	**101.0**	**100.8**	**100.6**	**100.4**
98.0	98.9	98.8	99.2	99.1	99.0	98.8	98.4	98.3
100.7	100.6	100.3	100.6	100.8	100.8	101.0	101.5	101.5
101.6	101.8	101.1	101.7	102.0	102.1	103.0	104.7	104.8
100.2	99.9	99.9	99.9	100.1	100.1	99.8	99.8	99.7
95.9	97.6	98.1	98.8	98.1	98.0	97.9	97.5	97.6
99.8	100.0	99.0	99.3	96.1	95.9	95.5	94.7	94.5
94.1	93.7	93.2	97.2	96.9	97.0	96.9	96.2	96.3
99.2	98.9	99.2	99.8	99.7	99.7	99.7	99.9	100.0
101.9	100.4	100.4	100.0	99.1	99.1	99.7	99.6	99.5
95.8	94.1	97.8	96.0	96.1	96.1	96.1	96.1	96.8
88.4	88.4	91.3	97.0	97.7	97.7	97.6	97.6	97.0
82.7	97.1	98.0	96.5	95.2	95.5	95.7	94.9	95.3
97.5	98.0	97.9	100.6	100.8	100.9	100.8	100.6	100.6
102.0	102.0	103.1	98.3	98.3	98.1	98.3	98.2	98.1
101.9	102.2	102.5	102.1	101.3	101.2	101.2	99.7	99.9
100.8	100.8	101.0	101.0	101.9	101.4	101.7	101.6	101.6
101.1	101.2	100.2	99.2	99.3	96.4	96.2	95.6	96.0
98.7	98.7	99.6	99.2	98.3	97.7	97.5	97.7	97.5
101.1	100.8	100.5	100.9	101.6	101.3	101.5	102.0	101.7
99.9	100.1	100.1	100.1	100.1	100.3	99.9	96.9	97.0
98.9	99.2	97.6	97.9	98.6	98.2	97.5	96.9	96.1
99.5	99.7	101.2	100.8	100.8	101.2	101.6	101.6	101.5
104.7	104.4	104.7	102.6	102.0	102.0	101.8	101.7	101.5
105.9	105.2	105.8	106.6	105.6	105.3	104.9	104.0	103.8
101.0	101.0	101.1	100.6	100.5	100.5	100.5	100.6	100.6
113.3	111.6	112.1	113.1	110.4	109.8	108.7	107.0	106.8
102.8	102.6	104.5	107.2	107.2	107.1	107.1	105.3	104.7
103.7	101.4	101.4	101.3	100.8	100.8	100.5	100.5	100.5
102.9	102.6	102.7	101.0	101.0	101.2	101.1	101.1	101.1
123.8	123.2	123.3	107.7	103.4	101.6	100.7	100.7	100.6
98.0	97.8	97.7	98.5	99.8	100.5	100.8	100.8	100.8
102.2	101.8	101.8	101.8	101.8	101.9	101.9	101.9	101.9
109.9	109.7	110.3	103.0	101.7	101.3	100.8	100.8	100.5

4-3 续表 9

（上年同期=100）

指 标	Item	1月 January	2月 February	3月 March
治疗类	Therapeutic Category	116.6	116.6	112.9
临床手术治疗	Clinical Surgical Treatment	124.6	124.6	119.5
临床非手术治疗	Clinical Non-surgical Treatment	106.0	106.0	103.8
康复类	Rehabilitation Class	101.2	101.2	100.9
康复医疗	Rehabilitation Medicine	101.2	101.2	100.9
中医医疗服务类	Chinese Medicine Medical Service	117.9	119.5	110.4
中医治疗	Traditional Chinese Medicine	117.9	119.5	110.4
其他医疗服务	Other Healthcare Services	111.1	112.8	109.0
其他用品和服务	**Other Articles and Services**	**99.2**	**100.3**	**100.1**
其他用品	Other Articles	101.7	101.4	101.0
首饰手表	Jewellery Watches	109.5	107.6	104.1
金饰品	Gold Jewelry	113.4	109.7	100.7
银饰品	Silver Jewelry	110.9	111.0	112.5
铂金饰品	Platinum Jewelry	104.5	105.0	113.5
手表	Wrist Watch	99.3	99.3	99.2
母婴用品	Mother and Baby Supplies	97.4	97.9	99.9
母婴洗护喂养用品	Mother and Baby Washing and Feeding Supplies	97.5	98.1	99.7
其他母婴用品	Other Mother and Baby Supplies	97.1	96.9	100.9
其他杂项用品	Other Miscellaneous Supplies	99.4	99.8	99.6
箱包	Luggage	99.9	100.4	100.1
眼镜	Glasses	98.6	98.6	98.7
其他服务	Other Services	97.2	99.4	99.3
在外住宿	Outside Accommodation	94.9	98.3	99.3
宾馆住宿	Hotel Accommodation	93.9	96.4	98.0
其他住宿	Other Accommodation	97.4	103.3	102.4
美容美发洗浴	Hairdressing & Beauty and Bath	96.4	101.5	100.1
美容	Hairdressing	99.5	100.4	100.0
美发	Hairdressing	94.2	102.1	99.7
洗浴	Bath	100.3	101.4	103.5
养老服务	Pension Services	100.8	101.3	101.1
金融及保险服务	Financial and Insurance Services	97.3	97.3	97.3
金融服务	Financial Service	100.0	100.0	100.0
车辆保险	Vehicle Insurance	90.2	90.2	90.2
旅行保险	Travel Insurance	100.0	100.0	100.0
其他保险	Other Insurance	102.2	102.2	102.2
中介法律及其他服务	Intermediary Laws and Other Services	100.1	100.2	100.2
中介服务	Intermediary Services	100.3	100.3	100.3
法律服务	Legal Service	100.0	100.0	100.0
其他杂项服务	Other Miscellaneous Services	100.0	100.3	100.3

continued

（preceding year=100）

4 月 April	5 月 May	6 月 June	7 月 July	8 月 August	9 月 September	10 月 October	11 月 November	12 月 December
108.6	108.6	108.9	102.8	101.1	100.9	100.7	100.7	100.7
113.0	112.8	113.4	103.6	101.2	100.9	100.6	100.6	100.6
102.5	102.5	102.5	101.6	101.0	100.9	100.9	100.9	100.9
100.9	100.4	100.4	100.3	100.3	100.3	100.3	100.3	100.3
100.9	100.4	100.4	100.3	100.3	100.3	100.3	100.3	100.3
101.1	101.1	102.3	104.7	104.7	104.6	104.6	104.0	101.9
101.1	101.1	102.3	104.7	104.7	104.6	104.6	104.0	101.9
104.4	100.9	101.8	104.0	103.6	103.4	103.4	105.3	105.3
100.5	**100.8**	**100.9**	**100.5**	**98.5**	**98.9**	**99.5**	**98.6**	**99.0**
100.9	100.7	101.4	101.1	96.9	98.6	98.8	97.1	97.3
107.8	106.9	106.5	101.6	91.9	95.8	95.6	96.5	94.9
101.1	100.4	102.6	96.1	85.7	90.6	90.3	91.2	93.3
113.3	111.1	111.0	111.3	106.0	103.3	99.6	99.4	96.7
136.2	135.0	123.3	115.9	98.8	105.8	108.2	111.9	95.3
99.3	98.8	99.3	100.3	100.4	100.6	100.6	100.0	99.9
98.4	99.7	97.8	101.4	97.3	98.6	99.1	95.1	98.2
98.6	100.2	97.9	102.1	97.0	98.8	99.5	94.8	98.4
96.7	96.6	97.4	96.8	99.8	97.2	96.4	97.4	96.8
97.9	96.8	100.6	100.4	100.8	100.9	101.2	99.3	98.5
97.3	96.3	100.9	101.0	101.7	102.2	102.4	99.8	98.5
99.0	97.9	99.9	99.2	99.2	98.6	98.9	98.4	98.5
100.2	100.9	100.5	100.1	99.9	99.2	100.0	99.7	100.4
102.0	105.3	103.3	101.9	100.8	98.0	97.7	97.5	99.8
97.7	100.3	99.3	98.1	97.7	94.8	94.7	94.7	97.5
113.1	118.3	113.6	111.9	108.8	106.0	105.0	104.5	105.6
100.7	99.8	100.6	100.4	100.7	101.3	101.6	100.3	100.3
100.1	97.2	99.5	98.9	98.8	100.6	101.3	99.1	98.2
100.8	100.8	100.8	100.9	101.4	101.5	101.5	100.4	100.9
103.2	103.4	103.1	103.0	103.1	103.2	104.1	104.0	104.0
101.2	100.8	100.8	101.1	101.1	100.9	100.8	100.9	100.9
97.3	97.4	97.4	97.4	97.3	97.3	100.7	100.8	100.8
100.0	100.0	100.0	100.0	100.0	100.0	100.0	100.0	100.0
90.2	90.2	90.2	90.2	90.2	90.2	100.0	100.0	100.0
100.0	100.0	100.0	100.0	100.0	100.0	100.0	100.0	100.0
102.5	102.7	102.7	102.7	102.3	102.3	103.0	103.4	103.4
100.1	100.1	100.1	100.0	100.1	100.1	100.1	100.1	100.1
100.0	99.8	99.8	99.9	100.2	100.2	100.2	100.2	100.2
100.0	100.0	100.0	100.0	100.0	100.0	100.0	100.0	100.0
100.3	100.3	100.3	100.1	100.1	100.1	100.1	100.1	100.1

4-4 居民消费价格分类指数

Consumer Price Indices by Category

（上年＝100） (preceding year=100)

指 标	Item	2019	2020
居民消费价格指数	**Consumer Price Index**	**103.7**	**102.8**
服务价格指数	**Service Price Index**	**101.7**	**101.3**
工业品价格指数	**Industrial Product Price Index**	**100.7**	**98.4**
非食品价格指数	**Non-food Price Index**	**101.4**	**100.4**
扣除食品和能源价格指数	**Deduction Food and Energy Price Index**	**101.7**	**101.0**
扣除鲜菜鲜果价格指数	**Deduction Fresh Vegetables and Fruits Price Index**	**103.4**	**103.1**
食品烟酒	**Food, Tobacco and Liquor**	**109.5**	**109.2**
食品	Food	112.9	111.6
粮食	Grain	100.5	100.9
薯类	Tubers	106.3	103.2
豆类	Beans	101.8	106.9
食用油	Edible Oil and Fats	100.3	103.7
菜	Vegetables	107.2	103.3
畜肉类	Neat of Livestock	138.4	143.1
禽肉类	Meat of Poultry	112.5	99.6
水产品	Aquatic Products	104.7	103.0
蛋类	Eggs	104.7	94.2
奶类	Milk	101.3	100.9
干鲜瓜果类	Dried and Fresh Melons and Fruits	113.1	91.0
糖果糕点类	Candy and Cake	101.9	100.4
调味品	Flavoring	100.5	100.7
其他食品类	Other Foods	101.0	101.3
茶及饮料	Tea and Beverages	101.2	100.4
烟酒	Tobacco and Liquor	100.8	100.7
烟草	Tobacco	100.0	100.0
酒类	Liquor	101.9	101.6
在外餐饮	Dining Out	104.1	106.0

4-4　续表 1　continued

（上年＝100）　　(preceding year=100)

指　标	Item	2019	2020
衣着	**Clothing**	**101.7**	**99.9**
服装	Garments	101.6	99.7
男式服装	Men's Clothing	101.5	100.1
女式服装	Women's Clothing	101.6	99.6
儿童服装	Children's Clothing	101.7	99.5
服装材料	Garments Material	99.9	100.6
其他衣着及配件	Other Clothing and Parts	100.5	99.3
衣着加工服务费	Clothing Manufacturing Service Fees	106.6	101.1
鞋类	Footwear	101.5	100.2
鞋	Shoes	100.9	99.5
鞋类加工服务	Footwear Processing Services	106.4	105.5
居住	**Residence**	**101.7**	**98.9**
租赁房房租	Rent of Rental Housing	103.0	99.1
住房保养维修及管理	Housing Maintenance and Management	102.1	100.5
住房装潢材料	Housing Decoration Materials	101.6	100.3
物业管理费	Property Management Fee	102.2	100.2
住房装潢维修	Housing Decoration Maintenance	102.5	100.8
水电燃料	Water, Electricity and Fuels	100.9	97.5
水	Water	100.2	100.5
电	Electricity	100.0	99.9
燃气	Gas	102.1	92.5
取暖费	Heating Fee	100.0	100.0
其他燃料	Other Fuels	105.2	98.5
自有住房	Private Housing	101.8	98.8

4-4 续表 2 continued

（上年=100） (preceding year=100)

指 标	Item	2019	2020
生活用品及服务	**Articles for Daily Use and Services**	**101.1**	**99.7**
家具及室内装饰品	Furniture and Interior Decorations	100.7	99.6
家具	Furniture	100.8	99.5
室内装饰品	Upholstery	100.0	101.0
家用器具	Home Appliances	99.6	98.2
大型家用器具	Large Household Appliances	99.5	98.0
小家电	Small Home Appliances	100.2	99.1
家用纺织品	Home Textiles	100.6	99.2
床上用品	Bedding Article	100.4	99.1
窗帘门帘	Curtain	103.3	99.9
其他家用纺织品	Other Household Textiles	99.3	98.9
家庭日用杂品	Daily Use Household Articles	101.7	99.9
洗涤卫生用品	Washing Sanitary Articles	102.0	99.9
厨具餐具茶具	Kitchenware, Tableware, Tea set	100.9	99.5
家用手工工具	Hand Tools for Household Use	103.1	101.1
其他家庭日用杂品	Other Family Daily Sundry Goods	100.9	100.0
个人护理用品	Personal-care Supplies	100.8	101.2
化妆品	Cosmetics	100.3	101.1
其他护理用品类	Other Types of Care Products	101.1	101.2
家庭服务	Family Services	105.0	101.6
交通和通信	**Transport and Communications**	**98.1**	**96.0**
交通	Transport	98.1	94.6
交通工具	Transport Facility	99.3	96.6
交通工具用燃料	Fuels for Transport Facility	94.3	86.3
交通工具使用和维修	Use and Maintenance of Transport Facility	101.1	100.2
交通费	Traffic Fee	100.1	101.4
通信	Communications	98.3	98.5
通信工具	Communication Tools	95.4	94.7
通信服务	Communication Services	99.1	99.5
邮递服务	Postal Services	98.4	98.5

4-4 续表 3 continued

（上年＝100） (preceding year=100)

指 标	Item	2019	2020
教育文化和娱乐	**Education, Culture and Recreation**	**102.1**	**100.5**
教育	Education	103.3	101.2
教育用品	Education Articles	103.0	100.8
教育服务	Education Services	103.4	101.3
文化娱乐	Culture and Recreation	100.2	99.2
文娱耐用消费品	Durable Consumer Goods for Culture and Recreation	99.4	98.5
其他文娱用品	Other Articles	101.9	100.9
文化娱乐服务	Services for Culture and Recreation	101.0	99.4
旅游	Touring and Outing	99.1	98.7
医疗保健	**Health Care**	**101.8**	**105.5**
药品及医疗器具	Medicine and Medical Instrument	104.2	100.3
中药	Traditional Chinese Medicine	105.5	101.2
西药	Western Medicine	104.8	99.3
滋补保健品	Nourishing Health Care Products	103.2	101.4
医疗卫生器具	Medical Sanitation	100.8	101.1
保健器具	Health Care Appliance	101.0	99.5
医疗服务	Medical Services	100.4	108.6
综合医疗类	Synthetic Medicine	100.5	115.1
诊断类	Diagnostic Class	100.4	101.9
治疗类	Therapeutic Category	100.5	111.0
康复类	Rehabilitation Class	100.1	100.5
中医医疗服务类	Chinese Medicine Medical Services	100.4	112.5
其他医疗服务	Other Medical Services	100.7	107.4
其他用品和服务	**Other Articles and Services**	**103.0**	**102.7**
其他用品类	Other Articles	103.1	105.6
首饰手表	Jewellery Watches	107.8	114.7
其他杂项用品	Other Miscellaneous Goods	100.1	99.3
其他服务类	Other Services	102.9	100.5
旅馆住宿	Hotel Accommodation	99.9	97.7
美容美发洗浴	Hairdressing & Beauty and Bath	104.6	100.4
养老服务	Pension Services	103.8	102.1
金融保险	Financial Insurance	102.6	100.9
其他服务类	Other Services	103.8	99.8

4-5 各市居民消费价格总指数（1985—2021年）

（上年＝100）

年 份 Year	南宁市 Nanning	柳州市 Liuzhou	桂林市 Guilin	梧州市 Wuzhou	北海市 Beihai	防城港市 Fangchenggang
1985	118.3	115.7	114.4	117.4	116.5	
1986	105.2	105.3	105.6	105.1	105.1	
1987	111.1	109.1	113.2	112.7	112.1	
1988	121.6	127.8	124.5	123.4	128.4	
1989	119.4	119.1	119.8	116.2	120.8	
1990	98.0	99.7	99.0	98.7	96.9	
1991	104.1	102.3	101.6	104.8	104.5	
1992	106.7	106.1	109.5	110.2	107.2	
1993	125.1	124.6	120.3	122.2	134.8	
1994	124.8	126.0	128.9	125.8	123.1	
1995	118.6	120.0	119.3	116.1	114.8	
1996	103.3	106.1	108.2	106.8	105.4	
1997	100.2	100.3	101.5	102.1	100.7	
1998	96.7	98.2	95.3	99.9	99.1	
1999	95.9	96.8	98.6	100.1	97.0	
2000	100.0	99.8	99.5	100.5	100.4	
2001	102.8	99.7	102.2	100.3	100.5	
2002	99.4	100.6	100.0	97.8	99.9	
2003	100.8	100.6	100.6	101.3	99.9	
2004	104.2	105.4	104.0	104.3	104.7	
2005	101.1	103.3	104.0	102.8	101.6	
2006	102.5	101.0	100.7	101.4	101.6	
2007	104.5	106.1	106.8	105.8	105.1	
2008	108.4	107.9	105.9	107.5	107.3	112.7
2009	98.2	97.8	99.2	97.6	97.4	97.5
2010	102.5	103.5	102.2	103.5	103.1	104.5
2011	105.7	105.4	105.8	105.4	105.5	106.0
2012	102.9	104.0	103.5	102.9	102.6	102.6
2013	102.1	101.9	102.5	102.3	102.0	102.6
2014	101.6	102.6	102.0	102.1	102.8	102.6
2015	101.9	101.7	101.9	101.0	100.4	101.1
2016	101.4	101.8	102.3	101.2	101.1	101.1
2017	102.3	101.3	101.6	102.3	102.9	102.7
2018	102.5	102.5	102.2	102.3	101.4	103.4
2019	103.4	103.1	103.4	103.9	103.1	103.6
2020	102.3	102.4	102.6	103.0	102.7	102.6
2021	101.4	100.9	100.7	100.8	101.3	101.2

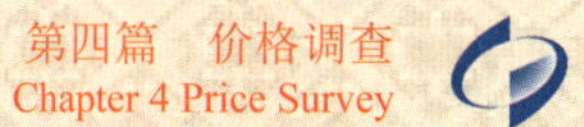

Consumer Price Indices by Cities（1985—2021）

(preceding year=100)

钦州市 Qinzhou	贵港市 Guigang	玉林市 Yulin	百色市 Baise	贺州市 Hezhou	河池市 Hechi	来宾市 Laibin	崇左市 Chongzuo
	114.4		117.9	115.1			
	104.4		110.4	105.8			
	107.7		109.1	114.8			
	123.9		120.5	123.3			
	125.0		123.7	121.3			
	95.8		95.4	96.7			
	103.2		102.5	101.6			
	104.6		109.5	108.5			
	123.1		119.9	120.2			
	127.5		128.0	125.1			
	119.9		121.4	119.5			
	107.6		106.8	107.7			
	100.2		103.0	102.5			
	93.8		99.3	97.3			
	98.1		99.1	97.4			
	98.9		100.0	99.2			
	98.1		102.2	100.3			
	100.7		97.6	98.2			
	102.5		101.4	101.2			
	104.6		104.2	104.6			
	102.0		103.4	101.8			
	100.8		102.9	102.6			
	106.5		105.7	106.9			
110.9	108.0		109.8	108.6	106.8	107.9	110.1
99.7	97.2	97.4	98.5	97.9	98.3	97.9	96.9
103.3	103.8	102.3	103.7	104.4	101.8	103.2	102.9
105.4	105.9	105.5	106.5	106.8	105.6	105.5	105.5
103.1	103.5	103.4	103.0	102.8	103.2	102.6	103.1
102.1	102.7	101.6	102.5	102.0	101.9	102.0	102.5
102.5	101.8	102.6	102.3	101.9	102.8	101.5	102.4
101.1	101.4	101.7	101.9	101.8	100.7	101.2	100.4
101.6	101.2	102.4	101.1	101.4	101.0	102.0	101.6
102.1	101.6	102.2	101.4	101.4	101.3	101.4	101.6
102.2	103.0	102.2	102.5	102.5	102.5	101.9	101.7
103.7	104.1	103.6	103.4	103.0	103.7	104.2	103.8
102.5	102.8	102.4	102.1	102.6	101.9	102.0	102.4
100.9	100.9	100.7	100.9	100.8	101.7	100.5	100.9

4-6 各市居民消费价格分类指数（2021年）

（上年＝100）

指　标	Item	南宁市 Nanning	柳州市 Liuzhou	桂林市 Guilin
居民消费价格指数	**Consumer Price Index**	**101.4**	**100.9**	**100.7**
服务价格指数	**Service Price Index**	**102.6**	**101.7**	**100.9**
工业品价格指数	**Industrial Product Price Index**	**101.5**	**101.3**	**101.9**
消费品价格指数	**Consumer Price Index**	**100.6**	**100.5**	**100.7**
非食品价格指数	**Non-food Price Index**	**102.2**	**101.5**	**101.3**
扣除食品和能源价格指数	**Excluding Food and Energy Price Index**	**101.6**	**100.9**	**100.7**
扣除鲜菜鲜果价格指数	**Excluding Fresh Vegetables and Fruits Price Index**	**101.3**	**100.8**	**100.6**
食品烟酒	**Food, Tobacco and Liquor**	**99.6**	**99.6**	**99.3**
食品	Food	97.6	98.7	98.4
粮食	Grain	100.0	101.3	102.0
薯类	Tubers	96.4	99.9	95.8
豆类	Beans	107.0	102.8	103.6
食用油	Edible Oil and Fats	110.1	110.4	112.9
菜及食用菌	Vegetables and Edible Fungi	104.5	106.9	103.8
畜肉类	Meat of Livestock	81.5	82.1	81.6
禽肉类	Meat of Poultry	94.0	96.7	97.6
水产品	Aquatic Products	106.1	105.7	108.1
蛋类	Eggs	111.1	112.2	106.1
奶类	Milk	101.4	101.6	102.8
干鲜瓜果类	Dried and Fresh Melons and Fruits	102.5	102.7	102.4
糖果糕点类	Candy and Cake	99.8	102.8	100.2
调味品	Flavoring	101.5	100.8	102.3
其他食品类	Other Foods	98.3	99.4	100.4
茶及饮料	Tea and Beverages	100.5	100.9	103.5
烟酒	Tobacco and Liquor	100.2	100.5	100.8
卷烟	Cigarette	100.0	100.0	100.0
酒类	Liquor	100.5	101.8	102.0
在外餐饮	Dinging Out	104.1	101.3	100.7
衣着	**Clothing**	**101.7**	**99.9**	**101.2**
服装	Garments Material	101.6	99.3	101.3
男式服装	Men's Clothing	101.6	102.8	100.7
女式服装	Women's Clothing	102.1	98.5	101.5
儿童服装	Children' Clothing	101.5	93.7	102.7
衣着材料及配件	Clothing Materials and Accessories	101.6	98.5	99.0
衣着服务费	Clothing Services	97.9	100.0	100.6
鞋类	Footwear	101.9	102.7	100.6
鞋	Shoes	102.1	102.6	101.3
鞋类服务	Footwear Services	100.0	103.1	93.3

Consumer Price Indices by Category and Cities（2021）

（preceding year=100）

梧州市 Wuzhou	北海市 Beihai	防城港市 Fangchenggang	钦州市 Qinzhou	贵港市 Guigang	玉林市 Yulin	百色市 Baise	贺州市 Hezhou	河池市 Hechi	来宾市 Laibin	崇左市 Chongzuo
100.8	**101.3**	**101.2**	**100.9**	**100.9**	**100.7**	**100.9**	**100.8**	**101.7**	**100.5**	**100.9**
101.3	**101.2**	**100.6**	**101.5**	**101.6**	**101.4**	**102.3**	**100.8**	**104.1**	**101.1**	**101.9**
101.9	**102.3**	**103.1**	**101.5**	**102.0**	**102.0**	**101.3**	**102.5**	**101.5**	**102.0**	**102.1**
100.5	**101.3**	**101.5**	**100.5**	**100.5**	**100.4**	**100.1**	**100.8**	**100.3**	**100.2**	**100.3**
101.7	**101.7**	**102.0**	**101.3**	**101.7**	**101.7**	**101.8**	**101.5**	**102.7**	**101.3**	**102.0**
101.2	**101.1**	**101.6**	**100.8**	**101.2**	**101.2**	**101.4**	**100.7**	**102.4**	**100.7**	**101.3**
100.7	**101.1**	**101.2**	**100.8**	**100.7**	**100.8**	**100.9**	**100.6**	**101.7**	**100.4**	**100.8**
99.1	**100.4**	**99.9**	**99.4**	**98.8**	**98.7**	**98.9**	**99.0**	**99.1**	**98.2**	**98.3**
97.0	99.5	97.8	99.2	97.4	96.7	97.4	97.9	97.5	97.4	96.5
99.2	99.9	101.3	99.7	102.2	101.0	103.5	102.1	102.7	102.8	102.6
96.6	95.5	96.3	96.9	103.3	97.7	85.3	87.6	95.8	97.8	98.6
106.9	108.0	108.8	104.8	108.2	102.1	104.2	101.1	110.0	106.9	107.1
108.9	111.2	106.7	105.0	106.9	108.7	107.4	109.1	110.1	117.1	109.6
104.5	104.5	102.6	101.5	107.8	102.7	100.6	103.3	103.7	100.6	104.5
80.6	77.7	77.6	80.1	81.1	79.2	80.7	80.6	80.4	77.1	75.5
94.7	101.3	101.0	105.0	95.4	98.8	101.8	100.1	99.9	100.6	99.4
106.7	109.1	105.1	107.7	106.4	102.3	104.7	105.8	107.5	107.0	107.6
105.6	104.2	106.3	97.1	99.9	107.8	103.7	101.7	106.0	101.5	109.2
100.5	102.0	101.0	101.4	98.0	101.1	100.3	98.4	101.4	100.4	98.4
100.5	103.7	101.2	102.5	99.1	98.0	100.9	104.2	99.2	103.9	99.1
101.8	107.0	100.6	100.7	101.4	99.3	100.2	101.8	101.4	102.2	100.8
100.5	102.4	101.4	102.4	101.7	105.1	101.2	104.2	99.4	98.8	100.1
99.4	100.0	99.3	101.1	99.7	101.5	105.4	101.3	100.1	98.5	99.5
100.3	100.7	101.3	98.4	103.4	100.6	101.2	100.2	101.8	101.5	100.4
101.7	100.5	100.3	100.7	100.8	101.9	102.6	101.7	100.8	99.3	100.0
101.4	100.6	100.4	100.0	100.9	100.0	103.0	101.3	100.5	100.0	100.0
102.2	100.4	100.1	102.5	100.3	106.3	101.9	102.5	101.4	97.8	100.0
103.3	102.7	105.4	99.6	101.5	102.8	101.1	100.8	102.6	99.8	102.2
101.5	**100.8**	**104.6**	**102.0**	**101.0**	**102.2**	**101.1**	**100.7**	**102.7**	**101.2**	**101.6**
101.3	100.8	105.1	102.3	101.3	102.3	101.5	101.0	102.2	101.4	101.5
100.7	100.2	102.5	101.4	100.3	100.3	100.9	101.1	104.4	101.0	101.0
101.8	102.3	107.1	102.5	101.8	101.9	101.3	100.9	101.2	101.8	101.5
101.4	97.9	107.0	103.0	101.8	101.3	102.4	100.9	101.1	102.0	101.1
100.7	101.2	101.4	103.4	100.6	106.1	99.2	99.5	100.5	97.9	100.1
100.4	103.0	100.0	103.7	101.6	123.4	105.9	103.8	102.9	100.0	108.5
102.2	100.3	102.1	100.5	99.6	102.0	98.6	99.2	104.9	100.4	102.1
101.7	100.1	102.0	100.3	99.5	102.3	98.1	98.7	105.3	100.6	101.4
107.9	102.6	103.2	103.3	101.1	98.6	105.2	104.7	100.0	98.5	110.4

4-6 续表 1

（上年＝100）

指 标	Item	南宁市 Nanning	柳州市 Liuzhou	桂林市 Guilin
居住	**Residence**	**101.4**	**100.1**	**100.8**
租赁房房租	Rent of Rental Housing	101.3	99.7	102.1
住房保养维修及管理	Housing Maintenance and Management	102.4	97.9	102.2
住房装潢材料	Housing Decoration Materials	102.8	96.8	103.0
住房维修管理费用	Housing Maintenance and Management Expenses	102.1	99.7	101.4
水电燃料	Water, Electricity and Fuels	103.8	102.0	102.3
水	Water	100.0	100.0	100.0
电	Electricity	100.0	100.0	100.0
燃气	Gas	108.8	105.1	108.9
其他水电燃料类	Other Water, Electricity and Fuels	112.2	105.5	100.0
自有住房	Home-ownership	100.4	100.1	99.8
生活用品及服务	**Articles for Daily Use and Services**	**100.3**	**99.8**	**101.9**
家具及室内装饰品	Furniture and Interior Decorations	100.9	96.9	102.8
家具	Furniture	101.2	96.9	102.7
室内装饰品	Upholstery	96.0	97.2	103.6
家用器具	Home Appliances	99.2	100.4	104.1
大型家用器具	Large Household Appliances	99.1	100.1	104.4
小家电	Small Home Appliances	100.0	102.3	102.9
家用纺织品	Home Textiles	99.3	98.6	100.7
床上用品	Bedding Article	99.5	99.0	101.0
窗帘门帘	Curtain	101.6	100.0	99.8
其他家用纺织品	Other Household Textiles	97.7	96.5	100.0
家庭日用杂品	Daily Use Household Articles	100.8	99.3	101.3
洗涤卫生用品	Washing Sanitary Articles	101.1	98.6	102.3
厨具餐具茶具	Kitchenware, Tableware, Tea set	98.9	98.8	96.9
其他家庭日用杂品	Other Family Daily Sundry Goods	101.6	100.2	102.6
个人护理用品	Personal-care Supplies	100.0	99.8	99.9
化妆品	Cosmetics	99.6	100.3	98.6
其他护理用品类	Other Types of Care Products	100.3	99.5	100.9
家庭服务	Household Services	102.4	104.5	100.9
交通和通信	**Transport and Communications**	**101.7**	**103.5**	**102.6**
交通	Transport	103.1	105.0	104.2
交通工具	Transport Facility	95.5	100.0	98.7
交通工具用燃料	Fuels for Transport Facility	117.0	116.9	115.5
交通工具使用和维修	Use and Maintenance of Transport Facility	101.7	98.6	99.6
交通费	Traffic Fee	104.0	102.5	104.0

continued

(preceding year=100)

梧州市 Wuzhou	北海市 Beihai	防城港市 Fangchenggang	钦州市 Qinzhou	贵港市 Guigang	玉林市 Yulin	百色市 Baise	贺州市 Hezhou	河池市 Hechi	来宾市 Laibin	崇左市 Chongzuo
100.7	**99.4**	**97.9**	**100.5**	**100.1**	**101.1**	**100.5**	**101.1**	**100.5**	**100.9**	**101.1**
100.1	95.3	95.6	101.1	99.2	100.5	101.3	99.1	100.4	100.4	99.4
101.1	103.5	104.6	101.3	102.0	103.0	102.1	103.3	98.7	102.5	103.5
101.3	103.6	108.5	102.3	102.6	104.6	103.8	105.6	97.1	101.2	103.2
100.8	103.3	100.0	100.0	101.0	99.9	100.0	100.2	101.0	104.0	103.9
102.1	101.3	100.6	100.7	103.8	102.9	99.0	104.3	100.6	102.6	103.2
100.0	99.3	100.0	100.0	100.0	100.0	100.0	100.0	99.7	100.0	100.0
100.0	100.0	100.0	100.0	100.0	100.0	100.0	100.0	100.0	100.0	103.0
107.7	104.5	100.1	104.0	115.1	106.5	95.1	119.1	104.5	110.2	108.8
100.0	100.4	104.6	97.0	99.2	107.6	100.7	97.9	98.3	100.0	95.3
100.2	98.3	95.7	100.1	98.6	100.2	100.4	99.8	100.9	99.9	99.9
101.5	**101.3**	**102.2**	**100.2**	**100.8**	**100.5**	**101.3**	**99.7**	**100.0**	**100.6**	**100.0**
104.5	101.5	99.8	100.3	96.2	100.6	102.2	100.8	100.2	100.4	99.0
104.6	101.5	99.6	100.1	95.8	100.7	102.0	100.8	100.2	100.4	99.5
100.8	101.5	104.2	103.2	107.5	99.8	104.7	100.5	100.0	100.6	91.7
102.9	103.0	106.5	101.0	103.4	100.5	101.9	100.1	102.4	103.2	100.6
103.4	103.1	106.8	100.8	103.6	100.0	101.2	99.5	102.9	103.2	100.2
101.1	102.4	105.2	101.9	102.6	102.7	105.3	103.3	100.3	103.2	103.5
99.5	99.8	100.8	101.5	96.5	101.5	102.7	104.0	99.9	100.6	101.9
99.9	99.9	101.2	102.5	96.3	101.8	99.9	105.4	101.2	100.7	100.2
95.9	100.4	98.5	95.7	97.9	107.3	101.6	101.3	100.0	100.0	121.5
100.0	99.3	100.3	99.3	96.5	97.5	112.3	98.2	94.5	100.2	97.5
100.3	100.8	101.1	98.9	99.5	101.1	100.6	98.1	99.1	100.2	100.0
99.4	101.4	99.7	98.7	99.2	100.2	101.1	95.4	98.6	99.2	97.8
98.1	98.5	96.9	97.3	96.0	99.2	97.7	97.8	97.5	100.9	99.2
101.4	101.6	104.1	99.9	101.3	103.0	101.9	100.4	100.0	100.7	101.6
99.7	99.1	100.1	99.8	99.7	99.3	99.4	98.5	99.0	98.5	98.7
99.4	98.6	98.8	99.8	101.1	99.1	97.8	97.6	97.5	97.8	97.4
99.9	99.5	101.4	99.9	98.4	99.5	100.7	99.3	100.4	99.0	99.6
100.9	102.5	102.1	100.3	110.3	100.5	102.4	99.8	97.4	99.0	102.2
103.3	**103.3**	**103.2**	**101.7**	**102.7**	**101.0**	**102.9**	**104.0**	**104.8**	**102.3**	**103.5**
104.6	106.0	104.1	103.1	104.5	102.6	104.3	105.7	104.0	104.2	105.1
98.7	99.8	99.7	96.6	99.3	94.8	98.9	100.2	99.5	99.2	99.8
117.0	117.1	118.1	116.7	116.9	117.0	117.2	117.1	116.7	116.7	117.0
100.3	100.3	100.2	100.9	102.6	104.1	100.1	99.9	99.1	101.4	101.3
103.8	103.7	101.5	103.8	106.4	102.7	104.2	101.1	100.3	102.1	103.4

4-6 续表 2

（上年＝100）

指 标	Item	南宁市 Nanning	柳州市 Liuzhou	桂林市 Guilin
通信	Communications	98.1	99.3	98.5
通信工具	Communication Tools	102.4	100.6	99.1
通信服务	Communication Services	94.6	98.4	97.3
邮递服务	Postal Service	100.0	100.0	100.0
教育文化和娱乐	**Education, Cultural and Recreation**	**106.4**	**103.6**	**101.2**
教育	Education	106.8	102.9	100.7
教育用品	Eduction Articles	100.0	100.3	97.4
教育服务	Education Services	107.4	103.1	101.2
文化娱乐	Culture and Recreation	105.8	104.9	102.0
文娱耐用消费品	Durable Consumer Goods for Culture and Recreation	103.0	101.4	100.9
其他文娱用品	Other Articles	104.2	100.5	101.3
文化娱乐服务	Services for Culture and Recreation	102.9	101.8	103.2
旅游	Touring and Outing	111.8	110.4	101.9
医疗保健	**Health Care**	**101.0**	**102.5**	**101.2**
药品及医疗器具	Medicine and Medical Instrument	96.2	99.2	99.4
中药	Traditional Chinese Medicines	102.2	99.2	100.8
西药	Western Medicines	91.1	99.0	99.4
滋补保健品	Nourishing Health Care Products	98.2	101.7	101.5
医疗卫生器具	Medical Sanitation	102.0	96.8	96.6
保健器具	Health Care Appliance	100.0	105.3	100.0
医疗服务	Medical Services	104.3	104.3	102.2
综合医疗类	Synthetic Medicine	103.0	103.4	102.7
诊断类	Diagnostic Class	102.7	103.1	99.3
治疗类	Therapeutic Category	107.4	106.8	106.5
康复类	Rehabilitation Class	100.0	100.0	100.0
中医医疗服务类	Chinese Medicine Medical Services	103.9	103.3	105.6
其他医疗保健服务	Other Healthcare Services	105.2	101.9	102.3
其他用品和服务	**Other Articles and Services**	**100.3**	**99.2**	**100.4**
其他用品	Other Articles	98.5	99.8	100.1
首饰手表	Jewellery Watches	101.5	100.4	102.4
母婴用品	Mother and Baby Supplies	95.7	99.5	99.5
其他杂项用品	Other Miscellaneous Goods	97.9	99.6	99.0
其他服务	Other Services	101.5	98.8	100.7
在外住宿	Outside Accommodation	103.9	99.7	102.0
美容美发洗浴	Hairdressing & Beauty and Bath	102.6	98.2	101.4
养老服务	Pension Services	100.7	100.0	103.7
金融及保险服务	Financial and Insurance Services	98.4	97.3	97.4
中介法律及其他服务	Intermediary Laws and Other Services	100.0	100.0	99.5

continued

(preceding year=100)

梧州市 Wuzhou	北海市 Beihai	防城港市 Fangchenggang	钦州市 Qinzhou	贵港市 Guigang	玉林市 Yulin	百色市 Baise	贺州市 Hezhou	河池市 Hechi	来宾市 Laibin	崇左市 Chongzuo
100.4	97.1	100.3	98.3	98.4	97.3	98.9	99.7	107.0	97.4	99.4
104.3	100.3	99.6	105.1	100.2	98.3	99.2	99.9	99.2	100.1	100.8
98.8	95.8	100.5	95.6	97.1	96.4	98.3	99.5	111.7	97.1	98.2
100.8	98.0	100.0	97.8	100.0	99.2	100.4	100.0	106.7	94.7	100.7
102.2	**105.6**	**104.8**	**103.6**	**105.5**	**103.2**	**105.0**	**101.7**	**106.4**	**101.9**	**101.3**
101.1	106.5	105.2	103.4	106.1	102.7	105.5	101.8	108.1	100.8	100.2
101.3	100.7	101.4	102.9	104.9	102.8	100.5	100.9	98.6	100.0	99.7
101.1	107.1	105.7	103.4	106.2	102.7	106.0	101.9	109.1	100.9	100.3
104.1	103.7	103.9	104.0	104.2	104.3	104.0	101.4	102.7	104.2	103.5
102.9	102.8	103.1	104.2	104.9	103.5	103.4	102.1	102.2	103.3	103.5
100.3	100.3	102.2	100.3	100.3	101.8	100.6	100.8	102.2	102.2	99.9
101.2	101.1	100.6	99.9	99.4	100.6	102.3	99.1	101.7	100.2	99.8
109.2	109.7	110.6	111.4	112.3	110.5	110.0	102.8	104.8	111.0	111.6
101.0	**101.8**	**103.8**	**101.9**	**101.8**	**103.1**	**100.8**	**101.6**	**104.8**	**102.2**	**105.6**
96.1	99.4	99.5	98.3	100.1	101.4	97.6	99.5	99.0	98.9	99.6
101.9	100.5	101.7	102.4	103.4	104.2	100.7	101.3	100.3	94.7	99.8
90.5	98.7	99.9	99.5	102.6	100.8	92.8	99.8	97.9	100.7	99.3
101.7	98.5	100.0	100.1	88.6	101.8	100.0	101.5	99.1	99.7	101.1
99.4	100.2	95.8	89.7	94.3	99.4	103.9	95.7	98.8	98.9	99.3
99.9	98.0	97.3	95.3	99.1	100.0	100.0	100.5	106.8	99.5	100.0
104.2	103.1	106.1	104.2	102.8	104.0	102.6	102.8	107.9	104.2	108.9
105.0	101.9	121.9	104.2	104.6	107.0	108.9	102.6	137.1	104.5	137.4
99.2	102.4	101.1	101.9	100.8	102.2	100.7	102.1	102.9	102.8	105.2
111.6	106.5	98.5	109.7	107.4	104.8	104.3	106.6	103.2	107.3	102.8
100.0	100.6	99.7	100.0	100.0	100.0	100.0	102.2	100.0	100.0	100.0
100.0	103.1	124.4	100.0	102.4	106.5	100.0	96.5	115.2	105.4	104.2
108.2	100.0	117.2	101.3	103.0	112.5	100.0	99.6	115.4	100.0	108.7
99.6	**98.5**	**99.7**	**100.7**	**98.8**	**97.8**	**99.3**	**99.9**	**98.5**	**101.3**	**99.3**
100.4	98.3	102.2	101.8	99.2	101.2	96.9	99.4	99.0	101.5	98.5
102.5	100.3	97.7	101.8	100.1	102.4	99.2	100.4	100.4	100.5	99.5
98.4	97.3	106.4	101.5	98.0	100.3	94.8	99.4	96.3	101.2	97.3
101.2	97.6	102.9	102.1	100.0	101.3	98.1	98.9	99.9	102.3	98.9
99.1	98.7	97.7	100.1	98.4	95.6	101.4	100.3	98.0	101.0	99.9
98.8	94.8	94.8	100.7	100.6	86.7	105.8	100.0	96.0	100.9	101.6
98.8	99.6	99.7	98.4	98.9	99.9	101.0	100.0	96.6	102.3	99.4
99.9	100.0	100.7	104.9	100.0	100.0	100.0	105.1	100.2	103.8	100.0
98.8	99.0	97.4	98.6	93.9	98.3	98.8	98.7	98.9	99.1	99.0
100.0	101.6	100.0	100.0	100.0	100.0	100.0	100.0	102.6	100.0	99.3

4-7 商品零售价格分类指数（2021年）

Retail Price Indices by Category（2021）

（上年＝100） (preceding year=100)

指 标	Item	全 区 Province	城 市 Urban Areas	农 村 Rural Areas
商品零售价格指数	**Retail Price Index**	**101.1**	**101.2**	**100.4**
食品	**Food**	**98.0**	**98.2**	**96.3**
粮食	Grain	101.1	100.8	102.3
大米	Rice	100.6	100.3	102.1
面粉	Flour	103.0	103.2	100.6
其他粮食	Other Grain	103.1	102.9	104.5
粮食制品	Grain Products	101.6	101.6	102.1
薯类	Tubers	96.6	97.2	92.0
豆类	Beans	105.1	105.2	104.4
干豆	Dried Bean	108.2	108.2	108.2
豆制品	Bean Products	103.8	104.0	102.4
食用油	Edible Oil and Fats	109.3	109.6	107.0
食用植物油	Edible Vegetable Oil	111.1	111.2	110.3
食用动物油	Edible Animal Oil	86.0	85.3	88.0
菜及食用菌	Vegetables and Edible Fungi	104.2	104.6	101.3
鲜菜	Fresh Vegetables	104.4	104.9	101.3
鲜菌	Fresh Fungus	95.7	95.4	98.5
干菜干菌及制品	Dried Vegetables and Edible Fungi Products	104.6	105.1	101.6
畜肉类	Meat of Livestock	80.1	80.9	75.6
猪肉	Pork	68.3	68.7	66.3
牛肉	Beef	100.5	100.3	101.8
羊肉	Mutton	104.3	104.5	102.3
其他畜肉及副产品	Other Meat of Livestock and By-products	90.2	90.8	86.7
畜肉制品	Animal Meat Products	94.4	94.1	96.0
禽肉类	Meat of Poultry	97.1	96.6	99.7
鸡	Chicken	93.1	92.8	95.0
鸭	Duck	105.6	105.2	107.4
其他禽肉及制品	Other Poultry Meat and Products	98.6	98.3	100.7
水产品	Aquatic Products	106.4	106.1	108.0
淡水鱼	Freshwater Fish	111.5	112.0	109.2
海水鱼	Marine Fish	100.6	99.8	106.2
虾蟹类	Shrimp and Crab	105.8	105.3	110.5
其他水产品及制品	Other Aquatic Products and Products	103.3	103.2	103.4

4-7 续表 1 continued

（上年=100） (preceding year=100)

指 标	Item	全 区 Province	城 市 Urban Areas	农 村 Rural Areas
蛋类	Eggs	107.9	108.0	107.0
鸡蛋	Egg	110.0	110.2	108.2
其他蛋及制品	Other Eggs and Products	102.0	101.8	103.6
奶类	Milk	101.0	101.2	99.3
鲜奶	Fresh Milk	104.2	104.4	101.8
酸奶	Yogurt	99.8	99.8	97.2
奶粉	Milk Powder	99.4	99.6	98.3
其他奶制品	Other Dairy Products	100.9	100.7	102.8
干鲜瓜果类	Dried and Fresh Melons and Fruits	101.7	101.9	100.3
鲜果	Fresh Fruits	102.0	102.2	100.5
坚果	Nut	100.1	100.1	99.8
瓜果制品	Melon and Fruit Products	98.9	99.0	98.1
糖果糕点类	Candy and Cake	101.0	101.0	101.2
食糖	Sugar	101.2	101.8	99.6
糖果	Candy	101.2	101.2	101.3
糕点	Cakes and Pastries	101.2	101.2	101.1
其他糖果糕点	Other Sweets and Pastries	100.0	99.7	103.5
调味品	Flavoring	101.6	101.8	100.8
食用盐	Edible Salt	100.5	101.0	98.7
酱油	Soy Sauce	101.2	101.4	100.3
食醋	Vinegar	101.0	101.1	100.2
增味剂	Flavoring	100.2	100.0	101.2
味精	Monosodium Glutamate	103.0	103.0	103.0
其他食品类	Other Foods	99.6	99.6	99.8
方便食品	Convenience Food	99.3	99.4	98.8
淀粉及制品	Starch and Products	100.7	100.4	102.2
其他食品	Other Food	99.6	99.6	99.9
餐饮业零售	Catering and Retail	102.4	102.5	101.3
餐馆餐饮	Restaurants and Catering	101.7	101.8	100.9
饮品店餐饮	Drink Shop and Catering	106.2	106.4	104.5
餐饮配送及外卖送餐	Distribution by Catering and Take Out	101.0	101.0	100.9
其他餐饮业零售	Other Catering and Retail	103.0	103.3	101.0

4-7 续表 2 continued

（上年=100） (preceding year=100)

指 标	Item	全 区 Province	城 市 Urban Areas	农 村 Rural Areas
饮料、烟酒	**Beverages, Tobacco and Liquor**	**100.7**	**100.7**	**100.5**
茶及饮料	Tea and Beverages	101.0	101.0	100.7
茶叶	Tea	101.2	101.2	100.9
固体咖啡	Solid Coffee	99.7	99.6	100.7
其他固体饮料	Other Solid Drinks	102.3	102.6	99.4
饮用水	Drinking Water	101.0	101.1	100.3
果汁饮料	Fruit Juice Beverage	98.8	98.8	99.5
其他液体饮料	Other Liquid Beverages	101.2	101.2	101.6
烟草	Tobacco	100.2	100.2	100.4
酒类	Liquor	101.3	101.4	100.4
白酒	Liquor	102.8	102.9	102.3
葡萄酒	Wine	101.3	101.6	98.6
啤酒	Beer	98.2	98.1	98.6
其他酒类	Other Wines	102.4	102.5	101.3
服装、鞋帽	**Garments, Shoes and hats**	**101.0**	**101.1**	**99.9**
服装	Garments	100.9	101.0	100.0
男士服装	Men's Clothing	101.5	101.6	100.6
男式外套	Men's Coat	101.9	102.1	100.6
男式针织衫	Men's Knit Shirt	102.4	102.3	103.5
男式衬衫T恤	Men's Shirt T-shirt	100.6	100.6	99.9
男式裤子	Men's Dress Pants	101.3	101.4	100.4
男式内衣	Men's Underwaist	102.4	103.0	99.0
女士服装	Women's Clothing	101.0	101.2	99.5
女式外套	Women's Coat	101.4	101.7	99.2
女式针织衫	Women's Knit Shirt	100.8	100.7	101.5
女式衬衫T恤	Women's Shirt T-shirt	101.4	101.6	99.5
女式裤子	Women's Pants	101.0	101.2	99.3
女式裙子	Women's Ladies Skirt	100.3	100.5	98.1
女式内衣	Women's Underwaist	101.4	101.6	99.9

4-7 续表 3 continued

（上年=100） (preceding year=100)

指 标	Item	全 区 Province	城 市 Urban Areas	农 村 Rural Areas
儿童服装	Children's Clothing	99.9	99.9	100.1
婴儿服装	Baby Clothing	99.6	99.4	100.7
儿童上衣	Children's Coat	100.2	100.2	100.1
儿童裤子	Children's Trousers	99.7	99.6	100.4
儿童裙子	Children's Skirt	99.8	99.9	99.2
儿童内衣	Children's Underwaist	100.0	100.1	99.5
鞋帽袜	Footgear and Hat	101.4	101.6	99.9
鞋	Shoes	101.5	101.7	99.9
男鞋	Men's Shoes	103.0	103.6	99.2
女鞋	Women's Shoes	101.1	101.2	100.4
童鞋	Children's Shoes	99.5	99.5	99.8
袜子	Socks	100.4	100.4	100.5
帽子	Cap	101.2	101.4	99.0
其他衣着配件	Other Clothing Accessories	100.9	101.0	100.2
纺织品	**Textiles**	**100.1**	**100.1**	**99.8**
服装材料	Clothing	101.5	101.5	101.6
床上用品	Bedding	99.7	99.8	99.4
被子	Quilt	99.6	99.7	99.0
床单被套	Bed Sheet & Duvet Cover	98.6	98.4	99.9
其他床上用品	Other Bedding	101.1	101.3	99.4
家用电器及音像器材	**Household Appliances, Music and Video Equipment**	**101.8**	**101.9**	**101.0**
家庭设备	Household Equipment	100.9	101.0	100.5
洗衣机	Washing Machine	101.2	101.2	101.0
电冰箱（柜）	Refrigerator	99.4	99.2	100.6
抽油烟机	Smoke Lampblack Machine	101.3	101.6	99.8
空调器	Air Conditioner	101.9	102.3	99.9
热水器	Water Heating	99.8	99.6	100.9
炉具灶具	Stove and Cookers	100.4	100.4	100.8
吸尘器	Vacuum Cleaner	96.6	96.5	97.2
空气净化器	Air Purifier	95.9	95.7	97.1
净水器	Water Purifier	96.2	96.1	96.9

4-7 续表 4 continued

（上年=100） (preceding year=100)

指 标	Item	全 区 Province	城 市 Urban Areas	农 村 Rural Areas
厨房小家电	Kitchen Appliances	102.3	102.3	102.4
生活小家电	Small Household Electrical Appliances	100.7	100.6	101.8
其他大型家用器具	Other Large Household Appliances	100.9	101.3	98.3
文娱用耐用消费品	Durable Consumer Goods for Culture and Recreation	103.5	103.6	102.5
电视机	Television	104.7	104.9	102.5
照相机	Camera	99.7	99.6	100.5
音响	Acoustics	98.9	98.9	99.1
可穿戴智能设备	Wearable Smart Devices	102.3	102.3	102.7
其他文娱耐用消费品	Other Recreational and Durable Goods	102.8	102.7	103.5
专业音像器材	Professional Audio and Video Equipment	99.9	99.9	100.1
专业音响器材	Professional Audio Equipment	99.9	99.9	100.1
专业声像器材	Professional Audio-visual Equipment	99.9	99.9	100.0
文化办公用品	**Cultural and Office Appliances**	**101.4**	**101.4**	**101.0**
纸张文具	Paper Stationery	100.8	100.9	99.7
台式计算机	Desktop Computer	101.6	101.6	102.0
笔记本电脑	Notebook Computer	103.2	103.1	104.7
平板电脑	Tablet Computer	98.9	99.0	98.1
电脑附件	Computer Accessories	98.6	98.5	100.1
打印复印机	Print Copy Machine	101.2	101.2	101.2
教学设备	Teaching Equipment	102.2	102.4	100.2
日用品	**Articles for Daily Use**	**98.9**	**98.8**	**99.6**
日用百货	General Merchandise for Daily Use	97.7	97.5	98.8
电动自行车	Electric Bicycle	94.2	93.6	98.1
自行车	Bicycle	103.1	103.2	103.0
雨具	Rain Gear	101.6	101.9	100.1
护理器具	Nursing Instrument	98.4	98.3	99.5
清洁用纸	Hygiene Paper	100.0	100.2	98.3
化妆器具	Make-up Appliances	99.2	99.3	97.8
厨具餐具茶具	Kitchenware, Tableware, Tea Set	98.4	98.4	98.1
厨具	Kitchenware	97.9	97.9	97.7
餐具	Tableware	98.2	98.2	97.4
茶具	Tea Set	101.3	101.3	101.5
清洗用品	Cleaning Supplies	100.1	100.0	100.6

4-7　续表 5　continued

（上年＝100）　　(preceding year=100)

指　标	Item	全　区 Province	城　市 Urban Areas	农　村 Rural Areas
其他日用品	Other Daily Necessities	99.7	99.6	100.1
灯具	Lamps and Lanterns	98.4	97.9	100.1
箱包	Luggage and Bags	100.0	100.0	100.4
母婴用品	Mother and Baby Supplies	98.3	98.1	99.0
眼镜	Glasses	98.0	97.9	99.1
其他护理用品	Other Nursing Supplies	100.0	100.1	99.3
其他日用杂品	Other Daily Sundry Goods	101.0	101.0	101.0
体育娱乐用品	**Sports and Recreation Articles**	**101.9**	**102.0**	**100.6**
体育户外用品	Sports Outdoor Products	101.5	101.6	100.3
娱乐用品	Amusement Articles	102.1	102.2	100.7
乐器	Musical Instrument	100.3	100.3	99.9
游戏用品和玩具	Game Supplies and Toys	100.5	100.5	100.0
园艺花卉及用品	Garden Flowers and Supplies	102.5	102.6	101.4
宠物及用品	Pets and Supplies	101.3	101.4	100.5
其他文化娱乐用品	Other Cultural and Recreational Products	103.9	104.3	101.1
交通、通信用品	**Transportation and Communication Appliances**	**99.5**	**99.5**	**99.6**
交通运输机械	Machinery of Communications and Transportation	98.7	98.6	99.7
燃油小汽车	Fuel Small-car	97.8	97.6	99.3
新能源小汽车	New Energy Car	100.0	99.7	103.3
大中型客车	Large and Medium Passenger Vehicle	100.8	100.8	101.2
交通工具零配件	Transportation Accessories	101.8	102.0	99.6
通信器材	Apparatus of Communication	101.2	101.4	99.2
电话机	Telephone Set	101.2	101.3	99.2
其他通信器材	Other Communication Equipment	101.9	102.0	100.1
家具	**Furniture**	**100.3**	**100.3**	**100.5**
柜	Cabinet	98.4	98.1	100.6
床	Bed	101.6	101.8	100.2
桌	Table	100.3	100.4	99.9
椅	Chair	102.9	103.1	100.0
沙发	Sofa	99.5	99.3	100.8
其他家具	Other Furniture	102.7	102.8	101.6

4-7 续表 6 continued

（上年＝100） (preceding year=100)

指　标	Item	全　区 Province	城　市 Urban Areas	农　村 Rural Areas
化妆品	**Cosmetics**	**100.1**	**100.1**	**99.4**
清洁化妆品	Cleaning Cosmetics	101.5	101.7	99.4
护肤化妆品	Skin Care Cosmetics	99.2	99.3	98.0
彩妆化妆品	Make Up Cosmetics	98.6	98.6	98.8
清洁类护理用品	Cleaning Supplies	100.8	100.8	100.2
护发美发用品	Hair Care Products	99.5	99.5	99.7
金银饰品	**Gold and Silver Ornaments**	**101.4**	**101.4**	**101.8**
金饰品	Gold Jewelry	96.6	96.2	99.6
银饰品	Silver Jewelry	107.0	107.1	106.7
铂金饰品	Platinum Jewelry	112.8	113.0	109.6
中西药品及医疗保健用品	**Traditional Chinese and Western Medicines and Health Care Articles**	**98.2**	**98.1**	**99.3**
医疗卫生器具	Medical Instrument	99.0	99.0	98.8
中药	Traditional Chinese Medicines	101.3	101.4	100.1
中药材	Chinese Medicinal Materials	103.4	103.8	100.8
中成药	Chinese Patent Medicine	100.1	100.1	99.7
西药	Western Medicines	96.1	95.7	99.0
抗微生物药	Antimicrobial Agents	96.9	96.9	97.6
消化系统用药	Digestive System Drugs	92.5	91.7	98.4
呼吸系统用药	Respiratory System Durgs	98.9	98.5	100.7
解热镇痛药	Antipyretic Analgesics	99.7	99.5	101.2
抗肿瘤药	Antineoplastic Agents	96.2	96.2	96.2
激素及影响内分泌药	Hormones and Endocrine Drugs	91.9	91.3	97.2
心血管系统用药	Cardiovascular System Drugs	87.7	86.6	98.9
血液系统用药	Blood System Drugs	98.6	98.3	100.2
治疗精神障碍药	PSYCHOTHERAPEUTICAGENTS	99.6	99.6	100.1
神经系统用药	Drugs for Nervous System	100.7	100.5	102.2
泌尿系统用药	Urinary System Drugs	101.6	102.1	100.5
维生素、矿物质类药	Vitamins and Minerals	98.5	98.2	100.1
调节水、电解质及酸碱平衡药	Adjust Water, Electrolyte and Acid-base Balance	99.1	99.5	97.3
其他西药	Other Western Medicines	101.4	101.5	100.3
保健器具及用品	Health Appliances and Supplies	99.8	99.8	99.6
保健器具	Health Care Appliance	100.9	101.1	99.2
滋补保健品	Nourishing Health Care Products	99.5	99.4	99.8

4-7 续表 7 continued

（上年＝100） (preceding year=100)

指 标	Item	全 区 Province	城 市 Urban Areas	农 村 Rural Areas
书报杂志及电子出版物	**Books, Newspapers, Magazines and Electronic Publications**	**101.0**	**101.0**	**100.9**
教材及参考书	Texts and Reference Books	100.7	100.7	100.7
工具书	Reference Book	101.2	101.2	101.3
教材	Text-book	100.0	100.0	99.9
参考资料	Reference Material	102.2	102.3	101.5
其他教育用品	Other Educational Supplies	97.8	97.8	98.0
书报杂志及音像制品	Newspapers, Magazines and Audio-visual Products	100.7	100.7	100.7
计算机办公软件	Computer Office Software	102.4	102.4	102.5
燃料	**Fuels**	**116.1**	**116.4**	**114.1**
煤炭及制品	Coal and Its Products	98.4	98.6	98.1
原煤	Coal	95.0	95.3	94.8
煤制品	Coal Products	100.8	100.2	101.7
石油及制品	Oil and Its Products	116.4	116.5	115.1
管道燃气	Pipeline Gas	99.9	99.8	100.7
液化石油气	Liquified Petroleum Gas	117.4	118.4	111.4
汽油	Gasoline	117.4	117.3	117.5
柴油	Kerosene	119.1	119.1	119.2
建筑材料及五金电料	**Building Materials and Hardware**	**101.5**	**101.3**	**102.4**
建筑装潢材料	Building Decoration Materials	101.5	101.3	102.9
木地板	Wood Floor	101.5	101.1	104.2
瓷砖	Ceramic Tile	96.4	95.6	99.3
水泥	Cement	110.2	109.7	113.7
涂料	Coating	100.3	100.1	101.0
板材	Board	103.3	103.4	102.9
管材	Pipe	101.9	101.6	103.0
厨卫设备	Kitchen & Bath Fixtures	100.9	100.8	101.7
门窗	Doors and Windows	104.4	103.9	106.4
其他住房装潢材料	Other Housing Decoration Materials	110.0	110.4	108.0
五金水暖	Hardware Plumbing	101.4	101.4	101.4
家用手工工具	Hand Tools for Household use	101.2	101.0	102.4
配电附件	Distribution Accessories	101.9	102.0	101.4
水暖器材	Plumbing Equipment	100.7	100.7	100.8

4-8 商品零售价格分类指数

Retail Price Indices by Category

（上年=100） (preceding year=100)

指 标	Item	2018	2019
商品零售价格指数	**Retail Price Index**	**103.2**	**101.4**
食品	**Food**	**111.5**	**110.2**
粮食	Grain	100.7	100.9
薯类	Tubers	106.1	104.1
豆类	Beans	102.5	106.5
食用油	Edible Oil and Fats	100.6	103.8
菜	Vegetables	107.0	103.7
畜肉类	Meat of Livestock	137.0	142.4
禽肉类	Meat of Poultry	112.8	99.6
水产品	Aquatic Products	105.2	103.6
蛋类	Eggs	104.5	93.4
奶类	Milk	101.2	101.9
干鲜瓜果类	Dried and Fresh Melons and Fruits	114.4	90.5
糖果糕点类	Candy and Cake	101.3	100.7
调味品	Flavoring	100.4	100.6
其他食品类	Other Foods	100.4	101.7
在外餐饮	Dining Out	103.8	105.8
饮料、烟酒	**Beverages, Tobacco and Liquor**	**101.0**	**101.1**
茶及饮料	Tea and Beverages	101.6	100.6
烟草	Tobacco	100.0	100.0
酒类	Liquor	101.5	102.7
服装、鞋帽	**Garments, Shoes and Hats**	**101.8**	**99.4**
服装	Garments	102.0	99.5
男士服装	Men's Clothing	102.1	100.3
女士服装	Women's Clothing	101.9	99.3
儿童服装	Children's Clothing	102.2	98.9
鞋帽袜	Footgear and Hat	101.5	99.2
鞋	Shoes	101.4	99.2
袜子	Socks	101.1	99.2
帽子	Cap	104.0	99.7
其他衣着配件	Other Clothing and Parts	97.9	98.7
纺织品	**Textiles**	**100.4**	**99.4**
服装材料	Clothing	99.4	100.4
床上用品	Bedding	101.0	98.9

4-8　续表　continued

（上年＝100）　　(preceding year=100)

指　标	Item	2018	2019
家用电器及音像器材	**Household Appliances, Music and Video Equipment**	**98.9**	**97.7**
家庭设备	Household Facilities	98.7	98.0
文娱用耐用消费品	Durable Consumer Goods for Culture and Recreation	99.1	97.0
专业音像器材	Professional Audio and Video Equipment	98.9	99.5
文化办公用品	**Cultural and Office Appliances**	**99.8**	**99.8**
日用品	**Articles for Daily Use**	**101.0**	**99.8**
日用百货	General Merchandise for Daily Use	101.7	99.2
厨具餐具茶具	Kitchen Utensils, Tableware and Tea Set	100.2	99.8
清洗用品	Washing and Cleaning Goods	101.8	100.4
其他日用品	Other Daily-use Goods	99.7	100.0
体育娱乐用品	**Sports and Recreation Articles**	**99.6**	**99.7**
体育户外用品	Sports Outdoor Goods	98.6	99.5
娱乐用品	Recreational Goods	100.3	99.8
交通、通信用品	**Transportation and Communication Appliances**	**98.6**	**96.4**
交通运输机械	Traffic and Transport Machinery	99.6	96.8
通信器材	Communication Equipment	96.5	95.7
家具	**Furniture**	**100.7**	**99.3**
化妆品	**Cosmetics**	**100.5**	**101.7**
金银饰品	**Gold and Silver Ornaments**	**109.4**	**117.2**
中西药品及医疗保健用品	**Traditional Chinese and Western Medicines and Health Care Articles**	**104.7**	**100.0**
医疗卫生器具	Medical Instrument	100.2	100.5
中药	Traditional Chinese Medicines	105.3	101.5
西药	Western Medicines	105.3	98.9
保健器具及用品	Health Apparatus and Supplies	102.7	101.0
书报杂志及电子出版物	**Books, Newspapers, Magazines and Electronic Publications**	**103.5**	**101.6**
教材及参考书	Texts and Reference Books	102.9	100.4
书报杂志	Newspapers and Magazines	106.1	103.7
计算机办公软件	Computer Office Software	98.7	100.0
燃料	**Fuels**	**98.4**	**89.5**
煤炭及制品	Coal and Coal Products	99.9	97.5
石油及制品	Petroleum and Petroleum Products	98.3	88.7
建筑材料及五金电料	**Building Materials and Hardware**	**101.1**	**100.1**
建筑装璜材料	Building Decoration Materials	101.2	100.0
五金水暖	Hardware	100.7	100.7

4-9 各市商品零售价格总指数（1985—2021年）

（上年＝100）

年 份 Year	南宁市 Nanning	柳州市 Liuzhou	桂林市 Guilin	梧州市 Wuzhou	北海市 Beihai	防城港市 Fangchenggang
1985	118.7	115.4	113.5	117.5	117.0	
1986	105.3	105.8	105.0	105.8	104.0	
1987	111.8	108.9	113.6	111.8	112.8	
1988	122.1	126.5	126.1	123.9	126.1	
1989	119.4	118.4	118.1	115.8	120.7	
1990	97.3	98.8	98.5	97.5	96.2	
1991	104.0	102.2	101.6	104.7	104.1	
1992	105.7	105.8	108.6	109.6	105.4	
1993	124.1	123.8	119.8	120.0	134.0	
1994	120.8	124.1	125.5	124.7	122.1	
1995	114.9	116.4	113.8	114.8	113.3	
1996	102.5	104.5	106.3	106.3	103.6	
1997	99.5	99.5	100.5	101.5	99.7	
1998	95.8	98.0	94.8	98.2	98.1	
1999	95.9	96.3	97.6	99.8	96.4	
2000	98.3	97.5	99.2	99.2	97.9	
2001	95.9	97.3	97.5	98.4	98.3	
2002	97.5	99.7	99.7	96.6	97.7	
2003	99.5	99.2	100.1	100.4	99.2	
2004	102.7	104.6	103.7	103.6	103.9	
2005	100.3	100.7	102.0	101.9	101.8	
2006	101.0	100.1	101.0	100.8	101.3	
2007	103.3	105.0	104.8	104.1	103.8	
2008	107.9	107.1	106.8	107.5	107.7	109.4
2009	98.5	97.5	99.6	97.1	97.9	96.7
2010	102.3	104.1	102.5	103.4	103.0	104.9
2011	104.9	105.4	106.2	105.7	105.6	106.7
2012	101.7	102.8	102.4	102.0	102.2	101.9
2013	100.8	100.9	101.7	101.6	101.0	101.4
2014	100.7	102.0	101.4	101.2	102.0	102.1
2015	100.4	100.1	100.1	99.6	99.3	100.6
2016	99.8	100.5	100.9	100.6	100.8	101.0
2017	100.9	100.5	101.1	102.6	101.2	102.1
2018	101.1	101.4	102.1	102.6	100.6	101.9
2019	103.1	102.8	103.2	104.0	102.6	103.5
2020	100.9	102.1	101.4	102.4	101.1	102.6
2021	101.1	100.8	101.9	101.4	101.8	101.6

Retail Price Indices by Cities（1985—2021）

（preceding year=100）

钦州市 Qinzhou	贵港市 Guigang	玉林市 Yulin	百色市 Baise	贺州市 Hezhou	河池市 Hechi	来宾市 Laibin	崇左市 Chongzuo
	114.2		115.6	114.6			
	104.2		110.0	104.9			
	110.8		109.2	114.6			
	125.1		119.3	120.9			
	124.1		121.9	121.1			
	95.5		97.0	95.8			
	102.8		102.8	100.7			
	103.3		107.1	107.4			
	120.5		118.6	119.0			
	127.2		126.1	121.4			
	119.0		120.7	117.3			
	103.3		105.4	105.3			
	98.0		100.9	100.1			
	93.7		97.3	96.4			
	96.3		98.4	96.4			
	99.0		97.7	99.0			
	98.3		99.0	98.3			
	98.9		97.2	98.0			
	101.1		99.4	101.0			
	103.3		102.9	104.6			
	100.8		102.5	100.4			
	99.1		101.6	101.6			
	105.5		104.3	105.1			
109.7	107.5		110.0	108.6	106.6	107.0	109.6
98.8	96.5	96.8	97.9	97.5	98.3	97.1	97.6
103.2	103.8	102.5	103.4	103.8	102.3	102.6	103.2
105.6	106.3	105.7	106.3	107.0	105.1	106.2	105.7
102.3	102.5	102.7	102.5	101.8	102.7	101.9	101.7
101.8	101.5	101.3	101.7	100.5	101.3	100.5	101.3
101.6	101.7	102.3	101.5	100.7	102.2	100.7	101.7
100.0	98.9	100.6	100.8	100.4	99.5	100.3	99.5
100.9	99.7	101.0	100.4	99.2	100.5	101.3	100.9
102.4	101.7	101.8	100.7	100.2	101.0	101.4	101.0
102.5	102.1	101.6	102.4	101.1	101.3	101.9	100.5
103.4	104.1	103.0	103.0	103.0	103.3	103.6	102.7
102.0	102.4	100.8	101.0	102.2	100.8	99.8	101.6
101.2	101.7	101.3	100.7	101.7	100.8	101.2	101.2

4-10 各市商品零售价格分类指数（2021年）

（上年＝100）

指 标	Item	南宁市 Nanning	柳州市 Liuzhou	桂林市 Guilin
商品零售价格指数	**Retail General Price Index**	**101.1**	**100.8**	**101.9**
食品	**Food**	**98.2**	**98.8**	**98.3**
粮食	Grain	100.0	101.3	102.0
薯类	Tubers	96.4	99.9	95.8
豆类	Beans	107.0	102.8	103.5
食用油	Edible Oil and Fats	109.9	110.3	112.7
菜及食用菌	Vegetables and Edible Fungi	104.5	106.9	103.8
畜肉类	Meat of Livestock	81.4	82.0	81.5
禽肉类	Meat of Poultry	93.9	96.7	97.6
水产品	Aquatic Products	106.0	105.6	108.0
蛋类	Eggs	111.1	112.2	106.1
奶类	Milk	101.4	101.6	102.8
干鲜瓜果类	Dried and Fresh Melons and Fruits	102.5	102.7	102.4
糖果糕点类	Candy and Cake	99.8	102.8	100.2
调味品	Flavoring	101.5	100.8	102.3
其他食品类	Other Foods	98.3	99.4	100.5
餐饮业零售	Catering and Retail	104.0	101.3	100.7
饮料、烟酒	**Beverages, Tobacco and Liquor**	**100.2**	**100.6**	**101.4**
茶及饮料	Tea and Beverages	100.4	100.9	103.5
烟草	Tobacco	100.0	100.0	100.0
酒类	Liquor	100.5	101.8	101.9
服装、鞋帽	**Garments, Shoes and Hats**	**101.8**	**99.4**	**101.3**
服装	Garments	101.8	98.9	101.4
男士服装	Men's Clothing	101.6	102.8	100.7
女士服装	Women's Clothing	102.1	98.6	101.5
儿童服装	Children's Clothing	101.5	93.7	102.6
鞋帽袜	Footgear and Hat	102.0	102.2	100.9
鞋	Shoes	102.1	102.7	101.3
袜子	Socks	101.2	98.1	98.9
帽子	Cap	102.2	99.6	97.3
其他衣着配件	Other Clothing Accessories	101.8	98.6	100.2
纺织品	**Textiles**	**99.6**	**99.3**	**103.6**
服装材料	Materials for Clothing	100.3	100.2	112.6
床上用品	Bedding Article	99.5	99.0	100.9

Retail Price Indices by Category of Commodities and Cities（2021）

（preceding year=100）

梧州市 Wuzhou	北海市 Beihai	防城港市 Fangchenggang	钦州市 Qinzhou	贵港市 Guigang	玉林市 Yulin	百色市 Baise	贺州市 Hezhou	河池市 Hechi	来宾市 Laibin	崇左市 Chongzuo
101.4	**101.8**	**101.6**	**101.2**	**101.7**	**101.3**	**100.7**	**101.7**	**100.8**	**101.2**	**101.2**
97.6	**100.1**	**98.7**	**99.0**	**97.5**	**96.8**	**97.9**	**97.8**	**98.1**	**96.8**	**96.9**
99.2	99.9	101.3	99.7	102.2	101.0	103.5	102.1	102.7	102.8	102.6
96.6	95.5	96.3	96.9	103.3	97.7	85.3	87.6	95.8	97.8	98.6
107.0	108.0	108.8	104.8	108.1	102.0	104.2	101.1	110.1	106.9	107.1
108.8	111.1	106.6	104.8	106.7	108.6	107.2	109.0	110.0	116.8	109.3
104.5	104.4	102.5	101.5	107.8	102.7	100.6	103.3	103.7	100.6	104.5
80.5	77.6	77.4	79.9	81.0	79.1	80.6	80.5	80.3	77.0	75.3
94.6	101.3	100.9	105.0	95.4	98.8	101.8	100.1	99.9	100.6	99.4
106.6	109.0	105.0	107.6	106.3	102.2	104.7	105.8	107.5	106.9	107.6
105.6	104.2	106.3	97.1	99.9	107.8	103.7	101.7	106.0	101.5	109.2
100.5	102.0	101.0	101.4	98.0	101.1	100.3	98.4	101.4	100.3	98.4
100.5	103.7	101.2	102.5	99.1	98.0	100.9	104.2	99.2	103.9	99.1
101.8	107.0	100.6	100.7	101.4	99.3	100.2	101.7	101.4	102.2	100.8
100.4	102.4	101.4	102.4	101.7	105.1	101.2	104.2	99.4	98.8	100.1
99.4	100.0	99.2	101.1	99.7	101.5	105.4	101.3	100.1	98.6	99.5
103.3	102.7	105.4	99.5	101.4	102.8	101.1	100.8	102.6	99.8	102.2
101.4	**100.6**	**100.5**	**100.2**	**101.3**	**101.7**	**102.3**	**101.4**	**100.9**	**99.8**	**100.1**
100.4	100.7	101.3	98.4	103.4	100.6	101.2	100.2	101.8	101.5	100.4
101.4	100.6	100.4	100.0	100.9	100.0	103.0	101.3	100.5	100.0	100.0
102.2	100.4	100.1	102.6	100.3	106.2	101.9	102.5	101.4	97.8	100.0
101.4	**100.5**	**104.7**	**102.0**	**101.1**	**101.6**	**100.9**	**100.6**	**102.7**	**101.3**	**101.2**
101.4	100.6	105.5	102.3	101.3	101.2	101.4	101.0	102.3	101.6	101.2
100.7	100.2	102.5	101.4	100.3	100.3	100.9	101.1	104.4	101.0	101.0
101.8	102.3	107.1	102.5	101.8	101.8	101.3	100.9	101.2	101.8	101.5
101.4	98.0	107.0	102.9	101.8	101.3	102.4	101.0	101.2	102.0	101.1
101.6	100.2	101.7	100.8	99.8	102.6	98.2	98.9	104.7	100.3	101.3
101.7	100.1	102.0	100.3	99.5	102.4	98.0	98.7	105.3	100.6	101.4
100.3	102.1	100.7	104.4	99.2	106.5	99.6	96.7	101.2	96.2	100.3
101.4	100.0	100.0	106.7	105.3	102.7	100.0	104.3	99.4	100.0	100.2
101.4	99.7	103.7	100.5	101.2	107.8	98.1	101.5	100.0	99.8	99.5
100.1	**100.0**	**101.4**	**102.1**	**97.0**	**102.1**	**99.8**	**105.9**	**103.3**	**99.8**	**100.1**
100.0	100.3	102.5	100.3	100.3	103.1	99.5	107.7	111.0	96.1	100.0
100.1	99.9	101.2	102.6	96.1	101.8	99.9	105.5	101.1	100.8	100.1

4-10 续表

（上年＝100）

指 标	Item	南宁市 Nanning	柳州市 Liuzhou	桂林市 Guilin
家用电器及音像器材	**Household Appliances and Audio and Video Equipment**	**101.0**	**100.8**	**102.4**
家庭设备	Household Equipment	99.2	100.4	104.1
文娱用耐用消费品	Entertainment and Durable Consumer Goods	104.4	101.5	100.1
专业音像器材	Professional Audio and Video Equipment	98.3	99.9	101.8
文化办公用品	**Cultural and Office Appliances**	**100.9**	**100.8**	**101.4**
日用品	**Articles for Daily Use**	**98.1**	**99.1**	**99.8**
日用百货	General Merchandise for Daily Use	96.2	98.8	99.1
厨具餐具茶具	Kitchenware, Tableware, Tea Set	98.9	98.9	96.9
清洗用品	Cleaning Supplies	100.2	99.4	100.4
其他日用品	Other Daily Necessities	98.4	99.5	101.7
体育娱乐用品	**Sports and Recreation Articles**	**104.5**	**100.2**	**101.1**
体育户外用品	Sports Outdoor Products	104.5	100.2	99.7
娱乐用品	Amusement Articles	104.5	100.2	101.7
交通、通信用品	**Transportation and Communication Appliances**	**98.9**	**100.2**	**99.2**
交通运输机械	Machinery of Communications and Transportation	97.3	99.9	99.1
通信器材	Apparatus of Communication	102.6	100.7	99.2
家具	**Furniture**	**101.2**	**96.9**	**102.7**
化妆品	**Cosmetics**	**100.6**	**100.4**	**99.2**
金银饰品	**Gold and Silver Ornaments**	**101.8**	**100.7**	**102.6**
中西药品及医疗保健用品	**Traditional Chinese and Western Medicines and Health Care Articles**	**96.2**	**99.2**	**99.4**
医疗卫生器具	Medical Instrument	102.0	96.8	96.6
中药	Traditional Chinese Medicines	102.2	99.2	100.7
西药	Western Medicines	91.1	99.0	99.4
保健器具及用品	Health Appliances and Supplies	98.6	102.5	101.1
书报杂志及电子出版物	**Books, Newspapers, Magazines and Electronic Publications**	**100.1**	**100.5**	**99.7**
教材及参考书	Texts and Reference Books	100.0	100.3	97.4
书报杂志及音像制品	Newspapers, Magazines and Audio-visual Products	100.3	101.1	100.0
计算机办公软件	Computer Office Software	100.0	100.2	106.0
燃料	**Fuels**	**117.9**	**115.3**	**117.3**
煤炭及制品	Coal and Its Products	98.4	98.2	98.4
石油及制品	Oil and Its Products	118.2	115.5	117.4
建筑材料及五金电料	**Building Materials and Hardware**	**102.4**	**98.0**	**102.4**
建筑装璜材料	Building Decoration Materials	102.8	96.8	103.0
五金水暖	Hardware Plumbing	101.7	100.4	101.1

continued

(preceding year=100)

梧州市 Wuzhou	北海市 Beihai	防城港市 Fangchenggang	钦州市 Qinzhou	贵港市 Guigang	玉林市 Yulin	百色市 Baise	贺州市 Hezhou	河池市 Hechi	来宾市 Laibin	崇左市 Chongzuo
103.4	**102.9**	**105.1**	**102.6**	**105.8**	**102.0**	**102.4**	**100.8**	**102.2**	**103.3**	**102.1**
102.9	103.0	106.6	101.0	103.4	100.5	101.9	100.1	102.4	103.3	100.6
104.4	103.2	103.7	105.9	110.7	104.4	103.8	102.0	102.3	104.0	104.5
99.9	99.9	99.9	99.9	101.0	103.6	100.1	100.0	99.9	99.9	103.0
101.6	**101.6**	**102.5**	**101.5**	**99.5**	**105.8**	**101.6**	**103.1**	**102.0**	**102.0**	**102.3**
99.9	**99.7**	**100.3**	**98.7**	**97.6**	**99.6**	**99.4**	**98.2**	**97.9**	**99.7**	**98.8**
99.3	100.7	99.2	96.4	95.1	97.4	99.7	97.7	98.0	97.5	97.8
98.1	98.5	96.9	97.3	96.0	99.2	97.6	97.8	97.5	100.9	99.2
101.6	99.5	100.4	99.7	99.2	102.5	100.8	98.5	96.6	101.1	99.6
100.2	99.4	103.6	101.7	100.5	100.5	98.8	99.0	99.3	100.8	99.1
99.7	**100.0**	**101.9**	**100.3**	**99.9**	**101.1**	**101.2**	**101.5**	**101.5**	**102.0**	**99.8**
98.3	99.7	100.4	99.7	100.8	97.9	101.6	103.0	99.1	102.3	100.0
100.3	100.2	102.6	100.5	99.5	102.5	101.0	100.9	102.5	101.8	99.8
100.8	**100.0**	**99.7**	**99.2**	**101.2**	**98.3**	**99.3**	**99.7**	**99.1**	**100.2**	**100.9**
99.1	99.7	99.8	96.6	101.5	97.4	99.1	99.7	98.9	100.2	100.7
104.3	100.6	99.6	105.4	100.6	100.3	99.6	99.9	99.5	100.2	101.3
104.6	**101.5**	**99.6**	**100.1**	**95.8**	**100.7**	**102.0**	**100.8**	**100.2**	**100.4**	**99.5**
100.0	**99.7**	**100.1**	**99.6**	**99.3**	**99.5**	**99.8**	**99.1**	**100.0**	**100.1**	**98.6**
101.5	**100.6**	**97.4**	**102.5**	**100.8**	**102.8**	**99.2**	**101.2**	**100.5**	**100.6**	**100.2**
96.1	**99.3**	**99.5**	**98.4**	**100.1**	**101.4**	**97.6**	**99.5**	**99.0**	**98.9**	**99.6**
99.4	100.2	95.8	89.7	94.3	99.4	103.9	95.7	98.8	98.9	99.3
101.8	100.5	101.7	102.4	103.4	104.2	100.7	101.3	100.3	94.7	99.8
90.5	98.7	99.9	99.4	102.6	100.8	92.8	99.7	97.9	100.7	99.3
101.3	98.4	99.4	99.0	91.3	101.3	100.0	101.3	100.9	99.6	100.8
101.8	**100.7**	**101.4**	**102.8**	**103.1**	**102.6**	**100.6**	**102.0**	**100.7**	**100.7**	**100.0**
101.3	100.6	101.4	102.9	104.9	102.8	100.5	100.9	98.6	100.0	99.7
101.0	101.3	100.8	101.3	100.8	100.0	101.2	100.2	101.6	100.8	100.5
104.5	100.0	102.6	104.5	100.0	106.0	100.0	109.3	106.0	102.5	100.0
115.4	**113.8**	**112.7**	**113.4**	**118.5**	**115.0**	**110.0**	**119.5**	**113.7**	**116.4**	**115.7**
103.8	99.0	105.1	97.9	98.5	98.9	98.5	98.5	98.5	98.6	98.5
115.4	113.9	112.8	113.5	118.6	115.2	110.1	119.6	113.8	116.5	115.7
101.6	**103.1**	**107.1**	**101.7**	**101.8**	**103.7**	**103.3**	**107.3**	**98.1**	**100.5**	**102.7**
101.3	103.6	108.5	102.3	102.7	104.6	103.8	105.6	97.1	101.3	103.2
102.4	101.8	104.1	100.8	100.2	101.9	102.4	110.5	100.1	98.8	101.7

4-11 农业生产资料价格分类指数

Price Indices for Means of Agricultural Production by Category

（上年＝100） (preceding year=100)

指　标	Item	2016	2017	2018	2019	2020
农业生产资料价格指数	**Price Index of Means of Agricultural Production**	**100.7**	**101.4**	**101.8**	**104.6**	**109.7**
农用手工工具	Farm Handtools	100.4	102.3	104.0	102.8	101.2
饲料	Forage	94.1	101.3	100.8	99.5	103.6
混合饲料	Mixed Forage	93.9	99.8	100.9	100.2	102.4
其他饲料	Others Forage	94.5	105.8	100.3	97.5	107.1
仔畜幼禽及产品	Newborn Animals & Poultry, and Commodity Animals	138.7	90.4	77.8	156.2	195.7
仔畜	Newborn Animals	155.6	86.1	70.8	167.7	217.5
幼禽	New born Poultry	91.1	103.7	107.4	127.8	90.8
产品畜	Commodity Animals	128.0	105.4	79.4	145.9	236.8
半机械化农具	Semi-Mechanized Farm Tools	99.9	101.5	101.1	101.0	100.5
机械化农具	Mechanized Farm Machinery	100.0	102.6	103.7	102.6	101.0
化学肥料	Chemical Fertilizer	98.2	103.0	106.7	102.3	98.3
氮肥	Nitrogen Fertilizer	94.6	111.1	114.3	102.7	96.4
磷肥	Phosphate Fertilizer	99.7	105.3	104.5	103.3	99.8
钾肥	Calcium Fertilizer	96.8	98.1	106.1	103.6	98.3
复合肥料	Compounded Fertilizer	100.2	99.2	102.8	101.5	99.3
农药及农药械	Pesticide and Its Appliances	99.5	100.7	103.2	102.6	100.5
化学农药	Chemical Pesticide	99.7	100.6	103.4	103.0	100.3
杀虫剂	Insecticide	99.4	101.1	104.4	104.0	101.0
杀菌剂	Disinfectant	101.5	100.1	101.3	102.5	100.2
除草剂	Herbicide	98.6	100.0	103.6	102.1	98.7
生长调节剂	Growth Regulator	99.8	101.9	102.7	100.4	100.8
农药器械	Pesticide Equipment	98.3	100.8	101.7	100.4	102.0
农用机油	Oil for Farm Machinery	95.7	111.5	113.0	94.7	86.4
农用柴油	Agricultural Diesel Oil	95.2	111.9	113.5	94.1	84.6
润滑油	Lube	99.8	108.6	109.2	100.1	99.9
其他农业生产资料	Other Means of Agricultural Production	99.0	100.6	101.0	101.0	100.0
农用种子	Agricultural Seed	99.4	100.3	101.3	100.8	100.4
农用薄膜	Agricultural Membrane	97.6	100.5	99.2	101.7	99.1
未列名的其他农用生产资料	Other Agricultural Means of Production Not Listed	100.0	101.6	102.7	100.5	100.1
农业生产服务	Service ofr Agricultural Production	102.0	104.8	106.5	101.9	102.7
排灌费	Irrigation Costs	100.0	101.9	103.3	101.0	100.0
机械作业费	Machinery Operating Costs	100.8	101.0	101.8	101.7	100.8
农业用电	Agricultural Use of Electricity	100.0	100.0	100.0	100.0	100.1
农业用工	Agricultural Employment	103.3	107.7	110.1	102.5	104.3

注：从2021年起，国家统计局取消农业生产资料价格调查制度。
Note: From 2021, the National Bureau of Statistics has cancelled the price survey system for agricultural means of production.

4-12 工业生产者出厂价格分类指数（1990—2021年）

Producer Price Indices for Industrial Products by Category（1990—2021）

（上年=100） (preceding year=100)

年份 Year	总指数 General Index	轻工业 Light Industry	以农产品为原料 Agricultural products as raw materials	以非农产品为原料 Non-agricultural Products as Raw Materials	重工业 Heavy Industry	采掘 Mining & Quarrying Industry	原材料 Raw Materials Industry	加工 Processing Industry	生产资料 Means of Production	生活资料 Consumer Goods
1990	101.5	101.0	102.6	97.4	102.0	90.1	97.0	108.6	102.0	100.8
1991	103.3	105.8	108.4	98.6	100.9	104.4	98.6	102.1	100.8	106.5
1992	111.3	106.0	106.9	101.9	117.3	109.5	124.4	110.9	116.1	106.1
1993	121.1	110.9	110.4	113.0	132.0	113.3	143.1	127.6	130.1	110.5
1994	118.8	122.1	123.0	118.0	115.5	118.5	115.4	114.1	116.1	122.2
1995	117.2	123.8	126.6	113.1	111.2	126.0	105.3	115.8	114.2	121.4
1996	102.6	103.1	104.4	98.1	102.0	98.8	102.6	102.0	102.2	103.1
1997	97.7	97.1	97.9	95.5	98.1	99.7	99.7	94.8	97.2	98.4
1998	95.4	95.2	94.9	95.8	95.6	93.5	96.0	95.8	95.2	96.0
1999	95.6	94.1	92.9	98.3	96.6	96.7	97.4	95.3	96.5	93.9
2000	105.5	109.0	109.9	100.4	103.1	106.1	106.1	96.0	103.2	110.4
2001	106.3	109.2	110.2	100.1	104.3	104.7	106.9	97.8	103.5	112.3
2002	95.6	90.6	89.8	97.0	98.4	102.5	98.3	98.3	98.2	88.5
2003	102.8	98.8	98.4	99.8	105.7	107.5	107.9	103.1	105.3	96.3
2004	109.7	110.0	112.6	104.6	109.5	121.3	110.3	107.9	110.5	108.1
2005	104.9	105.8	107.5	101.8	104.2	126.5	105.2	101.5	104.0	106.8
2006	109.6	113.3	119.1	100.3	106.7	137.4	111.8	99.5	105.5	119.9
2007	104.5	97.7	95.6	102.9	108.3	117.8	106.9	109.1	107.3	94.5
2008	109.0	104.4	102.4	109.6	111.7	113.0	104.3	119.6	111.3	100.9
2009	93.5	99.4	100.0	97.8	90.5	92.0	93.1	88.6	91.4	101.7
2010	112.0	115.0	118.9	105.6	110.3	129.1	113.0	106.3	110.3	118.2
2011	108.5	114.7	116.1	106.2	106.3	121.2	106.3	105.2	107.2	112.0
2012	97.8	98.6	98.0	102.6	97.5	101.7	98.5	96.6	97.4	99.0
2013	98.2	97.7	97.1	100.9	98.4	96.3	98.9	98.2	98.4	97.5
2014	98.4	97.4	97.0	99.8	98.7	96.6	99.6	98.3	98.7	97.5
2015	97.0	100.6	100.8	99.7	95.7	97.9	96.2	95.3	95.5	101.3
2016	99.1	101.8	102.2	100.0	98.2	100.8	96.7	98.7	98.1	102.4
2017	107.6	104.8	105.1	103.3	108.6	115.9	108.4	108.1	109.1	103.1
2018	103.2	98.8	98.3	101.2	104.7	103.8	105.2	104.6	104.9	97.7
2019	99.3	99.9	99.8	100.0	99.0	97.8	96.7	100.3	98.6	101.2
2020	99.4	102.6	103.2	99.8	98.3	100.2	95.7	99.4	98.2	103.2
2021	108.9	105.1	105.5	103.7	109.9	110.2	112.6	108.1	110.8	101.4

注：从2011年起，工业品出厂价格指数改称为工业生产者出厂价格指数。
Note: From 2011, the producer price index for manufactured goods changed to the producer price index for industrial products.

4-13 按工业部门分工业生产者出厂价格指数（1990—2021年）

（上年＝100）

年 份 Year	冶金工业 Metallurgical Industry	电力工业 Power Industry	煤炭及炼焦工业 Coal Industry	石油工业 Petroleum Industry	化学工业 Chemical Industry
1990	97.4	90.2	98.7		100.2
1991	103.1	93.9	100.2		97.5
1992	121.8	101.9	114.8		103.2
1993	140.8	89.9	111.3		113.2
1994	104.2	138.0	126.1		112.0
1995	111.0	107.8	109.4		129.2
1996	98.1	107.5	106.4		104.6
1997	96.7	106.3	109.2		95.4
1998	92.4	102.7	95.3		93.0
1999	97.4	100.5	96.0		95.2
2000	108.5	112.5	104.1		95.6
2001	96.9	129.6	104.7		100.5
2002	94.3	101.8	113.0	104.9	98.2
2003	115.9	100.0	100.9	114.0	102.4
2004	128.9	102.2	109.2	112.2	107.3
2005	106.4	100.9	133.1	120.6	108.0
2006	117.2	102.7	106.1	116.4	101.4
2007	116.5	102.7	99.9	104.4	102.6
2008	117.7	102.0	137.3	120.4	114.8
2009	78.3	102.5	95.1	84.4	92.2
2010	118.1	102.0	111.0	124.1	114.7
2011	110.1	99.3	130.5	117.1	113.4
2012	90.9	106.3	113.6	101.6	95.8
2013	94.3	100.5	99.0	98.5	99.9
2014	94.4	100.4	94.2	97.7	100.3
2015	89.2	99.4	93.1	84.2	97.7
2016	99.0	98.0	94.6	93.7	98.4
2017	123.0	99.4	120.3	116.2	105.3
2018	106.0	99.9	103.9	117.4	105.5
2019	96.4	97.7	101.9	96.7	99.8
2020	97.2	97.5	94.4	91.4	98.5
2021	121.5	102.7	114.3	124.7	114.7

注：2002年起，石油工业纳入工业生产者出厂价格统计调查范围（以下相关表同）。

Producer Price Indices for Industrial Products by Sector（1990—2021）

（preceding year=100）

机械工业 Machine Manufacturing Industry	建筑材料工业 Building Materials Industry	森林工业 Timber Industry	食品工业 Food Industry	纺织工业 Textile Industry	造纸工业 Paper Industry	其他工业 Other Industry
106.8	97.2	89.0	99.3	104.6	105.8	102.4
102.0	101.1	99.0	117.1	103.5	101.5	108.1
111.6	154.2	104.7	107.3	105.8	106.7	104.7
131.6	162.9	116.0	110.8	114.3	113.3	135.7
113.6	110.5	112.9	117.9	150.7	114.5	126.0
106.3	95.2	99.8	124.4	126.1	146.6	126.0
101.2	94.6	92.2	105.6	85.8	113.4	106.0
98.2	90.0	93.3	98.9	93.4	87.3	100.0
94.8	99.0	90.0	96.3	83.8	92.4	104.5
94.4	96.4	95.9	92.7	103.4	90.8	100.6
95.7	100.6	101.4	111.1	115.5	111.2	98.4
97.7	101.6	103.5	112.8	89.1	100.5	104.0
98.4	99.3	94.9	88.1	88.5	96.8	101.8
96.8	100.9	97.1	96.9	108.9	102.1	102.2
99.7	107.7	103.1	114.6	115.4	103.7	99.9
100.6	98.3	100.5	109.4	99.9	102.0	103.8
101.3	100.2	103.2	124.5	104.0	99.7	103.5
101.5	105.1	108.5	94.3	91.3	102.2	100.3
101.9	113.9	104.1	102.5	96.9	107.0	92.9
100.1	97.7	98.3	101.3	103.7	91.4	101.5
102.3	106.6	106.4	120.3	126.8	113.5	117.0
101.4	110.7	105.7	118.2	118.0	102.7	108.9
100.0	98.1	105.4	97.5	95.2	96.1	102.4
99.7	100.4	102.8	96.0	103.1	96.2	103.6
100.1	103.3	100.6	95.7	98.9	101.1	102.1
99.8	97.4	99.4	101.0	95.3	101.2	98.3
99.0	94.5	101.6	102.9	101.7	100.3	97.6
100.3	107.0	101.5	104.6	115.4	109.2	103.4
100.5	109.1	102.3	96.0	108.0	105.9	103.0
100.7	102.9	100.2	100.4	89.3	99.2	99.6
98.5	100.9	98.1	105.0	90.8	96.3	99.8
100.7	102.8	102.3	104.4	113.4	107.9	104.8

Note: From 2002, the petroleum industry has been included in the survey range of producer price of industrial producer.The same applies to the tables following.

4-14 分月工业生产者出厂价格指数（2021年）

（上年同期=100）

类别	Item	全年 Annual Year	1月 January	2月 February	3月 March
总指数	**General Index**	**108.9**	**101.3**	**102.7**	**106.3**
# 轻工业	# Light Industry	105.1	101.6	102.9	103.5
以农产品为原料	Using Farm Produces as Raw Materials	105.5	101.9	103.5	104.3
以非农产品为原料	Using Non-farm Produces as Raw Materials	103.7	100.6	100.8	100.6
重工业	Heavy Industry	109.9	101.3	102.6	107.1
采掘	Mining and Quarrying	110.2	99.5	100.2	103.4
原材料	Raw Material	112.6	100.9	103.6	109.7
加工	Processing	108.1	101.6	102.1	105.6
# 生产资料	# Means of Production	110.8	101.5	103.2	107.8
采掘	Mining and Quarrying	110.2	99.5	100.2	103.4
原材料	Raw Material	113.2	101.2	104.1	110.3
加工	Processing	109.3	101.8	102.7	106.3
生活资料	Consumer Goods	101.4	100.5	100.9	100.8
食品	Food	102.3	101.1	101.8	101.6
衣着	Clothing	101.1	100.8	101.0	100.2
一般日用品	Articles for Daily Use	101.0	100.3	100.8	100.2
耐用消费品	Durable Consumers' Goods	100.0	99.6	99.6	99.6
按工业部门分	**Grouped by Department of Industry**				
冶金工业	Metallurgical Industry	121.5	107.8	110.3	119.4
电力工业	Power Industry	102.7	99.5	101.5	102.2
煤炭及炼焦工业	Coal and Coking Industry	114.3	89.8	93.3	93.2
石油工业	Petroleum Industry	124.7	95.1	100.8	121.2
化学工业	Chemical Industry	114.7	104.1	104.8	106.9
机械工业	Machine Manufacturing Industry	100.7	99.6	99.7	99.9
建筑材料工业	Building Materials Industry	102.8	92.2	91.9	94.0
森林工业	Timber Industry	102.3	100.0	100.1	100.2
食品工业	Food Industry	104.4	102.9	104.2	104.2
纺织工业	Textile Industry	113.4	87.9	89.0	95.1
缝纫工业	Tailoring Industry	101.6	102.1	102.3	101.4
皮革工业	Leather Industry	99.8	97.8	97.9	97.5
造纸工业	Paper Industry	107.9	99.4	103.5	106.5
文教艺术用品工业	Cultural, Educational and Handicraft Articles	100.4	102.2	102.1	100.5
其他工业	Other Industry	104.8	102.1	103.0	102.1

Producer Price Indices for Industrial Products by Month（2021）

（preceding year=100）

4 月 April	5 月 May	6 月 June	7 月 July	8 月 August	9 月 September	10 月 October	11 月 November	12 月 December
108.1	**109.8**	**108.9**	**108.6**	**109.4**	**111.8**	**115.3**	**113.8**	**110.4**
104.5	106.0	106.3	106.1	105.5	106.4	106.3	106.2	105.9
105.3	106.9	106.8	106.7	106.1	106.5	106.2	106.1	105.8
102.0	103.2	104.4	104.1	103.4	105.9	106.4	106.3	106.1
109.1	110.9	109.5	109.3	110.4	113.2	117.7	115.9	111.6
109.7	110.5	110.6	110.2	110.8	111.5	116.4	121.3	119.0
111.7	114.1	113.9	113.7	112.6	114.3	119.5	121.0	117.2
107.5	108.9	106.8	106.5	109.0	112.6	116.6	112.4	107.8
110.0	112.0	110.8	110.4	111.5	114.3	118.8	116.8	112.5
109.7	110.5	110.6	110.2	110.8	111.5	116.4	121.3	119.0
112.3	114.7	114.5	114.3	113.2	115.0	120.2	121.6	117.7
108.5	110.3	108.5	108.1	110.4	114.0	117.9	113.7	109.0
101.1	101.7	101.4	101.6	101.3	101.9	101.7	102.0	102.0
102.1	103.1	102.2	102.7	101.8	102.9	102.7	103.0	102.9
99.6	99.7	100.9	101.0	101.8	101.5	101.6	102.2	102.5
100.8	100.9	100.9	100.7	100.7	101.0	101.8	102.1	102.1
99.6	99.7	100.2	100.3	100.5	100.5	100.1	100.3	100.5
123.3	128.1	123.3	122.0	123.0	125.9	132.5	126.0	117.0
101.6	101.4	101.9	102.1	102.0	102.6	103.6	106.2	107.8
95.6	97.8	98.6	101.2	111.7	121.0	152.3	161.8	165.8
126.5	130.1	129.1	130.6	128.4	127.9	138.6	144.4	132.0
109.9	111.6	114.2	114.9	117.2	120.9	127.4	124.8	119.4
100.3	100.7	101.2	101.3	101.4	101.2	101.0	100.9	100.8
96.9	95.6	92.7	91.9	97.7	115.4	127.3	123.2	118.0
100.8	102.0	102.5	101.6	102.3	102.7	105.2	105.6	104.2
104.3	105.2	104.7	105.1	104.2	105.1	104.6	104.5	104.1
106.6	119.9	121.9	124.8	128.4	126.7	126.3	126.6	121.9
100.6	100.2	102.3	101.6	102.2	101.6	101.7	101.7	101.6
97.2	98.5	97.8	99.5	101.0	101.4	101.4	103.4	104.6
108.2	110.2	113.9	108.9	107.9	108.6	109.0	109.1	110.2
100.2	100.6	100.5	99.9	99.6	98.9	99.9	100.0	100.1
105.7	105.9	105.4	104.4	104.0	105.0	106.6	106.7	106.0

4-15 分行业工业生产者出厂价格指数（2021年）

（上年同期=100）

类 别	Item	全 年 Annual Year	1 月 January
煤炭开采和洗选业	**Mining and Washing of Coal**	**114.3**	**89.8**
烟煤和无烟煤开采洗选	Mining and Washing of Bituminous and Anthracite	114.3	89.8
石油和天然气开采业	**Extraction of Petroleum and Natural Gas**	**134.5**	**73.1**
石油开采	Extraction of Petroleum	134.5	73.1
黑色金属矿采选业	**Mining and Processing of Ferrous Metal Ores**	**108.2**	**102.8**
锰矿、铬矿采选	Manganese Ore, Chrome Ore by Mining and Beneficiation	108.2	102.8
有色金属矿采选业	**Mining and Processing of Non-Ferrous Metal Ores**	**121.4**	**107.4**
常用有色金属矿采选	Mining and Processing of Common Non-Ferrous Metal Ores	121.4	107.4
非金属矿采选业	**Mining and Processing of Non-Metal Ores**	**98.1**	**98.2**
土砂石开采	Extraction of Soil Gravel	98.1	98.2
农副食品加工业	**Processing of Food from Agricultural Products**	**106.7**	**105.2**
谷物磨制	Corn Whetted	102.5	102.4
饲料加工	Forage Processed	112.6	109.9
植物油加工	Planting-Oil Processed	116.4	111.5
制糖业	Sugar Industry	96.7	96.9
屠宰及肉类加工	Slaughtered Meta and Meat Processes	86.3	97.5
水产品加工	Fishery Product Processed	99.2	98.1
蔬菜、菌类、水果和坚果加工	Vegetables, Fungi, Fruits and Nuts Processing	98.2	97.1
其他农副食品加工	Other Farm and Side-line Food Processed	104.0	102.6
食品制造业	**Manufacture of Foods**	**106.4**	**98.7**
焙烤食品制造	Baked Food Manufacturing	99.6	99.5
糖果、巧克力及蜜饯制造	Candy, Chocolate and Candied Fruit Production	96.8	91.1
方便食品制造	Convenient Food Manufacturing	101.0	103.0
乳制品制造	Dairy Products Manufacturing	100.2	101.1
罐头食品制造	Canned Food Manufacturing	111.4	100.2
调味品、发酵制品制造	Condiment, Ferment Product Manufacturing	116.9	96.4
其他食品制造	Other Food Manufacturing	108.7	97.4
酒、饮料和精制茶制造业	**Manufacture of Liquor, Beverages and Refined Tea**	**101.1**	**100.3**
酒的制造	Manufacture of Wine	106.3	106.2
饮料制造	Beverage Manufacturing	98.4	98.5
精制茶加工	Refined-tea Process	95.1	92.0

Producer Price Indices for Industrial Products by Industry（2021）

（preceding year=100）

2 月 February	3 月 March	4 月 April	5 月 May	6 月 June	7 月 July	8 月 August	9 月 September	10 月 October	11 月 November	12 月 December
93.3	**93.2**	**95.6**	**97.8**	**98.6**	**101.2**	**111.7**	**121.0**	**152.3**	**161.8**	**165.8**
93.3	93.2	95.6	97.8	98.6	101.2	111.7	121.0	152.3	161.8	165.8
78.0	**96.1**	**181.7**	**281.0**	**173.4**	**140.1**	**138.5**	**129.9**	**153.6**	**177.9**	**169.0**
78.0	96.1	181.7	281.0	173.4	140.1	138.5	129.9	153.6	177.9	169.0
102.7	**104.1**	**101.9**	**103.8**	**106.3**	**106.4**	**107.9**	**109.8**	**117.2**	**119.1**	**115.9**
102.7	104.1	101.9	103.8	106.3	106.4	107.9	109.8	117.2	119.1	115.9
108.1	**114.7**	**123.8**	**122.0**	**123.9**	**123.7**	**123.3**	**122.8**	**124.9**	**132.9**	**129.1**
108.1	114.7	123.8	122.0	123.9	123.7	123.3	122.8	124.9	132.9	129.1
98.1	**97.0**	**97.8**	**96.7**	**97.8**	**98.6**	**97.8**	**98.6**	**98.7**	**99.5**	**98.9**
98.1	97.0	97.8	96.7	97.8	98.6	97.8	98.6	98.7	99.5	98.9
107.0	**107.1**	**107.0**	**108.2**	**107.2**	**107.8**	**106.4**	**106.9**	**106.2**	**105.8**	**105.2**
103.2	104.9	104.1	103.2	102.8	103.0	101.8	102.3	100.7	100.5	100.9
114.1	114.8	113.3	113.6	114.6	114.5	113.2	113.2	111.8	109.9	108.5
115.8	118.1	118.4	121.0	115.9	118.7	113.6	117.1	118.1	116.5	112.3
95.6	94.0	94.7	96.3	97.5	97.8	98.7	97.3	95.6	96.6	100.2
94.8	92.5	92.2	89.3	85.3	83.2	81.1	79.4	76.7	81.4	81.1
98.2	97.0	98.5	100.7	98.9	97.4	100.4	100.4	100.9	100.1	100.1
96.3	97.4	97.3	99.1	98.1	98.4	97.8	99.0	98.8	100.0	99.5
103.7	101.2	102.0	104.1	103.6	103.6	104.1	105.0	105.4	105.4	107.1
99.3	**100.3**	**104.2**	**104.0**	**105.3**	**105.6**	**106.9**	**109.6**	**113.3**	**114.7**	**115.3**
100.1	100.0	99.7	99.9	99.7	99.4	99.2	99.1	97.5	100.7	100.5
91.4	91.4	97.3	97.3	97.3	100.0	99.7	99.5	99.4	99.3	99.4
103.3	103.1	99.8	98.5	99.1	99.3	99.6	101.6	101.8	102.1	101.2
100.3	99.1	99.0	99.6	99.6	99.9	101.5	100.8	100.1	100.1	101.3
100.9	102.2	101.7	106.0	110.8	110.3	112.5	118.4	119.6	128.7	125.4
98.5	101.0	116.6	116.2	119.9	119.6	120.9	120.9	127.5	133.8	133.9
97.8	100.2	104.2	103.4	104.6	105.3	107.4	114.8	124.1	121.9	124.2
101.1	**100.8**	**101.6**	**102.0**	**101.8**	**101.2**	**100.9**	**101.7**	**101.1**	**100.2**	**100.4**
109.4	110.0	109.8	108.9	108.7	107.2	105.7	104.5	103.5	101.4	101.2
97.3	96.1	97.8	99.4	98.7	98.7	99.1	99.1	98.9	98.4	98.7
91.4	90.9	92.1	93.0	93.5	93.5	94.1	100.0	99.6	100.7	101.9

4-15 续表 1

（上年同期=100）

类 别	Item	全 年 Annual Year	1 月 January
烟草制品业	**Manufacture of Tobacco**	**100.0**	**100.0**
卷烟制造	Cigarette Manufacturing	100.0	100.0
纺织业	**Manufacture of Textile**	**113.4**	**87.9**
棉纺织及印染精加工	Cotton and Textile Printing and Dyeing Finishing	104.3	96.7
麻纺织及染整精加工	Finishing of Linen Textile and Dyeing and Finishing	101.5	98.8
丝绢纺织及印染精加工	Silk and Textile Printing and Dyeing Finishing	116.6	85.2
纺织服装、服饰业	**Manufacture of Textile, Wearing Apparel and Accessories**	**101.6**	**102.1**
机织服装制造	Manufacture of Woven Garment	101.6	102.1
皮革、毛皮、羽毛及其制品和制鞋业	**Manufacture of Leather, Fur, Feather and Related Products and Footware**	**100.3**	**94.9**
羽毛（绒）加工及制品制造	Feather Processing and Its Products Manufacturing	100.6	92.8
制鞋业	Shoemaking Industry	99.8	97.8
木材加工和木、竹、藤、棕、草制品业	**Processing of Timber, Manufacture of Wood, Bamboo, Rattan, Palm and Straw Products**	**102.5**	**100.2**
木材加工	Manufacture of Wood	99.1	97.8
人造板制造	Artificial Plank Manufacturing	103.3	100.8
木制品制造	Timber Product Manufacturing	103.5	101.1
竹、藤、棕、草等制品制造	Bamboo, Ratten, Palm and Grass Product Manufacturing	103.1	99.8
家具制造业	**Manufacture of Furniture**	**96.1**	**95.5**
木质家具制造	Manufacture of Wooden Furniture	96.1	95.5
造纸和纸制品业	**Manufacture of Paper and Paper Products**	**107.9**	**99.4**
纸浆制造	Paper Pulp Manufacturing	119.8	109.7
造纸	Paper Making	108.6	97.8
纸制品制造	Paper Products Manufacturing	103.0	100.2
印刷和记录媒介的复制	**Printing and Reproduction of Recording Media**	**100.1**	**101.7**
印刷	Painting	100.1	101.7
文教、工美、体育和娱乐用品制造业	**Manufacturing of Culture and Education, Arts and Crafts, Sporting and Entertainment Goods**	**100.8**	**103.7**
工艺美术及礼仪用品制造	Arts and Crafts and Etiquette Supplies Manufacturing	100.7	103.7
玩具制造	Manufacture of Toys	101.2	103.7
石油、煤炭及其他燃料加工业	**Petroleum, Coal & Other Fuel Processing Industry**	**126.6**	**96.0**
精炼石油产品制造	Refined Coking Petroleum Manufacturing	126.7	96.0
生物质燃料加工	Biomass Fuel Processing	120.6	98.4

continued

(preceding year=100)

2 月 February	3 月 March	4 月 April	5 月 May	6 月 June	7 月 July	8 月 August	9 月 September	10 月 October	11 月 November	12 月 December
100.0	**100.0**	**100.0**	**100.0**	**100.0**	**100.0**	**100.0**	**100.0**	**100.0**	**100.0**	**100.0**
100.0	100.0	100.0	100.0	100.0	100.0	100.0	100.0	100.0	100.0	100.0
89.0	**95.1**	**106.6**	**119.9**	**121.9**	**124.8**	**128.4**	**126.7**	**126.3**	**126.6**	**121.9**
97.2	98.6	99.5	102.3	105.8	106.1	107.8	108.4	108.3	111.4	111.6
98.8	98.9	99.0	99.4	101.9	103.7	102.4	102.8	103.9	104.2	104.0
86.5	94.1	109.0	126.5	127.7	131.5	136.2	133.4	132.9	132.2	125.6
102.3	**101.4**	**100.6**	**100.2**	**102.3**	**101.6**	**102.2**	**101.6**	**101.7**	**101.7**	**101.6**
102.3	101.4	100.6	100.2	102.3	101.6	102.2	101.6	101.7	101.7	101.6
95.7	**96.3**	**98.9**	**100.6**	**96.6**	**98.2**	**101.0**	**103.8**	**104.9**	**106.0**	**107.8**
94.2	95.5	100.0	102.1	95.8	97.3	100.9	105.7	107.5	107.9	110.2
97.9	97.5	97.2	98.5	97.8	99.5	101.0	101.4	101.4	103.4	104.6
100.3	**100.4**	**101.1**	**102.3**	**102.8**	**101.9**	**102.6**	**103.0**	**105.5**	**105.9**	**104.4**
97.3	97.8	99.0	98.7	98.1	98.2	100.2	99.7	100.9	101.8	100.1
101.0	101.0	101.6	103.0	103.8	102.6	103.0	103.7	106.6	106.8	105.2
101.1	100.0	99.6	102.3	104.3	106.5	106.3	104.8	105.0	105.4	106.0
100.0	100.8	102.2	102.5	101.7	103.1	103.4	105.0	106.4	106.6	105.9
95.0	**95.9**	**95.1**	**95.0**	**95.4**	**94.6**	**95.3**	**95.7**	**97.2**	**98.8**	**100.2**
95.0	95.9	95.1	95.0	95.4	94.6	95.3	95.7	97.2	98.8	100.2
103.5	**106.5**	**108.2**	**110.2**	**113.9**	**108.9**	**107.9**	**108.6**	**109.0**	**109.1**	**110.2**
113.5	119.5	119.7	118.9	119.5	120.7	122.4	123.7	123.8	124.2	121.3
102.6	106.5	108.9	112.4	118.5	110.6	108.7	109.3	109.5	108.9	110.5
102.9	103.2	103.4	102.7	102.2	101.8	102.2	102.7	103.7	105.3	106.3
101.7	**100.2**	**99.8**	**100.2**	**99.9**	**100.0**	**99.5**	**98.6**	**99.9**	**100.0**	**100.0**
101.7	100.2	99.8	100.2	99.9	100.0	99.5	98.6	99.9	100.0	100.0
103.6	**101.5**	**102.4**	**102.0**	**101.2**	**98.8**	**98.8**	**98.9**	**99.7**	**99.5**	**99.4**
103.6	101.6	102.5	102.0	100.9	98.6	98.6	98.8	99.6	99.4	99.3
103.4	101.5	101.7	101.8	102.5	99.7	99.9	99.7	100.0	100.1	100.3
102.1	**124.6**	**128.6**	**132.4**	**131.6**	**133.0**	**130.4**	**129.8**	**140.6**	**145.8**	**131.8**
102.1	124.8	128.7	132.4	131.6	133.2	130.6	130.0	140.9	146.1	132.0
105.1	114.3	125.6	130.2	131.9	120.9	121.0	121.4	126.2	129.8	125.0

4-15 续表 2

（上年同期=100）

类 别	Item	全 年 Annual Year	1 月 January
化学原料和化学制品制造业	**Manufacture of Raw Chemical Materials and Chemical Products**	**120.2**	**105.1**
基础化学原料制造	Basic Chemical Material Manufacturing	133.8	100.5
肥料制造	Fertilizer Manufacture	110.1	102.7
农药制造	Pesticide Manufacturing	100.7	96.2
涂料、油墨、颜料及类似产品制造	Coating, Printing Ink, Pigment and The Similar Products Manufacture	123.8	108.6
合成材料制造	Compounded Material Manufacture	115.4	104.5
专用化学产品制造	Specialized Chemical Product Manufacture	115.6	115.1
日用化学产品制造	Daily Chemical Product Manufacture	102.4	101.9
医药制造业	**Manufacture of Medicines**	**98.2**	**97.5**
化学药品原料药制造	Manufacture of Chemical Raw Material Medicine	97.4	96.3
化学药品制剂制造	Chemical Medicine Agent Manufacture	97.5	99.5
中药饮片加工	Processing of Chinese Herbal Pieces	96.0	95.5
中成药生产	Chines Patent Medicine's Production	98.4	97.4
生物药品制品制造	Manufacturing of Biological Drug Products	101.0	100.0
卫生材料及医药用品制造	Sanitary Materials and Medical Supplies Manufacturing	97.6	100.0
橡胶和塑料制品业	**Manufacture of Rubber and Plastics Products**	**100.1**	**98.7**
橡胶制品业	Rubber Products Industry	101.4	110.1
塑料制品业	Plastic Products Industry	99.7	95.1
非金属矿物制品业	**Manufacture of Non-metallic Mineral Products**	**103.7**	**92.6**
水泥、石灰和石膏制造	Manufacture of Cement, Lime and Gesso	107.3	81.5
石膏、水泥制品及类似制品制造	Manufacture of Gesso, Cement and Similar Products	102.7	98.9
砖瓦、石材等建筑材料制造	Manufacture of Tile and Dimension Stone	96.6	98.3
玻璃制造	Manufacture of Glass	106.5	97.2
玻璃制品制造	Manufacture of Glass Products	98.6	98.5
陶瓷制品制造	Manufacture of Ceramics Products	100.1	98.2
石墨及其他非金属矿物制品制造	Manufacture of Graphite and Other Non-metallic Mineral Products	111.7	108.0
黑色金属冶炼和压延加工业	**Smelting and Pressing of Ferrous Metals**	**124.4**	**109.8**
炼钢	Steelmaking	121.7	106.0
钢压延加工	Steel Rolling Processing	125.0	110.7
铁合金冶炼	Ferroalloy Smelting	122.7	105.7

continued

(preceding year=100)

2 月 February	3 月 March	4 月 April	5 月 May	6 月 June	7 月 July	8 月 August	9 月 September	10 月 October	11 月 November	12 月 December
106.2	**109.2**	**113.2**	**116.2**	**120.0**	**121.4**	**125.0**	**129.5**	**137.9**	**133.3**	**125.5**
101.9	110.5	117.7	120.3	128.4	134.3	145.0	153.3	178.9	171.2	149.3
102.8	99.5	99.8	103.4	104.1	106.4	116.7	120.2	124.4	120.9	121.4
95.8	96.4	95.4	97.1	100.9	102.6	102.7	102.3	102.5	103.9	112.9
109.8	108.8	118.0	125.6	136.7	135.7	129.5	134.2	130.9	127.0	123.3
104.4	110.1	115.9	123.1	122.5	119.7	118.9	119.2	116.0	119.9	112.2
116.6	119.3	120.5	120.3	117.7	114.6	112.4	114.5	116.7	112.0	108.5
103.3	102.8	100.4	101.0	100.6	100.6	103.0	104.5	103.3	102.6	104.3
97.5	**97.3**	**96.1**	**96.0**	**96.8**	**96.8**	**96.8**	**100.7**	**100.9**	**101.2**	**100.7**
96.1	96.0	95.4	93.5	95.4	96.2	95.2	98.6	102.3	102.4	101.7
98.8	99.0	96.9	96.9	96.8	96.9	96.9	97.0	96.8	97.2	97.1
95.2	94.9	95.0	95.6	94.2	93.8	93.9	96.4	96.6	99.7	102.0
97.5	97.3	95.9	95.9	96.9	96.8	97.0	101.9	101.7	101.8	101.0
100.0	100.0	101.5	101.6	101.6	101.6	101.6	101.1	101.1	101.2	101.2
100.2	99.3	96.6	96.7	96.7	96.7	96.7	96.7	96.7	96.7	98.1
98.5	**97.4**	**98.5**	**98.4**	**99.2**	**99.0**	**99.1**	**100.2**	**102.7**	**106.1**	**104.4**
110.2	101.0	99.7	100.0	100.1	99.0	99.9	99.6	99.6	99.2	99.3
94.7	96.2	98.1	97.8	98.9	98.9	98.9	100.4	103.8	108.6	106.2
92.3	**94.3**	**97.7**	**96.4**	**93.4**	**92.7**	**98.6**	**116.6**	**128.8**	**124.5**	**119.2**
81.5	87.5	96.8	92.3	85.8	83.2	99.8	138.4	167.6	152.7	138.1
97.9	97.1	95.9	97.2	96.9	96.2	96.6	110.6	115.4	115.7	114.1
97.0	98.1	98.3	97.3	93.2	93.3	93.8	95.3	97.9	98.6	98.4
97.9	100.3	102.3	102.1	100.9	105.5	111.6	115.0	116.6	117.0	113.2
97.9	98.4	98.9	98.7	98.8	98.7	98.7	98.7	98.5	98.6	98.7
98.3	97.5	97.9	98.0	97.3	98.4	99.5	100.0	102.8	105.4	107.4
107.9	103.8	111.8	110.6	112.9	114.3	112.4	113.2	116.6	116.1	113.1
112.2	**123.7**	**127.2**	**131.8**	**124.7**	**124.4**	**128.8**	**131.2**	**138.3**	**127.6**	**114.9**
111.3	118.8	119.1	121.9	118.8	122.6	123.4	129.6	128.3	133.5	127.3
113.1	126.2	131.2	136.9	127.4	126.0	130.3	131.6	136.1	121.6	111.3
105.4	108.1	103.9	101.6	108.1	112.7	121.6	129.8	168.9	178.4	136.1

4-15 续表 3

（上年同期＝100）

类 别	Item	全 年 Annual Year	1 月 January
有色金属冶炼和压延加工业	**Smelting and Pressing of Non-ferrous Metals**	**119.9**	**104.8**
常用有色金属冶炼	General Non-ferrous Metal Coking	118.5	103.1
稀有稀土金属冶炼	Smelting of Rare and Rare Earth Metals	150.5	105.9
有色金属合金制造	Non-ferrous Metal Alloy Manufacture	108.3	102.9
有色金属压延加工	Non-ferrous Metal Rolling Processing	124.4	111.0
金属制品业	**Manufacture of Metal Products**	**104.0**	**102.0**
结构性金属制品制造	Structural Metal Product	103.4	102.7
集装箱及金属包装容器制造	Manufacturing of Containers and Metal Packaging Containers	110.8	99.7
金属制日用品制造	Manufacture of Metal Commodity	101.7	102.9
锻造及其他金属制品制造	Forging and Other Metal Products Manufacturing	103.0	101.4
通用设备制造业	**Manufacture of General Purpose Machinery**	**102.6**	**100.1**
锅炉及原动设备制造	Boiler and Original Equipment Manufacturing	102.3	100.0
物料搬运设备制造	Manufacture of Material Handling Equipment	99.3	97.4
泵、阀门、压缩机及类似机械制造	Pump, Valve, Compressor and Its Similar Mechanical Manufacture	104.6	102.8
轴承、齿轮和传动部件制造	Bearings, Gears and Transmission Components Manufacturing	99.8	99.0
通用零部件制造	Metal Casting and Forging	108.0	102.7
专用设备制造业	**Manufacture of Special Purpose Machinery**	**99.0**	**97.9**
采矿、冶金、建筑专用设备制造	Mining, Metallurgy, Building Special Equipment Manufacture	98.9	97.9
化工、木材、非金属加工专用设备制造	Chemical Engineering, Timber, Non-Metal Processed Special Equipments Manufacture	97.3	96.8
农、林、牧、渔专用机械制造	Agriculture, Forestry Animal Husbandry and Fishery Specific Machinery Manufacture	101.2	99.5
医疗仪器设备及器械制造	Medical Equipment and Device Manufacturers	98.3	97.4
环保、社会公共安全及其他专用设备制造	Environment Protection, Social Public Security and Other Specific Equipment Manufacturer	100.6	98.6
汽车制造业	**Manufacture of Automobiles**	**99.2**	**99.6**
汽车整车制造	Manufacture of Automobiles	99.7	99.6
汽车用发动机制造	Automobile Engine Manufacturing	98.2	100.2
改装汽车制造	Manufacture of Automobile Making	105.6	105.2
汽车零部件及配件制造	Manufacture of Auto Parts and Accessories	98.2	99.2

continued

(preceding year=100)

2 月 February	3 月 March	4 月 April	5 月 May	6 月 June	7 月 July	8 月 August	9 月 September	10 月 October	11 月 November	12 月 December
108.1	**117.0**	**122.1**	**127.7**	**123.7**	**119.7**	**116.8**	**121.3**	**129.5**	**126.9**	**121.0**
107.1	116.5	120.7	127.0	122.7	118.5	113.8	117.7	127.3	127.0	121.8
118.4	135.6	149.4	146.7	145.0	139.9	150.0	152.3	162.2	193.2	201.6
101.4	102.2	106.6	106.7	107.4	109.5	110.4	113.1	111.9	115.6	111.6
112.0	120.6	128.1	133.4	129.1	124.4	125.4	132.8	138.4	123.9	114.5
103.1	**103.3**	**102.1**	**101.8**	**102.6**	**105.0**	**106.1**	**106.7**	**106.4**	**106.1**	**103.0**
103.3	103.5	101.9	101.4	102.0	104.6	105.9	105.9	105.5	104.9	99.2
105.6	105.5	103.2	102.8	103.0	111.9	115.2	120.6	120.3	120.0	121.3
102.1	101.6	100.5	100.0	101.4	102.0	101.7	102.2	101.8	102.1	102.0
101.5	102.4	102.7	103.2	104.4	103.6	103.6	103.0	103.0	103.5	103.8
100.6	**101.2**	**101.8**	**102.9**	**104.2**	**102.8**	**103.0**	**103.1**	**103.4**	**104.1**	**103.5**
100.9	101.5	101.5	102.3	104.2	102.3	102.5	102.7	102.7	103.8	102.9
96.6	97.9	100.6	101.0	99.0	99.0	100.3	99.1	99.7	100.8	100.2
103.4	104.5	102.0	104.4	106.1	105.6	105.8	104.2	106.2	105.1	105.6
99.3	99.3	99.3	99.4	99.6	99.6	99.6	99.9	100.7	100.8	100.8
102.2	102.2	105.7	109.5	110.7	110.2	109.3	110.4	111.2	110.8	110.6
98.3	**99.0**	**99.1**	**99.5**	**99.0**	**100.1**	**99.2**	**98.3**	**99.0**	**99.1**	**99.9**
98.3	99.2	99.2	99.8	99.2	100.3	99.3	98.1	98.7	98.3	98.9
97.1	97.3	97.4	96.9	97.5	98.7	97.4	96.4	96.7	97.2	97.8
99.7	101.4	102.5	100.7	100.7	100.8	101.7	101.3	101.7	102.0	102.5
97.6	98.8	98.6	99.0	97.3	99.6	98.6	97.6	98.1	97.7	99.9
98.6	98.6	99.3	99.8	98.6	99.6	99.6	100.4	101.7	105.3	106.8
99.5	**99.4**	**99.0**	**99.0**	**99.1**	**99.1**	**99.3**	**99.4**	**99.4**	**99.1**	**99.2**
99.5	99.6	99.5	99.5	99.8	99.7	99.8	99.9	99.9	99.9	100.0
99.1	99.1	99.7	98.1	98.1	98.1	98.1	97.0	97.1	97.1	97.1
107.0	105.6	105.0	104.8	104.3	103.6	104.4	103.7	104.2	109.2	110.2
99.0	98.6	97.9	98.0	97.9	97.9	98.4	98.4	98.4	97.4	97.5

4-15 续表 4

（上年同期＝100）

类 别	Item	全 年 Annual Year	1 月 January
铁路、船舶、航空航天和其他运输设备制造业	**Manufacture of Railway, Ship, Aerospace and Other Transport Equipments**	**100.7**	**99.9**
城市轨道交通设备制造	Manufacturing of Urban Rail Transit Equipment	99.6	100.0
助动车制造	Moped manufacturing	101.8	99.8
电气机械和器材制造业	**Manufacture of Electrical Machinery and Apparatus**	**110.8**	**104.3**
电机制造	Manufacture of Motor	104.1	101.6
输配电及控制设备制造	Electricity Mixed and Control Equipments Manufacture	102.4	100.5
电线、电缆、光缆及电工器材制造	Manufacture of Wire, Cable, Optical Cable and Electrical Equipment	120.1	109.0
电池制造	Manufacture of Battery	106.2	100.9
计算机、通信和其他电子设备制造业	**Manufacture of Computers, Communication and Other Electronic Equipment**	**100.5**	**98.8**
计算机制造	Manufacture of Computers	103.4	101.9
通信设备制造	Manufacture of Communication Equipment	99.5	98.7
非专业视听设备制造	Non Professional Audio-visual Equipment Manufacturing	103.9	99.9
电子器件制造	Manufacture of Electronic Device	100.2	94.6
电子元件及电子专用材料制造	Manufacture of Electronic Components and Special Materials	98.4	97.4
其他电子设备制造	Manufacture of Other Electronic Equipment	102.8	103.0
仪器仪表制造业	**Manufacture of Measuring Instruments and Machinery**	**100.2**	**99.6**
通用仪器仪表制造	Manufacture of General Instrument	100.4	99.6
钟表与计时仪器制造	Manufacture of Timepiece and Time Keeping Instrument	99.8	99.6
废弃资源综合利用业	**Utilization of Waste Resources**	**117.0**	**108.9**
金属废料和碎屑加工处理	Metal Waste and Scrap Processing	118.4	109.6
非金属废料和碎屑加工处理	Processing and Disposal of Non-metallic Wastes and Debris	100.9	100.6
电力、热力生产和供应业	**Production and Supply of Electric Power and Heat Power**	**102.7**	**99.5**
电力生产	Electric Power Production	104.0	98.5
电力供应	Electric Power Supply	101.9	100.2
热力生产和供应	Thermal Production and Supply	102.0	97.2
燃气生产和供应业	**Production and Supply of Gas**	**101.8**	**91.9**
燃气生产和供应业	Gas production and supply industry	101.8	91.9
水的生产和供应业	**Production and Supply of Water**	**101.7**	**99.9**
自来水的生产和供应	Tapping-water Production and Supply	101.7	99.9

continued

(preceding year=100)

2 月 February	3 月 March	4 月 April	5 月 May	6 月 June	7 月 July	8 月 August	9 月 September	10 月 October	11 月 November	12 月 December
100.0	**100.0**	**100.7**	**100.9**	**100.9**	**101.2**	**101.3**	**101.7**	**101.0**	**100.1**	**100.5**
100.0	100.0	100.0	100.0	100.0	100.0	100.0	100.0	100.0	97.6	97.6
100.0	100.0	101.5	101.9	101.9	102.5	102.6	103.4	102.0	102.8	103.6
106.0	**108.0**	**113.3**	**116.7**	**116.3**	**113.8**	**110.4**	**111.0**	**110.5**	**110.1**	**110.0**
101.4	103.4	104.5	104.6	105.1	105.1	105.4	105.2	104.8	104.6	104.2
100.8	100.8	103.0	103.9	103.8	103.9	104.1	102.4	101.9	102.4	101.4
113.3	117.3	127.4	131.6	130.7	125.2	117.9	118.4	118.1	116.6	117.3
100.3	100.8	102.9	110.0	109.4	107.1	104.8	110.1	109.0	108.9	109.5
98.6	**98.9**	**99.3**	**99.5**	**100.8**	**102.0**	**102.7**	**102.2**	**101.4**	**101.4**	**100.6**
102.1	103.0	103.1	102.9	104.5	106.6	106.9	104.7	104.1	100.9	99.7
98.4	101.8	102.1	102.2	101.8	98.6	98.7	97.9	97.8	98.1	97.4
100.1	99.6	101.6	101.9	102.9	104.9	105.6	105.9	107.7	108.2	108.3
93.0	93.1	93.5	94.3	98.9	103.1	107.2	107.2	107.3	107.4	104.9
97.0	96.7	97.3	97.4	98.0	98.7	98.9	99.5	99.0	100.5	100.2
103.7	102.3	102.5	102.7	105.8	106.6	107.9	105.6	97.3	98.2	98.1
99.6	**99.6**	**99.7**	**99.7**	**99.7**	**100.0**	**100.3**	**100.6**	**100.6**	**101.3**	**101.3**
99.6	99.6	99.7	99.7	99.7	100.1	100.7	100.9	100.9	102.0	102.0
99.6	99.6	99.7	99.7	99.7	99.7	99.7	100.0	100.0	100.0	100.0
110.6	**110.4**	**114.7**	**121.0**	**123.3**	**123.0**	**117.5**	**118.7**	**120.6**	**117.6**	**117.9**
111.5	111.2	115.8	122.8	125.4	125.0	119.0	120.2	122.2	118.9	119.1
100.8	101.0	101.3	100.5	99.5	99.5	100.2	100.6	101.2	102.2	103.1
101.5	**102.2**	**101.6**	**101.4**	**101.9**	**102.1**	**102.0**	**102.6**	**103.6**	**106.2**	**107.8**
103.1	103.2	101.0	99.9	101.3	102.1	101.8	103.6	106.1	111.9	116.0
100.6	101.7	101.9	102.2	102.2	102.1	102.1	102.1	102.1	103.0	103.2
98.6	101.4	100.1	101.1	102.2	99.3	99.9	101.9	105.7	108.3	109.1
93.5	**93.3**	**96.6**	**93.8**	**96.1**	**99.8**	**101.6**	**104.6**	**111.0**	**118.7**	**124.9**
93.5	93.3	96.6	93.8	96.1	99.8	101.6	104.6	111.0	118.7	124.9
102.7	**103.6**	**103.5**	**104.2**	**104.2**	**102.8**	**99.7**	**100.0**	**100.0**	**100.0**	**100.0**
102.7	103.6	103.5	104.2	104.2	102.8	99.7	100.0	100.0	100.0	100.0

4-16 分月工业生产者出厂价格环比指数（2021年）

（上月=100）

类 别	Item	全 年 Annual Year	1 月 January	2 月 February	3 月 March
总指数	**General Index**	**110.4**	**101.3**	**100.7**	**101.7**
# 轻工业	# Light Industry	105.9	100.9	101.3	100.6
以农产品为原料	Using Farm Produces as Raw Materials	105.8	101.2	101.6	100.6
以非农产品为原料	Using Non-farm Produces as Raw Materials	106.1	100.0	100.1	100.5
重工业	Heavy Industry	111.6	101.4	100.6	102.1
采掘	Mining and Quarrying	119.0	102.0	100.7	101.6
原材料	Raw Material	117.2	101.8	101.5	102.9
加工	Processing	107.8	101.1	99.9	101.6
# 生产资料	# Means of Production	112.5	101.5	100.8	102.2
采掘	Mining and Quarrying	119.0	102.0	100.7	101.6
原材料	Raw Material	117.7	101.9	101.6	102.9
加工	Processing	109.0	101.2	100.2	101.8
生活资料	Consumer Goods	102.0	100.6	100.5	99.9
食品	Food	102.9	101.0	100.9	99.8
衣着	Clothing	102.5	100.2	100.3	100.1
一般日用品	Articles for Daily Use	102.1	100.0	100.4	100.1
耐用消费品	Durable Consumers' Goods	100.5	100.0	100.0	99.9
按工业部门分	**Grouped by Department of Industry**				
冶金工业	Metallurgical Industry	117.0	102.8	100.9	103.9
电力工业	Power Industry	107.8	101.1	101.4	100.1
煤炭及炼焦工业	Coal and Coking Industry	165.8	100.3	103.6	100.5
石油工业	Petroleum Industry	132.0	106.1	102.8	108.8
化学工业	Chemical Industry	119.4	101.0	100.6	102.2
机械工业	Machine Manufacturing Industry	100.8	100.0	100.1	100.3
建筑材料工业	Building Materials Industry	118.0	98.9	98.6	99.6
森林工业	Timber Industry	104.2	100.3	100.0	100.2
食品工业	Food Industry	104.1	101.1	101.4	100.0
纺织工业	Textile Industry	121.9	101.4	101.0	105.1
缝纫工业	Tailoring Industry	101.6	100.4	100.2	100.1
皮革工业	Leather Industry	104.6	99.7	100.5	100.1
造纸工业	Paper Industry	110.2	102.2	103.7	103.5
文教艺术用品工业	Cultural, Educational and Handicraft Articles	100.1	100.2	99.9	100.1
其他工业	Other Industry	106.0	99.9	100.6	100.4

Producer Price Chain Indices for Industrial Products by Month（2021）

（preceding month=100）

4 月 April	5 月 May	6 月 June	7 月 July	8 月 August	9 月 September	10 月 October	11 月 November	12 月 December
100.9	**101.7**	**99.8**	**99.8**	**101.3**	**102.1**	**103.0**	**99.5**	**98.1**
100.5	100.9	100.5	99.7	100.1	100.6	100.5	100.4	99.8
100.2	101.0	100.4	99.6	100.2	100.4	100.5	100.3	99.7
101.4	100.8	100.7	100.2	99.8	101.3	100.8	100.4	99.9
101.0	101.9	99.6	99.8	101.7	102.5	103.6	99.3	97.7
102.0	100.3	101.5	100.5	101.4	101.3	103.5	103.9	98.9
100.7	101.9	100.7	100.6	100.5	101.5	103.7	101.9	98.3
101.1	102.0	98.9	99.2	102.5	103.2	103.6	97.4	97.2
101.1	102.1	99.8	99.7	101.6	102.5	103.7	99.4	97.8
102.0	100.3	101.5	100.5	101.4	101.3	103.5	103.9	98.9
100.7	102.0	100.7	100.6	100.5	101.6	103.8	101.9	98.3
101.2	102.2	99.1	99.1	102.4	103.2	103.6	97.6	97.3
100.0	100.4	100.1	100.1	100.1	100.2	100.2	100.2	99.7
99.9	100.7	100.0	100.1	100.2	100.3	100.3	100.2	99.5
100.4	99.9	99.8	100.4	100.5	99.7	100.6	100.5	100.2
100.5	100.0	99.7	100.6	100.0	100.1	100.7	100.1	99.9
100.1	100.1	100.3	100.1	100.1	99.9	99.8	100.1	100.0
102.1	105.0	98.2	99.5	103.5	102.5	104.8	97.3	95.9
99.6	99.9	100.0	100.0	100.2	100.1	101.2	102.8	101.1
101.8	101.2	100.3	99.9	106.8	108.7	126.2	106.3	98.7
99.7	101.8	102.7	103.5	99.0	99.6	104.7	104.8	95.4
102.6	101.3	101.3	100.2	102.1	103.1	106.3	99.9	97.4
100.2	100.4	100.4	100.0	100.1	99.8	99.9	99.8	99.7
101.3	99.4	98.4	97.2	103.8	117.6	110.4	97.1	96.4
100.3	100.7	100.7	99.7	100.4	100.6	101.4	100.0	99.8
99.8	100.6	100.3	100.2	100.3	100.4	100.3	100.2	99.6
102.3	104.3	102.9	100.5	101.4	99.7	100.2	101.8	99.5
100.4	99.6	100.1	99.9	100.3	99.6	101.0	100.0	99.9
100.4	100.7	99.1	101.4	100.9	99.7	99.7	101.7	100.7
101.8	101.7	101.5	93.8	98.7	100.8	101.3	100.5	100.6
100.0	100.3	99.8	100.1	99.7	100.0	100.0	100.0	100.0
101.8	100.4	98.9	99.8	100.6	100.7	101.5	101.2	100.2

4–17 分行业工业生产者出厂价格环比指数（2021年）

（上月＝100）

类别	Item	全年 Annual Year	1月 January
煤炭开采和洗选业	**Mining and Washing of Coal**	**165.8**	**100.3**
烟煤和无烟煤开采洗选	Mining and Washing of Bituminous and Anthracite	165.8	100.3
石油和天然气开采业	**Extraction of Petroleum and Natural Gas**	**169.0**	**115.6**
石油开采	Extraction of Petroleum	169.0	115.6
黑色金属矿采选业	**Mining and Processing of Ferrous Metal Ores**	**115.9**	**101.7**
锰矿、铬矿采选	Manganese Ore, Chrome Ore by Mining and Beneficiation	115.9	101.7
有色金属矿采选业	**Mining and Processing of Non-Ferrous Metal Ores**	**129.1**	**103.2**
常用有色金属矿采选	Mining and Processing of Common Non-Ferrous Metal Ores	129.1	103.2
非金属矿采选业	**Mining and Processing of Non-Metal Ores**	**98.9**	**99.8**
土砂石开采	Extraction of Soil Gravel	98.9	99.8
农副食品加工业	**Processing of Food from Agricultural Products**	**105.2**	**101.8**
谷物磨制	Corn Whetted	100.9	100.0
饲料加工	Forage Processed	108.5	101.2
植物油加工	Planting-Oil Processed	112.3	105.4
制糖业	Sugar Industry	100.2	99.2
屠宰及肉类加工	Slaughtered Meta and Meat Processes	81.1	102.1
水产品加工	Fishery Product Processed	100.1	100.1
蔬菜、水果和坚果加工	Vegetables, Fruits and Nuts Processing	99.5	99.5
其他农副食品加工	Other Farm and Side-line Food Processed	107.1	101.1
食品制造业	**Manufacture of Foods**	**115.3**	**99.7**
焙烤食品制造	Baked Food Manufacturing	100.5	99.9
糖果、巧克力及蜜饯制造	Candy, Chocolate and Candied Fruit Production	99.4	100.1
方便食品制造	Convenient Food Manufacturing	101.2	99.7
乳制品制造	Dairy Products Manufacturing	101.3	99.9
罐头食品制造	Canned Food Manufacturing	125.4	100.6
调味品、发酵制品制造	Condiment, Ferment Product Manufacturing	133.9	100.1
其他食品制造	Other Food Manufacturing	124.2	99.2
酒、饮料和精制茶制造业	**Manufacture of Liquor, Beverages and Refined Tea**	**100.4**	**99.0**
酒的制造	Manufacture of Wine	101.2	99.1
饮料制造	Beverage Manufacturing	98.7	98.3
精制茶加工	Refined-tea Process	101.9	100.0

Producer Price Chain Indices for Industrial Products by Industry（2021）

（preceding month=100）

2 月 February	3 月 March	4 月 April	5 月 May	6 月 June	7 月 July	8 月 August	9 月 September	10 月 October	11 月 November	12 月 December
103.6	**100.5**	**101.8**	**101.2**	**100.3**	**99.9**	**106.8**	**108.7**	**126.2**	**106.3**	**98.7**
103.6	100.5	101.8	101.2	100.3	99.9	106.8	108.7	126.2	106.3	98.7
107.5	**111.1**	**104.9**	**94.4**	**104.3**	**106.7**	**103.1**	**95.1**	**104.9**	**110.1**	**98.0**
107.5	111.1	104.9	94.4	104.3	106.7	103.1	95.1	104.9	110.1	98.0
100.4	**101.3**	**97.9**	**102.3**	**102.4**	**100.1**	**101.4**	**101.8**	**106.8**	**101.6**	**97.3**
100.4	101.3	97.9	102.3	102.4	100.1	101.4	101.8	106.8	101.6	97.3
100.0	**103.1**	**105.0**	**101.0**	**101.9**	**100.3**	**102.7**	**102.4**	**100.5**	**106.9**	**99.2**
100.0	103.1	105.0	101.0	101.9	100.3	102.7	102.4	100.5	106.9	99.2
100.1	**99.0**	**100.8**	**99.4**	**100.4**	**99.9**	**98.9**	**100.0**	**100.4**	**100.3**	**99.9**
100.1	99.0	100.8	99.4	100.4	99.9	98.9	100.0	100.4	100.3	99.9
101.9	**100.0**	**99.4**	**100.8**	**100.2**	**100.2**	**100.3**	**100.6**	**100.3**	**100.1**	**99.4**
101.1	101.9	99.5	99.1	99.7	100.0	98.7	100.5	99.7	100.3	100.6
103.2	100.6	99.4	100.4	101.1	100.6	100.6	100.5	100.4	100.2	100.0
103.1	99.9	99.2	102.3	100.3	100.5	100.4	102.2	101.5	99.5	97.6
100.0	100.4	100.0	100.5	100.2	100.0	100.0	99.4	100.0	100.3	100.1
98.7	96.1	95.9	95.6	95.7	99.5	99.4	97.5	95.1	103.4	100.5
100.1	99.7	99.8	101.9	98.9	98.2	101.9	99.2	100.7	99.9	99.9
99.3	100.2	100.6	101.7	98.2	100.1	99.4	101.5	99.4	101.4	98.3
101.9	97.2	101.0	102.8	99.4	100.0	100.5	100.7	100.4	100.0	102.0
100.7	**101.0**	**104.0**	**99.9**	**100.8**	**100.3**	**100.6**	**102.9**	**102.8**	**101.5**	**100.1**
100.6	99.9	99.7	100.2	99.8	99.7	100.2	99.9	98.4	102.5	99.8
100.3	100.0	99.8	100.0	100.0	99.8	99.7	99.7	100.0	99.9	100.0
100.3	99.3	99.9	98.9	101.1	100.2	100.3	101.7	100.2	100.7	98.9
100.0	100.0	100.0	100.6	100.0	100.0	100.8	100.0	100.0	100.0	100.0
100.7	100.5	100.4	104.3	104.3	101.7	100.6	102.7	102.3	107.3	97.7
101.9	102.0	114.2	100.2	100.5	99.8	100.1	101.6	105.7	104.8	99.5
100.7	102.3	104.2	99.0	101.1	100.7	101.3	107.5	105.2	99.4	101.5
100.8	**99.6**	**100.4**	**100.6**	**100.5**	**100.1**	**100.3**	**99.5**	**99.9**	**99.4**	**100.5**
102.8	100.6	99.6	99.9	100.2	100.1	100.0	98.9	100.1	99.3	100.5
98.9	98.3	101.0	101.2	100.6	100.1	100.5	100.0	99.9	99.8	100.2
99.4	99.5	100.9	101.0	100.7	100.0	100.7	100.0	99.3	99.1	101.2

4-17 续表 1

（上月=100）

类 别	Item	全 年 Annual Year	1 月 January
烟草制品业	**Manufacture of Tobacco**	**100.0**	**100.0**
卷烟制造	Cigarette Manufacturing	100.0	100.0
纺织业	**Manufacture of Textile**	**121.9**	**101.4**
棉纺织及印染精加工	Cotton and Textile Printing and Dyeing Finishing	111.6	102.4
麻纺织及染整精加工	Finishing of Linen Textile and Dyeing and Finishing	104.0	100.1
丝绢纺织及印染精加工	Silk and Textile Printing and Dyeing Finishing	125.6	101.1
纺织服装、服饰业	**Manufacture of Textile, Wearing Apparel and Accessories**	**101.6**	**100.4**
机织服装制造	Manufacture of Woven Garment	101.6	100.4
皮革、毛皮、羽毛及其制品和制鞋业	**Manufacture of Leather, Fur, Feather and Related Products and Footware**	**107.8**	**101.1**
羽毛（绒）加工及制品制造	Feather Processing and Its Products Manufacturing	110.2	102.1
制鞋业	Shoemaking Industry	104.6	99.7
木材加工和木、竹、藤、棕、草制品业	**Processing of Timber, Manufacture of Wood, Bamboo, Rattan, Palm and Straw Products**	**104.4**	**100.3**
木材加工	Manufacture of Wood	100.1	99.8
人造板制造	Artificial Plank Manufacturing	105.2	100.5
木制品制造	Timber Product Manufacturing	106.0	98.9
竹、藤、棕、草等制品制造	Bamboo, Ratten, Palm and Grass Product Manufacturing	105.9	100.1
家具制造业	**Manufacture of Furniture**	**100.2**	**99.8**
木质家具制造	Manufacture of Wooden Furniture	100.2	99.8
造纸和纸制品业	**Manufacture of Paper and Paper Products**	**110.2**	**102.2**
纸浆制造	Paper Pulp Manufacturing	121.3	102.4
造纸	Paper Making	110.5	103.0
纸制品制造	Paper Products Manufacturing	106.3	100.4
印刷和记录媒介的复制	**Printing and Reproduction of Recording Media**	**100.0**	**100.3**
印刷	Painting	100.0	100.3
文教、工美、体育和娱乐用品制造业	**Manufacturing of Culture and Education, Arts and Crafts, Sporting and Entertainment Goods**	**99.4**	**99.9**
工艺美术及礼仪用品制造	Arts and Crafts and Etiquette Supplies Manufacturing	99.3	99.9
玩具制造	Manufacture of Toys	100.3	99.9
石油、煤炭及其他燃料加工业	**Petroleum, Coal & Other Fuel Processing Industry**	**131.8**	**106.2**
精炼石油产品制造	Refined Coking Petroleum Manufacturing	132.0	106.3
生物质燃料加工	Biomass Fuel Processing	125.0	100.8

continued

(preceding month=100)

2 月 February	3 月 March	4 月 April	5 月 May	6 月 June	7 月 July	8 月 August	9 月 September	10 月 October	11 月 November	12 月 December
100.0	**100.0**	**100.0**	**100.0**	**100.0**	**100.0**	**100.0**	**100.0**	**100.0**	**100.0**	**100.0**
100.0	100.0	100.0	100.0	100.0	100.0	100.0	100.0	100.0	100.0	100.0
101.0	**105.1**	**102.3**	**104.3**	**102.9**	**100.5**	**101.4**	**99.7**	**100.2**	**101.8**	**99.5**
100.5	100.9	100.5	101.2	99.9	100.1	101.3	99.4	100.6	103.1	101.2
100.0	100.1	100.1	100.4	101.0	100.1	100.5	100.4	101.1	100.3	99.7
101.2	106.6	102.8	105.3	103.8	100.6	101.5	99.7	100.1	101.5	99.1
100.2	**100.1**	**100.4**	**99.6**	**100.1**	**99.9**	**100.3**	**99.6**	**101.0**	**100.0**	**99.9**
100.2	100.1	100.4	99.6	100.1	99.9	100.3	99.6	101.0	100.0	99.9
101.1	**100.9**	**102.9**	**101.5**	**96.0**	**101.5**	**100.5**	**98.6**	**100.8**	**101.5**	**101.2**
101.5	101.5	104.7	102.0	93.8	101.6	100.2	97.9	101.7	101.4	101.6
100.5	100.1	100.4	100.7	99.1	101.4	100.9	99.7	99.7	101.7	100.7
100.1	**100.2**	**100.3**	**100.7**	**100.8**	**99.7**	**100.4**	**100.6**	**101.5**	**99.9**	**99.8**
99.8	100.4	100.2	99.3	99.5	99.9	100.2	100.0	101.2	100.3	99.5
100.1	100.2	100.3	101.0	101.0	99.5	100.4	100.8	101.6	99.8	99.9
99.9	98.9	99.8	102.5	101.8	102.2	100.7	100.1	100.2	100.4	100.6
100.2	100.8	100.2	100.2	100.3	102.5	100.2	100.7	101.1	100.6	98.8
99.4	**100.0**	**99.7**	**100.0**	**99.4**	**100.0**	**101.0**	**100.3**	**99.8**	**100.8**	**100.0**
99.4	100.0	99.7	100.0	99.4	100.0	101.0	100.3	99.8	100.8	100.0
103.7	**103.5**	**101.8**	**101.7**	**101.5**	**93.8**	**98.7**	**100.8**	**101.3**	**100.5**	**100.6**
103.4	105.1	102.1	99.6	99.8	101.5	100.0	102.1	102.1	100.7	100.8
104.2	104.7	102.3	103.0	102.5	90.3	97.9	100.9	101.4	100.0	100.6
102.6	100.5	100.5	99.3	99.6	100.1	100.1	100.2	100.8	101.4	100.5
100.0	**100.0**	**100.0**	**100.3**	**99.8**	**100.1**	**99.5**	**100.0**	**100.0**	**100.0**	**100.0**
100.0	100.0	100.0	100.3	99.8	100.1	99.5	100.0	100.0	100.0	100.0
99.9	**100.0**	**100.9**	**99.7**	**98.2**	**100.4**	**100.1**	**100.3**	**100.5**	**99.7**	**99.7**
99.9	100.0	101.0	99.6	98.0	100.5	100.0	100.4	100.6	99.7	99.7
99.8	100.1	100.3	100.1	99.7	100.1	100.2	100.0	100.1	100.0	100.0
102.8	**109.4**	**99.8**	**102.3**	**102.8**	**103.5**	**98.8**	**99.5**	**104.6**	**104.5**	**94.6**
102.8	109.5	99.7	102.3	102.8	103.7	98.7	99.5	104.6	104.5	94.5
105.0	103.7	106.0	103.1	104.7	93.8	100.8	100.2	100.4	103.6	101.1

4-17 续表 2

（上月=100）

类 别	Item	全 年 Annual Year	1 月 January
化学原料和化学制品制造业	**Manufacture of Raw Chemical Materials and Chemical Products**	**125.5**	**101.3**
基础化学原料制造	Basic Chemical Material Manufacturing	149.3	103.1
肥料制造	Fertilizer Manufacture	121.4	100.5
农药制造	Pesticide Manufacturing	112.9	98.9
涂料、油墨、颜料及类似产品制造	Coating, Printing Ink, Pigment and The Similar Products Manufacture	123.3	101.2
合成材料制造	Compounded Material Manufacture	112.2	99.9
专用化学产品制造	Specialized Chemical Product Manufacture	108.5	100.7
日用化学产品制造	Daily Chemical Product Manufacture	104.3	99.9
医药制造业	**Manufacture of Medicines**	**100.7**	**100.1**
化学药品原料药制造	Manufacture of Chemical Raw Material Medicine	101.7	100.1
化学药品制剂制造	Chemical Medicine Agent Manufacture	97.1	99.8
中药饮片加工	Processing of Chinese herbal Pieces	102.0	100.0
中成药生产	Chines Patent Medicine's Production	101.0	100.1
兽用药品制造	Medicine in Herbs Manufacture		
生物药品制品制造	Manufacturing of Biological Drug Products	101.2	100.0
卫生材料及医药用品制造	Sanitary Materials and Medical Supplies Manufacturing	98.1	100.0
橡胶和塑料制品业	**Manufacture of Rubber and Plastics Products**	**104.4**	**99.8**
橡胶制品业	Rubber Products Industry	99.3	100.0
塑料制品业	Plastic Products Industry	106.2	99.7
非金属矿物制品业	**Manufacture of Non-metallic Mineral Products**	**119.2**	**98.8**
水泥、石灰和石膏制造	Manufacture of Cement, Lime and Gesso	138.1	96.9
石膏、水泥制品及类似制品制造	Manufacture of Gesso, Cement and Similar Products	114.1	99.9
砖瓦、石材等建筑材料制造	Manufacture of Tile and Dimension Stone	98.4	99.5
玻璃制造	Manufacture of Glass	113.2	104.1
玻璃制品制造	Manufacture of Glass Products	98.7	98.9
陶瓷制品制造	Manufacture of Ceramics Products	107.4	100.2
石墨及其他非金属矿物制品制造	Manufacture of Graphite and Other Non-metallic Mineral Products	113.1	98.8
黑色金属冶炼和压延加工业	**Smelting and Pressing of Ferrous Metals**	**114.9**	**104.3**
炼钢	Steelmaking	127.3	101.7
钢压延加工	Steel Rolling Processing	111.3	104.1
铁合金冶炼	Ferroalloy Smelting	136.1	110.1

continued

(preceding month=100)

2 月 February	3 月 March	4 月 April	5 月 May	6 月 June	7 月 July	8 月 August	9 月 September	10 月 October	11 月 November	12 月 December
100.8	**102.8**	**103.4**	**102.1**	**101.8**	**100.3**	**103.0**	**104.0**	**108.0**	**99.7**	**96.4**
101.3	105.1	104.9	103.2	103.7	103.0	107.0	106.8	117.4	97.3	90.0
100.2	100.5	100.9	100.0	100.4	101.7	109.4	103.0	103.5	97.6	102.4
100.3	100.2	100.5	100.7	100.1	101.7	100.2	99.6	100.8	101.3	108.3
101.1	102.4	106.8	103.7	104.0	98.8	97.7	103.9	101.3	102.4	98.1
97.8	105.3	102.8	106.0	97.4	98.8	100.1	99.8	100.6	106.3	97.4
100.9	102.1	102.1	100.6	99.7	96.2	97.7	102.2	103.4	102.2	100.5
100.2	99.5	99.5	100.7	99.8	99.8	102.3	101.0	100.2	100.5	101.0
100.0	**100.0**	**99.9**	**99.9**	**100.8**	**100.1**	**99.9**	**99.7**	**100.3**	**100.3**	**99.8**
99.8	100.1	100.7	98.1	102.0	101.1	98.6	98.4	103.9	100.0	99.0
99.3	100.1	98.0	100.0	99.9	100.1	100.0	100.0	100.0	100.1	99.8
100.1	100.0	100.4	100.7	99.0	100.0	99.8	99.3	99.9	103.0	99.9
100.1	100.0	100.0	100.0	100.9	100.0	100.0	99.8	100.0	100.2	99.9
100.0	100.0	101.5	100.1	100.0	100.0	100.0	99.6	100.0	100.1	100.0
100.2	99.1	97.3	100.0	100.1	100.0	100.0	100.0	100.0	100.0	101.4
99.7	**101.0**	**100.9**	**100.0**	**100.6**	**99.4**	**100.4**	**99.9**	**102.7**	**100.9**	**98.9**
100.2	100.9	98.7	100.3	100.1	98.9	100.9	99.7	100.0	99.6	100.1
99.6	101.1	101.7	99.8	100.7	99.6	100.3	100.0	103.7	101.4	98.6
98.6	**99.7**	**101.3**	**99.4**	**98.3**	**97.2**	**104.0**	**118.0**	**110.7**	**97.2**	**96.4**
97.2	99.8	104.5	97.4	95.5	91.8	113.0	138.7	122.2	93.0	92.5
99.0	99.2	99.1	101.0	99.9	99.3	99.7	114.2	104.5	100.0	98.6
99.0	100.9	100.1	99.4	99.4	99.9	99.7	100.0	101.4	99.7	99.4
99.7	100.0	100.1	100.6	100.3	102.6	103.5	102.5	101.4	100.6	97.3
99.7	99.7	100.3	100.0	100.1	99.9	100.0	100.0	99.9	100.1	100.1
99.6	99.1	100.7	100.5	99.6	101.1	101.0	100.6	102.5	101.4	101.0
100.8	100.3	101.8	100.3	100.0	99.6	101.7	102.7	103.6	102.9	100.0
100.7	**104.3**	**102.2**	**105.8**	**96.9**	**99.2**	**105.1**	**101.9**	**104.8**	**95.6**	**94.1**
104.1	101.2	99.8	104.4	99.5	102.4	101.9	105.0	98.6	107.0	99.3
100.2	105.1	102.9	106.5	95.9	98.9	105.5	100.9	102.9	93.1	95.9
102.0	100.8	98.1	100.4	103.5	99.0	105.8	107.9	129.5	103.9	77.5

4-17 续表 3

（上月＝100）

类 别	Item	全 年 Annual Year	1 月 January
有色金属冶炼和压延加工业	**Smelting and Pressing of Non-ferrous Metals**	**121.0**	**100.4**
常用有色金属冶炼	General Non-ferrous Metal Coking	121.8	100.3
稀有稀土金属冶炼	Smelting of Rare and Rare Earth Metals	201.6	101.7
有色金属合金制造	Non-ferrous Metal Alloy Manufacture	111.6	102.9
有色金属压延加工	Non-ferrous Metal Rolling Processing	114.5	100.0
金属制品业	**Manufacture of Metal Products**	**103.0**	**99.8**
结构性金属制品制造	Structural Metal Product	99.2	99.9
集装箱及金属包装容器制造	Manufacturing of Containers and Metal Packaging Containers	121.3	98.0
金属制日用品制造	Manufacture of Metal Commodity	102.0	100.4
锻造及其他金属制品制造	Forging and Other Metal Products Manufacturing	103.8	100.5
通用设备制造业	**Manufacture of General Purpose Machinery**	**103.5**	**100.4**
锅炉及原动设备制造	Boiler and Original Equipment Manufacturing	102.9	100.0
物料搬运设备制造	Manufacture of Material Handling Equipment	100.2	99.8
泵、阀门、压缩机及类似机械制造	Pump, Valve, Compressor and Its Similar Mechanical Manufacture	105.6	101.6
轴承、齿轮和传动部件制造	Bearings, Gears and Transmission Components Manufacturing	100.8	100.0
通用零部件制造	Metal Casting and Forging	110.6	102.9
专用设备制造业	**Manufacture of Special Purpose Machinery**	**99.9**	**99.6**
采矿、冶金、建筑专用设备制造	Mining, Metallurgy, Building Special Equipment Manufacture	98.9	99.7
化工、木材、非金属加工专用设备制造	Chemical Engineering, Timber, Non-Metal Processed Special Equipments Manufacture	97.8	98.5
农、林、牧、渔专用机械制造	Agriculture, Forestry Animal Husbandry and Fishery Specific Machinery Manufacture	102.5	100.0
医疗仪器设备及器械制造	Medical Equipment and Device Manufacturers	99.9	99.1
环保、社会公共安全及其他专用设备制造	Environment Protection, Social Public Security and Other Specific Equipment Manufacturer	106.8	100.0
汽车制造业	**Manufacture of Automobiles**	**99.2**	**99.6**
汽车整车制造	Manufacture of Automobiles	100.0	100.0
汽车用发动机制造	Automobile Engine Manufacturing	97.1	99.8
改装汽车制造	Manufacture of Automobile Making	110.2	102.3
汽车零部件及配件制造	Manufacture of Auto Parts and Accessories	97.5	98.9

continued

(preceding month=100)

2 月 February	3 月 March	4 月 April	5 月 May	6 月 June	7 月 July	8 月 August	9 月 September	10 月 October	11 月 November	12 月 December
100.9	**104.7**	**101.8**	**104.4**	**99.0**	**99.4**	**101.7**	**104.2**	**106.2**	**99.3**	**97.7**
101.4	104.9	101.2	104.2	98.8	99.3	101.0	104.0	107.3	100.7	97.2
109.4	111.2	107.3	97.6	101.1	99.3	111.7	101.5	105.8	120.6	107.2
98.6	100.7	104.4	100.1	100.6	102.0	100.8	102.5	98.9	103.3	96.5
99.2	104.3	102.9	106.3	99.0	99.3	103.2	105.3	104.1	92.2	98.5
101.0	**100.3**	**100.3**	**100.3**	**100.5**	**101.0**	**101.2**	**100.5**	**100.1**	**100.1**	**97.9**
100.6	100.1	100.2	100.4	100.1	100.4	101.5	100.0	100.2	100.0	95.9
106.0	100.0	99.1	100.0	100.0	107.7	103.0	104.7	100.0	100.0	101.5
99.2	100.2	100.5	99.5	101.5	100.7	99.6	100.4	99.6	100.3	100.1
100.1	101.0	101.1	100.4	101.2	99.2	100.0	99.4	100.1	100.5	100.2
100.6	**100.5**	**100.3**	**101.0**	**101.4**	**98.8**	**100.0**	**100.2**	**100.1**	**100.7**	**99.5**
100.9	100.5	100.0	100.8	101.9	98.2	100.2	100.2	100.0	101.0	99.2
99.4	100.4	100.0	100.4	99.7	100.8	100.1	99.8	99.2	100.3	100.2
101.0	101.0	99.4	102.5	99.8	98.9	101.1	99.8	101.4	98.8	100.2
100.3	100.0	100.0	100.0	100.0	100.0	100.0	100.3	100.1	100.1	100.0
99.4	100.5	102.9	103.2	101.2	100.1	99.1	100.3	100.6	99.7	100.3
99.8	**100.2**	**100.0**	**100.0**	**99.8**	**100.1**	**100.0**	**99.9**	**100.2**	**100.2**	**99.9**
99.8	100.3	99.9	100.1	99.9	99.9	100.0	99.8	100.1	99.6	99.8
99.7	99.6	100.0	99.2	101.0	100.1	99.7	100.0	99.8	100.5	99.8
100.1	100.4	100.8	99.9	100.0	99.2	100.9	99.6	100.6	100.3	100.5
99.6	100.7	99.7	100.0	98.6	101.3	99.9	100.0	100.0	99.6	101.4
100.0	100.0	100.8	100.5	98.8	101.1	100.0	100.8	101.3	103.5	100.0
99.9	**99.8**	**99.9**	**100.0**	**100.0**	**100.0**	**100.3**	**100.0**	**100.0**	**99.6**	**100.0**
99.9	100.0	99.9	100.0	100.1	100.0	100.0	100.0	100.0	100.0	100.0
98.9	100.0	100.0	98.4	100.0	100.0	100.0	100.0	100.0	100.0	100.0
102.3	99.3	100.0	100.1	100.0	99.6	100.8	100.0	100.5	104.8	100.1
99.8	99.5	99.9	100.1	99.9	100.0	100.7	100.0	100.0	98.6	100.1

4-17 续表 4

（上月＝100）

类　别	Item	全　年 Annual Year	1 月 January
铁路、船舶、航空航天和其他运输设备制造业	**Manufacture of Railway, Ship, Aerospace and Other Transport Equipments**	**100.5**	**99.9**
城市轨道交通设备制造	Manufacturing of Urban Rail Transit Equipment	97.6	100.0
助动车制造	Moped manufacturing	103.6	99.8
电气机械和器材制造业	**Manufacture of Electrical Machinery and Apparatus**	**110.0**	**101.7**
电机制造	Manufacture of Motor	104.2	100.7
输配电及控制设备制造	Electricity Mixed and Control Equipments Manufacture	101.4	100.0
电线、电缆、光缆及电工器材制造	Manufacture of Wire, Cable, Optical Cable and Electrical Equipment	117.3	104.6
电池制造	Manufacture of Battery	109.5	98.4
计算机、通信和其他电子设备制造业	**Manufacture of Computers, Communication and Other Electronic Equipment**	**100.6**	**100.3**
计算机制造	Manufacture of Computers	99.7	101.4
通信设备制造	Manufacture of Communication Equipment	97.4	98.7
非专业视听设备制造	Non Professional Audio-visual Equipment Manufacturing	108.3	99.9
电子器件制造	Manufacture of Electronic Device	104.9	99.8
电子元件及电子专用材料制造	Manufacture of Electronic Components and Special Materials	100.2	100.0
其他电子设备制造	Manufacture of Other Electronic Equipment	98.1	101.0
仪器仪表制造业	**Manufacture of Measuring Instruments and Machinery**	**101.3**	**100.0**
通用仪器仪表制造	Manufacture of General Instrument	102.0	100.0
钟表与计时仪器制造	Manufacture of Timepiece and Time Keeping Instrument	100.0	100.0
废弃资源综合利用业	Utilization of Waste Resources	117.9	103.5
金属废料和碎屑加工处理	Metal Waste and Scrap Processing	119.1	103.7
非金属废料和碎屑加工处理	Processing and Disposal of Non-metallic Wastes and Debris	103.1	100.6
电力、热力生产和供应业	**Production and Supply of Electric Power and Heat Power**	**107.8**	**101.1**
电力生产	Electric Power Production	116.0	99.1
电力供应	Electric Power Supply	103.2	102.2
热力生产和供应	Thermal Production and Supply	109.1	100.5
燃气生产和供应业	**Production and Supply of Gas**	**124.9**	**102.6**
燃气生产和供应业	Gas production and supply industry	124.9	102.6
水的生产和供应业	**Production and Supply of Water**	**100.0**	**100.0**
自来水的生产和供应	Tapping-water Production and Supply	100.0	100.0

continued

（preceding month=100）

2 月 February	3 月 March	4 月 April	5 月 May	6 月 June	7 月 July	8 月 August	9 月 September	10 月 October	11 月 November	12 月 December
100.1	**100.0**	**100.8**	**100.2**	**100.0**	**100.3**	**100.1**	**100.4**	**99.3**	**99.2**	**100.4**
100.0	100.0	100.0	100.0	100.0	100.0	100.0	100.0	100.0	97.6	100.0
100.2	100.0	101.6	100.4	100.0	100.5	100.2	100.8	98.6	100.8	100.7
101.5	**102.1**	**102.2**	**101.3**	**100.4**	**100.1**	**99.8**	**100.0**	**100.6**	**99.6**	**100.3**
99.8	100.6	101.1	100.4	100.6	100.6	101.0	99.9	99.9	99.8	99.8
100.3	99.4	100.8	100.1	100.1	99.8	100.4	100.1	99.9	100.0	100.4
103.5	104.5	104.3	100.6	100.6	100.4	99.1	98.2	101.5	99.3	99.9
99.2	100.8	99.7	105.1	100.4	99.9	100.3	104.5	100.0	99.9	101.1
100.0	**100.5**	**100.2**	**100.7**	**101.0**	**100.2**	**100.1**	**99.3**	**99.6**	**99.9**	**98.9**
100.1	101.9	99.9	100.8	101.4	100.9	100.9	97.9	99.2	97.2	98.2
99.7	103.4	100.3	100.1	99.7	96.9	100.1	99.2	99.9	100.3	99.3
100.1	99.6	102.0	100.3	101.0	101.9	100.7	100.3	101.7	100.4	100.1
100.2	100.0	100.5	100.5	104.8	101.1	100.2	100.1	100.0	100.1	97.7
99.8	99.6	100.2	101.0	99.9	99.8	99.4	100.2	99.8	101.2	99.2
100.7	98.6	99.6	100.5	102.2	100.7	100.4	97.8	96.0	100.9	99.9
100.0	**100.0**	**100.0**	**100.0**	**100.0**	**100.2**	**100.4**	**100.0**	**100.0**	**100.7**	**100.0**
100.0	100.0	100.0	100.0	100.0	100.4	100.6	100.0	100.0	101.1	100.0
100.0	100.0	100.0	100.0	100.0	100.0	100.0	100.0	100.0	100.0	100.0
102.1	99.8	103.8	105.0	101.9	100.2	100.1	101.0	101.6	97.5	100.2
102.3	99.8	104.1	105.4	102.1	100.3	100.0	101.0	101.6	97.3	100.2
100.2	100.3	100.3	99.2	99.0	100.0	100.7	100.3	100.6	101.0	100.9
101.4	**100.1**	**99.6**	**99.9**	**100.0**	**100.0**	**100.2**	**100.1**	**101.2**	**102.8**	**101.1**
104.1	100.2	99.0	99.7	100.1	100.2	100.6	100.1	103.4	106.1	102.7
100.0	100.0	100.0	100.0	100.0	99.9	100.0	100.0	100.0	100.9	100.2
101.5	100.0	98.6	101.0	101.0	100.1	100.6	102.0	100.3	102.5	100.7
101.8	**99.4**	**98.2**	**97.5**	**101.0**	**99.6**	**101.3**	**101.7**	**105.7**	**107.6**	**106.6**
101.8	99.4	98.2	97.5	101.0	99.6	101.3	101.7	105.7	107.6	106.6
100.0	**99.7**	**100.0**	**100.3**	**100.0**	**100.0**	**100.0**	**100.0**	**100.0**	**100.0**	**100.0**
100.0	99.7	100.0	100.3	100.0	100.0	100.0	100.0	100.0	100.0	100.0

4-18 工业生产者购进价格指数（1990—2021年）

（上年=100）

年 份 Year	总指数 General Index	燃料、动力类 Fuel and Power	黑色金属材料类 Ferrous Metals	钢 材 Rolle Steel	有色金属材料及电线类 Nonferrous Metals and Wires
1990	102.2	107.9	99.9		90.3
1991	107.8	109.0	101.6		115.4
1992	112.5	111.2	123.2	126.6	108.7
1993	141.7	131.1	182.4	182.0	111.6
1994	117.8	123.1	101.7	100.0	112.3
1995	112.9	107.8	94.7	94.4	137.6
1996	103.4	108.6	99.4	100.8	85.6
1997	99.3	108.7	94.6	93.2	94.9
1998	95.2	99.6	93.9	92.2	83.8
1999	93.6	93.1	96.2	96.3	99.8
2000	100.9	98.9	103.0	105.0	123.8
2001	103.7	103.8	107.8	101.1	90.3
2002	95.6	101.8	99.8	98.6	94.6
2003	101.2	101.3	108.7	110.4	110.6
2004	116.3	110.1	135.1	126.3	139.6
2005	108.2	112.1	111.3	105.9	114.5
2006	111.4	103.7	94.3	95.4	131.8
2007	106.1	105.4	108.9	108.3	124.0
2008	110.6	117.7	129.1	122.6	104.7
2009	95.1	100.8	82.8	83.2	81.2
2010	111.2	109.3	103.7	105.7	128.6
2011	110.0	105.5	107.7	109.1	114.5
2012	99.2	104.0	95.2	96.4	95.2
2013	98.9	97.8	97.6	97.4	95.5
2014	98.2	98.4	96.0	96.3	96.7
2015	95.7	95.1	90.9	93.1	95.4
2016	98.3	94.8	96.4	96.1	99.8
2017	106.5	108.2	109.4	108.1	112.5
2018	103.4	106.9	102.0	102.0	99.7
2019	98.4	98.5	97.8	98.9	96.4
2020	98.5	95.0	97.3	98.2	100.0
2021	110.7	118.5	114.8	114.6	122.1

注：从2011年起，原材料、燃料、动力购进价格指数改称为工业生产者购进价格指数。

Purchasing Price Indices for Industrial Producers（1990—2021）

（preceding year=100）

化工原料类 Raw Chemical Materials	木材及纸浆类 Timber and Paper Pulp	建筑材料及非金属类 Building Material and Non-metallic	其他工业原材料及半成品类 Other Materials and Semi-finished Category	农副产品类 Agricultural Products	纺织原料类 Textile Materials
101.3	102.1	97.7		100.4	105.8
108.1	113.8			108.2	113.3
102.3	106.6			108.4	97.3
122.1	115.4	170.6	154.8	137.9	104.0
116.2	110.5	103.0	139.0	145.2	142.5
125.2	108.9	88.1	91.7	148.2	150.5
95.1	101.9	97.4	101.5	117.0	99.0
95.3	94.4	94.4	100.4	92.3	91.5
92.6	99.7	98.7	96.4	89.4	88.1
95.9	93.7	95.6	90.7	92.5	102.0
104.5	99.8	92.6	104.7	90.3	106.3
96.9	94.3	96.7	112.0	105.3	95.6
97.9	101.0	98.3	91.4	94.6	89.8
106.3	103.5	98.8	98.2	92.7	119.7
114.8	111.5	109.9	113.5	109.8	117.2
110.0	94.4	103.6	103.7	116.8	90.6
104.0	102.7	98.5	112.2	124.1	102.3
105.3	110.9	101.5	105.8	98.9	101.6
121.3	104.5	114.0	106.9	102.6	102.2
85.8	84.3	96.1	100.2	101.7	94.1
112.3	111.2	114.6	110.3	116.6	121.4
116.5	108.6	109.5	107.0	115.9	119.5
98.3	97.5	98.3	98.5	101.3	92.1
98.1	100.2	98.6	98.6	103.4	98.5
99.6	100.3	100.2	98.2	98.1	99.8
98.0	99.6	95.7	97.9	93.8	99.7
97.6	100.6	98.0	99.5	102.9	98.2
105.8	103.8	107.2	103.5	105.6	101.4
103.8	104.4	109.3	102.1	99.7	101.1
93.5	96.3	102.1	99.5	100.6	99.3
95.5	97.1	102.1	100.6	102.5	95.7
109.6	104.9	106.5	104.1	108.4	105.8

Note: From 2011, the purchasing price index for raw materials, fuel and power changed to the purchasing price index index for industrial producers.

4-19　分月工业生产者购进价格指数（2021年）

（上年同期=100）

类　别	Item	1 月 January	2 月 February	3 月 March
总指数	**General Index**	**102.2**	**103.3**	**105.9**
燃料、动力类	Fuel and Power	96.0	99.2	104.2
黑色金属材料类	Material of Black Metal	105.7	106.7	108.8
# 钢材	# Rolled Steel	104.1	104.8	107.7
其他	Other	110.1	111.9	111.6
有色金属材料及电线类	Nonferrous Metals and Electric Wire	109.3	111.3	117.2
化工原料类	Raw Chemical materials	99.4	99.7	103.1
木材及纸浆类	Timber and Paper Pulp	100.9	102.7	103.9
建筑材料及非金属类	Building Material and Non-metallic	99.2	99.0	100.7
其他工业原材料及半成品类	Other Industrial Raw Material and Semi-finished Category	101.1	101.5	102.7
农副产品类	Agricultural and Side-line Produces	108.1	108.7	109.6
纺织原料类	Raw Textile Material	100.6	100.7	103.9

4-20　分月工业生产者购进价格环比指数（2021年）

（上月=100）

类　别	Item	1 月 January	2 月 February	3 月 March
总指数	**General Index**	**101.8**	**100.7**	**101.6**
燃料、动力类	Fule and Power	103.2	102.5	102.9
黑色金属材料类	Material of Black Metal	103.7	100.2	101.6
# 钢材	# Rolled Steel	104.2	100.6	102.2
其他	Other	102.3	99.2	100.1
有色金属材料及电线类	Nonferrous Metals and Electric Wire	102.2	100.9	103.0
化工原料类	Raw Chemical Materials	100.3	100.0	102.7
木材及纸浆类	Timber and Paper Pulp	103.0	101.3	101.8
建筑材料及非金属类	Building Material and Non-metallic	100.1	99.9	99.9
其他工业原材料及半成品类	Other Industrial Raw Material and Semi-finished Category	100.5	100.2	100.6
农副产品类	Agricultural and Side-line Produces	101.6	100.2	100.9
纺织原料类	Raw Textile Material	101.0	100.1	103.4

Purchasing Price Indices for Industrial Producers by Month（2021）

(preceding year=100)

4 月 April	5 月 May	6 月 June	7 月 July	8 月 August	9 月 September	10 月 October	11 月 November	12 月 December
109.3	**111.4**	**111.3**	**111.8**	**112.1**	**113.5**	**116.2**	**117.0**	**114.1**
113.4	117.3	119.8	122.0	121.9	126.0	132.1	140.0	134.1
113.7	119.6	119.2	120.2	119.7	118.2	116.4	115.9	113.2
112.2	117.9	117.2	117.4	118.0	119.1	119.7	118.9	118.6
117.6	124.3	124.6	127.6	124.1	115.9	108.2	108.2	99.7
122.7	125.6	122.6	119.9	120.8	125.8	133.6	133.0	122.3
106.4	107.5	107.6	108.8	111.5	114.6	120.7	120.6	116.2
103.8	106.6	105.3	105.4	104.9	105.3	106.2	105.9	108.3
102.2	103.6	103.3	103.8	106.4	112.2	118.9	115.3	113.6
103.4	104.1	104.3	104.9	105.6	105.3	105.4	105.6	104.9
111.2	111.0	109.7	109.1	107.1	106.4	107.5	106.8	105.7
103.9	106.4	106.6	106.6	107.2	108.1	108.3	108.3	108.4

Chain Index in Purchasing Price Indices for Industrial Producer by Month（2021）

(preceding month=100)

4 月 April	5 月 May	6 月 June	7 月 July	8 月 August	9 月 September	10 月 October	11 月 November	12 月 December
101.5	**101.4**	**100.5**	**100.8**	**101.0**	**102.0**	**102.5**	**101.1**	**98.4**
102.4	100.8	102.6	102.8	101.4	104.0	104.6	105.9	96.9
103.7	104.1	100.3	100.9	100.6	101.1	98.8	98.6	99.0
102.1	104.0	100.4	100.5	101.8	101.2	100.7	99.8	99.8
107.8	104.4	100.2	101.9	97.8	101.1	93.9	95.2	96.8
102.0	101.9	99.8	100.5	102.0	105.6	106.7	101.1	95.1
101.3	101.2	100.1	100.8	102.0	102.9	106.0	100.9	97.0
100.0	101.2	98.9	100.2	99.6	100.5	100.6	100.3	100.6
100.3	101.5	100.9	99.5	101.7	106.0	106.7	97.7	99.0
100.6	100.8	100.3	100.5	100.8	100.1	100.3	100.3	99.7
101.0	100.2	99.6	100.2	100.4	99.9	101.0	100.6	100.1
99.6	102.3	100.9	100.1	100.0	100.5	100.0	100.6	99.7

4–21 南宁市商品住宅销售价格指数（2021年）

（上年同期＝100）

指 标	Item	1 月 January	2 月 February	3 月 March
新建商品住宅价格指数	**Housing Price Indices of Newly Constructed Commercial Residential Buildings**	**105.0**	**105.5**	**106.1**
90平方米及以下	90m^2 and Below	105.4	106.0	106.6
90～144平方米	90～144m^2	104.7	105.0	105.7
144平方米以上	Above 144m^2	106.6	107.8	107.3
二手住宅价格指数	**Housing Price Indices of Second-Hand Residential Buildings**	**103.2**	**103.3**	**103.1**
90平方米及以下	90m^2 and Below	103.7	103.7	103.5
90～144平方米	90～144m^2	103.0	103.3	102.8
144平方米以上	Above 144m^2	102.4	102.8	102.9

4–22 南宁市商品住宅销售价格环比指数（2021年）

（上月＝100）

指 标	Item	1 月 January	2 月 February	3 月 March
新建商品住宅价格指数	**Housing Price Indices of Newly Constructed Commercial Residential Buildings**	**100.3**	**100.5**	**100.6**
90平方米及以下	90m^2 and Below	100.9	100.6	100.8
90～144平方米	90～144m^2	100.3	100.3	100.6
144平方米以上	Above 144m^2	100.2	101.2	100.1
二手住宅价格指数	**Housing Price Indices of Second-Hand Residential Buildings**	**100.2**	**100.2**	**99.9**
90平方米及以下	90m^2 and Below	100.5	100.0	100.0
90～144平方米	90～144m^2	100.1	100.2	99.7
144平方米以上	Above 144m^2	99.6	100.4	99.9

Price Indices of Commercial Housing Sales of Nanning（2021）

（preceding year=100）

4 月 April	5 月 May	6 月 June	7 月 July	8 月 August	9 月 September	10 月 October	11 月 November	12 月 December
106.0	**105.9**	**105.4**	**104.9**	**103.7**	**102.7**	**102.1**	**102.1**	**101.7**
106.6	107.2	106.4	105.5	103.8	102.6	101.8	101.9	101.6
105.6	105.5	104.5	104.5	103.4	102.4	102.0	102.1	101.7
107.4	107.0	106.6	106.6	105.0	104.4	102.9	102.6	101.8
102.6	**102.5**	**102.4**	**101.5**	**101.0**	**100.5**	**99.8**	**98.8**	**98.1**
103.2	103.4	102.9	102.0	101.6	101.2	100.3	99.6	98.9
102.1	102.1	102.3	101.1	100.3	99.7	99.0	98.0	97.2
102.9	101.4	101.2	101.7	101.6	101.4	100.8	99.4	98.6

Price Chains Indices of Commercial Housing Sales of Nanning（2021）

（preceding month=100）

4 月 April	5 月 May	6 月 June	7 月 July	8 月 August	9 月 September	10 月 October	11 月 November	12 月 December
100.4	**100.6**	**100.5**	**100.3**	**99.7**	**99.6**	**99.5**	**99.9**	**99.8**
100.1	101.1	100.4	100.0	99.2	99.4	99.5	99.9	99.8
100.5	100.5	100.4	100.3	99.8	99.5	99.6	99.9	99.8
100.6	100.4	100.8	100.6	99.3	100.2	99.0	99.8	99.6
99.8	**99.9**	**100.1**	**99.9**	**99.7**	**99.8**	**99.7**	**99.4**	**99.6**
99.8	100.3	99.9	100.1	99.6	99.8	99.8	99.4	99.8
99.7	99.8	100.3	99.6	99.7	99.6	99.5	99.4	99.5
100.0	99.3	100.1	100.4	100.0	100.3	100.0	99.2	99.3

4-23 南宁市商品住宅销售价格指数

（上年同期=100）

年 份 Year	新建商品住宅价格指数					
	1 月 January	2 月 February	3 月 March	4 月 April	5 月 May	6 月 June
2012	100.3	100.0	98.9	98.3	98.3	98.5
2013	99.7	101.3	103.4	104.1	105.7	106.6
2014	111.2	110.2	108.7	108.0	106.5	104.9
2015	94.8	94.0	93.9	94.2	94.0	95.1
2016	102.7	103.6	104.2	105.2	106.1	106.3
2017	111.2	111.2	111.7	111.5	111.9	112.3
2018	108.4	108.4	107.6	106.6	105.7	106.7
2019	110.0	110.4	110.8	111.5	111.6	110.1
2020	112.0	111.3	110.5	110.0	110.2	110.9
2021	105.0	105.5	106.1	106.0	105.9	105.4

年 份 Year	二手住宅价格指数					
	1 月 January	2 月 February	3 月 March	4 月 April	5 月 May	6 月 June
2012	99.4	99.0	99.8	99.4	99.8	99.7
2013	101.9	101.8	102.1	102.4	102.8	103.0
2014	103.6	103.6	103.5	103.5	101.9	101.6
2015	95.3	95.1	95.6	95.4	97.3	98.0
2016	104.5	105.1	104.1	104.5	103.6	102.9
2017	105.8	106.2	106.8	107.0	107.6	109.4
2018	107.0	107.2	107.1	106.2	105.4	104.3
2019	108.0	109.5	110.1	111.7	113.0	113.0
2020	109.0	107.7	106.8	105.5	104.4	103.9
2021	103.2	103.3	103.1	102.6	102.5	102.4

Price Indices of Commercial Housing Sales of Nanning

(preceding year=100)

Housing Price Indices of Newly Constructed Commercial Residential Buildings					
7 月 July	8 月 August	9 月 September	10 月 October	11 月 November	12 月 December
98.8	98.7	99.0	99.3	99.4	99.5
107.6	108.5	108.9	109.6	109.7	110.3
102.4	100.4	98.5	97.1	96.6	95.6
96.2	97.7	99.2	100.1	100.8	101.7
107.1	107.8	110.0	111.1	110.7	111.2
113.0	112.5	110.4	109.1	109.6	109.2
106.2	107.4	107.6	107.6	107.6	108.9
109.7	110.3	112.2	114.1	113.9	112.7
111.2	109.6	108.0	106.0	105.6	105.2
104.9	103.7	102.7	102.1	102.1	101.7

Housing Price Indices of Second-Hand Residential Buildings					
7 月 July	8 月 August	9 月 September	10 月 October	11 月 November	12 月 December
99.6	100.3	100.5	100.6	100.3	100.6
103.0	103.1	103.4	103.8	103.9	104.6
100.6	99.5	97.0	96.0	97.1	95.7
99.5	100.8	103.0	104.0	103.2	104.2
102.4	102.8	103.6	104.6	104.5	105.0
110.9	110.8	110.1	109.2	109.3	108.8
103.0	104.2	104.4	104.4	104.7	106.7
113.4	112.2	112.6	112.1	111.6	109.8
104.1	103.7	103.2	103.6	103.7	103.7
101.5	101.0	100.5	99.8	98.8	98.1

4-24 桂林市商品住宅销售价格指数（2021年）

（上年同期=100）

指 标	Item	1 月 January	2 月 February	3 月 March
新建商品住宅价格指数	**Housing Price Indices of Newly Constructed Commercial Residential Buildings**	**100.3**	**101.2**	**102.0**
90平方米及以下	90m^2 and Below	99.0	100.1	101.3
90～144平方米	90～144m^2	100.3	101.4	102.1
144平方米以上	Above 144m^2	102.9	102.7	102.2
二手住宅价格指数	**Housing Price Indices of Second-Hand Residential Buildings**	**102.6**	**102.6**	**102.6**
90平方米及以下	90m^2 and Below	101.6	101.4	101.4
90～144平方米	90～144m^2	102.7	102.2	102.6
144平方米以上	Above 144m^2	104.0	105.6	105.0

4-25 桂林市商品住宅销售价格环比指数（2021年）

（上月=100）

指 标	Item	1 月 January	2 月 February	3 月 March
新建商品住宅价格指数	**Housing Price Indices of Newly Constructed Commercial Residential Buildings**	**99.9**	**100.5**	**100.4**
90平方米及以下	90m^2 and Below	99.4	100.7	101.0
90～144平方米	90～144m^2	100.0	100.4	100.3
144平方米以上	Above 144m^2	100.2	100.4	100.3
二手住宅价格指数	**Housing Price Indices of Second-Hand Residential Buildings**	**100.5**	**100.2**	**100.1**
90平方米及以下	90m^2 and Below	100.0	100.1	100.0
90～144平方米	90～144m^2	100.8	100.0	100.3
144平方米以上	Above 144m^2	100.4	101.0	99.6

Price Indices of Commercial Housing Sales of Guilin（2021）

（preceding year=100）

4 月 April	5 月 May	6 月 June	7 月 July	8 月 August	9 月 September	10 月 October	11 月 November	12 月 December
101.8	**101.8**	**101.8**	**101.6**	**102.3**	**101.1**	**100.0**	**99.8**	**99.9**
101.7	101.5	103.5	102.9	103.3	102.2	100.9	100.8	100.3
101.8	101.8	101.3	101.2	102.1	100.8	99.8	99.6	99.8
101.9	102.2	102.1	101.0	101.8	100.3	100.0	99.6	100.0
102.1	**101.7**	**101.8**	**101.8**	**101.5**	**100.7**	**99.9**	**99.0**	**99.0**
101.2	101.4	100.8	100.6	100.0	99.7	99.0	98.7	98.4
102.3	101.7	102.4	102.3	102.3	101.3	100.5	99.0	99.5
103.1	102.5	102.2	102.5	102.0	100.9	100.1	99.6	98.6

Price Chains Indices of Commercial Housing Sales of Guilin（2021）

（preceding month=100）

4 月 April	5 月 May	6 月 June	7 月 July	8 月 August	9 月 September	10 月 October	11 月 November	12 月 December
100.4	**100.5**	**100.3**	**99.7**	**99.6**	**99.4**	**99.3**	**99.5**	**100.4**
100.0	100.7	101.3	99.5	99.6	99.4	99.1	99.2	100.3
100.6	100.4	100.0	99.8	99.6	99.4	99.3	99.6	100.5
99.9	100.4	100.4	99.0	100.1	99.6	100.1	99.7	100.0
99.8	**100.1**	**100.2**	**100.3**	**99.8**	**99.6**	**99.4**	**99.3**	**99.8**
100.0	100.2	99.9	100.2	99.3	100.0	99.5	99.8	99.4
99.7	100.0	100.4	100.3	100.0	99.4	99.4	99.0	100.2
99.8	99.8	100.3	100.3	99.9	99.6	99.2	99.4	99.3

4-26 桂林市商品住宅销售价格指数

（上年同期=100）

年 份 Year	新建商品住宅价格指数					
	1 月 January	2 月 February	3 月 March	4 月 April	5 月 May	6 月 June
2012	101.6	101.0	100.0	100.0	99.8	100.0
2013	99.7	99.8	100.6	101.3	104.3	105.8
2014	112.8	113.1	112.6	111.9	108.8	106.1
2015	91.9	90.9	90.4	90.2	89.9	90.7
2016	97.3	98.1	98.5	99.2	99.5	99.8
2017	103.8	104.4	105.1	105.9	106.8	107.5
2018	107.2	108.7	108.5	107.8	107.5	107.2
2019	109.5	110.1	110.0	109.2	109.5	110.0
2020	106.7	105.7	104.9	105.5	105.1	104.2
2021	100.3	101.2	102.0	101.8	101.8	101.8

年 份 Year	二手住宅价格指数					
	1 月 January	2 月 February	3 月 March	4 月 April	5 月 May	6 月 June
2012	98.9	100.1	100.4	100.4	99.7	99.7
2013	99.8	100.7	101.1	101.4	102.5	103.0
2014	104.5	104.0	103.6	103.0	102.1	101.6
2015	94.2	93.5	92.7	92.6	92.4	92.3
2016	96.9	97.6	98.1	98.3	98.3	98.4
2017	98.3	98.2	98.4	99.0	99.6	100.2
2018	103.1	103.3	103.6	103.4	103.3	103.4
2019	106.6	106.6	107.3	107.7	108.1	107.8
2020	105.1	105.3	104.4	104.1	103.9	103.6
2021	102.6	102.6	102.6	102.1	101.7	101.8

Price Indices of Commercial Housing Sales of Guilin

(preceding year=100)

Housing Price Indices of Newly Constructed Commercial Residential Buildings					
7 月 June	8 月 August	9 月 September	10 月 October	11 月 November	12 月 December
99.8	100.1	99.7	99.6	99.7	99.8
107.8	108.7	108.7	110.1	111.6	112.1
102.8	100.4	98.6	96.4	93.9	92.8
91.8	93.1	94.5	95.4	96.7	97.2
99.8	100.3	102.2	103.2	103.1	103.2
108.9	109.6	108.2	107.6	109.2	109.6
106.4	106.0	106.8	107.0	108.1	108.2
110.6	110.3	110.3	109.7	107.6	107.4
103.1	101.7	101.4	101.5	100.9	100.9
101.6	102.3	101.1	100.0	99.8	99.9

Housing Price Indices of Second-Hand Residential Buildings					
7 月 July	8 月 August	9 月 September	10 月 October	11 月 November	12 月 December
99.5	99.4	99.6	99.5	99.6	99.6
103.2	103.6	104.0	104.3	104.5	104.8
100.4	99.2	97.7	96.3	95.7	94.7
93.0	93.6	94.5	95.6	95.9	96.4
98.4	98.5	98.6	98.4	98.2	98.3
100.7	101.7	101.8	102.3	103.0	103.0
103.4	103.3	104.6	105.2	106.0	106.5
107.6	107.5	106.7	106.8	105.3	104.6
103.6	103.0	102.7	102.1	102.5	102.5
101.8	101.5	100.7	99.9	99.0	99.0

4-27 北海市商品住宅销售价格指数（2021年）

（上年同期=100）

指　标	Item	1月 January	2月 February	3月 March
新建商品住宅价格指数	**Housing Price Indices of Newly Constructed Commercial Residential Buildings**	**96.3**	**95.8**	**95.6**
90平方米及以下	$90m^2$ and Below	96.5	96.7	96.5
90～144平方米	90～$144m^2$	95.8	94.6	94.5
144平方米以上	Above $144m^2$	97.2	95.6	96.6
二手住宅价格指数	**Housing Price Indices of Second-Hand Residential Buildings**	**96.6**	**96.7**	**96.6**
90平方米及以下	$90m^2$ and Below	96.8	96.9	96.9
90～144平方米	90～$144m^2$	96.4	96.3	96.1
144平方米以上	Above $144m^2$	96.4	96.8	96.5

4-28 北海市商品住宅销售价格环比指数（2021年）

（上月=100）

指　标	Item	1月 January	2月 February	3月 March
新建商品住宅价格指数	**Housing Price Indices of Newly Constructed Commercial Residential Buildings**	**99.7**	**99.7**	**99.9**
90平方米及以下	$90m^2$ and Below	99.7	99.9	99.7
90～144平方米	90～$144m^2$	99.6	99.6	100.2
144平方米以上	Above $144m^2$	100.5	98.9	100.0
二手住宅价格指数	**Housing Price Indices of Second-Hand Residential Buildings**	**99.9**	**99.8**	**99.8**
90平方米及以下	$90m^2$ and Below	100.1	99.9	99.9
90～144平方米	90～$144m^2$	99.5	99.8	99.8
144平方米以上	Above $144m^2$	100.2	99.8	99.6

Price Indices of Commercial Housing Sales of Beihai（2021）

(preceding year=100)

4 月 April	5 月 May	6 月 June	7 月 July	8 月 August	9 月 September	10 月 October	11 月 November	12 月 December
95.5	**96.3**	**97.1**	**97.7**	**98.4**	**98.4**	**98.8**	**98.5**	**98.4**
95.9	96.5	97.4	97.9	98.8	98.4	99.0	98.7	98.3
94.9	95.9	96.8	97.2	98.0	98.4	98.5	98.2	98.4
96.9	96.5	97.1	98.5	99.3	99.4	99.3	99.7	99.5
96.7	**97.3**	**98.1**	**98.7**	**98.6**	**98.7**	**98.9**	**98.9**	**98.3**
97.0	97.3	98.0	98.6	98.8	98.9	99.4	99.2	98.5
96.3	96.7	97.6	98.3	97.7	97.6	97.8	97.7	97.7
96.4	98.2	99.1	99.4	99.7	100.1	99.4	99.9	98.5

Price Chains Indices of Commercial Housing Sales of Beihai（2021）

(preceding month=100)

4 月 April	5 月 May	6 月 June	7 月 July	8 月 August	9 月 September	10 月 October	11 月 November	12 月 December
99.7	**100.6**	**100.3**	**100.3**	**100.1**	**99.6**	**99.7**	**99.5**	**99.4**
99.8	100.4	100.5	100.3	100.0	99.3	99.8	99.5	99.4
99.6	100.8	100.0	100.1	100.1	100.0	99.6	99.5	99.3
99.7	100.0	100.4	100.8	100.5	100.1		99.4	99.4
99.7	**100.0**	**100.5**	**100.1**	**99.9**	**99.8**	**99.8**	**99.6**	**99.4**
99.7	99.8	100.4	100.3	100.0	100.0	99.9	99.4	99.2
100.0	100.1	100.7	99.8	99.5	99.5	99.7	99.8	99.6
99.3	100.3	100.3	99.9	100.2	99.8	99.8	100.1	99.4

4-29 北海市商品住宅销售价格指数

（上年同期=100）

年 份 Year	新建商品住宅价格指数					
	1 月 January	2 月 February	3 月 March	4 月 April	5 月 May	6 月 June
2012	100.8	99.7	98.9	98.2	98.3	98.4
2013	99.6	100.9	102.0	103.1	104.1	105.3
2014	110.7	109.9	109.2	108.3	107.4	105.6
2015	94.5	94.0	93.6	93.1	92.9	93.2
2016	99.1	99.7	100.3	101.1	101.3	101.2
2017	104.6	104.7	105.0	106.7	110.1	112.6
2018	110.5	112.2	112.3	111.1	108.9	108.0
2019	112.5	112.8	113.2	113.6	113.4	112.8
2020	107.7	107.2	106.0	104.7	103.5	102.2
2021	96.3	95.8	95.6	95.5	96.3	97.1

年 份 Year	二手住宅价格指数					
	1 月 January	2 月 February	3 月 March	4 月 April	5 月 May	6 月 June
2012	101.8	99.5	98.3	98.2	98.2	98.5
2013	100.3	101.0	102.3	103.0	103.6	104.4
2014	106.3	105.9	105.0	104.4	103.5	102.4
2015	93.2	92.7	92.7	93.0	93.6	94.2
2016	103.1	103.4	103.5	103.0	103.1	102.6
2017	101.8	102.2	102.4	104.0	105.9	107.8
2018	108.0	107.6	107.3	106.2	104.3	103.5
2019	107.7	108.5	109.4	109.6	109.6	108.5
2020	101.7	101.0	100.0	99.0	98.0	97.8
2021	96.6	96.7	96.6	96.7	97.3	98.1

Price Indices of Commercial Housing Sales of Beihai

(preceding year=100)

Housing Price Indices of Newly Constructed Commercial Residential Buildings					
7 月 July	8 月 August	9 月 September	10 月 October	11 月 November	12 月 December
98.7	98.8	98.8	99.0	99.5	99.4
105.9	106.9	108.2	108.7	109.1	110.0
104.2	101.8	99.6	98.2	96.5	95.9
93.7	95.5	97.0	97.4	98.2	98.5
101.5	101.2	101.8	102.7	103.7	103.9
114.1	114.9	114.2	114.5	114.0	113.2
106.8	109.1	109.5	110.0	110.9	111.8
113.1	110.8	109.9	108.9	107.8	107.6
101.2	99.5	99.1	98.2	97.9	97.0
97.7	98.4	98.4	98.8	98.5	98.4

Housing Price Indices of Second-Hand Residential Buildings					
7 月 July	8 月 August	9 月 September	10 月 October	11 月 November	12 月 December
98.8	99.0	99.1	99.1	99.4	99.6
104.8	105.0	105.3	105.7	106.3	106.3
101.1	99.4	98.0	96.5	95.3	94.1
95.4	96.9	98.5	100.0	101.0	102.2
102.2	102.1	101.7	101.6	101.5	101.7
108.7	109.0	109.1	109.1	108.9	108.4
103.2	104.8	106.6	106.7	107.4	107.9
108.4	106.4	103.7	103.2	102.2	101.8
97.0	96.5	96.9	96.5	96.5	96.5
98.7	98.6	98.7	98.9	98.9	98.3

4-30 农产品生产者价格指数（2021年）

Producers Price Indices for Farm Products（2021）

（上年同期=100） (preceding year=100)

指 标	Item	全 年 Annual Year	一季度 First Quarter	二季度 Second Quarter	三季度 Third Quarter	四季度 Fourth Quarter
农产品生产者价格指数	**Producer Price Indices for Farm Products**	**94.9**	**102.1**	**95.5**	**85.8**	**93.6**
农业产品	**Agriculture Products**	**103.3**	**105.0**	**100.4**	**97.9**	**110.7**
谷物	Cereal	112.2	121.1	109.6	108.1	103.3
稻谷	Rice	101.6	106.7	102.7	105.1	96.0
早籼稻	Early Indica Rice	100.9			105.0	97.4
晚籼稻	Late Indica Rice	102.3	106.7	102.7	105.5	94.9
玉米	Corn	144.2	170.0	139.7	128.4	140.0
薯类	Tubers	89.9	104.4	50.0		101.4
油料	Oil-bearing Crops	101.8	108.7		95.6	100.6
花生	Peanut	101.8	108.7		95.6	100.6
豆类	Beans	128.0	126.3	142.9	142.9	100.0
大豆	Soybean	128.0	126.3	142.9	142.9	100.0
生麻	Raw Hemp	98.9	95.6	97.4	98.2	103.6
糖料	Sugar	100.0	100.0			100.0
甘蔗	Sugar Cane	100.0	100.0			100.0
未加工烟草	Untreated Tobacco	106.9			106.9	
蔬菜及食用菌	Vegetables and Edible Fungus	106.3	110.8	92.6	105.3	123.2
蔬菜	Vegetables	106.7	111.1	92.7	105.6	124.3
叶菜类蔬菜	Leafy Vegetables	101.9	106.7	82.8	104.2	122.3
芹菜	Celery	115.3	175.0			102.5
油菜	Rape	110.6	79.6	70.7		156.2
菠菜	Spinach	113.9	104.1			119.4
空心菜	Water Spinach	93.3		85.8	103.1	
小白菜	Bok Choy	96.5	102.1	82.5	100.1	100.4
白菜类蔬菜	Chinese Cabbage Group	99.6	95.1	84.9	104.2	111.3
大白菜	Napa Cabbage	96.8	96.2	72.9	100.0	108.6
普通白菜	Common Chinese Cabbage	95.2	87.4	82.1		105.0
菜心（菜薹）	Chinese Flowering Cabbage	103.9	94.4	95.8	109.4	114.3
芥菜类蔬菜	Mustard Vegetables	92.4	87.4	72.5	105.0	125.3
叶用芥菜	Leaf Mustard	92.4	87.4	72.5	105.0	125.3

4-30　续表 1　continued

（上年同期＝100）　　(preceding year=100)

指　标	Item	全　年 Annual Year	一季度 First Quarter	二季度 Second Quarter	三季度 Third Quarter	四季度 Fourth Quarter
甘蓝类蔬菜	Brassica Vegetables	64.8	64.8			
青花菜	Broccoli	40.0	40.0			
芥蓝	Cabbage Mustard	85.5	85.5			
根茎类蔬菜	Root Vegetables	93.7	93.7			
白萝卜	White Radish	93.7	93.7			
瓜菜类蔬菜	Melons and Vegetables	109.6	98.0	85.0	99.9	147.1
黄瓜	Cucumber	158.8	120.0	105.1	90.6	299.0
冬瓜	Wax Gourd	94.4		51.3	83.1	142.2
西葫芦	Summer Squash	76.9		76.9		
苦瓜	Balsm Pear	91.9		81.4	97.0	98.4
南瓜	Pumpkin	90.6	90.8	74.6	121.0	97.5
丝瓜	Luffa	129.4		98.7	123.4	156.5
豆类蔬菜	Leguminous Vegetables	117.4		126.5	121.5	117.7
豇豆	Cowpea	127.2		141.7	121.3	121.0
四季豆	French Beans	88.0		65.1	117.2	
茄果类蔬菜	Solanaceous Fruit Vegetable	117.3	156.9	77.6	103.1	119.3
茄子	Aubergine	104.8	94.1	100.6	99.8	122.6
青椒	Green Pepper	75.8		53.4	99.5	
辣椒	Capsicum	148.0	323.0	68.3	116.7	92.6
西红柿	Tomato	113.2	97.3	89.5	93.3	150.5
莴苣及菊苣类蔬菜	Lettuce and Chicory Vegetables	116.8	104.1	98.5	105.1	119.6
生菜	Lettuce	107.9	98.5	100.9		119.2
莴笋	Asparagus Lettuce	122.0	124.4			120.0
葱蒜类蔬菜	Allium Vegetables	106.2	108.2	111.5	104.5	102.1
韭菜	Leek	106.2	108.2	111.5	104.5	102.1
水生蔬菜	Aquatic Vegetables	95.4	92.5	98.4		
荸荠	Chufa	95.4	92.5	98.4		
食用菌	Edible Fungus	99.2	106.8	90.3	100.0	104.0
平茹	Oyster Mushroon	99.6	101.3	87.2	100.0	110.2
黑木耳	Black Fungus	100.0				100.0
黄背木耳	Auricularia Polytricha	96.2				96.2
水果及坚果	Fruit and Nuts	91.3	97.6	104.5	77.7	110.8
水果（园林水果）	Fruit（Garden Fruit）	91.3	97.6	104.5	77.7	110.8
柑橘类水果	Citrus Fruit	86.8	86.1	99.2	78.1	92.5

4-30 续表 2 continued

（上年同期＝100） (preceding year=100)

指 标	Item	全 年 Annual Year	一季度 First Quarter	二季度 Second Quarter	三季度 Third Quarter	四季度 Fourth Quarter
柑橘	Citrus	76.4	83.1	57.7		84.5
橙	Orange	113.3	96.0	115.4		130.9
柚	Pomelo Grapefruit	84.5	83.5		78.1	95.0
葡萄	Grape	104.2			98.5	137.5
巨峰葡萄	Kyoho Grape	105.4			98.6	137.5
热带水果	Tropical Fruits	72.7	114.8	77.1	58.0	109.3
香蕉	Banana	97.4	114.8	71.9	95.6	109.3
龙眼	Longan	39.3			39.3	
荔枝	Lychee	61.1		79.5	47.7	
芒果	Mango	79.9			79.9	
瓜类水果	Melon Fruit	120.1		143.9	104.3	124.2
西瓜	Watermelon	123.6		147.2	104.3	124.2
香瓜	Muskmelon	102.9		102.9		
其他水果	Other Fruit	119.4	118.2		104.9	138.4
柿子	Persimmon	119.4	118.2		104.9	138.4
茶及饮料原料	Tea and Beverage Raw Materials	100.3	101.7	104.9	89.5	104.8
茶叶	Tea	100.3	101.7	104.9	89.5	104.8
绿茶	Green Tea	101.1	101.7	104.9	91.8	105.8
中草药材	Chinese Medicinal Herbs	114.5	102.3	102.9	94.8	220.5
林业产品	**Forestry Products**	**104.2**	**114.3**	**108.3**	**100.8**	**102.7**
育种和育苗	Breeding and Seedling Raising	101.8	106.6	89.9	71.5	97.2
木材采伐产品	Timber Harvesting Products	99.4	101.9	109.0	99.6	100.0
原木	Log	99.4	101.9	109.0	99.6	100.0
针叶原木	Coniferous Log	98.4	103.3	112.6	97.5	98.8
马尾松原木	Ping Log	95.9			94.3	97.3
杉木原条	Chinese Fir	106.6	103.3	112.6	107.1	103.1
非针叶原木	Non Coniferous Wood	101.8	99.1	101.7	103.2	103.4
按树原木	Eucalyptus Log	101.8	99.1	101.7	103.2	103.4
竹材采伐产品	Bamboo Cutting Products	108.4	110.6	115.9	104.4	103.2
林产品	Forest Product	137.5	174.0	135.9	148.2	119.5
饲养动物及其产品	**Feeding Animals and Their Products**	**78.3**	**93.6**	**81.5**	**64.0**	**69.0**
活牲畜	Live Cattle	64.8	88.3	66.1	47.2	54.1
猪	Pig	60.8	86.8	61.6	42.2	49.2
种猪	Boar	60.3	80.2	74.2	44.7	35.5

4-30　续表 3　continued

（上年同期＝100）　　(preceding year=100)

指　标	Item	全　年 Annual Year	一季度 First Quarter	二季度 Second Quarter	三季度 Third Quarter	四季度 Fourth Quarter
仔猪	Piglet	46.7	79.6	57.4	19.1	20.7
其他活猪	Other Pigs	61.5	87.7	61.8	42.9	50.5
牛	Cattle	99.6	104.6	97.4	95.3	101.3
羊	Sheep	105.9	102.5	116.4	106.7	99.5
活家禽	Live Poultry	109.7	114.6	112.2	99.5	111.3
活鸡	Chickens	108.6	112.5	110.2	102.8	108.9
活鸭	Live ducks	113.9	122.7	119.6	92.8	121.9
畜禽产品	Livestock and Poultry Products	134.7	106.7	141.6	138.8	124.7
禽蛋	Poultry of Eggs	107.6	106.7	108.1	109.4	103.7
鸡蛋	Egg	106.7	100.9	108.1	115.4	103.7
鸭蛋	Duck's Egg	108.9	117.4		100.0	
蚕茧	Silkworm Cocoon	151.5		169.0	149.4	137.9
渔业产品	**Fishery Products**	**105.6**	**107.5**	**105.6**	**105.8**	**102.1**
海水养殖产品	Seawater Artificially Cultured Products	108.9	122.6	91.3	107.8	101.0
海水养殖虾	Mariculture of Prawns	103.9	126.9	85.6	103.5	103.6
海水养殖蟹	Mariculture of Crabs	97.9	97.9			
海水养殖贝类	Mariculture of Shellfish	114.1	123.3	95.3	110.6	99.1
海水养殖牡蛎	Mariculture of Oyster	104.9	121.3	95.3	110.6	99.1
海水养殖蛤	Mariculture of Clams	125.6	125.6			
海水捕捞产品	Seawater Fishing Products	96.1	96.2	98.0	95.0	97.3
海水捕捞鲜鱼	Marine Fishing Fresh Fish	93.1	88.7	96.0	99.1	92.0
海水捕捞虾	Marine Fishing Shrimp	105.3	103.4	96.5	97.4	123.6
海水捕捞蟹	Marine Fishing Crab	103.5	112.2	112.0	87.3	100.0
海水捕捞软体水生动物	Marine Aquatic Animals	97.6	98.8	97.6	94.0	99.9
淡水养殖产品	Fresh Water Farming Products	107.5	101.5	113.7	109.7	105.4
养殖淡水鱼	Cultured Freshwater Fish	109.6	102.0	115.1	113.5	108.1
养殖淡水鲤鱼	Cultured Freshwater Carp	109.2	98.6	121.0	112.1	105.5
养殖淡水草鱼	Cultured Freshwater Grass Carp	117.6	107.7	128.1	124.3	109.9
养殖淡水鳙鱼（胖头鱼）	Cultured Freshwater Bighead	112.0	104.5	112.4	117.6	113.3
养殖淡水罗非鱼	Cultured Freshwater Tilapia	104.3	103.6	104.2	104.7	104.7
养殖淡水鲢鱼	Cultured Freshwater Silver Carp	105.3	93.5	112.8	112.3	108.3
其他淡水养殖产品	Other Cultured Freshwater Products	97.5	99.5	103.1	94.3	94.6
淡水养殖龟	Cultured Freshwater Turtle	98.4	97.0	104.6	96.5	96.4
淡水养殖鳖	Cultured Freshwater Turtles	96.8	101.6	101.9	92.5	93.1

4-31 分季度农产品生产者价格指数

（上年同期=100）

指 标	Item	2017			
		一季度 First Quarter	二季度 Second Quarter	三季度 Third Quarter	四季度 Fourth Quarter
农产品生产者价格指数	**Producer Price Indices for Farm Products**	**99.7**	**98.0**	**96.9**	**101.0**
农业产品	**Agriculture Products**	**102.6**	**108.4**	**107.2**	**104.7**
谷物	Cereal	94.7	101.6	99.1	108.3
稻谷	Rice	94.1	100.3	99.0	109.0
早籼稻	Early Indica Rice			99.0	
晚籼稻	Late Indica Rice	94.1	100.3		109.0
玉米	Corn	96.5	107.3	100.0	104.9
薯类	Tubers	97.0	94.3		105.5
油料	Oil-bearing Crops	100.0		100.5	100.0
花生	Peanut	100.0		100.5	100.0
豆类	Beans	100.0	100.0	100.0	100.0
大豆	Soybean	100.0	100.0	100.0	100.0
生麻	Raw Hemp	93.5	100.0	97.4	102.6
糖料	Sugar	111.1	113.3		102.0
甘蔗	Sugar Cane	111.1	113.3		102.0
未加工烟草	Untreated Tobacco			100.4	
蔬菜及食用菌	Vegetables and Edible Fungus	86.0	100.7	109.3	105.5
蔬菜	Vegetables	85.3	101.0	109.2	105.7
叶菜类蔬菜	Leafy Vegetables	69.5	98.3	112.8	108.1
芹菜	Celery	78.0			153.9
油菜	Rape	81.0	81.8	102.7	100.2
菠菜	Spinach	71.1			115.8
空心菜	Water Spinach		103.2	118.7	99.6
小白菜	Bok Choy	55.1	72.0	103.4	101.5
白菜类蔬菜	Chinese Cabbage Group	67.0	75.6	113.3	111.0
大白菜	Napa Cabbage	69.5	82.5	98.4	113.5
普通白菜	Common Chinese Cabbage	59.2	87.8		93.9
菜心（菜薹）	Chinese Flowering Cabbage	63.5	64.3	132.1	113.9
芥菜类蔬菜	Mustard Vegetables	59.7	100.4	106.7	118.8
叶用芥菜	Leaf Mustard	59.7	100.4	106.7	118.8
甘蓝类蔬菜	Brassica Vegetables	83.2	105.9		93.1
结球甘蓝	Common Head Cabbage	77.7	105.9		
芥蓝	Cabbage Mustard	88.6			93.1

Producers Price Indices for Farm Products by Quarter

(preceding year=100)

2018				2019				2020			
一季度 First Quarter	二季度 Second Quarter	三季度 Third Quarter	四季度 Fourth Quarter	一季度 First Quarter	二季度 Second Quarter	三季度 Third Quarter	四季度 Fourth Quarter	一季度 First Quarter	二季度 Second Quarter	三季度 Third Quarter	四季度 Fourth Quarter
98.9	**94.0**	**96.1**	**100.3**	**95.6**	**110.6**	**122.9**	**137.7**	**145.4**	**136.0**	**119.7**	**97.6**
99.6	**96.9**	**94.2**	**104.2**	**97.7**	**114.0**	**114.1**	**96.7**	**98.7**	**85.6**	**104.9**	**104.0**
103.5	100.3	99.0	103.9	103.0	94.6	95.0	88.6	97.6	104.2	103.8	112.5
100.6	100.3	98.3	104.0	101.2	93.2	94.1	86.1	95.6	103.1	101.8	110.8
		97.9	108.1			94.1	79.9			102.2	106.9
100.6	100.3	99.7	100.6	101.2	93.2		91.3	95.6	103.1	100.5	114.1
113.6	100.5	104.0	103.7	109.1	100.5	101.0	101.0	104.7	109.1	116.3	121.1
73.1	87.7		98.3	136.7	143.3		98.5	115.0	118.2		93.1
100.0		96.3	98.0	99.3		109.6	123.4			111.4	101.2
100.0		96.3	98.0	99.3		109.6	123.4			111.4	101.2
106.2	100.0	101.9	100.0	100.0	92.5	97.7	95.5	103.7	100.9	100.0	97.1
106.2	100.0	101.9	100.0	100.0	92.5	97.7	95.5	103.7	100.9	100.0	97.1
100.0	97.4	100.0	102.5	100.0	100.0	100.0	100.0	102.6	100.0	87.9	97.7
100.0	100.0		98.1	98.1	98.1		100.0	100.0			100.0
100.0	100.0		98.1	98.1	98.1		100.0	100.0			100.0
		101.1	100.0			100.3	98.9			98.7	
102.4	97.1	99.9	101.2	102.1	125.4	107.1	101.1	100.3	91.9	105.7	117.3
101.9	97.6	100.1	100.6	102.3	126.7	107.4	100.6	100.3	91.6	105.8	117.9
113.7	100.7	101.7	105.2	106.5	113.8	104.9	93.2	96.4	105.8	105.7	103.5
162.3							77.8	66.7			84.6
111.1	78.7	95.3	100.9	116.0	105.0	101.6	86.3	109.6	104.9	102.3	108.4
96.4	105.1		98.8	103.3			111.9	116.6	105.7		101.4
	104.9	109.4	91.3		124.9	117.0			109.0	111.8	86.4
106.2	95.8	100.2	108.8	103.0	111.1	111.4	99.5	100.0	93.8	103.3	98.2
103.7	108.4	115.7	112.5	107.6	114.1	106.2	99.5	103.0	93.5	109.1	102.4
106.9	102.3	105.6	106.8	109.2	129.3	112.9	104.7	101.9	87.7	105.9	94.5
96.3	99.4		91.7	113.0	133.0		88.3	106.7	76.8		88.8
99.1	117.6	128.3	120.7	103.8	92.8	97.8	99.5	104.4	106.1	113.2	110.1
103.1	103.1	105.6	112.9	105.0	114.1	96.4	96.6	101.7	106.9	115.8	96.6
103.1	103.1	105.6	112.9	105.0	114.1	96.4	96.6	101.7	106.9	115.8	96.6
97.2	106.4	96.5	107.4	116.9	110.1	122.7	94.0		80.0		103.6
97.0	106.4	96.5	104.4	112.5	110.1	122.7			80.0		105.7
97.5			112.3	121.2			94.0				100.0

4-31 续表 1

（上年同期＝100）

指 标	Item	2017 一季度 First Quarter	2017 二季度 Second Quarter	2017 三季度 Third Quarter	2017 四季度 Fourth Quarter
根茎类蔬菜	Root Vegetables	105.1	114.6		98.1
白萝卜	White Radish	104.8	111.3		97.5
胡萝卜	Carrot	103.5	117.0		99.3
生姜	Ginger	106.2			
芋头	Taro	87.7	109.7	122.8	117.7
山药	Common Yam Rhizome	91.8	115.2	123.5	115.2
瓜菜类蔬菜	Melons and Vegetables	85.4	150.7	139.0	127.7
黄瓜	Cucumber	85.0	96.3		123.4
冬瓜	Wax Gourd	92.2	108.7	119.0	119.1
西葫芦	Summer Squash			108.8	109.6
苦瓜	Balsm Pear		85.1	130.1	112.7
南瓜	Pumpkin		103.9	110.5	90.3
丝瓜	Luffa		105.2	112.2	87.5
豆类蔬菜	Leguminous Vegetables		109.4	111.5	
豇豆	Cowpea	93.3	98.6	97.2	111.7
四季豆	French Beans	80.8	106.6	108.0	108.4
茄果类蔬菜	Solanaceous Fruit Vegetable	115.9	104.7	108.7	106.0
茄子	Aubergine	94.0	90.6	69.4	104.3
青椒	Green Pepper	91.4	103.2	106.8	121.4
辣椒	Capsicum	69.7	83.8	119.2	108.9
西红柿	Tomato	75.5	92.4	121.5	119.6
莴苣及菊苣类蔬菜	Lettuce and Chicory Vegetables	48.6	68.2		98.6
生菜	Lettuce	71.4	56.2	99.1	95.0
莴笋	Asparagus Lettuce				
葱蒜类蔬菜	Allium Vegetables		32.0	119.7	93.0
细香葱	Chive	71.4	69.4	89.2	97.2
大蒜	Garlic	103.5	121.0	102.4	100.7
韭菜	Leek	103.5	121.0	102.4	100.7
水生蔬菜	Aquatic Vegetables				
莲藕	Lotus Root	99.2	95.3	112.4	102.5
荸荠	Chufa	100.9	99.6	111.5	97.2
食用菌	Edible Fungus	107.0			
双孢蘑菇	Double Spore Mushroom	100.0	100.0		
黑木耳	Black Fungus	99.6	102.8		95.6
黄背木耳	Yellow Back Fungus	84.2			116.7

continued

(preceding year=100)

2018				2019				2020			
一季度 First Quarter	二季度 Second Quarter	三季度 Third Quarter	四季度 Fourth Quarter	一季度 First Quarter	二季度 Second Quarter	三季度 Third Quarter	四季度 Fourth Quarter	一季度 First Quarter	二季度 Second Quarter	三季度 Third Quarter	四季度 Fourth Quarter
99.7	97.1	101.0	104.0	99.1	100.7	94.9	115.3	120.9			
99.7	105.3		103.1	99.1	100.7		115.3	120.9			
	90.9										
107.2	97.6	100.8	106.2								
130.9	99.0	105.0	110.3								
109.8	109.6	96.7	107.0	102.5	119.3	92.6	95.1	110.3	90.5	123.1	113.7
115.9	125.0		63.2		102.4	93.4	107.7	113.9	92.9	141.0	122.3
107.1	94.8	93.4	110.9	100.0	127.7	72.8	86.1		90.8	138.5	117.2
94.2	100.0	112.0	104.5	94.7	111.5		230.7	55.2	85.0		100.0
122.9	85.1	128.6	113.1		133.2	99.5	72.1	92.1	88.0	121.8	131.1
93.3	89.2	100.0	102.5	106.4	109.4	91.8	119.1	126.4	90.5	60.1	89.8
	88.9	100.4	104.6			81.9	71.9		94.8	107.5	95.2
	74.0			103.1	140.6	101.4	105.0	92.6	87.2	118.4	98.1
93.8	94.3	94.0	82.9	103.1	130.4	102.2	102.9		84.0	129.2	100.0
104.0	103.8	87.9	100.0		232.3		111.7		95.5	100.0	
103.5	98.7	107.9	105.0	98.7	163.8	128.8	99.3	86.7	80.4	86.6	180.7
124.2	91.8	93.8	68.5	115.2	112.3	108.1	89.5	96.1	102.4	101.4	104.5
80.8	92.4	100.0	95.6	100.0	151.7	105.7		117.6	71.0		
101.4	99.8	97.0	88.2	66.7	210.9	166.4	93.5	62.9	66.9	59.0	252.0
98.4	91.6	97.0	107.8	109.9	130.1	132.3	107.8	92.1	92.4	93.3	107.9
111.2	113.9		69.3	105.1	118.2	97.8	92.0	101.5	98.0	129.3	147.8
93.8	114.0	109.1	87.9	111.4	116.5	97.4	113.3	98.2	98.6	129.3	103.7
				84.9	121.2		71.5	114.7			190.0
96.7	149.7	110.7	80.6	98.9	112.5	106.7	108.2	102.3	74.3	91.6	89.7
92.4	94.6	108.3	95.3	105.3	117.6	107.0	112.0		56.1	102.6	84.8
100.0		104.4	103.6								
100.0		104.4	103.4	98.0	109.7	106.5	104.3	91.3	84.1	86.3	94.8
			104.1	99.6	103.5		105.3	98.7	101.6		97.7
110.8	87.3	95.8	111.0								
110.5	93.1	101.0	121.8	99.6	103.5		105.3	98.7	101.6		97.7
142.2	100.0			96.9	99.3	101.9	109.2	101.1	98.0	103.5	106.7
82.5	64.2	79.6	106.9	86.6	87.3	94.1					
100.6			107.1	107.3	111.2	108.1		103.6	95.6		

4-31 续表 2

（上年同期＝100）

指 标	Item	2017 一季度 First Quarter	2017 二季度 Second Quarter	2017 三季度 Third Quarter	2017 四季度 Fourth Quarter
水果及坚果	Fruit and Nuts	104.0	115.4	117.2	99.4
水果（园林水果）	Fruit（Garden Fruit）	104.0	115.4	117.2	99.4
柑橘类水果	Citrus Fruit	123.7	108.1	117.4	116.7
柑橘	Citrus	123.6		117.4	116.7
橙	Orange	134.4	108.1		147.5
柚	Pomelo Grapefruit	113.7			99.1
葡萄	Grape			116.7	100.0
巨峰葡萄	Kyoho Grape			121.7	100.0
热带水果	Tropical Fruits	66.7	95.7	123.3	67.4
香蕉	Banana	66.7	79.0	65.0	67.4
龙眼	Longan			145.4	
荔枝	Lychee		103.5	137.3	
芒果	Mango		95.0	102.4	
瓜类水果	Melon Fruit		145.4	102.9	103.0
西瓜	Watermelon		151.7	103.2	104.2
香瓜	Muskmelon		124.6	101.2	
其他水果	Other Fruit	169.3		82.8	88.9
柿子	Persimmon	169.3		82.8	88.9
茶及饮料原料	Tea and Beverage Raw Materials	94.3	102.9	103.1	101.7
茶叶	Tea	94.3	102.9	103.1	101.7
绿茶	Green Tea	94.3	102.9	104.5	102.4
中草药材	Chinese Medicinal Herbs	71.2	104.8	106.0	117.1
林业产品	**Forestry Products**	**99.4**	**103.5**	**100.3**	**101.4**
育种和育苗	Breeding and Seedling Raising	92.5	100.6	107.2	101.7
木材采伐产品	Timber Harvesting Products	97.5	103.5	99.8	99.9
原木	Log	97.4	103.1	99.9	100.0
针叶原木	Coniferous Log	97.4	106.2	102.0	100.0
马尾松原木	Ping Log	97.4	108.0	102.5	101.3
杉木原条	Chinese Fir	97.3	101.3	100.3	96.1
非针叶原木	Non Coniferous Wood	97.5	97.2	96.1	99.9
桉树原木	Eucalyptus Log	97.5	97.2	96.1	99.9
竹材采伐产品	Bamboo Cutting Products	94.4	100.4	98.9	97.6
林产品	Forest Product	121.8	111.9	107.7	114.8

continued

(preceding year=100)

2018				2019				2020			
一季度 First Quarter	二季度 Second Quarter	三季度 Third Quarter	四季度 Fourth Quarter	一季度 First Quarter	二季度 Second Quarter	三季度 Third Quarter	四季度 Fourth Quarter	一季度 First Quarter	二季度 Second Quarter	三季度 Third Quarter	四季度 Fourth Quarter
95.2	85.8	83.2	112.5	82.6	149.0	142.8	95.6	92.3	59.2	106.5	85.8
95.2	85.8	83.2	112.5	82.6	149.0	142.8	95.6	92.3	59.2	106.5	85.8
92.7	71.8	90.8	91.7	69.6	89.2	198.9	95.6	85.4	67.1	110.4	86.7
83.0		100.0	94.5	61.6			97.6	65.6	60.8		84.7
101.8	71.8		106.5	71.2	89.2		78.3	107.6	69.6	113.3	84.2
106.8		68.0	75.1	86.9		198.9	99.3	111.0		106.3	94.1
		95.4				102.2				101.7	
		91.4				87.1				105.9	
100.3	84.9	65.7	176.8	102.5	168.3	162.1	86.2	99.7	59.5	118.0	85.5
100.3	116.9	159.5	176.8	102.5	134.3	108.8	86.2	99.7	71.0	84.5	85.5
		45.5				156.7				145.0	
	70.2	32.4			183.9	353.5			54.2	69.3	
		71.2				161.3				87.9	
	93.4	111.4	101.0		150.7	114.8	90.9		55.1	79.4	
	92.8	112.9	101.0		150.3	116.8	90.9		56.2	79.4	
	101.0	100.0			155.3	100.0			41.8		
81.8		98.9	96.6	98.4		104.5	112.1	136.8		95.1	83.4
81.8		98.9	96.6	98.4		104.5	112.1	136.8		95.1	83.4
104.2	102.3	103.8	102.8	108.8	106.9	102.6	103.0	100.1	91.3	98.3	101.4
104.2	102.3	103.8	102.8	108.8	106.9	102.6	103.0	100.1	91.3	98.3	101.4
104.2	102.3	105.6	103.3	108.8	106.9	103.8	103.7	100.1	91.3	104.6	105.1
118.5	107.5	97.6	135.0	102.3		96.6	110.5	109.4	100.0	101.4	66.0
104.8	**100.3**	**100.9**	**101.7**	**98.4**	**99.4**	**98.4**	**100.3**	**90.5**	**97.3**	**97.7**	**105.2**
115.9	103.3	97.8	108.8	92.7	84.9	75.6	98.4	84.4	104.2	105.9	106.6
99.5	99.0	99.3	100.0	99.5	102.0	99.5	100.8	96.8	97.1	96.9	98.1
99.6	99.0	99.3	100.0	99.5	102.0	99.5	100.8	96.8	97.1	96.9	98.1
98.9	98.6	97.8	98.5	98.2	100.9	96.8	100.6	94.4	98.0	96.3	
97.9	98.0	97.5				95.5	103.2		97.8	98.2	
100.4	100.2	98.5	98.5	98.2	100.9	101.1	92.5	94.4	98.6	90.6	
101.1	99.9	102.1	104.0	102.0	104.0	104.2	101.3	101.5	95.3	97.9	98.1
101.1	99.9	102.1	104.0	102.0	104.0	104.2	101.3	101.5	95.3	97.9	98.1
97.4	106.8	114.4	102.6	94.9	100.2	102.4	107.6	104.6	98.1	99.0	97.5
112.3	109.0	111.3	110.8	106.3	92.5	85.6	89.5	66.0	84.5	105.7	157.1

4-31 续表 3

（上年同期=100）

指　标	Item	2017			
		一季度 First Quarter	二季度 Second Quarter	三季度 Third Quarter	四季度 Fourth Quarter
饲养动物及其产品	**Feeding Animals and Their Products**	**93.4**	**79.3**	**83.0**	**95.0**
活牲畜	Live Cattle	96.3	76.5	76.4	86.7
猪	Pig	96.2	74.7	74.6	85.1
种猪	Boar	99.9	100.8	98.5	97.1
仔猪	Piglet	107.3	76.7	67.5	73.5
能繁殖母猪	Breeding Sows	104.4			
其他活猪	Other Pigs	94.6	74.2	74.6	85.5
牛	Cattle	100.3	89.6	93.2	103.0
羊	Sheep	93.5	96.4	100.3	101.8
活家禽	Live Poultry	79.3	73.8	99.3	122.1
活鸡	Chickens	77.8	69.6	94.5	125.2
活鸭	Live ducks	85.3	89.4	108.7	108.3
畜禽产品	Livestock and Poultry Products	91.9	98.9	108.8	119.3
禽蛋	Poultry of Eggs	91.9	71.2	90.7	106.0
鸡蛋	Egg	87.4	71.2	84.8	106.0
鸭蛋	Duck's Egg	100.0		100.0	
蚕茧	Silkworm Cocoon		121.6	115.3	127.7
渔业产品	**Fishery Products**	**100.0**	**100.7**	**106.4**	**107.7**
海水养殖产品	Seawater Artificially Cultured Products	101.6	106.9	115.9	115.9
海水养殖虾	Mariculture of Prawns		102.3	105.3	98.0
海水养殖蟹	Mariculture of Crabs	101.1			
海水养殖贝类	Mariculture of Shellfish	101.7	110.2	123.1	129.0
海水养殖牡蛎	Mariculture of Oyster	97.3	106.6	139.1	137.8
海水养殖蛤	Mariculture of Clams	107.1	114.7	102.7	118.3
海水捕捞产品	Seawater Fishing Products	106.6	101.8	100.5	105.4
海水捕捞鲜鱼	Marine Fishing Fresh Fish	107.5	102.1	100.3	106.8
海水捕捞虾	Marine Fishing Shrimp	101.8	102.0	101.0	102.0
海水捕捞蟹	Marine Fishing Crab	99.2	100.0	99.9	106.6
海水捕捞软体水生动物	Marine Aquatic Animals	116.2	102.0	102.5	99.7
淡水养殖产品	Fresh Water Farming Products	95.8	97.8	101.8	102.6
养殖淡水鱼	Cultured Freshwater Fish	97.9	100.2	104.9	103.9
养殖淡水鲤鱼	Cultured Freshwater Carp	94.5	94.5	112.9	100.8
养殖淡水草鱼	Cultured Freshwater Grass Carp	101.9	108.2	109.8	105.4
养殖淡水鳙鱼（胖头鱼）	Cultured Freshwater Bighead	98.1	94.1	102.6	103.7
养殖淡水罗非鱼	Cultured Freshwater Tilapia	98.5	101.5	101.4	99.2
养殖淡水鲢鱼	Cultured Freshwater Silver Carp	94.3	95.2	99.7	111.1
其他淡水养殖产品	Other Cultured Freshwater Products	88.3	80.3	89.6	97.3
淡水养殖龟	Cultured Freshwater Turtle	73.3	63.6	81.3	90.6
淡水养殖鳖	Cultured Freshwater Turtles	100.5	93.9	96.0	102.9

continued

(preceding year=100)

2018				2019				2020			
一季度 First Quarter	二季度 Second Quarter	三季度 Third Quarter	四季度 Fourth Quarter	一季度 First Quarter	二季度 Second Quarter	三季度 Third Quarter	四季度 Fourth Quarter	一季度 First Quarter	二季度 Second Quarter	三季度 Third Quarter	四季度 Fourth Quarter
95.6	**85.2**	**94.4**	**95.5**	**89.9**	**111.1**	**144.0**	**208.6**	**261.5**	**235.5**	**148.6**	**87.5**
84.8	71.7	92.2	97.0	88.8	116.2	152.5	235.8	309.1	284.4	171.2	89.2
83.4	68.8	91.9	96.1	87.1	116.5	155.6	246.7	328.0	303.9	177.1	87.4
90.8	74.6	89.6	97.2	80.0	89.7	84.2	150.7	257.7			77.6
71.0	49.6	66.0	77.5	90.0	127.2	254.3	171.7	641.8	716.1	320.4	82.2
84.6	70.1	91.9	96.9	86.9	116.0	153.1	250.8	294.6	274.1	172.6	87.7
97.7	101.8	102.2	106.5	107.6	115.7	121.2	132.6	117.4	102.7	112.1	105.9
101.0	99.4	105.9	104.7	102.4	112.1	124.1	130.1	126.5	116.2	110.7	107.0
137.2	125.8	105.5	93.2	93.0	111.5	125.1	118.8	88.7	80.3	77.8	82.7
142.8	127.9	108.9	89.9	90.9	112.6	128.8	120.2	89.5	81.1	73.0	83.5
115.3	117.9	98.7	108.0	101.0	107.2	117.8	112.6	85.9	77.2	87.4	79.1
126.9	125.5	95.0	86.2	97.4	82.6	107.2	129.0	97.8	91.1	80.9	81.0
126.9	144.9	117.7	105.9	97.4	95.5	107.1	115.3	97.8	92.0	85.7	92.6
126.9	144.9	129.0	110.4	95.5	95.5	102.5	105.5	97.8	92.0	76.7	87.0
		100.0	100.0	100.9		114.4	128.0			100.0	100.0
	109.6	86.9	73.8		72.0	107.3	137.6		90.4	79.2	73.6
105.3	**105.1**	**104.0**	**100.4**	**101.2**	**100.5**	**103.4**	**100.9**	**98.2**	**97.5**	**91.3**	**97.6**
111.2	117.5	114.2	99.7	101.1	110.0	102.8	100.8	95.4	89.3	85.2	96.8
103.1	98.5	85.3	101.3	104.6	111.9	99.0	98.9	75.0	73.4	78.9	96.6
110.0	101.2			101.6		100.0		105.4			95.2
117.1	133.3	134.0	98.5	98.5	108.7	105.8	102.2	108.2	100.5	89.6	97.3
88.7	110.9	112.5	104.0	109.3	108.7	105.8	104.0	90.3	89.2	89.6	90.3
151.9	160.6	161.3	91.6	85.2			100.0	130.1	114.3		105.9
104.1	95.5	95.1	103.8	102.6	102.1	99.9	105.7	101.6	103.1	93.3	94.1
106.4	98.0	96.6	98.8	103.9	100.5	97.2	107.2	102.3	103.3	89.4	89.5
102.2	95.2	85.7	101.9	100.7	100.6	104.9	102.7	101.0	103.1	77.3	91.0
96.3	76.9	93.2	123.0	105.1	111.1	96.1	103.3				103.8
100.4	101.2	99.4	101.1	98.0	104.2	111.0	99.9	101.3	101.9	92.8	95.9
101.4	102.4	100.4	99.3	100.6	96.0	105.6	98.7	98.6	99.5	95.0	100.0
106.0	102.5	101.1	101.7	102.0	96.0	108.3	103.0	102.1	100.0	95.6	99.0
102.1	109.1	108.6	117.9	101.6	103.5	106.8	102.8	102.8	90.5	97.6	91.3
103.6	106.5	100.2	97.2	95.9	97.5	98.3	99.9	100.7	105.2	105.2	105.7
105.9	105.8	99.3	100.6	107.9	107.6	124.6	106.1	97.4	98.7	93.7	99.6
105.2	100.0	102.3	100.2	99.8	102.5	106.1	100.2	95.5	96.5	91.4	95.9
113.0	93.1	95.7	99.6	108.4	66.7	112.4	109.1	115.5	107.1	90.8	99.6
83.8	101.4	97.6	89.6	95.4	96.0	94.7	81.1	85.7	96.2	92.7	103.8
63.4	100.0	96.6	71.6	94.0	88.3	85.3	67.7	75.0	93.3	86.1	93.4
100.5	102.5	98.3	104.3	96.6	102.3	102.1	92.0	94.5	98.6	97.9	112.2

4-32 农产品生产者价格指数

Producers Price Indices for Farm Products

（上年=100） (preceding year=100)

指 标	Item	2016	2017	2018	2019	2020
农产品生产者价格指数	**Producer Price Indices for Farm Products**	**106.1**	**98.2**	**97.3**	**115.5**	**115.5**
农业产品	**Agriculture Products**	**103.2**	**104.4**	**99.2**	**103.5**	**99.5**
谷物	Cereal	95.3	100.6	102.5	94.2	106.1
稻谷	Rice	98.2	100.1	101.6	91.3	103.9
早籼稻	Early Indica Rice	97.4	99.0	103.3	86.9	104.7
晚籼稻	Late Indica Rice	98.9	101.1	100.2	95.2	103.2
玉米	Corn	86.5	102.1	105.3	102.8	112.7
薯类	Tubers	109.6	99.0	92.7	112.3	100.9
油料	Oil-bearing Crops	102.0	100.1	98.2	109.8	105.9
花生	Peanut	102.0	100.1	98.2	109.8	105.9
豆类	Beans	100.0	100.0	101.9	96.3	100.4
大豆	Soybean	100.0	100.0	101.9	96.3	100.4
生麻	Raw Hemp	106.0	98.2	100.0	100.0	97.1
糖料	Sugar	106.9	108.6	99.4	98.7	100.0
甘蔗	Sugar Cane	106.9	108.6	99.4	98.7	100.0
未加工烟草	Untreated Tobacco	103.6	100.4	100.6	99.6	98.7
蔬菜及食用菌	Vegetables and Edible Fungus	101.9	99.0	101.2	105.9	104.0
蔬菜	Vegetables	101.7	98.9	101.2	106.1	104.2
叶菜类蔬菜	Leafy Vegetables	113.5	94.5	105.3	104.3	101.8
芹菜	Celery	131.2	115.0	162.3	77.8	74.6
油菜	Rape	109.0	92.3	96.2	103.6	105.3
菠菜	Spinach	113.8	85.7	100.1	107.7	107.9
空心菜	Water Spinach	107.0	106.9	102.4	121.3	101.1
小白菜	Bok Choy	106.7	82.8	102.0	107.1	99.4
白菜类蔬菜	Chinese Cabbage Group	112.9	89.6	109.1	106.6	102.3
大白菜	Napa Cabbage	111.0	90.1	105.3	113.8	97.2
普通白菜	Common Chinese Cabbage	104.6	87.5	95.4	103.5	102.8
菜心（菜薹）	Chinese Flowering Cabbage	117.0	89.5	116.4	98.3	108.5
芥菜类蔬菜	Mustard Vegetables	104.3	95.9	105.8	101.1	104.4
叶用芥菜	Leaf Mustard	104.3	95.9	105.8	101.1	104.4
甘蓝类蔬菜	Brassica Vegetables	103.3	90.9	103.6	111.6	89.8
结球甘蓝	Common Head Cabbage	101.1	87.2	101.8		90.6
菜花	Cauliflower	102.9	102.9	108.8	115.2	75.0
芥蓝	Cabbage Mustard	109.8	90.9	104.5	101.5	100.0

4-32 续表 1 continued

（上年＝100） (preceding year=100)

指 标	Item	2016	2017	2018	2019	2020
根茎类蔬菜	Root Vegetables	98.5	106.1	101.1	97.9	120.9
白萝卜	White Radish	110.8	105.1	101.9	100.6	120.9
胡萝卜	Carrot	102.6	107.7	90.9		
生姜	Ginger	100.7	106.2			
芋头	Taro	87.0	107.1	104.7		
山药	Common Yam Rhizome	84.5	107.2	109.4		
瓜菜类蔬菜	Melons and Vegetables	72.2	121.3	105.4	98.6	105.9
黄瓜	Cucumber	78.5	99.4	111.9	99.8	117.2
冬瓜	Wax Gourd	88.3	104.4	101.9	99.4	115.4
西葫芦	Summer Squash	88.9	109.3	102.1	122.9	76.2
苦瓜	Balsm Pear	94.1	104.9	112.6	99.3	107.0
南瓜	Pumpkin	96.7	102.0	93.6	102.8	88.1
丝瓜	Luffa	91.2	101.1	97.5	76.2	99.2
豆类蔬菜	Leguminous Vegetables	107.7	110.4	74.0	116.7	99.8
豇豆	Cowpea	106.2	100.0	91.3	111.1	101.7
四季豆	French Beans	98.8	97.0	100.2	156.8	98.4
茄果类蔬菜	Solanaceous Fruit Vegetable	104.5	108.8	103.7	114.0	99.5
茄子	Aubergine	74.0	90.6	94.7	107.3	101.2
青椒	Green Pepper	116.8	106.1	91.0	111.9	88.9
辣椒	Capsicum	114.7	82.4	100.0	109.9	107.8
西红柿	Tomato	101.2	104.9	99.7	121.7	95.9
莴苣及菊苣类蔬菜	Lettuce and Chicory Vegetables	121.6	71.3	100.1	101.0	131.3
生菜	Lettuce	120.6	78.1	102.5	108.8	107.9
莴笋	Asparagus Lettuce				97.1	144.1
葱蒜类蔬菜	Allium Vegetables	115.5	73.5	107.9	104.3	93.7
大葱	Allium Fistulosum	193.8				
细香葱	Chive	100.0	81.4	98.7	109.9	76.0
大蒜	Garlic	94.9	108.9	104.2		
韭菜	Leek	88.0	108.9	102.4	104.4	89.4
水生蔬菜	Aquatic Vegetables	104.7		106.7	103.3	99.4
莲藕	Lotus Root	105.2	100.8	101.1		
荸荠	Chufa	104.1	102.0	107.7	103.3	96.4
食用菌	Edible Fungus	118.1	107.0	116.4	100.6	101.0
双孢蘑菇	Double Spore Mushroom	100.0	100.0			
香菇	Mushrooms	109.6				
黑木耳	Black Fungus	108.8	99.8	81.0	89.1	
黄背木耳	Yellow Back Fungus	107.9	100.0	103.5	108.5	99.6

4-32 续表 2 continued

（上年＝100） (preceding year=100)

指　标	Item	2016	2017	2018	2019	2020
水果及坚果	Fruit and Nuts	103.9	112.0	90.6	118.7	85.8
水果（园林水果）	Fruit（Garden Fruit）	103.9	112.0	90.6	118.7	85.8
柑橘类水果	Citrus Fruit	90.4	120.4	90.0	84.6	80.0
柑橘	Citrus	83.7	120.2	89.9	78.0	69.6
橙	Orange	98.6	129.9	94.9	78.4	90.5
柚	Pomelo Grapefruit	103.1	105.0	82.0	121.3	104.0
葡萄	Grape	91.7	111.7	95.4	102.2	101.7
巨峰葡萄	Kyoho Grape	95.7	110.2	96.2	94.2	102.5
热带水果	Tropical Fruits	120.7	103.9	83.0	155.9	95.4
香蕉	Banana	104.3	70.2	135.3	107.5	84.9
龙眼	Longan	140.7	145.4	45.5	156.7	145.0
荔枝	Lychee	155.9	119.5	47.8	264.0	63.8
芒果	Mango	88.0	99.2	71.8	122.2	91.8
瓜类水果	Melon Fruit	108.9	116.2	101.4	119.0	62.4
西瓜	Watermelon	111.5	119.1	101.5	117.8	66.6
香瓜	Muskmelon	101.7	113.5	100.7	124.7	41.8
其他水果	Other Fruit	88.8	103.6	93.2	105.3	102.7
柿子	Persimmon	88.8	103.6	93.2	105.3	102.7
茶及饮料原料	Tea and Beverage Raw Materials	98.7	99.8	103.1	105.4	95.9
茶叶	Tea	98.7	99.8	103.1	105.4	95.9
绿茶	Green Tea	98.4	99.6	103.8	106.5	99.3
中草药材	Chinese Medicinal Herbs	70.5	94.2	114.4	100.7	100.7
林业产品	**Forestry Products**	**95.1**	**101.1**	**102.9**	**99.9**	**97.6**
育种和育苗	Breeding and Seedling Raising	99.4	98.8	106.4	92.4	93.2
木材采伐产品	Timber Harvesting Products	95.2	100.1	99.3	100.1	97.5
原木	Log	95.2	100.1	99.4	100.1	97.5
针叶原木	Coniferous Log	95.2	101.3	98.2	99.0	97.2
马尾松原木	Pine Log	94.6	102.1	97.8	99.2	98.0
杉木原条	Chinese Fir	97.3	98.7	99.4	98.2	94.5
非针叶原木	Non Coniferous Wood	95.1	97.2	102.4	102.8	98.3
桉树原木	Eucalyptus Log	94.4	97.7	101.8	102.8	98.3
竹材采伐产品	Bamboo Cutting Products	95.9	97.8	105.3	101.4	99.6
林产品	Forest Product	96.4	112.8	110.2	101.7	99.0

4-32　续表 3　continued

（上年=100）　　　　(preceding year=100)

指　标	Item	2016	2017	2018	2019	2020
饲养动物及其产品	**Feeding Animals and Their Products**	**115.7**	**87.5**	**91.7**	**139.6**	**147.1**
活牲畜	Live Cattle	120.1	83.4	86.6	149.5	168.0
猪	Pig	123.0	82.0	84.9	152.8	174.0
种猪	Boar	118.7	99.2	87.0	100.3	96.0
仔猪	Piglet	159.0	80.0	65.4	163.6	281.8
能繁殖母猪	Breeding Sows	106.3	104.4			
其他活猪	Other Pigs	121.5	81.7	85.7	152.8	169.9
牛	Cattle	95.3	97.0	102.1	119.3	109.5
羊	Sheep	89.6	97.4	103.1	117.3	114.6
活家禽	Live Poultry	98.6	92.6	112.9	112.4	81.4
活鸡	Chickens	98.6	91.3	113.8	113.1	81.1
活鸭	Live ducks	98.6	97.5	109.7	109.6	82.3
畜禽产品	Livestock and Poultry Products	107.3	110.6	99.7	104.2	85.0
禽蛋	Poultry of Eggs	92.2	92.6	115.4	105.1	93.2
鸡蛋	Egg	86.7	87.3	126.3	100.0	88.3
鸭蛋	Duck's Egg	100.0	100.0	100.0	112.3	100.0
蚕茧	Silkworm Cocoon	116.7	121.7	89.9	103.6	80.0
渔业产品	**Fishery Products**	**103.6**	**103.7**	**103.4**	**101.2**	**96.3**
海水养殖产品	Seawater Artificially Cultured Products	110.0	109.3	109.1	101.2	93.2
海水养殖虾	Mariculture of Prawns	111.5	101.7	96.7	103.8	80.6
海水养殖蟹	Mariculture of Crabs	95.9	101.1	106.8	101.0	100.5
海水养殖贝类	Mariculture of Shellfish	111.1	116.0	118.4	99.3	101.1
海水养殖牡蛎	Mariculture of Oyster	113.5	119.9	103.8	106.9	89.8
海水养殖蛤	Mariculture of Clams	108.0	111.3	136.5	89.8	115.2
海水捕捞产品	Seawater Fishing Products	101.8	104.4	102.5	102.2	96.7
海水捕捞鲜鱼	Marine Fishing Fresh Fish	99.7	105.2	103.2	101.4	93.5
海水捕捞虾	Marine Fishing Shrimp	101.4	101.7	97.0	102.5	90.6
海水捕捞蟹	Marine Fishing Crab	100.3	101.7	96.5	104.0	103.8
海水捕捞软体水生动物	Marine Aquatic Animals	103.8	104.8	100.6	103.2	97.6
淡水养殖产品	Fresh Water Farming Products	97.8	99.7	100.0	100.7	98.2
养殖淡水鱼	Cultured Freshwater Fish	100.0	102.1	102.9	102.6	99.0
养殖淡水鲤鱼	Cultured Freshwater Carp	100.0	100.7	109.4	103.9	95.8
养殖淡水草鱼	Cultured Freshwater Grass Carp	100.6	106.4	101.8	97.9	104.2
养殖淡水鳙鱼（胖头鱼）	Cultured Freshwater Bighead	96.5	99.6	102.8	111.4	97.2
养殖淡水罗非鱼	Cultured Freshwater Tilapia	99.9	100.2	102.1	102.2	94.7
养殖淡水鲢鱼	Cultured Freshwater Silver Carp	101.8	101.6	100.6	102.9	102.9
其他淡水养殖产品	Other Cultured Freshwater Products	87.9	88.9	86.9	91.9	94.6
淡水养殖龟	Cultured Freshwater Turtle	77.2	77.5	69.4	84.3	86.8
淡水养殖鳖	Cultured Freshwater Turtles	96.7	98.2	101.3	98.1	100.9

4-33 农产品集贸市场价格（2021年）

单位：元/公斤

指 标	Item	1 月 January	2 月 February	3 月 March	4 月 April	5 月 May
粮食类	**Grain**					
籼稻	Rice	2.93	3.03	3.03	3.03	3.05
小麦	Wheat	4.87	4.87	4.87	4.87	4.87
玉米	Corn	3.14	3.08	3.07	3.08	3.08
大豆	Soybean	8.06	8.03	8.10	7.98	8.25
籼米	Indica	5.54	5.54	5.54	5.54	5.55
经济作物类	**Economic Crops Category**					
花生仁	Peanuts	14.00	14.13	14.38	14.13	13.75
畜产品类	**Animal Products**					
活猪	Live Pig	35.75	32.55	28.50	22.70	18.00
仔猪	Piglets	78.44	82.63	86.63	67.73	58.58
猪肉	Pork	50.75	48.13	42.75	34.50	28.38
活牛	Live Cattle	36.39	35.25	35.77	36.02	36.52
牛肉	Beef	96.00	97.75	93.50	93.25	94.00
活羊	Live Sheep	44.83	45.44	45.98	45.83	45.98
羊肉	Mutton	93.38	98.00	95.00	94.75	93.25
活鸡	Live Chicken	24.25	24.88	24.88	24.63	24.13
鸡蛋	Eggs	13.25	13.00	12.50	12.50	12.88
水产品类	**Aquatic Products**					
草鱼	Grass Carp	16.50	16.63	18.13	21.13	23.25
鲤鱼	Cyprinoid	14.13	14.50	14.63	16.50	17.63
鲢鱼	Silver Carp	11.00	11.43	11.43	12.14	12.29
蔬菜类	**Vegetables**					
大白菜	Chinese Cabbage	3.69	3.24	3.35	3.48	3.63
黄瓜	Cucumber	6.93	6.00	5.29	5.14	4.86
西红柿	Tomato	6.25	5.56	4.88	4.63	4.75
菜椒	Green Pepper	12.38	11.50	9.13	9.00	8.63
四季豆	French Beans	11.00	11.00	10.50	8.50	8.75
水果类	**Fruit Group**					
红富士苹果	Fuji apple	10.75	10.75	10.94	10.75	10.38
香蕉	Banana	4.73	5.00	5.25	5.25	5.13
橙子	Orange	5.86	6.00	5.83	6.40	5.50

Rural Market Fairs Prices of Agricultural Products（2021）

（yuan/kg）

6 月 June	7 月 July	8 月 August	9 月 September	10 月 October	11 月 November	12 月 December
3.06	2.95	2.91	2.91	2.89	2.95	2.95
5.20	5.20	5.20	6.99	6.50	6.40	6.30
3.10	3.04	3.04	3.00	2.93	3.01	3.00
8.25	8.38	8.38	8.40	8.40	8.40	8.53
5.55	5.51	5.50	5.50	5.49	5.49	5.49
13.75	13.75	13.75	13.75	13.75	13.75	13.63
13.85	15.30	15.35	13.80	14.64	17.80	17.20
44.19	42.41	35.93	32.64	25.86	30.01	30.36
23.75	24.00	23.50	21.63	23.00	27.38	26.88
36.27	36.77	37.02	37.89	37.64	38.02	38.02
93.25	93.25	93.50	93.50	93.50	95.50	95.50
45.41	44.55	44.41	44.83	44.83	44.69	44.69
93.25	92.00	91.50	93.50	94.00	94.75	94.75
24.38	24.25	24.00	24.25	24.63	25.50	25.13
12.88	12.88	13.63	13.50	13.50	13.63	13.63
23.25	22.50	22.00	20.75	20.25	18.75	18.25
17.25	17.38	17.19	17.13	16.63	15.88	15.75
12.43	13.14	12.86	12.57	12.29	12.14	12.71
3.88	3.83	3.94	3.95	5.18	5.18	4.30
5.14	5.14	5.71	6.57	9.43	8.86	6.50
5.13	5.25	5.75	5.88	7.50	7.50	7.58
8.25	8.50	8.50	8.88	11.00	12.75	11.00
7.50	8.75	9.50	9.75	14.25	13.25	9.00
10.25	9.63	9.50	9.88	10.00	10.00	10.13
4.93	5.13	5.25	5.25	4.88	5.13	5.33
5.50	5.50	5.50	5.50	6.60	7.00	6.43

4-34 农产品集贸市场价格

单位：元/公斤

指 标	Item	2018	2019	2020	2018	2019	2020
		1月 January			2月 February		
粮食类	**Grain**						
籼稻	Rice	3.02	2.84	2.82	3.02	2.82	2.82
小麦	Wheat	5.50	5.50	4.53	5.50	5.50	4.53
玉米	Corn	2.36	2.31	2.34	2.35	2.29	2.40
大豆	Soybean	7.43	7.38	7.33	7.48	7.38	7.28
籼米	Indica	5.39	5.36	5.31	5.44	5.39	5.31
经济作物类	**Economic Crops Category**						
花生仁	Peanuts	12.00	11.81	13.38	12.00	11.88	13.50
畜产品类	**Animal Products**						
活猪	Live Pig	14.45	12.55	37.68	13.95	12.10	39.63
仔猪	Piglets	26.64	22.72	74.41	27.38	22.83	86.32
猪肉	Pork	21.38	19.25	56.13	21.63	18.25	61.25
活牛	Live Cattle	27.68	29.36	33.45	28.30	29.44	34.45
牛肉	Beef	65.75	73.25	90.00	70.50	74.00	94.75
活羊	Live Sheep	31.71	36.88	42.34	34.00	37.02	42.59
羊肉	Mutton	69.75	79.13	92.00	74.88	78.50	97.57
活鸡	Live Chicken	26.50	25.50	26.25	26.88	24.88	25.00
鸡蛋	Eggs	12.88	13.25	13.20	13.00	12.26	12.54
水产品类	**Aquatic Products**						
草鱼	Grass Carp	15.38	15.88	16.38	16.63	16.00	17.00
鲤鱼	Cyprinoid	13.13	13.63	14.00	14.50	14.00	14.50
鲢鱼	Silver Carp	9.57	9.86	11.71	10.14	9.86	11.57
蔬菜类	**Vegetables**						
大白菜	Chinese Cabbage	2.84	3.08	3.30	2.66	3.06	3.58
黄瓜	Cucumber	5.29	7.86	7.29	6.36	8.93	8.14
西红柿	Tomato	4.94	6.19	6.94	5.06	6.06	7.63
菜椒	Green Pepper	7.88	8.01	9.13	9.38	9.25	10.00
四季豆	French Beans	8.75	8.50	12.00	10.25	10.50	12.15
水果类	**Fruit Group**						
红富士苹果	Fuji apple	11.75	12.50	10.63	12.25	12.50	10.63
香蕉	Banana	4.56	5.88	5.00	5.56	5.50	5.06
橙子	Orange	6.53	6.71	6.71	7.19	7.21	7.00

Rural Market Fairs Prices of Agricultural Products

(yuan/kg)

3月 March			4月 April			5月 May			6月 June		
2018	2019	2020	2018	2019	2020	2018	2019	2020	2018	2019	2020
2.97	2.81	2.79	3.00	2.83	2.81	2.99	2.81	2.86	2.98	2.78	2.92
5.50	5.50	4.53	5.50	5.50	4.53	5.50	5.50	4.53	5.50	5.50	4.53
2.38	2.27	2.46	2.38	2.29	2.46	2.38	2.29	2.51	2.35	2.27	2.53
7.48	7.35	7.28	7.43	7.43	7.45	7.55	7.45	7.40	7.43	7.43	7.40
5.44	5.39	5.31	5.46	5.39	5.35	5.44	5.39	5.43	5.44	5.36	5.43
11.88	11.75	13.75	11.75	12.06	15.00	11.75	12.38	15.13	11.75	12.88	15.25
12.00	12.81	37.75	10.68	12.54	35.88	10.11	11.35	30.83	10.96	12.33	34.70
23.29	25.09	87.43	20.14	25.30	89.55	16.60	24.45	84.30	18.31	24.92	80.27
19.88	18.44	56.38	17.50	18.94	51.63	16.13	16.75	47.38	16.88	18.00	52.00
26.95	29.21	33.57	26.45	29.06	33.57	26.08	29.69	33.32	26.20	30.92	33.39
65.88	72.50	90.50	64.88	72.13	89.75	64.50	76.25	89.50	64.75	80.00	90.75
31.66	36.45	45.98	30.51	37.02	45.41	30.23	36.88	43.41	30.80	37.16	41.98
71.25	76.75	93.50	70.88	76.75	91.00	70.50	76.75	89.75	70.50	77.50	87.50
25.50	25.00	26.38	24.00	24.13	24.25	23.75	27.75	23.63	23.88	28.13	23.13
12.45	12.21	12.50	12.15	12.26	12.25	11.73	12.88	11.63	11.93	12.75	11.38
15.88	15.88	16.50	15.75	15.75	16.38	15.88	15.75	16.50	15.88	16.25	16.50
14.00	13.63	13.88	13.38	13.63	13.75	13.88	13.75	13.75	13.88	14.13	13.88
9.43	9.71	11.29	9.57	9.57	11.57	9.71	9.86	11.43	9.57	10.29	11.00
2.98	3.70	3.53	3.63	4.20	3.78	3.95	3.75	3.73	3.75	3.70	4.45
5.93	8.43	6.29	5.14	5.71	5.57	4.43	3.86	5.00	3.66	4.14	5.43
4.63	6.75	6.63	4.38	6.63	8.25	4.83	7.75	5.88	4.58	5.38	5.75
7.88	10.63	9.50	7.56	10.00	10.50	7.38	8.38	8.00	7.25	8.25	7.69
8.50	9.75	10.25	7.00	10.50	8.75	5.75	8.25	7.25	6.00	9.25	8.50
11.50	12.88	10.63	11.38	13.63	10.75	11.13	15.13	10.75	10.88	17.75	10.75
5.26	5.75	5.50	5.29	5.88	5.75	4.93	6.00	5.63	4.50	5.88	4.93
7.17	6.52	6.77	6.77	6.88	6.00	6.84	8.08	6.80	5.50	8.60	6.00

4-34 续表

单位：元/公斤

指 标	Item	2018	2019	2020	2018	2019	2020
		7月 July			8月 August		
粮食类	**Grain**						
籼稻	Rice	2.89	2.75	2.82	2.85	2.79	2.87
小麦	Wheat	5.50	5.50	4.53	5.50	5.50	4.53
玉米	Corn	2.34	2.23	2.54	2.30	2.29	2.63
大豆	Soybean	7.43	7.35	7.53	7.40	7.43	7.65
籼米	Indica	5.39	5.31	5.38	5.36	5.31	5.38
经济作物类	**Economic Crops Category**						
花生仁	Peanuts	11.75	12.88	15.25	12.00	13.50	15.25
畜产品类	**Animal Products**						
活猪	Live Pig	12.34	21.88	37.99	13.59	28.75	38.85
仔猪	Piglets	19.51	30.61	85.92	22.79	35.56	88.55
猪肉	Pork	18.75	32.88	55.13	20.00	46.75	55.75
活牛	Live Cattle	26.20	32.07	33.89	26.45	32.94	34.14
牛肉	Beef	65.25	82.25	90.00	65.25	83.50	90.75
活羊	Live Sheep	30.80	37.74	41.83	30.94	38.59	42.12
羊肉	Mutton	70.38	79.75	87.75	70.25	81.75	88.25
活鸡	Live Chicken	23.94	28.38	23.75	25.00	28.88	24.25
鸡蛋	Eggs	12.38	13.75	11.88	13.58	14.20	12.48
水产品类	**Aquatic Products**						
草鱼	Grass Carp	15.88	16.13	16.50	15.88	16.25	16.50
鲤鱼	Cyprinoid	13.75	14.00	13.88	13.75	14.13	14.13
鲢鱼	Silver Carp	9.57	10.71	11.00	9.86	11.00	10.86
蔬菜类	**Vegetables**						
大白菜	Chinese Cabbage	3.65	3.90	4.38	3.75	3.55	4.50
黄瓜	Cucumber	4.29	5.34	5.79	5.64	5.57	6.57
西红柿	Tomato	5.09	5.63	6.63	5.43	5.75	6.75
菜椒	Green Pepper	7.60	8.00	8.63	7.58	7.88	8.25
四季豆	French Beans	7.50	9.75	10.00	8.50	7.75	10.75
水果类	**Fruit Group**						
红富士苹果	Fuji apple	10.75	18.75	10.75	11.00	18.25	10.50
香蕉	Banana	4.43	5.50	4.75	5.19	5.38	4.69
橙子	Orange	5.50	7.25	6.00	5.50	7.50	6.00

continued

（yuan/kg）

2018	2019	2020	2018	2019	2020	2018	2019	2020	2018	2019	2020
9月 September			10月 October			11月 November			12月 December		
2.88	2.76	2.87	2.90	2.77	2.88	2.86	2.81	2.93	2.88	2.79	2.93
5.50	5.50	4.53	5.50	5.50	4.53	5.50	4.53	4.53	5.50	4.53	4.53
2.30	2.33	2.66	2.25	2.31	2.68	2.25	2.33	2.76	2.28	2.31	2.79
7.40	7.43	7.68	7.38	7.33	7.68	7.33	7.33	7.80	7.38	7.33	8.03
5.36	5.31	5.38	5.39	5.31	5.39	5.34	5.31	5.39	5.34	5.31	5.46
11.81	13.08	14.06	11.81	12.50	13.94	11.81	13.00	13.88	11.69	13.13	14.00
14.28	31.50	36.58	14.05	37.13	32.45	13.98	34.88	30.58	13.59	35.88	33.60
23.81	46.15	87.17	23.40	66.87	83.05	23.50	69.41	76.30	23.41	69.91	76.44
20.56	50.00	52.81	21.13	61.00	48.25	20.50	56.50	45.13	20.13	53.75	48.25
26.70	32.94	34.39	26.98	34.08	35.39	27.84	34.83	35.39	28.46	33.70	35.77
65.63	84.25	92.25	67.38	87.00	93.50	68.50	88.00	93.00	70.75	87.75	94.50
31.37	39.16	42.26	32.51	40.31	42.83	34.29	40.88	42.83	35.72	41.02	43.41
70.63	84.25	89.25	72.75	86.00	90.25	74.00	88.25	90.00	77.00	89.00	91.50
24.50	29.75	24.38	24.50	29.50	24.38	24.25	29.25	24.13	24.75	28.25	24.13
13.80	14.38	12.60	13.68	14.25	12.35	13.13	14.08	12.20	13.00	13.88	12.45
16.00	16.38	16.50	16.13	16.25	16.63	15.88	16.38	16.50	15.75	16.13	16.50
13.88	14.13	14.00	13.88	13.75	14.00	13.75	14.13	14.00	13.50	14.13	13.88
9.57	11.29	11.00	9.71	11.29	11.14	9.43	11.43	11.14	9.57	11.29	11.00
4.36	3.68	4.45	4.13	3.58	4.39	3.23	3.55	4.13	2.93	3.43	3.68
6.71	5.31	6.71	6.23	6.14	6.43	5.43	6.57	6.29	7.29	6.57	6.16
7.13	5.50	7.00	8.31	6.00	7.06	6.50	6.13	6.38	6.25	8.38	6.75
8.75	8.08	9.13	10.88	8.38	9.88	9.38	7.50	10.13	8.50	7.25	11.75
8.50	7.95	11.00	8.88	9.25	10.25	6.60	9.25	8.00	7.40	11.00	9.25
11.88	15.50	10.69	11.50	13.25	10.63	11.25	10.63	10.63	11.25	10.38	10.63
5.69	5.83	5.01	5.88	5.25	4.88	5.83	5.08	4.80	5.75	4.75	4.63
5.90	7.50	5.90	6.44	8.33	6.80	6.20	7.43	6.40	6.00	6.86	5.93

主要统计指标解释

居民消费价格指数　是反映一定时期内城乡居民所购买的生活消费品和服务项目价格变动趋势和程度的相对数，是对城市居民消费价格指数和农村居民消费价格指数进行综合汇总计算的结果。通过该指数可以观察和分析消费品的零售价格和服务项目价格变动对城乡居民实际生活费支出的影响程度。

城市居民消费价格指数　是反映一定时期内城市居民家庭所购买的生活消费品价格和服务项目价格变动趋势和程度的相对数。通过该指数可以观察和分析消费品的零售价格和服务项目价格变动对城镇居民收入和消费支出的影响。

农村居民消费价格指数　是反映一定时期内农村居民家庭所购买的生活消费品价格和服务项目价格变动趋势和程度的相对数。该指数可以观察农村消费品的零售价格和服务项目价格变动对农村居民收入和生活消费支出的影响。

商品零售价格指数　是反映一定时期内城乡商品零售价格变动趋势和程度的相对数。商品零售价格的变动与国家的财政收入、市场供需的平衡、消费与积累的比例关系有关。因此，该指数可以从一个侧面对上述经济活动进行观察和分析。

农业生产资料价格指数　指反映一定时期内农业生产资料价格变动趋势和程度的相对数。其编制目的是了解农业生产中投入物质资料价格的变动状况，服务于国民经济核算。1994年以前，农业生产资料价格指数仅仅是商品零售价格指数的一个类别，此后，从商品零售价格指数中分离出来，单独编制。

农产品生产价格指数　是反映一定时期内，农产品生产者出售农产品价格水平变动趋势及幅度的相对数。该指数可以客观反映全国农产品生产价格水平和结构变动情况，满足农业与国民经济核算需要。其中某代表品生产价格指数是通过对全部有出售该产品行为的调查单位的个体指数进行几何平均求得的，类价格指数是通过对其所属的类（或代表品）的价格指数进行加权平均求得的。季度累计价格指数的计算方法与分季指数的计算方法相同。

工业生产者出厂价格指数　是反映一定时期内全部工业产品第一次出售时的出厂价格总水平的变动趋势和变动幅度的相对数。

工业生产者购进价格指数　是反映作为中间投入的原材料、燃料、动力购进价格总水平的变动趋势和变动幅度的相对数。

新建商品住宅销售价格　指新建商品住宅实际销售（交易）价，包括住宅销售前的装修费用，无论其价格高低都视为房地产销售（交易）价格的组成部分。

二手住宅销售价格　指二手住宅实际交易价格。该指标取自《存量房屋买卖合同》。若合同中含有相关税费，则应将其扣除。

Explanatory Notes on Main Statistical Indicators

Consumer Price Indices reflect the trend and degree of changes in prices of consumer goods and services purchased by urban and rural households during a given period. They are obtained by combining Consumer Price Indices of Urban Household and Consumer Price Indices of Rural Household. The Indices enable the observation and analysis of the degree of impact of the changes in the prices of retailed goods and services on the actual living expenses of urban and rural residents.

Consumer Price Indices of Urban Household reflect the trend and degree of changes in prices of consumer goods and services purchased by urban households during a given period. It can be used to observe and analyze the impact of price changes in consumer goods and services on urban household income and consumption expenditure.

Consumer Price Indices of Rural Household reflect the trend and degree of changes in prices of consumer goods and services purchased by rural households during a given period. It can be used to observe the impact of change in retail prices of consumer goods and service prices on rural household income and consumption expenditure on living.

Retail Price Indices reflect the trend and degree of change in retail prices of commodities during a given period. The change in retail prices of commodities is related to government revenue, the equilibrium of market supply and demand, and the ratio of consumption to accumulation. Therefore, the retail price indices are useful from an oblique perspective for observing and analyzing the changes of the above economic activities.

Price Indices for Means of Agricultural Production reflect the trend and degree of changes in the prices of the means of agricultural production during a given period. Compilation of these indices helps to understand the price changes of material input in agricultural production and facilitate the compilation of national accounts. Before 1994, price indices for means of agricultural production were a sub-category in the retail price indices for commodities, and it has been compiled separately since 1994.

Producer Prices Indices for Farm Products reflect the trend and degree of changes in producers' prices received by farmers when they sell farm products during a given period. These indices depict the change in the level and structure of producer prices for farm products of the country and meet the needs of agricultural statistics and national accounts statistics. The producer price index for a given product is calculated as the geometrical mean of individual indices for all surveyed units which sell such product, and the indices for a product category is obtained as the weighted mean of price indices for all products in the category. Method for calculating accumulative quarterly indices is the same as for calculating the individual quarterly indices.

Producer Price Indices for Industrial Products reflect the trend and degree of changes in general ex-factory prices of all manufactured goods for first sale during a given period.

Purchasing Price Indices for Industrial Producers reflect changes in the level and degree of purchasing prices such as intermediate input such as raw materials, fuels and power.

At present, close to 1,800 products in 9 categories, including fuels and power, ferrous metals, non-ferrous metals, chemicals, building materials, are covered in China for the survey to produce indices of purchasing prices of raw materials, fuels and power.

New Commodity Residential Houses Selling Price Index refers to the actual sales (transaction) price of newly-built commercial residential buildings, including the decoration expenses before the sale of residential buildings. Regardless of the price, it is regarded as a component of the real estate sales (transaction) price.

Second-hand Housing Sales Price refers to the actual transaction price of second-hand housing. This indicator is taken from the stock housing sales contract. If the contract contains relevant taxes, they shall be deducted.

第五篇　农业生产

Chapter 5　Agriculture Production

（编辑：何月葵　陆海）

（Editor: He Yuekui　Lu Hai）

简要说明

一、本篇资料的主要内容及统计范围

本篇资料反映广西农业生产的基本情况，内容主要包括主要粮食作物生产情况、主要畜禽生产情况等方面的统计资料。

（一）粮食作物

统计范围包括全部农业生产经营户，各种经济组织类型、各个系统的全部农业生产单位和非农业单位附属的农业生产活动单位。但不包括农业科学试验机构进行的农业生产。调查内容包括从抽样调查样本取得的各季农作物播种面积和产量资料。

1. 农作物播种面积（粮食作物）：包含谷物、豆类、薯类播种面积，由农业生产经营户和农业生产经营单位两部分组成。

2. 农作物产量（粮食作物）：包含实测作物（早稻、中稻、晚稻、玉米）和非放样实测作物（薯类、豆类、高粱、小麦、谷子、其他谷物等粮食作物）的单产和产量。

（二）畜禽

主要畜禽监测调查是按照国家统计局相关统计报表制度要求、以猪、牛、羊、禽等主要畜禽产品作为调查主题、由国家统计局广西调查总队统一组织、部署实施开展的国家常规性、制度性调查项目，该项目主要调查内容如下：

1. 生猪调查。对于自治区范围内的生猪生产情况进行调查。

2. 牛调查。牛包括役用牛和肉牛，对牛的养殖情况和牛奶的生产情况开展季度调查。

3. 羊调查。羊包括绵羊和山羊，羊调查主要指对自治区范围内的羊的养殖情况开展调查。

4. 禽调查。禽类包括鸡、鸭、鹅三个种类，禽类调查包括鸡蛋和禽类养殖情况的调查。

二、本篇的资料来源及统计调查方法

（一）粮食作物

1. 由国家统计局广西调查总队根据国家统计局《农林牧渔业统计报表制度》《农业产值和价格综合统计报表制度》开展抽样调查获得资料整理提供。

2. 调查方法：

（1）农作物播种面积：①省级播种面积：在32个国家抽样调查县内抽取调查样方，由市县级国家调查队对样方压盖的全部地块进行实地调查（包含无人机遥感测量调查和掌上电脑<PDA>实地调查方式）获得。调查周期分春播、夏播、秋冬播三个播种季节。②县级播种面积：在38个粮食生产大县中开展以县为总体的播种面积调查，由市县级国家调查队或统计局对样方压盖的全部地块进行实地调查（包含无人机遥感测量调查和PDA实地调查方式）获得。调查周期分春播、夏播、秋冬播三个播种季节。

（2）农作物单位面积产量：①省级产量：在32个国家抽样调查县样本村样方中，由市县级国家调查队对样方压盖的全部地块上种植粮食作物的地块进行放样实测和非放样实测调查获得。调查周期按国家口径分为夏收（广西春收）、早稻、秋收三个收获季节。②县级产量：在38个粮食生产大县样本村样方中，由市县级国家调查队或统计局对样方覆盖的全部地块上种植粮食作物的地块进行放样实测和非放样实测调查获得。调查周期按国家口径分为夏收（广西春收）、早稻、秋收三个收获季节。

（3）粮食生产全面统计：在广西111个县（市、区）统计各季节粮食面积与产量。数据采集从村民委员会一级起报，乡镇、县级逐级汇总。调查周期：粮食面积分为秋冬播、春播、夏播三个播种季节，粮食产量按国家口径分为夏收（广西春收）、早稻、秋收三个收获季节。

（二）畜禽

畜牧业生产基本情况由国家统计局广西调查总队根据每年的调查情况所提供。主要有季报和月报。

调查分为三大块：

1. 主要畜禽产品监测调查。即以生猪、牛、羊、禽为调查主题，实行按季度调查和上报调查数据，调查对象：全自治区111个县区所有大型规模养殖户全数调查（大型的标准是：生猪年饲养量5000头以上、肉牛1000头以上和肉禽10万只以上）；14个市、29个国家调查县（区）抽中的中小型养殖户（如生猪年饲养量100～5000头）抽样调查；抽中的调查小区散养户抽样调查。

2. 生猪调出大县调查，就是按照国家统计局核定给广西的生猪调出大县，仅以生猪品种的生产情况为调查主题，对县范围内的生猪生产情况进行调查，实行月度调查与季度调查相结合模式，主要数据按照月度上报报表数据。2017年末，生猪大县生猪饲养量占全自治区比重大半。

3. 万头猪场联网直报。年饲养量达到万头以上的养猪场（户）（2017年底广西万头猪场联网直报企业共73家）按制度要求，登陆国家统计局统计联网直报平台，报送生猪生产情况。

5-1 主要粮食作物生产情况（1985—2021年）

Basic Statistics on Main Grain Crops（1985—2021）

年 份 Year	粮食作物 Grain Crops			早 稻 Early Rice		
	播种面积（千公顷）Sown Area（1000 hectares）	每公顷产量（公斤/公顷）Per Hectare Output（kg/hectare）	总 产 量（万吨）Total Output（10 000 tons）	播种面积（千公顷）Sown Area（1000 hectares）	每公顷产量（公斤/公顷）Per Hectare Output（kg/hectare）	总 产 量（万吨）Total Output（10 000 tons）
1985	3447.3	3240.5	1117.1	1153.2	4701.7	542.2
1986	3530.6	3166.9	1118.1	1157.9	4556.4	527.6
1987	3539.5	3418.6	1210.0	1145.5	4863.2	557.1
1988	3510.7	2976.6	1045.0	1128.5	4691.9	529.5
1989	3596.9	3533.0	1270.8	1178.4	5070.4	597.5
1990	3639.9	3744.8	1363.1	1190.3	5287.9	629.4
1991	3567.7	3758.7	1341.0	1124.1	5473.9	615.3
1992	3521.8	4028.9	1418.9	1153.6	5710.8	658.8
1993	3538.8	4115.8	1456.5	1137.1	5678.5	645.7
1994	3633.6	3502.0	1272.5	1134.1	4554.3	516.5
1995	3662.7	4117.7	1508.2	1148.4	5846.4	671.4
1996	3708.0	4070.4	1509.3	1152.4	5795.7	667.9
1997	3738.5	4132.1	1544.8	1155.3	5983.7	691.3
1998	3757.7	4143.8	1557.1	1147.9	5551.9	637.3
1999	3725.5	4227.6	1575.0	1116.4	5966.6	666.1
2000	3655.9	4180.9	1528.5	1078.1	5865.9	632.4
2001	3641.9	4150.0	1511.4	1141.5	5148.5	587.7
2002	3556.9	4180.0	1486.8	1130.3	5383.5	608.5
2003	3470.0	4222.2	1465.1	1118.5	5353.6	598.8
2004	3511.2	3983.0	1398.5	1090.9	5217.0	573.3
2005	3496.2	4254.0	1487.3	1131.3	5056.1	572.0
2006	3133.2	4556.4	1427.6	1053.3	5261.6	554.2
2007	2969.4	4670.3	1386.8	985.1	5413.7	533.3
2008	2944.1	4671.4	1375.3	971.7	5307.2	515.7
2009	3023.9	4738.3	1432.8	969.7	5596.6	542.7
2010	3003.7	4568.0	1372.1	940.1	5509.0	517.9
2011	3013.9	4586.4	1382.3	911.2	5635.4	513.5
2012	2978.2	4789.1	1426.3	894.3	5861.6	524.2
2013	2974.1	4877.8	1450.7	886.7	5984.0	530.6
2014	2947.7	4927.9	1452.6	871.2	5921.7	515.9
2015	2950.6	4857.3	1433.2	837.9	5954.2	498.9
2016	2897.1	4898.0	1419.0	828.2	5994.9	496.5
2017	2853.1	4803.5	1370.5	810.7	5799.9	470.2
2018	2802.0	4899.0	1373.0	790.5	5952.0	470.5
2019	2747.0	4849.0	1332.0	767.9	5893.9	452.6
2020	2806.1	4882.3	1370.0	805.2	5921.0	476.8
2021	2822.9	4911.7	1386.5	807.5	5944.2	480.0

注：2007—2017年数据根据第三次全国农业普查数据进行了修订（下相关表同）。
Note: Data from 2007 to 2017 have been revised according to the Third Agricultural Census. The same applies to the relevant tables following.

5-1 续表 continued

年 份 Year	晚 稻 Late Rice			玉 米 Corn		
	播种面积（千公顷） Sown Area （1000 hectares）	每公顷产量（公斤/公顷） Per Hectare Output （kg/hectare）	总 产 量（万吨） Total Output （10 000 ton）	播种面积（千公顷） Sown Area （1000 hectares）	每公顷产量（公斤/公顷） Per Hectare Output （kg/hectare）	总 产 量（万吨） Total Output （10 000 ton）
1985	1124.5	3616.7	406.7			
1986	1180.9	3407.6	402.4			
1987	1172.7	3855.2	452.1			
1988	1151.2	3015.1	347.1			
1989	1134.5	3963.0	449.6			
1990	1174.5	4330.4	508.6			
1991	1182.4	4217.7	498.7			
1992	1160.2	4453.5	516.7			
1993	1131.8	4547.6	514.7			
1994	1132.2	3413.7	386.5			
1995	1136.9	4546.6	516.9			
1996	1143.3	4537.7	518.8			
1997	1143.8	4416.0	505.1			
1998	1140.0	5064.0	577.3			
1999	1123.8	4825.6	542.3			
2000	1068.7	4775.9	510.4	610.7	3016.2	184.2
2001	1147.3	4915.9	564.0	556.9	3025.7	168.5
2002	1142.0	4659.4	532.1	520.3	3094.4	161.0
2003	1110.2	4800.0	532.9	531.1	3007.0	159.7
2004	1125.0	4245.3	477.6	586.6	3002.0	176.1
2005	1108.4	4767.2	528.4	575.7	3682.5	212.0
2006	1038.8	4944.2	513.6	516.3	3844.7	198.5
2007	980.3	4969.2	487.1	489.6	4162.4	203.9
2008	971.2	5056.6	491.1	488.7	4228.8	206.7
2009	971.9	5125.4	498.1	533.0	4209.0	224.3
2010	954.6	5200.0	496.4	536.4	3870.4	207.6
2011	954.8	4785.5	456.9	563.0	4318.5	243.2
2012	941.8	5205.8	490.3	577.0	4309.7	248.7
2013	924.5	5252.2	485.5	583.5	4516.3	263.5
2014	911.2	5474.3	498.8	579.3	4551.4	263.7
2015	894.1	5414.2	484.1	617.0	4496.8	277.5
2016	871.8	5495.3	479.1	603.2	4571.6	275.8
2017	849.9	5327.6	452.8	591.2	4594.5	271.6
2018	826.6	5461.2	451.4	584.4	4678.1	273.4
2019	810.9	5485.5	444.8	580.1	4502.5	261.2
2020	821.2	5396.8	443.2	597.0	4578.6	273.3
2021	811.9	5417.2	439.8	615.0	4636.3	285.1

5-2 粮食作物播种面积

Sown Area of Grain Crops

单位：公顷 (hectares)

年 份 地 区	Year Item	粮食作物 Grain Crops	谷物 Cereals	稻谷 Rice	# 早稻 Early Rice	晚稻 Late Rice	小麦 Wheat
	2016	2897144.4	2482477.7	1836697.9	828177.5	871756.0	3200.0
	2017	2853056.2	2436465.6	1801710.2	810746.2	849919.9	3082.1
	2018	2795305.1	2369233.8	1769002.1	791728.2	834066.4	4732.9
	2019	2747001.3	2325942.1	1726348.0	767905.6	817233.8	4529.1
	2020	2806092.8	2377950.0	1760114.5	805180.0	821197.2	3864.2
	2021	2822950.0	2391550.0	1756720.0	807510.0	811920.0	3810.0
南宁市	Nanning	425540.1	382458.0	267610.0	127530.0	137290.0	6.0
柳州市	Liuzhou	148048.7	132609.9	114630.0	53500.0	39000.0	
桂林市	Guilin	340005.9	269015.2	220620.0	102140.0	80150.0	939.2
梧州市	Wuzhou	140356.5	117426.5	103320.0	52450.0	50870.0	133.1
北海市	Beihai	66869.0	49655.8	37900.0	10500.0	27400.0	
防城港市	Fangchenggang	45592.9	35647.0	25540.0	9100.0	15920.0	
钦州市	Qinzhou	189011.7	158548.0	138610.0	59230.0	79380.0	
贵港市	Guigang	275549.0	239295.0	206350.0	102310.0	104040.0	
玉林市	Yulin	292275.0	254703.0	227650.0	113680.0	113970.0	
百色市	Baise	258588.0	214611.0	82770.0	23530.0	28400.0	2361.5
贺州市	Hezhou	118479.4	100961.4	85690.0	44170.0	35830.0	43.0
河池市	Hechi	252448.3	201964.0	85950.0	29750.0	23890.0	145.9
来宾市	Laibin	153844.0	134492.5	102000.0	55260.0	45910.0	170.7
崇左市	Chongzuo	116323.7	100184.1	58090.0	24360.0	29880.0	14.3

5-2 续表 continued

单位：公顷 (hectares)

年份 地区	Year Item	玉米 Corn	其他谷物 Other Cereal	豆类 Beans	薯类 Tubers	# 马铃薯 Potato	甘薯 Sweet Potato
	2016	603246.7	4725.4	145333.3	269333.3	60000.0	209333.3
	2017	591228.1	5420.5	149350.3	267240.3	55335.4	211904.9
	2018	568263.5	27235.3	165780.6	260290.7	57315.1	202975.6
	2019	568739.4	26867.8	163622.7	256923.5	54437.7	202485.8
	2020	596973.8	16997.5	160870.8	267272.0	52811.7	214460.3
	2021	615030.0	15980.0	164040.0	267350.0	53560.0	213790.0
南宁市	Nanning	114522.0	320.0	21640.0	21442.1	5775.6	15666.5
柳州市	Liuzhou	17757.9	222.0	4383.0	11055.7	1593.2	9462.6
桂林市	Guilin	43890.0	3566.0	32984.7	38006.1	4283.1	33723.0
梧州市	Wuzhou	10736.8	3236.6	8776.3	14153.7	5875.3	8278.4
北海市	Beihai	11575.8	180.0	1070.0	16143.2	1693.6	14449.6
防城港市	Fangchenggang	10107.0		1552.7	8393.3	1318.3	7075.0
钦州市	Qinzhou	19928.0	10.0	6027.0	24436.7	8589.8	15846.8
贵港市	Guigang	32935.0	10.0	7935.0	28319.0	10419.0	17900.0
玉林市	Yulin	24993.0	2060.0	5761.0	31811.0	11517.0	20294.0
百色市	Baise	126409.9	3069.6	26427.1	17549.9	79.4	17470.5
贺州市	Hezhou	14998.4	230.0	6192.9	11325.0	373.8	10951.2
河池市	Hechi	113808.6	2059.5	23966.6	26517.7	397.2	26120.5
来宾市	Laibin	31409.5	912.3	7536.1	11815.4	935.4	10880.0
崇左市	Chongzuo	41976.9	102.9	9766.0	6373.6	705.1	5668.5

5-3 粮食作物产量

Output of Grain Crops

单位：吨 （ton）

年 份 地 区	Year Item	粮食作物 Grain Crops	谷物 Cereals	稻谷 Rice	# 早稻 Early Rice	晚稻 Late Rice	小麦 Wheat
	2016	14190344.3	13479302.4	10659962.7	4964918.7	4790542.1	5250.0
	2017	13704904.5	12979798.7	10197820.7	4701535.2	4528046.7	5100.0
	2018	13720399.6	12896366.4	10189156.0	4713702.1	4520602.4	7719.6
	2019	13320002.7	12519105.1	9872276.4	4525004.8	4415755.8	7458.9
	2020	13700245.1	12908229.6	10137412.1	4767500.0	4431863.7	6250.8
	2021	13865434.4	13066833.0	10179086.2	4800000.9	4398344.5	6300.0
南 宁 市	Nanning	2115478.7	2040361.9	1477485.0	751450.7	707719.4	8.5
柳 州 市	Liuzhou	747890.5	721697.3	640392.4	296058.1	195346.1	
桂 林 市	Guilin	1791592.1	1627525.8	1390699.2	603656.3	457057.1	1651.3
梧 州 市	Wuzhou	704593.1	658289.9	608760.1	322218.5	286541.7	228.0
北 海 市	Beihai	310067.1	272037.3	212937.1	62032.1	150904.9	
防城港市	Fangchenggang	177114.4	157213.1	113581.5	47477.9	62982.7	
钦 州 市	Qinzhou	935764.5	879976.3	780602.1	342275.7	438326.4	
贵 港 市	Guigang	1478992.3	1397482.1	1214886.4	619076.6	595809.8	
玉 林 市	Yulin	1635066.7	1548849.6	1412547.6	717903.8	694643.8	
百 色 市	Baise	1134877.1	1074452.0	490902.3	145645.9	147099.7	3876.3
贺 州 市	Hezhou	613252.7	580707.2	508135.2	273241.4	193628.9	74.8
河 池 市	Hechi	986986.7	930075.4	481274.6	157289.3	111986.0	198.0
来 宾 市	Laibin	723603.4	695574.2	547324.5	321570.5	220527.5	244.9
崇 左 市	Chongzuo	510155.3	482588.1	299555.4	140097.9	135770.5	18.2

5-3 续表 continued

单位：吨 (ton)

年份 Year 地区 Item		玉米 Corn	其他谷物 Other Cereal	豆类 Beans	薯类 Tubers	# 马铃薯 Potato	甘薯 Sweet Potato
	2016	2757800.0	10424.0	230849.1	480192.8	151231.7	328961.1
	2017	2716418.6	12508.8	246758.1	478347.7	137591.2	340756.5
	2018	2659424.0	40066.8	286191.4	537841.9	150527.5	387314.4
	2019	2600845.6	38591.7	278404.3	522614.7	135635.6	386979.1
	2020	2733317.9	31248.8	266010.4	526005.2	125528.3	400476.9
	2021	2851457.3	29989.5	267642.3	530959.1	126369.5	404589.6
南宁市	Nanning	562273.9	594.5	33117.4	41999.4	11968.5	30030.9
柳州市	Liuzhou	80669.5	635.4	6536.5	19656.7	3283.0	16373.7
桂林市	Guilin	226351.7	8823.6	72025.1	92041.2	8524.3	83516.9
梧州市	Wuzhou	45872.5	3429.3	14987.4	31315.9	13416.3	17899.6
北海市	Beihai	58731.5	368.7	1886.8	36143.0	2293.6	33849.5
防城港市	Fangchenggang	43631.5		2886.4	17014.9	2785.4	14229.6
钦州市	Qinzhou	99357.4	16.8	10383.3	45404.9	13996.3	31408.6
贵港市	Guigang	182571.3	24.4	14840.7	66669.5	31410.2	35259.3
玉林市	Yulin	131853.3	4448.7	10478.3	75738.8	33879.7	41859.1
百色市	Baise	574525.1	5148.4	35390.7	25034.4	154.0	24880.4
贺州市	Hezhou	71933.2	564.0	9284.3	23261.1	739.6	22521.6
河池市	Hechi	444640.5	3962.2	28700.0	28211.4	653.9	27557.5
来宾市	Laibin	146177.2	1827.7	12342.6	15686.6	1614.7	14071.9
崇左市	Chongzuo	182868.8	145.7	14785.9	12781.2	1650.1	11131.1

5-4 粮食作物单位面积产量

Yield per Unit Area of Grain Crops

单位：公斤/公顷 (kg/hectare)

年份 地区	Year Item	粮食作物 Grain Crops	谷物 Cereals	稻谷 Rice	# 早稻 Early Rice	晚稻 Late Rice	小麦 Wheat
	2016	4898.0	5429.8	5803.9	5995.0	5495.3	1640.6
	2017	4803.6	5327.3	5660.1	5799.0	5327.6	1654.7
	2018	4908.4	5443.3	5759.8	5953.7	5420.0	1631.1
	2019	4848.9	5382.4	5718.6	5892.7	5403.3	1646.9
	2020	4882.3	5428.3	5759.5	5921.0	5396.8	1617.6
	2021	4911.7	5463.8	5794.4	5944.2	5417.2	1653.5
南宁市	Nanning	4971.3	5334.9	5521.1	5892.3	5154.9	1408.4
柳州市	Liuzhou	5051.7	5442.3	5586.6	5533.8	5008.8	
桂林市	Guilin	5269.4	6050.0	6303.6	5910.2	5702.6	1758.3
梧州市	Wuzhou	5020.1	5606.0	5892.0	6143.4	5632.8	1712.6
北海市	Beihai	4637.0	5478.5	5618.4	5907.8	5507.6	
防城港市	Fangchenggang	3884.7	4410.3	4447.2	5217.3	3956.3	
钦州市	Qinzhou	4950.9	5550.2	5631.6	5778.8	5521.8	
贵港市	Guigang	5367.5	5840.0	5887.5	6051.0	5726.7	
玉林市	Yulin	5594.3	6081.0	6204.9	6315.2	6095.0	
百色市	Baise	4388.7	5006.6	5930.9	6189.8	5179.5	1641.5
贺州市	Hezhou	5176.1	5751.8	5930.0	6186.2	5404.1	1740.0
河池市	Hechi	3909.6	4605.2	5599.5	5287.1	4687.5	1357.7
来宾市	Laibin	4703.6	5171.9	5366.0	5819.3	4803.5	1434.9
崇左市	Chongzuo	4385.7	4817.0	5156.7	5751.2	4543.8	1272.8

5-4 续表 continued

单位：公斤/公顷 (kg/hectare)

年份 地区	Year Item	玉米 Corn	其他谷物 Other Cereal	豆类 Beans	薯类 Tubers	# 马铃薯 Potato	甘薯 Sweet Potato
	2016	4571.6	2206.0	1588.4	1782.9	2520.5	1571.5
	2017	4594.5	2307.7	1652.2	1790.0	2486.5	1608.1
	2018	4679.9	1471.1	1726.3	2066.3	2626.3	1908.2
	2019	4573.0	1436.4	1701.5	2034.1	2491.6	1911.1
	2020	4578.6	1838.4	1653.6	1968.1	2376.9	1867.4
	2021	4636.3	1876.7	1631.6	1986.0	2359.4	1892.5
南宁市	Nanning	4909.8	1857.9	1530.5	1958.7	2072.3	1916.9
柳州市	Liuzhou	4542.8	2862.3	1491.3	1778.0	2060.7	1730.4
桂林市	Guilin	5157.3	2474.4	2183.6	2421.8	1990.2	2476.5
梧州市	Wuzhou	4272.5	1059.6	1707.8	2212.5	2283.6	2162.3
北海市	Beihai	5073.6	2048.6	1763.3	2238.9	1354.4	2342.6
防城港市	Fangchenggang	4317.0		1859.0	2027.3	2112.9	2011.2
钦州市	Qinzhou	4985.9	1684.1	1722.8	1858.1	1629.5	1982.0
贵港市	Guigang	5543.4	2443.1	1870.4	2354.3	3014.7	1969.8
玉林市	Yulin	5275.7	2159.6	1818.8	2381.0	2941.7	2062.7
百色市	Baise	4545.0	1677.2	1339.2	1426.5	1940.1	1424.1
贺州市	Hezhou	4796.1	2452.4	1499.3	2054.0	1978.5	2056.5
河池市	Hechi	3906.9	1923.9	1197.5	1063.8	1646.3	1055.0
来宾市	Laibin	4653.9	2003.4	1637.9	1327.7	1726.2	1293.3
崇左市	Chongzuo	4356.5	1416.0	1514.0	2005.4	2340.3	1963.7

5-5　主要畜禽生产情况（1978—2021年）

Basic Statistics of major Livestock and Poultry（1978—2021）

年份 Year	生猪 Live Hog			牛 Cattle		
	存栏（万头）Number of Hogs（10 000 heads）	出栏（万头）Slaughter Hogs（10 000 heads）	肉产量（万吨）Output of Pork（10 000 tons）	存栏（万头）Number of Cattle（10 000 heads）	出栏（万头）Slaughter Cattle（10 000 heads）	肉产量（万吨）Output of Beef（10 000 tons）
1978	1246.3	650.6		413.9	7.4	
1979	1103.0	683.2	36.6	415.5	8.5	0.5
1980	1034.1	564.7	39.7	411.0	5.0	0.3
1981	1125.3	514.7	42.6	428.3	6.5	0.5
1982	1284.2	610.2	50.4	460.4	7.1	0.6
1983	1355.3	691.6	56.4	484.0	7.6	0.6
1984	1350.0	743.5	61.8	522.7	9.1	0.8
1985	1435.7	693.4	60.8	560.2	12.5	1.1
1986	1563.8	733.2	62.1	595.5	14.8	1.3
1987	1564.6	841.0	69.1	627.2	21.3	1.8
1988	1527.2	876.1	71.3	648.0	27.2	2.4
1989	1634.0	939.4	76.9	672.8	28.1	2.4
1990	1742.5	1063.9	87.2	703.9	35.0	3.0
1991	1808.6	1195.0	97.4	708.7	44.2	3.8
1992	1903.9	1349.9	109.8	712.3	55.3	4.8
1993	1923.6	1464.4	118.1	714.8	60.3	5.3
1994	1990.1	1654.3	134.4	724.8	67.1	5.9
1995	2075.7	1905.8	153.6	738.8	73.5	6.5
1996	2137.0	2187.0	175.9	747.4	83.2	7.5
1997	2244.0	2378.4	190.0	759.6	96.9	8.7
1998	2085.2	2424.5	194.0	776.3	105.8	9.5
1999	2309.6	2547.0	202.5	770.7	99.9	8.9
2000	2415.6	2756.9	217.9	775.3	108.9	9.8
2001	3154.6	2768.4	208.1	766.6	115.5	10.4
2002	3029.3	2656.5	190.8	766.5	129.1	11.6
2003	2637.7	2555.1	179.8	760.6	144.4	12.9
2004	2671.0	2462.5	161.7	739.7	163.5	14.6
2005	3015.0	2831.9	186.0	735.6	188.3	16.9
2006	2259.9	2957.2	210.3	403.8	117.1	10.9
2007	2169.3	2767.3	206.2	396.8	125.4	11.7
2008	2307.0	2935.0	218.4	421.8	133.7	12.5
2009	2332.4	3119.9	232.3	448.0	143.0	13.4
2010	2344.0	3230.0	241.5	450.0	146.3	13.7
2011	2412.0	3195.1	239.8	441.7	150.4	14.3
2012	2466.6	3342.1	252.5	453.6	147.7	13.9
2013	2471.5	3456.7	261.3	457.0	148.2	14.3
2014	2360.3	3518.0	266.3	448.6	149.6	14.4
2015	2303.7	3416.8	258.8	445.9	149.3	14.4
2016	2216.1	3280.1	249.8	418.7	149.8	14.7
2017	2293.7	3355.1	255.0	326.6	117.0	11.7
2018	2298.3	3465.8	263.9	328.6	123.6	12.3
2019	1599.6	2505.8	192.1	337.0	124.6	12.4
2020	1828.3	2281.2	174.1	349.1	131.2	13.6
2021	2128.2	3113.9	245.2	355.7	134.4	14.0

5-5 续表 continued

年 份 Year	羊 Sheep 存栏（万只）Number of Sheep (10 000 heads)	羊 Sheep 出栏（万只）Slaughter Sheep (10 000 heads)	羊 Sheep 肉产量（万吨）Output of Mutton (10 000 tons)	家禽 Poultry 存栏（万只）Number of Poultry (10 000 heads)	家禽 Poultry 出栏（万只）Slaughter Poultry (10 000 heads)	家禽 Poultry 肉产量（万吨）Output of Poultry (10 000 tons)
1978	94.8	17.8				
1979	87.5	16.0	0.3			
1980	80.3	15.1	0.2			
1981	78.0	14.2	0.2			
1982	79.8	12.6	0.2			
1983	76.6	10.3	0.2			
1984	71.8	11.9	0.2			
1985	66.6	14.4	0.2			
1986	63.6	15.7	0.2			
1987	66.7	15.3	0.2			
1988	68.8	17.4	0.2			
1989	74.6	18.2	0.3			
1990	80.6	21.5	0.3			
1991	84.0	25.5	0.4			
1992	89.1	30.3	0.4			
1993	95.4	34.7	0.5			
1994	104.2	38.9	0.6			
1995	131.5	51.5	0.8			
1996	161.6	66.3	1.1			
1997	228.7	102.8	1.6			
1998	239.2	133.1	2.1			
1999	241.1	150.9	2.3			
2000	241.8	165.0	2.5			
2001	237.6	173.8	2.6		24617.3	43.4
2002	232.4	181.5	2.6		22918.3	41.6
2003	246.6	194.4	2.8		21206.9	29.3
2004	278.1	217.7	3.2		20166.1	28.4
2005	260.0	255.0	3.8		27111.6	33.5
2006	151.4	166.5	2.5	23957.5	60123.0	94.5
2007	155.1	176.0	2.7	25938.8	64538.1	105.3
2008	176.4	190.9	2.9	27495.1	69701.1	113.7
2009	190.0	205.0	3.2	28180.0	72834.0	118.4
2010	193.4	212.3	3.3	28501.3	77058.4	124.9
2011	198.2	205.0	3.2	30282.6	79169.8	128.8
2012	203.6	206.0	3.2	31202.6	82631.7	136.0
2013	202.2	205.6	3.2	30625.4	82218.5	135.3
2014	201.6	205.0	3.2	30656.0	78288.1	128.2
2015	202.6	205.3	3.2	31330.4	80825.0	132.5
2016	203.7	207.2	3.3	30860.5	82237.3	135.0
2017	222.4	209.7	3.3	32712.1	86486.3	142.0
2018	223.5	210.9	3.4	33300.9	84929.5	138.8
2019	231.2	217.5	3.5	38296.1	101660.6	162.9
2020	239.2	228.0	3.6	37932.3	114571.5	179.9
2021	259.0	245.8	4.0	36483.2	108728.4	169.2

主要统计指标解释

粮食产量　指农业生产经营者日历年度内生产的全部粮食数量。按收获季节包括夏收粮食、早稻和秋收粮食，按作物品种包括谷物、薯类和豆类。其产量计算方法：谷物按脱粒后的原粮计算，豆类按去豆荚后的干豆计算；薯类（包括甘薯和马铃薯，不包括芋头和木薯）1963年以前按每4公斤鲜薯折1公斤粮食计算，从1964年开始改为按5公斤鲜薯折1公斤粮食计算，2014年开始按鲜薯计算；城市郊区作为蔬菜的薯类（如马铃薯等）按鲜品计算，并且不作粮食统计。1989年以前全国粮食产量数据主要靠全面报表取得，1989年开始使用抽样调查数据。

猪、牛、羊肉产量　指当年出栏并已屠宰、除去头蹄下水后带骨肉（即胴体重）的重量。包括全社会范围内的产量。1996年以前为全面统计并逐级上报数据。1996年第一次农业普查以后，根据普查结果，对畜牧业主要年报数据进行了修正。1999年以后，国家统计局在部分地区开展了猪、牛、羊、禽等主要畜禽品种的抽样调查，并用抽样数据作为国家定案数据使用。未开展抽样调查的地区和品种，仍使用各级统计部门逐级上报数据。2007年，根据第二次农业普查结果，对2000—2006年畜牧业主要年报数据进行了修正。2008年，建立了主要畜禽监测调查制度，猪、牛、羊、禽等主要畜禽数据均以抽样调查数为法定数据。

期初（末）畜禽存栏头（只）数　指报告期初（末）农村各种合作经济组织和国营农场、农民个人、机关、团体、学校、工矿企业、部队等单位以及城镇居民饲养的大牲畜、猪、羊、家禽等畜禽的存栏数。数据上报方式及数据调整情况同猪、牛、羊肉产量。

当年出栏头数　指农林牧渔企业生产单位饲养的，供屠宰并已出栏的全部牲畜头数。包括交售给国家，集市上出售的部分。

常用耕地　是指耕地总资源中专门种植农作物并经常进行耕种、能够正常收获的土地。包括当年实际耕种的熟地；弃耕、休闲不满三年，随时可以复耕的地；开荒利用三年以上的土地。在统计口径上包括南方小于1米、北方小于2米宽的沟、渠、路和田埂。不包括临时种植农作物的坡度在25度以上的陡坡地；在河套、湖畔、库区临时开发的成片或零星土地；也不包括已列为国家和省（区、市）退耕计划但临时耕种的土地。常用耕地是国家需要重点保护的耕地，是反映我国农业综合生产能力的一个重要指标。

农作物播种面积　指实际播种或移植有农作物的面积。凡是实际种植有农作物的面积，不论种植在耕地上还是种植在非耕地上，均包括在农作物播种面积中。在播种季节基本结束后，因遭灾而重新改种和补种的农作物面积，也包括在内。它是反映我国耕地面积利用情况的一个重要指标。目前，农作物播种面积主要包括粮食、棉花、油料、糖料、麻类、烟叶、蔬菜和瓜类、药材和其他农作物九大类。

Explanatory Notes on Main Statistical Indicators

Grain Output refers to the total output of grains produced by agricultural producers within a calendar year. It includes summer grain, early rice and autumn grain if classified by harvest seasons; it covers cereal, tubers and beans if classified by type of crops. Output of cereal should be limited to husked grain only. Output of beans refers to dry beans without pods. The output of tubers (sweet potatoes and potatoes, not including taros and cassava) are converted into that of grain at the ratio 4:1, i.e. 4 kilograms of fresh tubers were equivalent to 1 kilogram of grain up to 1963. Since 1964 the ratio for conversion has been 5:1, and Starting from 2014, the ratio for conversion has been 1:1. Tubers supplied as vegetables (such as potatoes) in cities and suburbs are calculated as fresh vegetables and their output is not included in the output of grain. Data on grain production before 1989 were obtained through the Comprehensive Statistical Reporting System. Since 1989, data from sample surveys are used.

Output of Pork, Beef, and Mutton refers to the meat of slaughtered hogs, cattle, sheep and goats with head, feet, and offal taken away. Data refers to the production of the whole country. Before 1996, it was a comprehensive reporting from the lower level to the upper one. The First Agricultural Census of China in 1996 revealed some discrepancy between the production of animal products from the annual reports and that from the census. Efforts were made to adjust the output value of animal husbandry to make the figures from the annual reports consistent with the census data. Since 1999, the NBS conducted sample surveys for the major animal husbandry products, such as hogs, cattle, sheep and goats and fowls, and the data from sample surveys are used as national finalized data. Those products, which are not covered by the sample survey, are still reported by statistical agencies level by level. In 2007, the data on animal husbandry from 2000 to 2006 were revised according to the results of the Second Agriculture Census of China. In 2008, A Monitoring and Survey Program was set up on main livestock, the data on the main livestock such as hog, cattle, sheep and poultry became the official data based on the sampling survey.

Number of Livestock or Poultry in Stock at Beginning（or End） refers to the total number of large animals, pigs, sheep, fowls, etc. raised by rural cooperative organizations, state farms, rural individuals, government agencies, schools, industrial and mining enterprises, army, and urban residents at the beginning（or end）of the reference period. Data reporting system and data adjustment are the same as that in the output of pork, beef and mutton.

Number of Livestock Slaughtered refers to the total number of animals for butchering by farming, forestry, animal husbandry and fishery, including parts of selling to country and markets.

Regularly Cultivated Land refers to farmland among the total land resources, which is exclusively used for farming and is under regular cultivation with harvest in normal years. Included are currently cultivated land, land that has been abandoned or put in idle for less than 3 years and could be re-used for cultivation at any time, and new-claimed land that has been put into cultivation for more than 3 years. According to statistical coverage, it includes the gouges, dykes, roads and ridges of field with 1 meter wide in Southern areas and 2 meters wide in Northern areas. Excluded under this category are steep slope land over 25 degrees under temporary cultivation, land (large or small plots) that is claimed along river bends, lake sides or banks of reservoirs, as well as land that has been designated under the "Green for Grain" programme of the state and provincial governments but is still temporarily under cultivation. The regularly cultivated land is the key protection land of the nation, an important indicator reflecting the comprehensive productivity of agriculture of China.

Sown Area of Crops refers to area of land sown or transplanted with crops regardless of being in cultivated area or non-cultivated area. Area of land re-sown due to natural disasters is also included. This is an important indicator that can reflect the utilization condition of the cultivated land in China. At present, the sown area of crops mainly include the following 9 categories of crops: grain, cotton, oil-bearing crops, sugar crops, fiber crops, Tobacco, Vegetables and melons, medicinal materials and other farm crops.

第六篇　分析资料

Chapter 6　Analysis of Data

6–1 2021年广西壮族自治区国民经济和社会发展统计公报

Statistical Communique on National Economic and Social Development of Guangxi Zhuang Autonomous Region in 2021

2021年广西壮族自治区国民经济和社会发展统计公报[1]

广西壮族自治区统计局 国家统计局广西调查总队

2022年3月24日

2021年，广西各级各部门坚持以习近平新时代中国特色社会主义思想为指导，认真贯彻落实党的十九大和十九届历次全会精神，认真贯彻落实习近平总书记视察广西“4·27”重要讲话精神和对广西工作系列重要指示要求，全面落实党中央、国务院决策部署，按照自治区党委、政府要求，坚持稳中求进工作总基调，扎实做好“六稳”“六保”工作，有效应对复杂多变的外部环境和各项风险挑战，经济运行持续恢复，民生保障有力，社会和谐稳定，实现了“十四五”良好开局，新时代中国特色社会主义壮美广西建设迈出坚实步伐。

一、综合

初步核算，全年广西生产总值[2]（GDP）24740.86亿元，按可比价计算，比上年增长7.5%，两年平均增长[3]5.6%。其中，第一产业增加值4015.51亿元，增长8.2%；第二产业增加值8187.90亿元，增长6.7%；第三产业增加值12537.45亿元，增长7.7%。第一、二、三产业增加值占广西生产总值的比重分别为16.2%、33.1%和50.7%，对经济增长的贡献率分别为18.0%、28.7%和53.3%。按常住人口计算，全年人均地区生产总值49206元，比上年增长6.9%。

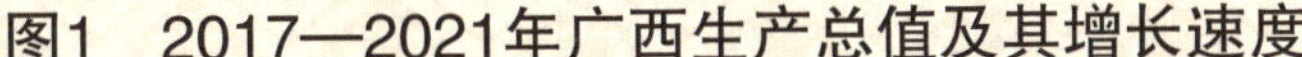

图1 2017—2021年广西生产总值及其增长速度

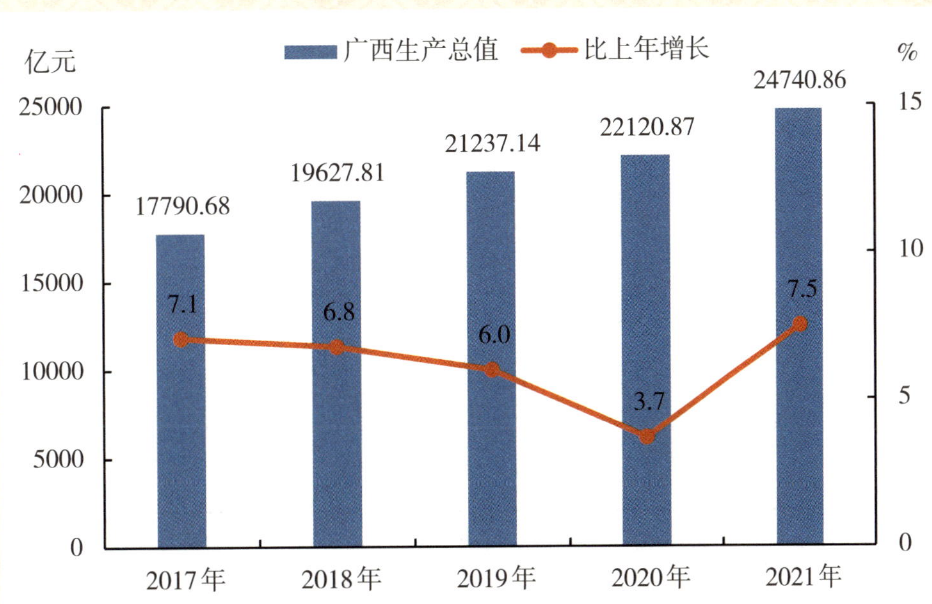

图2　2017—2021年广西三次产业增加值占GDP比重

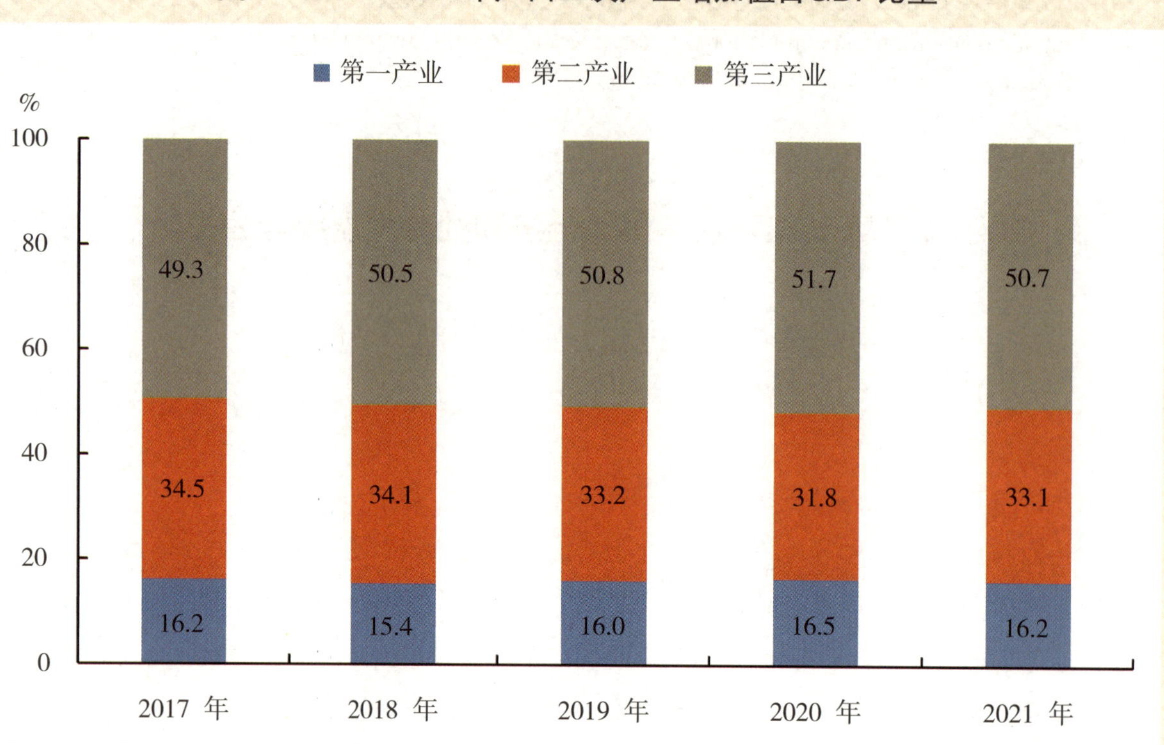

年末广西常住人口[4]5037万人，比上年末增加18万人，其中城镇人口2774.6万人，占常住人口比重（常住人口城镇化率）为55.08%，比上年末提高0.88个百分点。全年出生人口48.7万人，出生率为9.68‰；死亡人口34.2万人，死亡率为6.80‰；自然增长率为2.88‰。

图3　2017—2021年年末广西常住人口城镇化率[5]

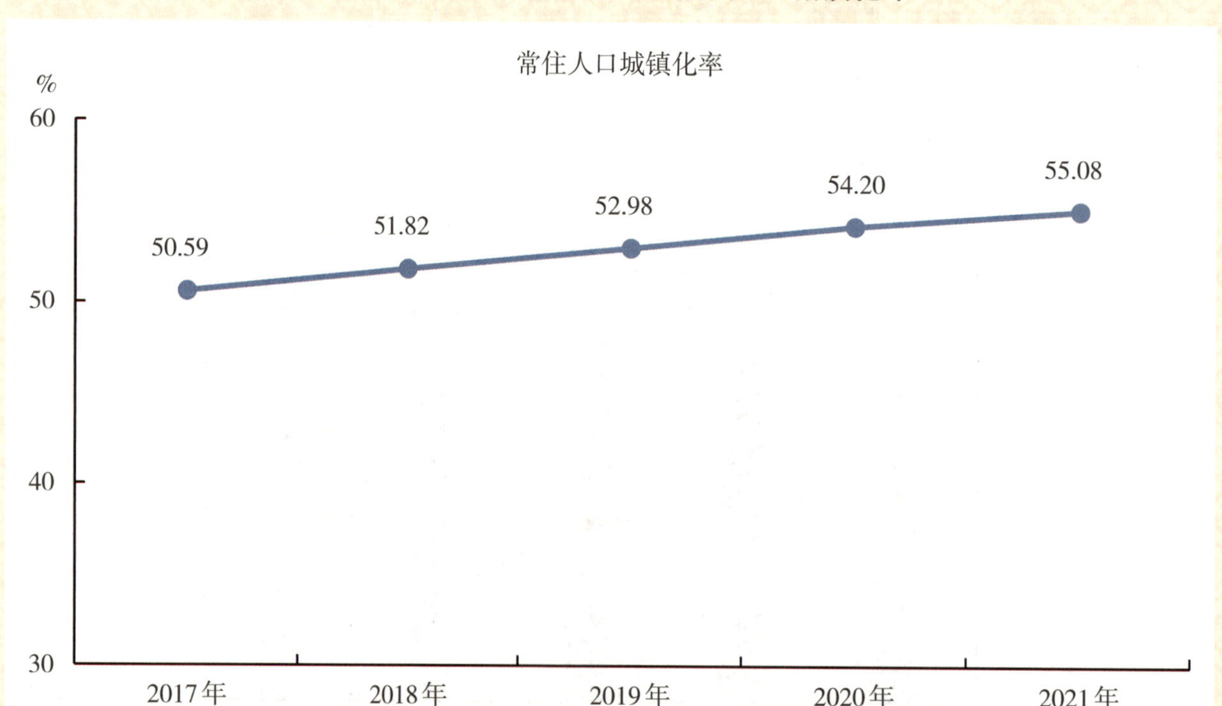

表1 2021年年末广西常住人口数及其构成

指标	年末数（万人）	比重（%）
常住人口	5037	
其中：城镇	2775	55.08
乡村	2262	44.92
其中：男性	2609	51.80
女性	2428	48.20
其中：0～14岁	1154	22.91
15～64岁	3249	64.50
65岁及以上	634	12.59

全年广西城镇新增就业40.70万人，比上年多增4.18万人。年末城镇登记失业率为2.49%。农民工[6]总量1302万人，比上年增长3.5%。其中，外出农民工886万人，增长3.7%；本地农民工416万人，增长3.0%。

图4 2017—2021年广西城镇新增就业人数

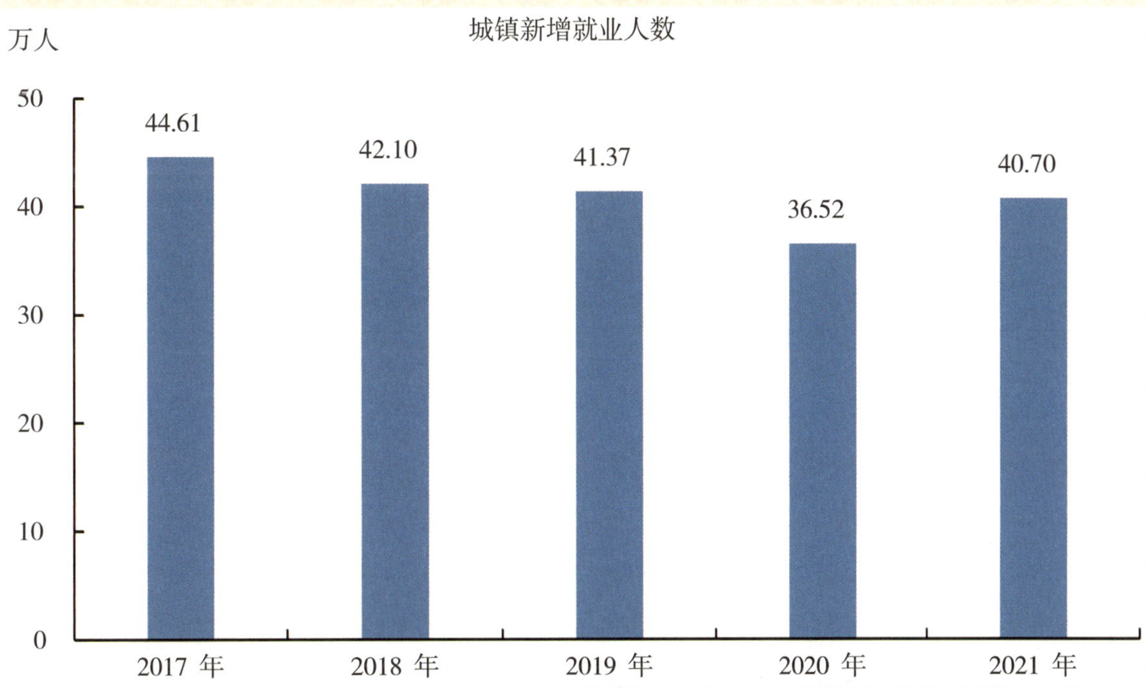

全年居民消费价格比上年上涨0.9%。工业生产者出厂价格上涨8.9%。工业生产者购进价格上涨10.7%。农产品生产者价格[7]下跌5.1%。

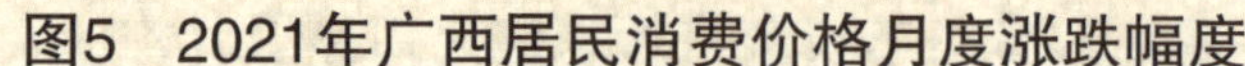

图5 2021年广西居民消费价格月度涨跌幅度

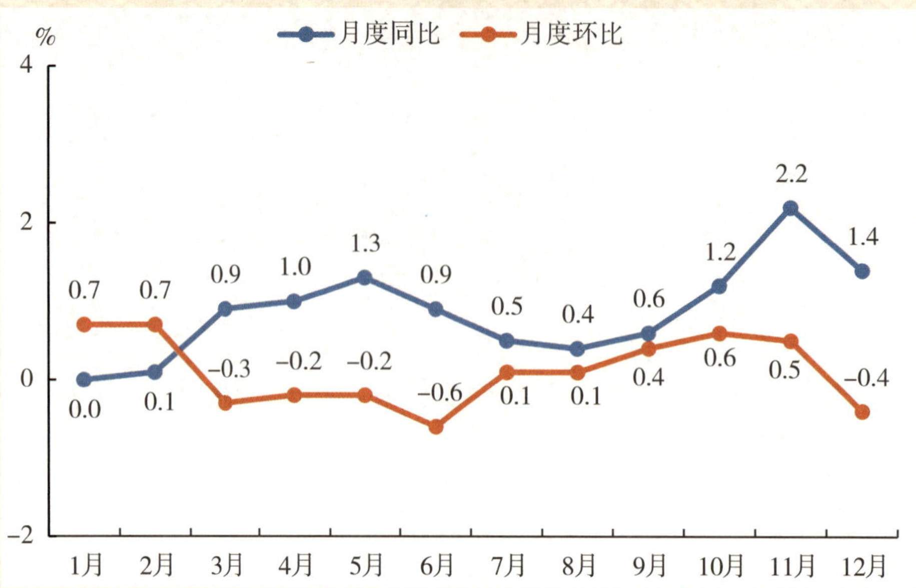

表2 2021年广西居民消费价格比上年涨跌幅度

单位：%

指标	广西		
		城市	农村
居民消费价格	0.9	1.1	0.5
其中：食品烟酒	-1.2	-0.6	-2.4
衣　着	1.0	1.4	-0.1
居　住[8]	0.8	0.7	0.9
生活用品及服务	0.4	0.6	0.1
交通和通信	2.7	2.6	2.9
教育文化和娱乐	3.7	4.3	2.7
医疗保健	2.4	1.8	3.3
其他用品和服务	-0.3	-0.2	-0.4

质量效益总体良好。财政收入稳步增长。全年一般公共预算收入增长4.8%，其中税收收入增长7.0%。金融信贷支撑有力。12月末，人民币各项贷款余额39325.29亿元，比上年末增长13.2%。人民币新增贷款4586.30 亿元。各项金融政策精准发力，突出保障重点领域、重点行业，累计投放“桂惠贷”2381.25亿元，惠及8.7万户市场主体。企业盈利较快增长。规模以上工业企业营业收入利润率为5.16%，比上年提高0.16个百分点。规模以上服务业企业营业利润比上年增长3.7%。

新发展动能持续激发。全年规模以上高技术制造业中，电子及通信设备制造业增加值比上年增长18.6%。规模以上服务业[9]中，软件和信息技术服务业营业收入比上年增长73.6%，互联网和相关服务增长94.3%。高技术产业投资[10]比上年增长21.2%，其中高技术制造业投资增长57.9%。新能源汽车产量比上年增长1.6

倍，太阳能电池增长1.2倍，锂离子电池增长68.2%，液晶显示屏增长58.0%。广西实物商品网上零售额[11]675.7亿元，比上年增长16.6%。广西新登记市场主体 65.91万户，年末广西实有市场主体392.59万户，比上年末增长4.6%。

区域发展活力稳步提升。分区域看[12]，全年北部湾经济区生产总值9089.08亿元，比上年增长7.5%；西江经济带生产总值12052.0亿元，增长6.9%；左右江革命老区生产总值3807.06亿元，增长9.1%。桂林国际旅游胜地、强首府战略、北钦防一体化等区域重大战略稳步推进。

二、农业

全年粮食种植面积2822.9千公顷，比上年增加16.9千公顷，增长0.6%。甘蔗种植面积857.81千公顷，减少17.02千公顷。油料种植面积267.05千公顷，增加4.85千公顷。蔬菜种植面积1596.33千公顷，增加60.41千公顷。木薯种植面积165.50千公顷，减少8.27千公顷。果园面积1389.32千公顷，增加36.8千公顷。茶园面积96.07千公顷，增加4.79千公顷。

全年粮食总产量1386.5万吨，比上年增加16.5万吨，增长1.2%。其中，春收粮食产量26.6万吨，增长2.4%；早稻产量480.0万吨，增长0.7%；秋粮产量879.9万吨，增长1.5%。谷物产量1306.7万吨，增长1.2%。其中，稻谷产量1017.9万吨，增长0.4%；玉米产量285.2万吨，增长4.3%。

图6 2017—2021年广西粮食产量

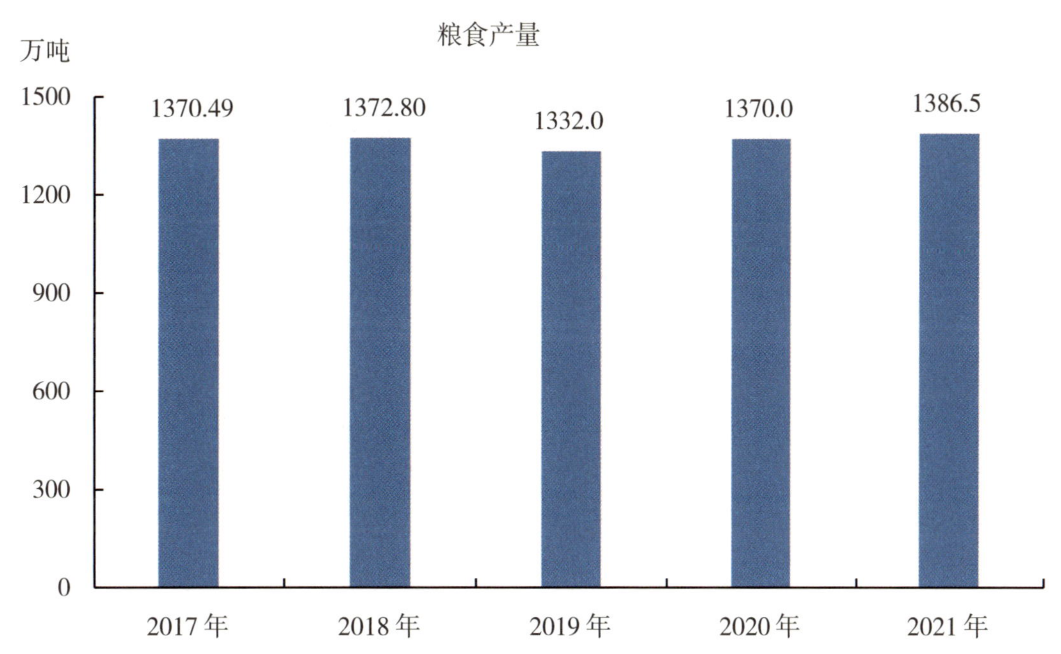

全年油料产量75.86万吨，比上年增长2.7%。甘蔗产量7365.11万吨，下降0.6%。蔬菜产量（含食用菌）4047.46万吨，增长5.7%。园林水果产量2798.08万吨，增长13.7%。

全年猪牛羊禽肉产量432.44万吨，比上年增长16.5%。其中，猪肉产量245.24万吨，增长40.9%；牛肉产量14.03万吨，增长3.0%；羊肉产量4.02万吨，增长10.2%；禽肉产量169.15万吨，下降6.0%。禽蛋产量27.08万吨，增长1.4%；牛奶产量13.09万吨，增长17.1%。生猪出栏3113.89万头，比上年增长36.5%。年末生猪存栏2128.19万头，比上年末增长16.4%。蚕茧产量40.74万吨，比上年增长8.2%。

全年水产品产量352.94万吨，比上年增长2.6%。其中，海水产品产量206.66万吨，增长3.8%。

全年木材产量4702万立方米，比上年增长11.9%。天然松脂74.77万吨，增长3.3%。油茶籽35.06万吨，增长17.1%。

表3 2021年主要农产品产量及其增长速度

产品名称	产 量（万吨）	比上年增长（%）
粮 食	1386.54	1.2
其中：稻 谷	1017.90	0.4
其中：早 稻	480.00	0.7
晚 稻	439.83	-0.8
玉 米	285.15	4.3
油 料	75.86	2.7
其中：花 生	71.12	2.7
甘 蔗	7365.11	-0.6
其中：果 蔗	289.74	-3.9
蔬 菜（含菌类）	4047.46	5.7
烤 烟	1.59	4.3
木 薯	162.71	-2.9
茶 叶	9.60	8.6
园林水果	2798.08	13.7
其中：柑橘类	1607.44	16.3
香 蕉	309.79	2.0
菠 萝	3.18	-13.5
荔 枝	80.68	25.9
龙 眼	60.69	20.7
芒 果	110.53	16.8
火龙果	59.69	30.4
百香果	36.29	0.5
食用坚果	15.20	3.7
肉类总产量	440.97	15.9
猪 肉	245.24	40.9
禽 肉	169.15	-6.0
蚕 茧	40.74	8.2
水产品	352.94	2.6
其中：海水产品	206.66	3.8

三、工业和建筑业

全年全部工业增加值6074.49亿元，比上年增长8.1%。规模以上工业增加值增长8.6%。在规模以上工业中，分经济类型看，国有控股企业增加值增长9.0%；股份制企业增长10.6%，外商及港澳台商投资企业增长0.9%；非公有工业企业增长8.6%。分门类看，采矿业增长7.7%，制造业增长7.9%，电力热力燃气及水生产和供应业增长13.8%。

全年规模以上工业中，农副食品加工业增加值比上年增长11.3%，木材加工和木竹藤棕草制品业增长15.7%，石油煤炭及其他燃料加工业增长30.1%，非金属矿物制品业增长0.8%，黑色金属冶炼及压延加工业增长7.1%，有色金属冶炼及压延加工业增长12.3%，专用设备制造业增长2.1%，汽车制造业下降3.8%，电气机械及器材制造业增长12.0%，计算机、通信和其他电子设备制造业增长3.6%，电力、热力生产和供应业增长12.2%。

表4　2021年广西规模以上工业主要产品产量及其增长速度[13]

产品名称	单　位	产　量	比上年增长（%）
成品糖	万吨	692.74	1.7
发酵酒精	万千升	49.50	-10.2
卷　烟	万箱	143.29	1.4
机制纸及纸板	万吨	336.22	8.9
发电量	亿千瓦小时	2019.2	5.7
其中：火电	亿千瓦小时	1191.9	11.7
水电	亿千瓦小时	472.1	-15.4
粗　钢	万吨	3660.88	6.0
钢　材	万吨	5282.09	11.5
十种有色金属	万吨	427.68	3.4
其中：电解铝	万吨	230.44	5.8
氧化铝	万吨	1133.45	20.4
水　泥	万吨	11426.90	-6.5
显示器	万台	369.62	-36.3
电子元件	亿只	330.82	-0.5
化　肥（折100%）	万吨	30.81	26.5
发动机	万千瓦	20576.96	-0.4
汽　车	万辆	190.08	8.9
铁合金	万吨	286.34	-11.2

全年规模以上工业企业利润比上年增长28.1%[14]。分经济类型看，国有控股企业利润比上年增长36.7%；股份制企业增长42.4%，外商及港澳台商投资企业下降7.2%；非公有制企业增长22.7%。分门类看，采矿业利润比上年增长70.8%，制造业增长35.7%，电力、热力、燃气及水生产和供应业下降26.9%。

全年全社会建筑业增加值比上年增长3.1%。具有资质等级的总承包和专业承包建筑业企业实现总产值6699.59亿元，比上年增长14.5%。其中国有控股企业2896.11亿元，比上年增长8.1%。

四、服务业

全年批发和零售业增加值2062.78亿元，比上年增长10.0%；交通运输、仓储和邮政业增加值1050.46亿元，增长14.9%；住宿和餐饮业增加值379.78 亿元，增长14.8%；金融业增加值1709.21亿元，增长4.2%；房地产业增加值1984.17亿元，增长1.3 %；其他服务业增加值5214.87 亿元，增长 8.8 %。规模以上服务业企业营业收入比上年增长15.5%，营业利润增长3.7%。

图7　2017—2021年广西服务业增加值及其增长速度

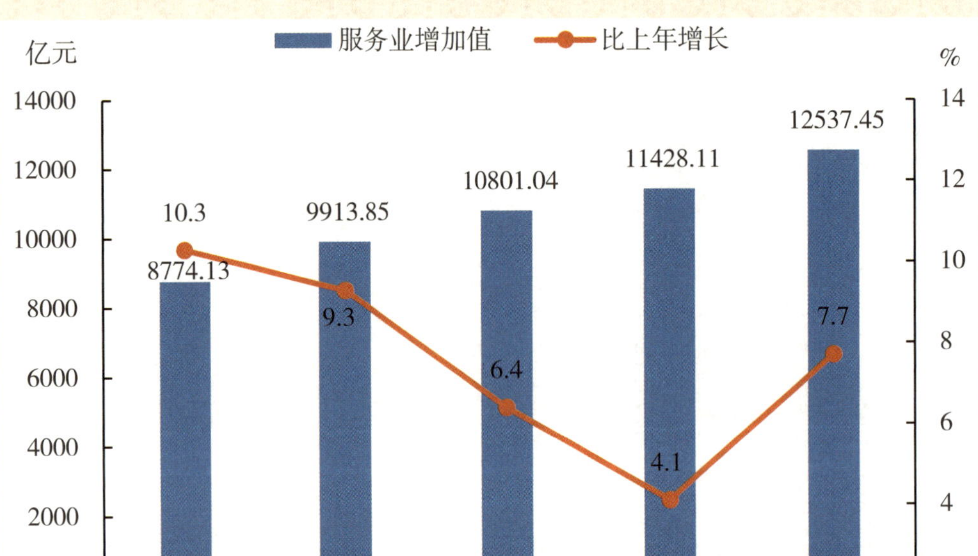

年末公路总里程16.06万公里，比上年末新增2.90万公里；其中，高速公路里程7339公里，比上年末新增536公里。年末铁路营业总里程5216公里，其中，高速铁路营业里程1771公里。

表5　2021年广西旅客、货物运输量及其增长速度

指　　标	单位	绝对数	比上年增长（%）
旅客运输总量	亿人次	2.98	-18.8
旅客运输周转量	亿人公里	521.94	-5.8
货物运输总量	亿吨	21.62	15.3
货物运输周转量	亿吨公里	4882.04	17.4

全年货物运输总量[15]21.62亿吨，比上年增长15.3%。货物运输周转量4882.04亿吨公里，增长17.4%。港口完成货物吞吐量5.57亿吨，比上年增长18.6%，其中外贸货物吞吐量1.68亿吨，增长20.7%。港口集装箱吞吐量719.82万标准箱，增长16.7%。

全年旅客运输总量2.98亿人次，比上年下降18.8%。旅客运输周转量521.94亿人公里，下降5.8%。

年末民用汽车保有量832.76万辆，比上年末增长10.7%，其中私人汽车保有量765.70万辆，增长11.2%。轿车保有量455.51万辆，增长13.3%，其中私人轿车439.84万辆，增长14.0%。

全年完成邮政业务总量[16]126.01亿元，比上年增长18.3%。邮政业完成邮政函件业务0.12亿件，包裹业务24.63万件，快递业务量10.28亿件。完成电信业务总量[17]527.63亿元，比上年增长34.3%。年末广西电话用户总数5934万户，其中移动电话用户5511万户。移动电话普及率上升至118.4部/百人。年末互联网用户6839万户，比上年末增加389万户。固定互联网宽带接入用户[18]1827万户，比上年末增加176万户，其中固定互联网光纤宽带接入用户[19]1743万户，增加168万户；移动互联网用户5011万户，增加211万户。互联网宽带接入通达的行政村比重达到100%。全年移动互联网接入流量79.37亿G，比上年增长31.8%。

五、国内贸易

全年社会消费品零售总额8538.50亿元，比上年增长9.0%。按经营地统计，城镇消费品零售额增长8.6%，乡村消费品零售额增长11.8%。按消费类型统计，商品零售额7309.23亿元，增长8.8%，餐饮收入额1229.27亿元，增长10.5%。

图8　2017—2021年广西社会消费品零售总额[20]

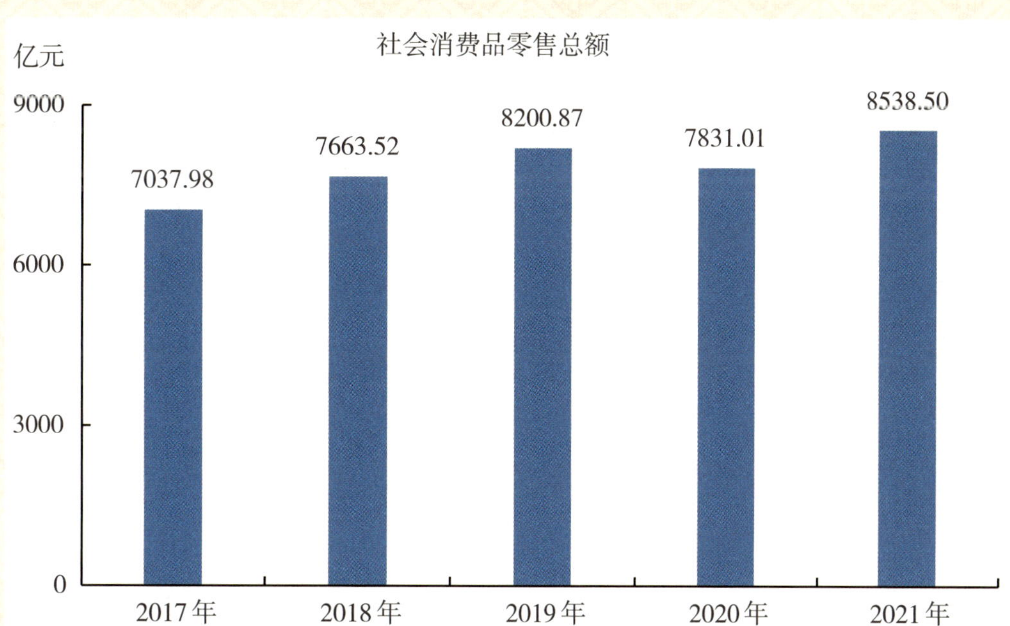

在限额以上单位商品零售额中，粮油食品、饮料、烟酒类零售额比上年增长11.3%，服装鞋帽针纺织品类下降5.0%，化妆品类下降11.1%，金银珠宝类增长18.6%，日用品类增长4.4%，家用电器和音像器材类增长22.4%，中西药品类增长4.9%，文化办公用品类增长12.2%，

家具类增长38.5%，通讯器材类增长1.5%，建筑及装潢材料类增长3.5%，石油及制品类增长19.9%，汽车类增长2.8%。

全年实物商品网上零售额675.7亿元，按可比口径计算，比上年增长16.6%，占社会消费品零售总额的比重为7.9%。

六、固定资产投资

全年固定资产投资（不含农户）比上年增长7.6%，其中，第一产业投资增长13.7%；第二产业投资增长26.0%，其中工业投资增长27.5%；第三产业投资增长2.0%。基础设施投资增长15.6%。民间固定资产投资增长8.0%。

表6　2021年广西分行业固定资产投资（不含农户）增长速度

行　　业	比上年增长（%）
总　计	7.6
农、林、牧、渔业	13.7
采矿业	20.0
制造业	37.4
电力、热力、燃气及水生产和供应业	1.6
建筑业	-12.1
交通运输、仓储和邮政业	33.8
信息传输、软件和信息技术服务业	-14.8
批发和零售业	14.5
住宿和餐饮业	-16.3
金融业	-32.5
房地产业	-4.4
租赁和商务服务业	-31.3
科学研究和技术服务业	-1.9
水利、环境和公共设施管理业	-9.4
居民服务、修理和其他服务业	22.7
教育	0.2
卫生和社会工作	-0.7
文化、体育和娱乐业	-8.1
公共管理、社会保障和社会组织	-35.8

全年房地产开发投资3733.93亿元，比上年下降2.9%。其中住宅投资2902.89亿元，下降2.7%；办公楼投资75.35亿元，增长5.6%；商业营业用房投资256.20亿元，下降10.9%。商品房销售面积6178.26万平方米，下降8.2%，其中住宅5281.50万平方米，下降12.1%。年末商品房待售面积1461.10万平方米，比上年末增加179.89万平方米。其中，商品住宅待售面积730.03万平方米，增加61.21万平方米。

表7　2021年广西房地产开发和销售主要指标完成情况及其增长速度

指　　标	单位	绝对数	比上年增长（%）
投资额	亿元	3733.93	-2.9
其中：住宅	亿元	2902.89	-2.7
其中：90平方米及以下	亿元	533.44	-1.9
房屋施工面积	万平方米	34175.70	6.2
其中：住宅	万平方米	25219.48	6.1
房屋新开工面积	万平方米	5329.29	-32.3
其中：住宅	万平方米	4016.51	-32.1
房屋竣工面积	万平方米	2433.25	14.3
其中：住宅	万平方米	1887.69	20.9
商品房销售面积	万平方米	6178.26	-8.2
其中：住宅	万平方米	5281.50	-12.1
本年资金来源	亿元	4331.83	-13.0
其中：国内贷款	亿元	523.06	-23.2
其中：个人按揭贷款	亿元	915.97	-9.3

七、对外经济

全年货物进出口总额5930.63亿元，比上年增长21.8%。其中，出口2939.11亿元，增长8.6%；进口2991.52亿元，增长38.3%。进出口逆差（出口小于进口）52.41亿元。对东盟国家进出口总额2821.17亿元，比上年增长18.8%。其中，出口1657.29亿元，增长8.1%；进口1163.88亿元，增长38.4%。

图9　2017—2021年广西进出口总额

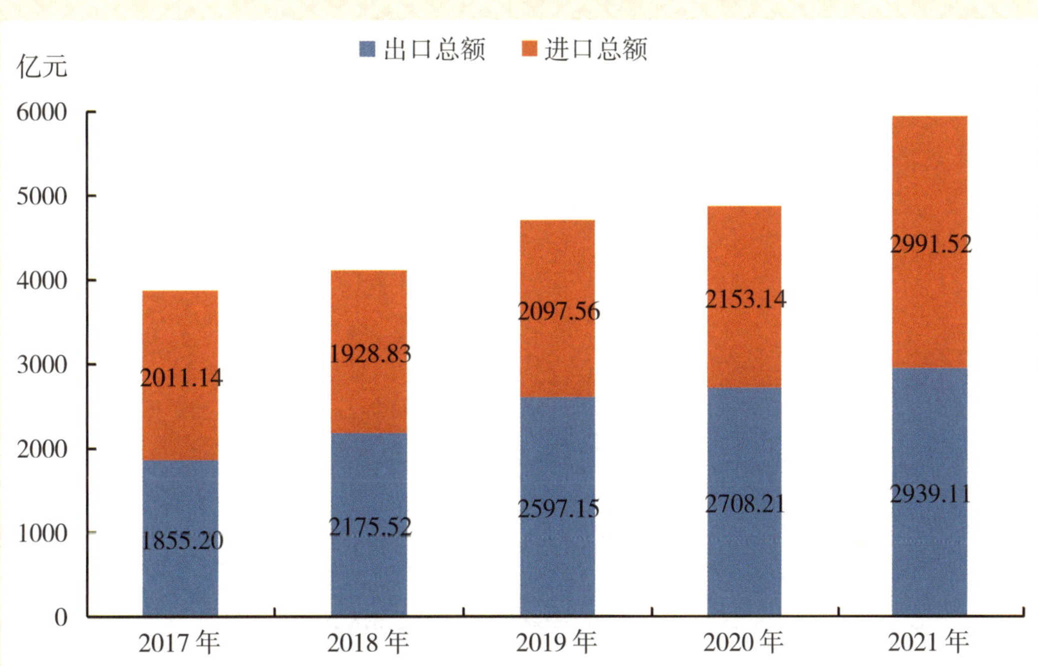

全年实际利用外资16.52亿美元，比上年增长25.4%。对外承包工程营业额0.37亿美元，比上年增长38.4%；对外劳务合作实际收入0.04亿美元，比上年下降19.3%。

表8　2021年广西货物进出口总额及其增长速度

指　　标	金额（亿元）	比上年增长（%）
货物进出口总额	5930.63	21.8
其中：一般贸易	1847.24	20.5
其中：货物出口额	2939.11	8.6
其中：一般贸易	689.96	-2.9
来料加工	17.69	-7.0
进料加工	553.32	15.2
边境小额贸易	1048.03	-4.5
货物进口额	2991.52	38.3

表9　2021年广西对主要国家和地区货物进出口总额及其增长速度

国家和地区	货物出口额（亿元）	比上年增长（%）	货物进口额（亿元）	比上年增长（%）
亚洲	2501.63	10.4	1716.13	31.0
其中：东盟	1657.29	8.1	1163.88	38.4
其中：越南	1425.69	6.1	578.25	38.1
其中：中国香港	692.44	22.2	35.89	-50.5
日本	24.91	-19.9	60.29	28.6
韩国	18.50	-33.1	59.75	34.7
非洲	40.01	-6.3	160.11	47.1
欧洲	121.48	-21.9	100.39	17.1
其中：欧盟	89.40	-22.6	45.56	8.1
拉丁美洲	77.07	71.9	598.80	48.0
北美洲	171.72	1.9	204.59	119.1
其中：美国	160.89	6.6	90.56	167.4
大洋洲	27.19	-6.2	208.82	33.1

八、财政金融

全年财政收入3027.89亿元，比上年增长8.1%；一般公共预算收入1800.12亿元，增长4.8%，其中税收收入1191.09亿元，增长7.0%，占一般公共预算收入的比重为66.2%。一般公共预算支出5810.20亿元，比上年下降6.0%，其中，民生重点领域支出4551.82亿元，占一般公共预算支出的比重为78.3%。

图10 2017—2021年广西财政收入

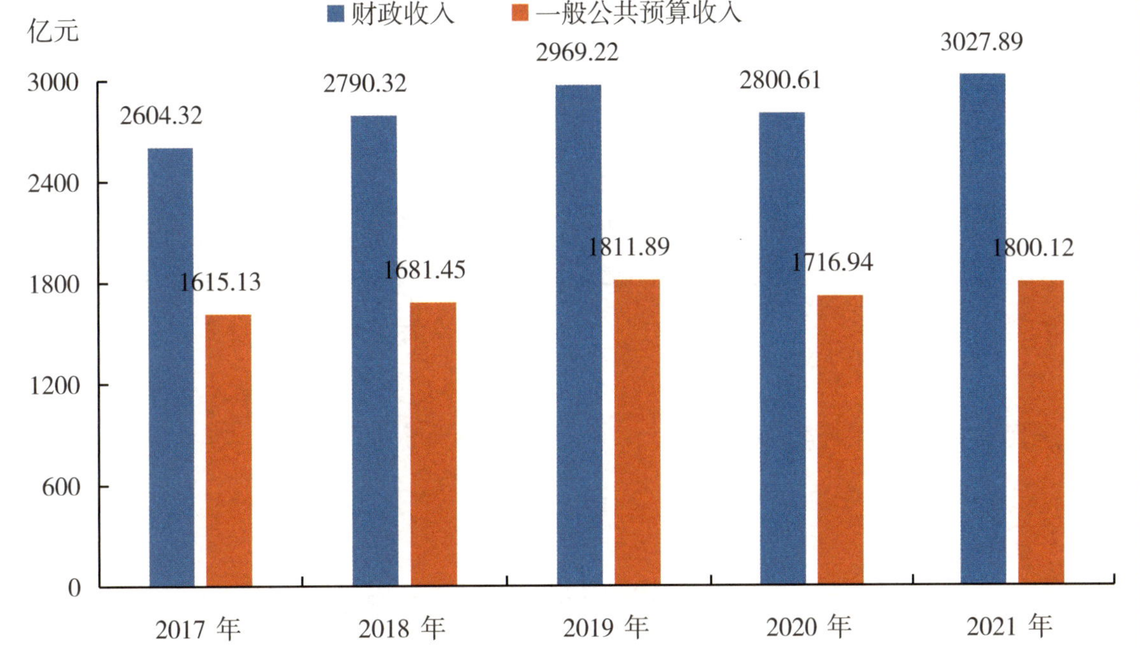

年末金融机构本外币各项存款余额36879.44亿元，比年初增加2213.89亿元，其中人民币各项存款余额36706.23亿元，增加2190.66亿元。年末金融机构本外币各项贷款余额39851.13亿元，比年初增加4654.35亿元，其中人民币各项贷款余额39325.29亿元，增加4586.30亿元。

表10 2021年广西金融机构本外币存贷款余额及其增长速度

指　　标	年末数（亿元）	比上年末增长%
各项存款余额	36879.44	6.4
其中：住户存款	21000.85	10.6
其中：人民币	20949.82	10.6
非金融企业存款	9322.95	2.8
各项贷款余额	39851.13	13.2
其中：境内短期贷款	7149.92	16.3
境内中长期贷款	30626.74	12.5

年末上市公司（A股）数量39家，市价总值3110.69亿元。

全年保险公司原保险保费收入[21]783.29亿元，比上年增长6.7%。其中，财产险业务原保险保费收入243.62亿元，增长4.5%；寿险业务原保险保费收入345.79亿元，增长6.1%；健康险和意外险业务原保险保费收入分别为165.2亿元和28.69亿元，分别增长12.0%和3.2%。支付各类赔款及给付294.75亿元，增长15.5%。其中，财产险业务赔款160.53亿元，增长24.2%；寿险业务给付 40.97亿元，下降14.5%；健康险和意外险业务赔款及给付分别为84.3亿元和8.96亿元，分别增长19.8%和18.1%。

九、居民收入消费和社会保障

全年居民人均可支配收入26727元，比上年名义增长8.8%，扣除价格因素，实际增长7.8%。居民人均可支配收入中位数[22] 21506元，名义增长8.5%。按常住地分，城镇居民人均可支配收入38530元，比上年名义增长7.4%，扣除价格因素，实际增长6.2%。农村居民人均可支配收入16363元，比上年名义增长10.4%，扣除价格因素，实际增长9.8%。城乡居民人均收入比为2.35：1，比上年缩小0.07。

全年居民人均消费支出18088元，比上年名义增长10.6%，扣除价格因素，实际增长9.6%。按常住地分，城镇居民人均消费支出22555元，名义增长7.9%，扣除价格因素，实际增长6.7%；农村居民人均消费支出14165元，名义增长14.0%，扣除价格因素，实际增长13.4%。居民恩格尔系数为32.2%，其中城镇为31.4%，农村为33.3%。

图11　2017—2021年广西城乡居民收入

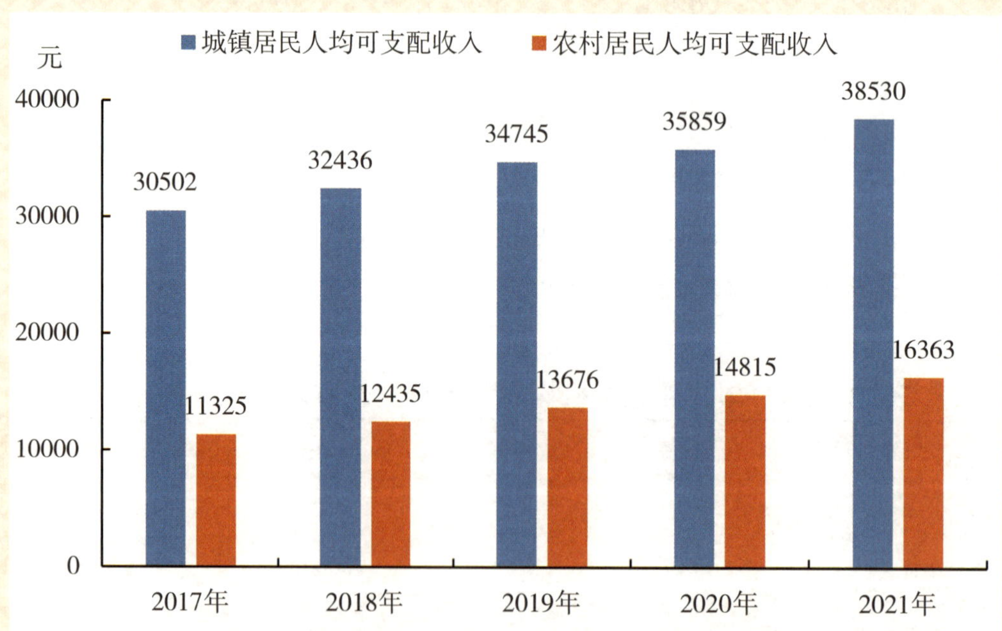

年末参加城镇职工（包括企业和机关事业单位）基本养老保险人数985.25万人，比上年末增加65.73万人。参加基本医疗保险人数5249.26万人，增加32.02万人。其中，参加城镇职工基本医疗保险人数714.76万人，增加58.53万人；参加城乡居民基本医疗保险人数4534.50万人，减少26.51万人。参加失业保险人数475.04万人，增加64.46万人。年末广西领

取失业保险金人数6.80万人。参加工伤保险人数551.31万人，增加65.74万人，其中参加工伤保险的农民工30.47万人。参加生育保险人数523.18万人，增加45.94万人。

年末社会保障卡持卡人数5099.35万人，比上年末增加110.69万人。共有34.40万人享受城市居民最低生活保障，242.97万人享受农村居民最低生活保障，24.97万人享受特困人员救助供养。医疗救助资助参加基本医疗保险人数373.05万人，比上年增加16.88万人。

年末共有为儿童提供救助收养服务的机构48个，床位0.38万张，收养0.16万人。各类社区服务设施3764个，其中社区服务中心207个，社区服务站3214个。

十、科学技术和教育

全年安排科学研究与技术开发计划项目4306项，资助经费66320万元。其中，重点研发计划经费26122万元，技术创新引导专项（基金）经费13943万元，科技基地和人才专项经费20050万元，自然科学基金6205万元。取得省部级以上登记科技成果7014项，其中，应用技术成果6402项，软科学研究成果7项，基础理论成果605项。全年广西三种专利获授权46800件，比上年增长35.8%，其中发明专利4573件，比上年增长30.0%。每万人口发明专利拥有量为5.78件，比上年增长12.7%。全年共签订技术合同16267项，技术合同成交金额2194.57亿元，比上年增长2.9倍。

年末共有产品检测实验室（指广西获得省级实验室资质认定的检验检测实验室）1614个，国家级检测中心9个，自治区级检测中心32个。累计完成产品认证企业个数（有效期内）1928个。共有法定计量技术机构86个，全年强制检定计量器具312.28万台（件）。累计制、修订地方标准数2449个，地理标志保护产品93个。

全年研究生教育招生2.16万人，在校研究生5.58万人，毕业生1.20万人。普通高等教育招生43.77万人，在校生132.10万人，毕业生28.60万人。各类中等职业教育（不含技工）招生27.23万人，在校生69.09万人，毕业生18.82万人。普通高中招生42.71万人，在校生121.21万人，毕业生35.30万人。普通初中招生77.94万人，在校生229.87万人，毕业生73.61万人。普通小学招生86.02万人，在校生515.96万人，毕业生77.41万人。特殊教育招生0.74万人，在校生4.39万人，毕业生0.68万人。学前教育在园幼儿227.51万人。九年义务教育巩固率为96.5%，高中阶段毛入学率为92.0%。

表11　2021年各类教育发展情况

指　　标	招生人数（万人）	在校生人数（万人）	毕业生人数（万人）
研究生	2.16	5.58	1.20
普通高等教育	43.77	132.10	28.60
中等职业教育（不含技工）	27.23	69.09	18.82
普通高中	42.71	121.21	35.30
普通初中	77.94	229.87	73.61
普通小学	86.02	515.96	77.41
特殊教育	0.74	4.39	0.68

十一、文化旅游和卫生健康

年末共有县级以上公共图书馆116个，文化馆125个，博物馆155个，国有艺术表演团体78个。广西共有70个项目列入国家级非物质文化遗产名录，914个项目列入自治区级非物质文化遗产名录。

年末共有广播电视台75座。有线广播电视用户772万户，数字电视用户772万户。年末广播节目综合人口覆盖率为98.56%；电视节目综合人口覆盖率为99.31%。年末共有档案馆162个，已开放各类档案41.36万卷。

全年入境过夜游客6.19万人次，比上年下降74.9%。接待国内旅客7.98亿人次，增长20.8%；实现国内旅游消费9062.99亿元，增长24.8%。

年末共有医疗卫生机构34112个，其中医院803个，乡镇卫生院1263个，社区卫生服务中心194个，诊所（卫生所、医务室）11332个，村卫生室19088个，疾病预防控制中心122个，卫生监督所（中心）125个，妇幼保健院（所、站）105个。年末广西卫生技术人员39.39万人，其中执业医师和执业助理医师13.19万人，注册护士18.24万人，乡村医生和卫生员2.70万人。医疗卫生机构床位31.92万张，其中医院21.97万张，乡镇卫生院7.83万张。截至年末，累计报告新型冠状病毒肺炎确诊病例622例，其中本土病例273例，境外输入349例，累计治愈出院病例620例，累计死亡2人。广西共有365家医疗卫生机构（含第三方机构）提供新型冠状病毒核酸检测服务，总检测能力达到129万份/天。

全年运动员在世界三大赛中获金银铜牌12枚，其中金牌6枚，银牌2枚，铜牌4枚。

十二、资源、环境和应急管理

全年国有建设用地供应总量2.43万公顷，比上年下降12.6%。其中，工矿仓储用地0.65万公顷，增长1.6%；住宅用地0.33万公顷，下降21.4%；基础设施用地1.35万公顷，下降14.0%。

全年规模以上工业企业原煤产量比上年增长4.9%，原油产量下降2.0%，发电量增长5.7%，水电、风电、核电等清洁能源发电量下降1.8%。电力消费量增长10.2%。

全年总用水量268.55亿立方米，其中，生活用水36.08亿立方米，工业用水36.55亿立方米，农业用水189.60亿立方米，生态补水6.32亿立方米。广西大型水库61座，大型水库蓄水总量369.76亿立方米。

年末共有国家生态文明建设示范市县13个，其中本年新增4个。全年完成造林面积204.1千公顷，其中人工造林面积70.2千公顷，占全部造林面积的34.4%。截至年底，建成自然保护区78个，其中国家级自然保护区23个，自然保护区面积125.83万公顷。

全年地表水考核断面水质优良率97.3%，地级城市集中式饮用水水源地达标率94.3%。近岸海域40个海水水质监测点水质优良率92.6%，达到国家一类和二类海水水质标准占90%，三类和四类海水占10%。

在监测的14个设区市中，空气质量达标以上城市14个。城市区域昼间声环境质量较好的市占42.9%，一般的占57.1%。

全年广西平均气温为21.6℃，比上年升高0.4℃，共有 7个热带气旋直接影响广西。广西沿岸海域平均海温25.5℃，比上年升高0.2℃。全年广西海洋监测预报中心发布预警9次。

年末广西城镇污水处理厂日处理能力579.47万立方米，比上年末增长3.3%；城镇污水处理率98.73%，提高0.26个百分点。城镇生活垃圾无害化处理率100%。城镇建成区绿地率35.89%；人均公园绿地面积13.06平方米，增加0.13平方米。

年末广西共有地震台站635个，地震监测台网10个。

全年广西各级气象台共发布气象预警信号15923次，全年自治区气象台发布预警95次。

注释：

［1］本公报中数据均为初步统计数。部分数据因四舍五入的原因，存在总计与分项合计不等的情况。

［2］地区生产总值、三次产业及相关行业增加值、人均地区生产总值绝对数按现价计算，增长速度按不变价格计算。

［3］两年平均增速是指以2019年同期数为基数，采用几何平均的方法计算的增速。

［4］常住人口指在广西居住半年以上的人口，以及户口在广西、外出广西不满半年或在境外工作学习的人口。

［5］根据第七次全国人口普查结果，对2017—2019年年末常住人口城镇化率数据进行了修订。

［6］年度农民工数量包括年内在本乡镇以外从业6个月及以上的外出农民工和在本乡镇内从事非农产业6个月及以上的本地农民工。

［7］农产品生产者价格是指农产品生产者直接出售其产品时的价格。

［8］居住类价格包括租赁房房租、住房保养维修及管理、水电燃料等价格。

［9］规模以上服务业统计范围包括：年营业收入2000万元及以上的交通运输、仓储和邮政业，信息传输、软件和信息技术服务业，水利、环境和公共设施管理业，卫生行业法人单位；年营业收入1000万元及以上的房地产业（不含房地产开发经营），租赁和商务服务业，科学研究和技术服务业，教育行业法人单位；以及年营业收入500万元及以上的居民服务、修理和其他服务业，文化、体育和娱乐业，社会工作行业法人单位。

［10］高技术产业投资包括医药制造、航空航天器及设备制造等六大类高技术制造业投资和信息服务、电子商务服务等九大类高技术服务业投资。

［11］网上零售额是指通过公共网络交易平台（主要从事实物商品交易的网上平台，包括自建网站和第三方平台）实现的商品和服务零售额。

［12］北部湾经济区是指南宁市、北海市、防城港市、钦州市4市；西江经济带是指柳州市、桂林市、梧州市、贵港市、玉林市、贺州市、来宾市7市，左右江革命老区是指百色市、河池市、崇左市、隆安县、马山县5市（县）。

［13］2020年部分产品产量数据进行了核实调整，2021年产量增速按可比口径计算。

［14］由于统计调查制度规定的口径调整、统计执法、剔除重复数据等因素，2021年规模以上工业企业财务指标增速及变化按可比口径计算。

［15］货物运输总量包括铁路、公路、水路、民航四种运输方式完成量；周转量包括铁路、公路、水路三种运输方式完成量，2021年增速按可比口径计算。

［16］邮政行业业务总量按2020年价格计算。

［17］电信业务总量按2020年价格计算。

［18］固定互联网宽带接入用户是指报告期末在电信企业登记注册，通过xDSL、FTTx+LAN、FTTH/O以及其他宽带接入方式和普通专线接入公众互联网的用户。

[19] 固定互联网光纤宽带接入用户是指报告期末在电信企业登记注册，通过FTTH或FTTO方式接入公众互联网的用户。

[20] 根据第四次全国经济普查结果及有关制度规定，对2017—2019年社会消费品零售总额数据进行了修订。

[21] 原保险保费收入是指保险企业确认的原保险合同保费收入。

[22] 人均收入中位数是指将所有调查户按人均收入水平从低到高（或从高到低）顺序排列，处于最中间位置的调查户的人均收入。

资料来源：

本公报中城镇新增就业、登记失业率、社会保障数据来自自治区人力资源社会保障厅；医疗保障数据来自自治区医保局；财政数据来自自治区财政厅；物价、城乡居民收入和支出、恩格尔系数、农民工、部分农业数据来自国家统计局广西调查总队；进出口数据来自南宁海关；对外实际投资、对外承包工程和劳务合作等数据来自自治区商务厅；金融数据来自中国人民银行南宁中心支行；证券数据来自中国证券监督管理委员会广西监管局；保险数据来自中国银行保险监督委员会广西监管局；公路里程、港口数据来自自治区交通运输厅；旅客、货物运输量和周转量数据来自自治区交通运输厅、中国铁路南宁局集团有限公司和广西机场集团；铁路营业里程、高速铁路数据来自中国铁路南宁局集团有限公司；汽车保有量数据来自自治区交警总队；邮政业务数据来自自治区邮政管理局；电信业务数据来自自治区通信管理局；教育数据来自自治区教育厅；安排科技计划课题、技术合同等数据来自自治区科技厅；市场主体、专利数据、质量检验、标准制定修订等数据来自自治区市场监督管理局；艺术表演团体、博物馆、公共图书馆、文化馆、非物质文化遗产、旅游数据来自自治区文化和旅游厅；广播电视数据来自自治区新闻出版广电局；医疗卫生数据来自自治区卫生健康委；社会服务及救助数据来自自治区民政厅；国有建设用地供应数据来自自治区自然资源厅；用水量数据来自自治区水利厅；林业、自然保护区数据来自自治区林业局；环境监测数据来自自治区生态环境厅；城市污水处理、建成区绿地覆盖率来自自治区住房城乡建设厅；气象预警、平均气温、热带气旋数据来自自治区气象局；地震数据来自自治区地震局；其他数据均来自自治区统计局。

6-2　2021年广西城镇居民生活调查报告

Investigation Report of Urban Residents Living in 2021

2021年广西城镇居民收入稳步增长

2021年，广西认真贯彻落实习近平总书记视察广西“4.27”重要讲话和对广西工作的一系列重要指示精神，统筹抓好疫情防控和经济社会发展，扎实做好“六稳”工作、全面落实“六保”任务，城镇居民收入稳定增长。

一、城镇居民收入增长的基本情况

2021年，广西城镇居民人均可支配收入38529.9元，比上年增长7.4%，扣除价格因素实际增长6.2%；城镇居民人均生活消费支出22555.3元，增长7.9%。分季度看，城镇居民收入增长呈高开低走态势，分别为11.1%、12.7%、7.5%、7.4%。

表1　2021年广西城镇居民人均可支配收入

单位：元

指标名称	2020年	2021年	比上年±	增幅	构成	贡献率（%）	拉动增长（%）
可支配收入	35859.3	38529.9	2670.5	7.4%	100.0	100	—
一、工资性收入	20241.2	20639.9	398.7	2.0%	53.6	14.9	1.1
二、经营净收入	5375.4	6848.0	1472.6	27.4%	17.8	55.1	4.1
三、财产净收入	3217.3	4015.1	797.9	24.8%	10.4	29.9	2.2
四、转移净收入	7025.5	7026.9	1.4	0.0%	18.2	0.1	0.0

（一）工资性收入平稳增长

2021年，广西城镇居民人均工资性收入为20639.9元，比上年增加398.7元，对城镇居民可支配收入的贡献率为14.9%，拉动增长1.1个百分点。支撑工资性收入增长的主要因素：一是就业形势总体稳定。全年广西城镇新增就业40.7万人，城镇登记失业率2.49，比上年低0.28个百分点；二是贯彻落实国家和自治区各项事业单位收入分配政策，制定出台自治区公立医院薪酬制度改革指导意见和县以下事业单位管理岗位职员等级晋升制度有关工资政策，事业单位（医院和高校除外）工资性支出859.04亿元，增长15.9%。

（二）经营净收入恢复性增长

2021年，广西城镇居民人均经营净收入为6848元，比上年增加1472.6元，增长27.4%，对城镇居民可支配收入的贡献率在四项收入中最高，为55.1%，拉动城镇居民收入增长4.1个百分点。促进经营净收入增长的原因主要有：一是经济企稳持续回升。随着疫情防控形势好转，经济持续稳定回升，根据自治区统计局统计，2021年，广西GDP比上年增长7.5%，其中，第一产业增加值增长8.2%；第二产业增加值增长6.7%；第三产业增加值增长7.7%。其中，外贸进出口保持高速增长。1—10月，广西外贸进出口4911.8亿元，增长27.7%，高于全国、西部5.5、6.9个百分点。广西进出口总额排全国第14位，西部第3位；进出口增速排全国第11位。经济税源稳中有进。广西工业企业开票金额同比增长29.8%，两年平均增长18.8%。41个行业大类中，34个行业税收同比实现增长。服务业增值税开票金额同比增长25.4%，两年平均增长25.3%。二是加大对企业融资支持力度。1—11月，广西金融机构累计投放“桂惠贷”2144.18亿元，超额完成年度目标，共惠及78554户市场主体，直接降低主体融资成本42.76亿元，帮助企业解难纾困，利于市场主体恢复元气、增强活力。

（三）财产净收入大幅增长

2021年，广西城镇居民人均财产净收入为4015.1元，比上年增加797.9元，增长24.8%，对城镇可支配收入的贡献率为29.9%，拉动城镇居民收入2.2个百分点，是拉动广西城镇居民收入增长的“第二大”动力。财产净收入增长主要来源于利息收入、出租房屋收入、转让承包土地经营权租金以及红利收入。如柳州市鱼峰区鸡喇村（城中村）村民每年有分红，主要是厂房出租等收入，2021年户均分红收入12万元。

（四）转移净收入保持稳定

2021年，广西城镇居民人均转移净收入为7026.9元，基本与上年持平。转移净收入的主要来源：一是各项社会保障制度落实。按照国家统一规定调整增加退休人员养老金，退休人员每人每月增加基本养老金44元，城乡居民基本养老保险自治区基础养老金最低标准从原来的每人每月121元提高至每人每月131元，即增加10 元；如据桂林市人社局数据显示，2021年1—8月全市养老金、离退休金发放总额为996520万元，同比增长11.4%。二是发放和提高救助保障水平。据民政部门统计，2021年为广西277.4万城乡低保对象和25万城乡特困人员发放救助金111.5亿元，对57.3万人次实施临时救助，为39.8万人发放边民生活补助金9.9亿元；发放残疾人“两项补贴”10.6亿元，分别惠及47.41万困难残疾人和62.38万重度残疾人。如从4月1日起，北海市执行城乡低保新标准，城市最低生活保障标准从850元/月/人提高到1000元/月/人，此为北海市连续六年提高城乡低保标准。

二、城镇居民收入与全国及西部十二省比较情况

（一）城镇居民收入在全国排位情况

2021年广西城镇居民收入38530元，在全国排第22位，较2020年前移一位；城镇居民收入增速7.4%，比全国城镇居民收入增速8.2%低0.8个百分点，增速在全国排第23位，位次与上年相同。

（二）城镇居民收入在西部十二省排位情况

2021年广西城镇居民收入总量在西部12省中位居第8位，位次与上年相同，广西城镇居民收入比西部十二省区平均水平低1891元。城镇居民收入增速在西部12省中排第8位，比上年前进2位。

三、城镇居民消费支出情况及特点

城镇居民实现稳步增收，带动人均生活消费支出稳步增长，推动城镇居民生活质量得到持续提高。 2021年广西城镇居民人均生活消费支出达22555.3元，比上年增加1648.7元，增长7.9%。

（一）城镇居民消费基本情况

广西城镇居民八大类生活消费支出“七升一降”。从八大项消费看，教育文化娱乐支出增长28.9%，交通通信支出增长15.6%，衣着支出增长13.9%，医疗保健支出增13.6%，生活用品及服务支出增长11.2%，其它用品和服务支出增长9.7%，居住支出增长1.3%；食品烟酒支出略有下降。

表2　2021年广西城镇居民人均生活消费支出

单位：元

指标名称	2020年	2021年	比上年±	增幅	占比（%）
生活消费支出	20906.5	22555.3	1648.7	7.9%	100.0
一、食品烟酒	7091.9	7089.0	-2.9	-0.0%	31.4
二、衣着	874.1	995.6	121.5	13.9%	4.4
三、居住	4645.1	4703.6	58.5	1.3%	20.9
四、生活用品及服务	1232.9	1371.1	138.2	11.2%	6.1
五、交通通信	2601.8	3008.6	406.9	15.6%	13.3
六、教育文化娱乐	2181.1	2811.5	630.4	28.9%	12.5
七、医疗保健	1903.4	2163.1	259.7	13.6%	9.6
八、其他用品和服务	376.2	412.7	36.5	9.7%	1.8

（二）城镇居民消费特点

1.教育文化娱乐是全年增幅最高的生活消费支出。2021年教育文化娱乐人均支出为2811.5元，增长28.9%。主要原因：一是政策性调价，2021年秋季学期广西各地根据经济发展水平和教育需要上调学校收费标准。二是自秋季学期“双减”政策实施以来，广西各中小学校开始提供课有偿后服务，费用收取因地而异。三是非义务教育收费标准提高给低收入家庭造成一定负担。

2.食品烟酒生活消费有所复苏。全年食品烟酒人均消费支出7089元，基本与上年持平，降幅较前三季度有所收窄。随着疫情防控的常态化，居民对外出就餐进一步恢复，饮食服务较上年上涨17.3%。

四、需要关注的两个问题

（一）城镇居民收入与全国平均水平差距逐年扩大

2019年、2020年、2021年广西城镇居民收入分别低于全国平均水平7614元、7975元、8882元，差距逐年扩大。无论是从绝对量还是从增速上看，与周边贵州、云南等省份差距较大。随着我国经济发展进入新发展阶段，经济增速明显放缓，在复杂多变的内外部经济环境下，促进城镇居民收入持续稳定增长，实现城镇居民收入增长和经济增长基本同步存在一定压力。

（二）工资性收入增长乏力

当前工资性收入在人均可支配收入中占比过半，但受经济下行压力较大影响，收入增长乏力。2021年广西GDP增长7.8%，比全国平均水平8.1%低0.3个百分点。从各市情况看，经济大市经济增速下滑明显，商品房销售大幅下滑，汽车“缺芯”严重；税收收入政策性减收因素不容忽视，税收收入后劲不足；存款增长持续乏力，贷款增长潜力受限，直接融资发展不足等，均是抑制工资性收入增长的因素；且当前全球和国内疫情形势仍存在不确定性，经济运行压力加大，工资性收入增长带来一定困难。

五、几点建议

（一）多措并举推动市场主体全面复工达产，提升收入增长内生动力

促进居民增收的首要任务仍然是稳定就业，稳定就业的前提是稳企业，特别是中小微企业及个体经营者，持续有效惠企帮扶政策助力企业发展，增强企业创造岗位和稳定就业岗位的能力。加大对高校毕业生和低收入群体等重点群体就业支持，加强就业帮扶指导，鼓励灵活就业，落实兜底保障政策。

（二）建立健全社会保障制度体系，进一步发挥社会保障的兜底功能

进一步完善城镇居民基本养老保险制度和社会救助体系，加大对困难群众临时救助力度，提高低收入群体社会保障水平。适时调整完善社会救助和保障标准与物价联动机制，加大价格临时补贴发放力度，简化补贴发放流程。调动多样化市场主体、民间组织和社会力量的积极性，引入市场竞争机制，加快推进全覆盖、保基本、多层次、可持续的社会保障体系建设，不断提高社会保障水平。

（三）继续做好常态化疫情防控工作，保障生产经营运行良好

深入贯彻习近平总书记重要指示精神，落实党中央、国务院关于疫情防控的决策部署，始终绷紧疫情防控这根弦，毫不放松地做好冬春季防控工作，确保疫情不出现反弹。要强化重点场所和重点人群精准防控，落实学校、社区、企事业单位等的防控措施，巩固来之不易的疫情防控成果，确保生活环境安全可靠，生产经营活动运行良好。

（劳青）

6-3　2021年广西农村居民生活调查报告

Investigation Report of Rural Residents Living in 2021

2021年广西农村居民收入稳定增长

2021年，自治区党委、政府统筹推进新冠肺炎疫情防控和经济社会发展，认真落实新发展理念，扎实做好"六稳""六保"工作，民生持续改善，农村居民收入稳定增长。

一、农村居民收入主要情况及特点

据国家统计局广西调查总队抽样调查资料显示，2021年，广西农村居民人均可支配收入16363元，同比增加1548元，增长10.4%，两年平均增长9.4%。扣除价格因素，实际增长9.8%。（详见表1）

表1　2021年广西农村居民人均可支配收入情况表

指标名称	2021年收入（元）	2021年比2020年增长（%）	2021年比2019年增长（%）	两年平均增长（%）
人均可支配收入	16363	10.4	19.6	9.4
工资性收入	5536	19.4	30.0	14.0
经营净收入	6391	8.9	13.7	6.7
第一产业收入	4270	5.0	6.3	3.1
农业	2653	10.2	10.3	5.0
林业	691	16.2	10.4	5.1
牧业	763	-15.9	-8.1	-4.1
渔业	163	5.7	5.3	2.6
第二产业收入	278	0.1	26.5	12.5
第三产业收入	1842	20.9	33.2	15.4
财产净收入	385	9.3	13.3	6.4
转移净收入	4051	2.4	17.1	8.2

（一）各季保持较高增速，但呈现逐季回落态势

2021年一季度、上半年和前三季度广西农村居民人均可支配收入增速分别为15.4%、14.5%和11.6%，各季度保持较高增速，均高于疫情前2019年的各季度增速，但从增速变化看，呈现出逐季回落的态势。

图1　2019—2021年广西各季度农村居民人均可支配收入增速情况（%）

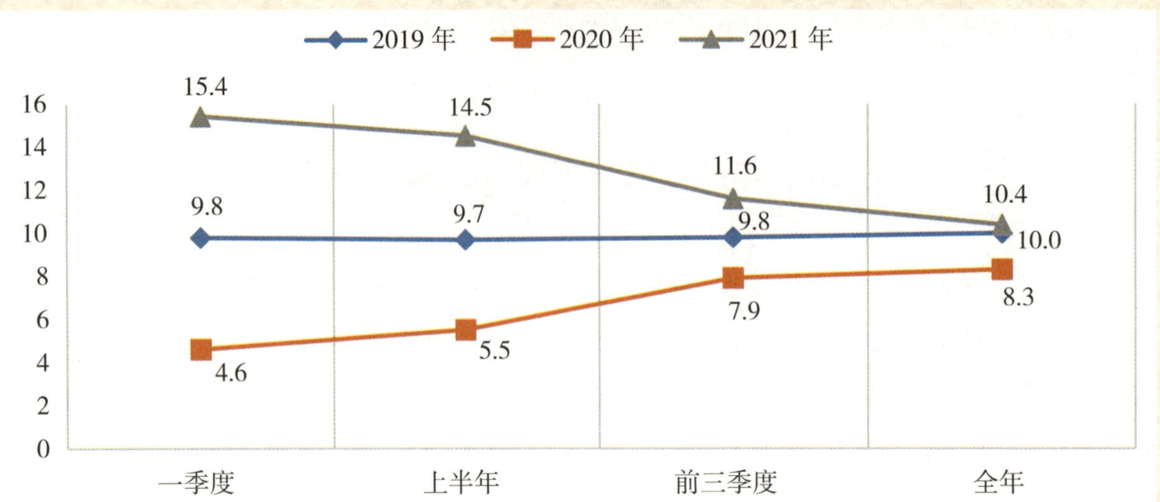

（二）农村收入增速高于城镇，城乡居民收入差距进一步缩小

2021年广西农村居民人均可支配收入增速为10.4%，比城镇居民收入增速7.4%高3.0个百分点；2021年广西城乡居民收入比为2.35：1，比上年的2.42：1缩小了0.07，城乡居民收入差距进一步缩小。

图2　2021年广西各季度城乡居民收入增速对比（%）

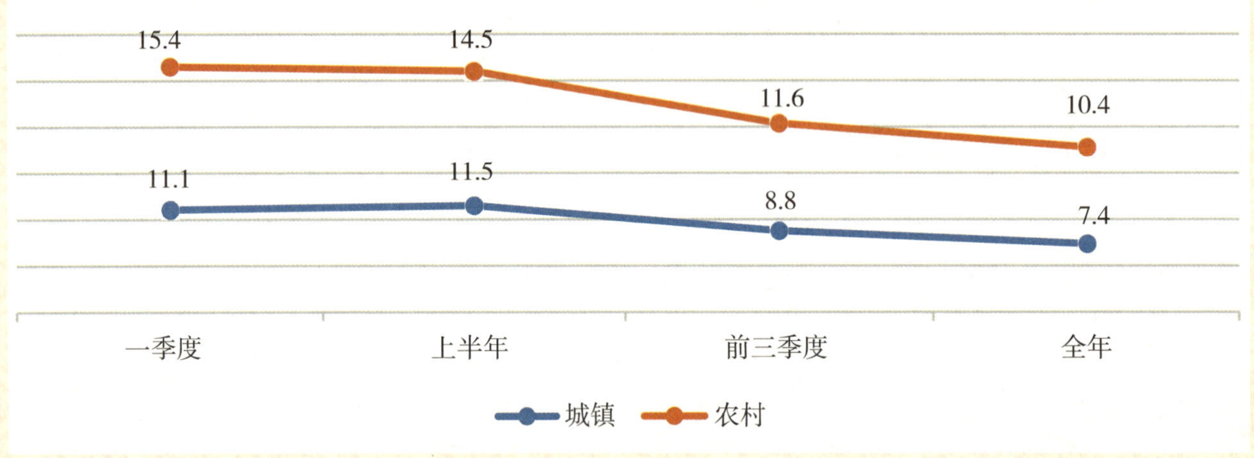

二、支撑农村居民收入稳定增长的主要因素

（一）落实稳岗就业和工资待遇政策，促进农村居民工资性收入增长

调查数据显示，2021年广西农村居民人均工资性收入为5536元，同比增长19.4%，对农村居民人均可支配收入增长的贡献率为58.0%，拉动农村居民人均可支配收入增长6.0个百分点。落实稳岗保就业和工资待遇政策，是促进广西农村居民工资性收入增长的主要支撑：

1.扩大农村居民就业渠道。2021年以来，广西各地开展“春风行动”“就业援助月”等就业专项服务活动和线上线下招聘活动，解决服务企业用工最后1公里问题，将微型招聘会开办到乡镇、村屯，鼓励和引导有转移就业意愿的城乡劳动者就地就近转移就业，为农村居民提供了就业渠道，促进居民增收。据农民工监测调查结果显示，2021年广西农民工规模总量达到1302万人，比上年增长3.5%。

2.落实工资待遇政策。提高农村教师、乡村公务员的工资和绩效补贴，切实提高农村工资性收入，地方财政、人社、教育部门联合出台相关政策及文件，督促各地落实和保障义务教育教师工资待遇，全面增核义务教育教师班主任津贴、义教岗位年度考核津贴等以及同步公务员年终绩效考评奖调整绩效工资总量，同时，根据交通条件、艰苦边远程度等因素划分不同档次，实施差异化补助，切实提高了乡村教师工资收入水平。

（二）积极恢复农村一三产业，带动农村居民经营净收入增长

2021年广西农村居民人均经营净收入为6391元，同比增长8.9%，对农村居民人均可支配收入增长的贡献率为33.8%，拉动农村居民人均可支配收入增长3.5个百分点。其中，第一产业和第三产业收入明显增长。

1.种植业继续保持良好发展势头。一是粮食喜获丰收。据统计，广西2021年粮食产量1386.5万吨，同比增长1.2%，完成年度1370万吨的目标任务。二是蔬菜稳产保供有力。2021年蔬菜产量预计增长6.2%。三是水果产量保持较快增长，2021年水果产量预计增长15.5%。

2.养殖业生产稳定恢复。一是生猪产业有序发展。据主要畜禽监测调查数据显示，2021年广西生猪出栏3113.9万头，同比增长30.5%，恢复到了正常年份2017年出栏总量的92.8%。另外，2021年底广西生猪出售价格摆脱连续低迷的态势，11月底生猪价格已实现连续6周环比上涨，达到18.5元/公斤。二是蚕茧产量继续保持增长。2021年蚕茧产量40.7万吨，同比增长8.2%。三是渔业平稳发展。2021年水产品产量同比增长2.6%。

3.批发零售、餐饮服务等三产经营净收入快速增长。调查数据显示，2021年广西农村居民餐饮服务业净收入同比增长40.9%。一是市场环境改善，消费需求恢复。随着疫情影响相较上年明显缓解，农村居民的消费潜力得到释放，促进批零、餐饮服务也等经营净收入增长。二是各地通过发放消费券、举办主题团购会、提振假日经济等刺激消费举措，促进消费市场保持稳步发展。据自治区商务厅相关数据显示，2021年广西区内共组织开展“33消费节”“网上桂品大促销”等线上线下促消费活动超过2000场次，累计带动交易额超过1300亿元，极大地促进了区内居民经营净收入增长。

（三）落实产业奖补和保障民生政策，促进农村居民转移净收入增长

2021年广西农村居民人均转移净收入4051元，较上年同期增长2.4%，占可支配收入比重为24.8%，对可支配收入增长贡献率为6.1%，拉动可支配收入增速0.6个百分点。

1.落实各项惠农政策。一是加大粮食生产补贴力度，抓好耕地地力保持补贴，种粮大户补贴等政策落实。据自治区农业农村厅统计数据，2021年全年下发耕地地力补贴32.05亿元，实际种粮农民一次性补贴4.45亿元，稻谷目标价格补贴6.81亿元，双季稻轮作补贴1.5亿元；二是不断扩大农机购置补贴范围，将农机购置补贴范围内的机具品目扩大到15个大类、43个小类、165个品目，截至9月底已发放补贴资金5.18亿元，受益农户2.09万户。

2.发放社会救助和补助资金。据自治区民政部门统计，2021年为广西277.4万城乡低保对象和25万城乡特困人员发放救助金111.5亿元，对57.3万人次实施临时救助，为39.8万人发放边民生活补助金9.9亿元；发放残疾人“两项补贴”10.6亿元，分别惠及47.41万困难残疾人和62.38万重度残疾人。

（四）推进落实农村各项改革，促进农村居民财产净收入增长

2021年广西农村居民人均财产净收入385元，同比增长9.3%，对人均可支配收入增长的贡献率为2.1%，拉动人均可支配收入增长0.2个百分点。随着乡村振兴的推进落实，农村各项改革，农民财产性收入进一步提高。一是发展壮大农村集体经济，2021年自治区安排1000万元扶持6个县开展自治区农村“三变”改革示范县创建。二是运用农村土地确权成果加快土地经营权有序流转，农村土地经营权流转面积1400万亩以上；广西建立了4个市级、101个县级农村产权流转交易中心。

三、两点建议

（一）进一步拓宽农村居民就业渠道，促进农村居民本地务工，夯实工资性收入增收基础

一是坚定实施就业优先战略和更加积极的就业政策，持续扩大就业规模，拓宽就业渠道；二是做好重点人群如失业人员、高校毕业生的就业工作，推动实现高质量就业；三是加强农村居民的职业教育和技能培训，提高农村居民的综合素质和就业能力。

（二）稳步推进农业产业生产发展，解决销售终端问题

抓好农产品生产销售，稳定农产品经营收入，做好农业生产和销售指导，保障农资供应，降低生产成本，积极预防自然灾害，开拓农产品销售途径，推广电商平台、网络团购等网络销售方式，保障农民收入持续增长。

（张建裕）

6-4 2021年广西脱贫县监测调查报告

Investigation Report of Poverty Relief County Monitoring in 2021

2021年广西脱贫地区农民收入保持较快增长

据国家统计局广西调查总队脱贫县农村住户监测调查结果显示，2021年广西脱贫地区农村居民人均可支配收入14663元，比上年增长11.6%；增速分别高于广西、全国农村平均水平1.2、1.1个百分点；分别高于云南省（11.0%）、贵州省（10.7%）脱贫地区农村水平0.6、0.9个百分点，低于四川省（12.6%）1个百分点。总体来看，2021年广西脱贫地区农村居民收入保持较快增长，收入水平持续恢复。但同时存在因病返贫风险大、职业技能培训不够精准、政策调整不充分影响转移收入等三个问题须引起高度重视。

一、脱贫地区农村居民收入保持较快增长

（一）脱贫地区收入增速高于广西

2021年，广西脱贫地区农村居民人均可支配收入14663元，比上年增长11.6%，收入增速高于广西农村1.2个百分点。2016年以来，广西脱贫地区农村居民人均可支配收入不断增长，增速始终高于广西农村平均水平，2016—2021年平均增速高于广西农村1.2个百分点，脱贫地区农村居民人均可支配收入由2016年的8800元增长到2021年的14663元，增幅达66.6%。见图1。

图1 2016—2021年脱贫地区与广西农村收入增速

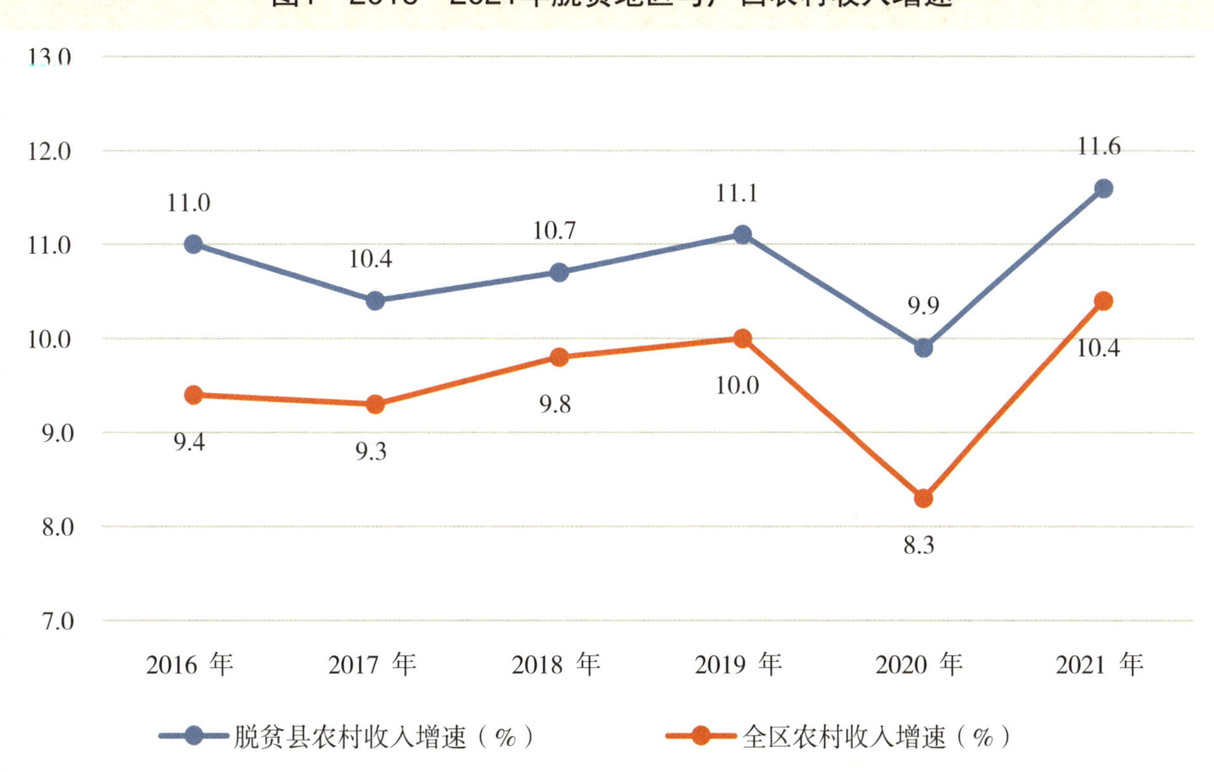

（二）脱贫地区与广西收入差距持续缩小

2016—2021年，脱贫地区农村居民人均可支配收入占广西农村比重由2016年的85.0%上升到2021年的89.6%，脱贫地区与广西农村居民相对收入差距不断缩小。见图2。

图2　2016—2021年脱贫地区占广西农村收入比重

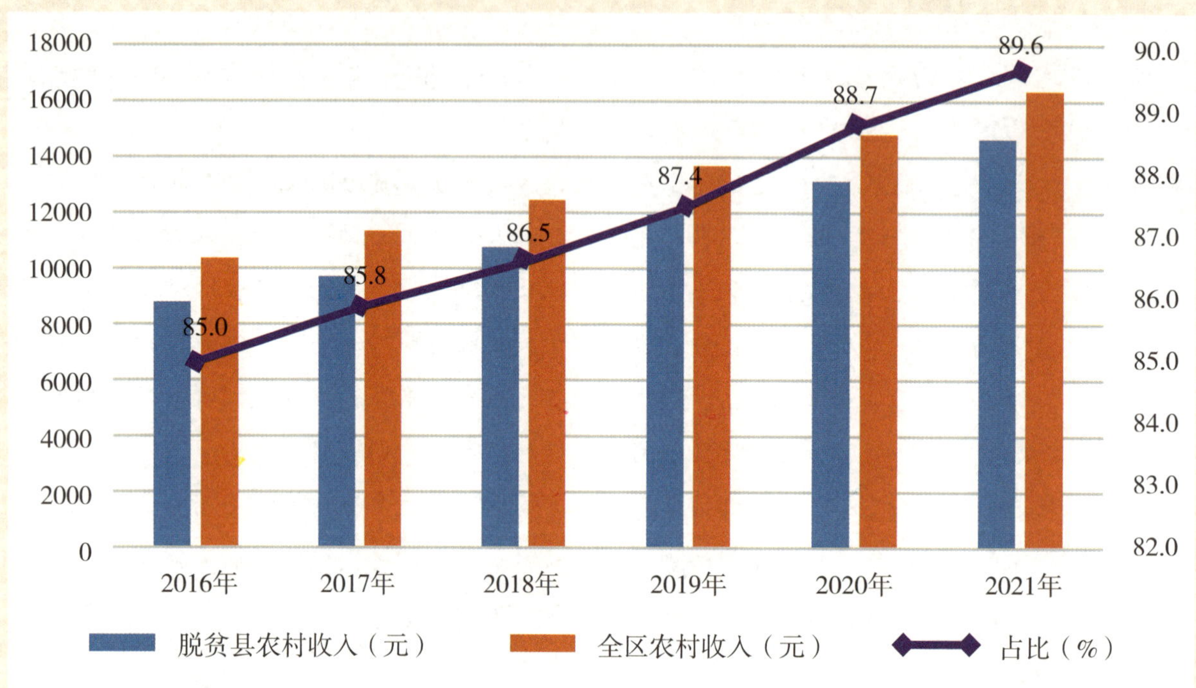

（三）脱贫地区收入增速基本恢复到疫情前水平

2021年脱贫县农村居民人均可支配收入14663元，比上年同期增长11.6%；从两年平均增速看，2019—2021年人均可支配收入年均增速为10.7%，脱贫地区逐渐摆脱疫情的影响，收入增速基本恢复到疫情前水平。

二、工资和农业经营是主要增收动力

农村居民人均可支配收入中的四大项收入保持不断增长。其中，工资性收入增速较快，达到21.4%，经营净收入在农业、林业、牧业和第三产业带动下增长12.0%，财产净收入稳定增长6.5%，转移净收入小幅增长2.4%。工资和农业经营是主要增收动力。见表1。

表1　2019—2021年广西脱贫县农村人均可支配收入增长情况

指标名称	2021年（元）	比上年同期增长（%）	2019—2021两年平均增速（%）
可支配收入	14663	11.6	10.7
工资性收入	4582	21.4	16.5
经营净收入	5648	12.0	7.4
财产净收入	162	6.5	5.7
转移净收入	4271	2.4	9.9

（一）工资收入快速增长

工资性收入延续今年以来的增长态势，收入快速增加，比上年增长21.4%，2019—2021两年平均增长16.5%。主要增长因素有：一是疫情总体稳定，农民工数量增加。据农民工监测调查结果显示，2021年广西农民工总量同比增长3.5%，本地农民工总量同比增长3.0%，超过2019同期水平，农民工数量增加，直接促进工资收入增长。二是务工信息畅通，就业门路增加。广西不断优化就业服务，促进务工供需对接。如百色市凌云县举办“深百劳务协作”“就业援助月”等线上招聘会，多形式提供招聘服务；百色市德保县多渠道发布企业用工信息1.5万余条，全年推荐岗位7000余次；崇左市大新县深化“粤桂劳务”协作，分30批次输送239名农村劳动力转移就业。三是乡村振兴项目带动本地就业。乡村振兴施工项目开工，有利促进本地务工岗位机会和务工工资的增加。如来宾市忻城县2021年实施重大项目71个，总投资660亿元，该县南方牛都全产业链项目提供直接就业岗位1万多个，调查户莫某在南方牛都肉牛交易市场做牛社围墙，每天收入近250元。四是村干、教师工资标准提高。如百色市德保县村干部工资待遇提高，村党支部书记工资由1600元/月提高到3600元/月；南宁市上林县村干部黄某2021年获得提标后工资同比增长31.4%；河池市大化县教师绩效奖金增加，该县调查户中教师2021年度绩效奖金比上年同期增长41.7%。

（二）经营性收入持续恢复

全年经营性收入增长12.0%，2019—2021两年平均增长7.4%，农业收入稳定增长，林业、牧业和第三产业的快速增长，带动经营收入持续恢复。一是种植业增长和消费帮扶促进农业收入增长。粮食量价齐升，全年粮食产量增长1.2%，籼稻等粮食价格呈现上涨态势，蔬菜水果增产，产量分别增长约6.2%和15.5%，疫情稳定促进农产品的销售。另外，消费帮扶持续助力。自治区开展“33消费节”“政企同行”“桂品出乡”及直播带货活动，截至2021年10月底，广西累计销售扶贫产品190亿元，有效促进农户增收。二是林业经济收入大幅增加。2021年自治区及时下达木材采伐指标，促进林业收入大幅增加25%。调查显示，2019年和2020年广西木材出售量平稳，2021年样本户木材出售量大幅增加53.0%，木材出售额大幅增加46.9%。如百色市2021年完成木材生产量比上年增长22.1%，百色市凌云县2021年全县人均林业经营净收入是上年的2.2倍。三是批零住餐、旅游业逐步复苏。疫情控制总体平稳有利于批零住餐业、旅游业复苏。监测数据显示，2021年批发零售类收入增长近三成。南宁市马山县全面打造“体育+”“红+绿”等旅游精品线路，带动乡村旅游逐步复苏，全年实现旅游消费38.1亿元，同比增长21.7%。四是生猪、蚕茧等牧业生产增势明显。生猪产能加快恢复，2021年广西生猪出栏同比增长36.5%，生猪存栏量同比增长16.4%。蚕茧价格大幅上涨。新冠疫情促进对国内的蚕茧需求量增加，各地蚕茧销售和价格持续走高。调查数据显示，脱贫地区调查样本户中蚕茧销售金额同比增长46.1%。如百色市乐业县2021年蚕茧价格约60元/公斤，比上年增长一倍，该县某养殖户全年出售蚕茧收入共16.7万元，比上年增长194.8%。

（三）转移净收入小幅增长

转移净收入比上年同期增长2.4%，2019—2021两年平均增速9.9%。主要增长因素有：一是基础养老金提高。从2021年7月1日起，自治区提高10元基础养老金，约640万人受益。二是全面推进困难群体养老保险应保尽保。广西实施特殊困难群体代缴政策，按规定由政府为参加城乡居民基本养老保险的低保对象、特困人员、返贫致贫人口、重度残疾人等缴费困难群体代缴部分或全部最低标准的养老保险费。三是医疗保障促进医疗报销费增长。疫情影响降低，居民医疗次数增加，医疗费用增加，报销费用增加，数据显示，样本户门诊医疗费用增加约三成；医保参保率继续增加，截至8月广西基本医疗参保覆盖率达到97%；医疗报销比例水平较高，在70%～90%之间，助推了医疗费报销额增加；医保补助增加，广西发布《关于做好2021年城乡居民基本医疗保障有关工作的通知》（桂医保发〔2021〕22号），2021年城乡居民医保财政人均补助和个人缴费标准在2020年的基础上新增30元。

三、制约收入增长的不利因素

（一）脱贫户病患因素多，因病返贫风险大

2021年在广西开展的一项对易返贫致贫户的调研显示，54.4%被访户认为“因病返贫”为最主要的返贫风险，47.3%被访户认为“医疗支出”是目前家庭最大的开支。因病致贫、因病返贫是当前面临的主要风险，大病、慢性病支出成为脱贫户家庭的重要负担，病患者劳动力下降或丧失，也需要家人照顾护理，导致家庭收入大幅减少或失去经济来源。如南宁市马山县乐平村陆某户家庭人口5人，2个孩子在读书，73岁母亲不久前刚做完脑梗手术，陆某于2020年查出患鼻咽癌，长期住院治疗，至今共花费30多万元，其妻子一直陪护照顾，无法外出务工，家里的经济来源主要依靠养殖黑山羊以及政府低保金维持，生活非常艰难。

（二）技能培训不够精准，带动增收效果不明显

当前广西大力开展的职业技能培训虽取得了初步成效，但培训不精准仍较大地制约着农民工就业和工资的提高。据2021年一项对乡村干部和农户参与技能培训情况的调研显示，约50%的人认为培训没有帮助或帮助一般。调研发现，技能培训不精准主要体现在：一是技能培训对象不精准。参加村中组织的培训的多是年纪大、慢性病而留守在家的半劳动力，本身就业意向不明显，造成培训资源浪费。二是培训质量有待提高。因时间短、次数少、深度不够、实操不够等原因导致培训质量不高。三是对就业帮助不明显，培训后不从事相关行业。脱贫地区劳动力普遍技能偏低，需要有针对性的培训来提高技能水平，进而提高就业竞争力，当前的技能培训从精准度和质量上还需提高，才能有效带动劳动力增收。

（三）帮扶政策进入调整期，造成居民转移收入增速减缓

随着脱贫攻坚与乡村振兴有效衔接，部分帮扶政策和资金使用方向发生调整，对农村居民转移收入造成一定影响。当前广西政策和资金的使用方向由“精准惠及个人”到“基础设施建设”“产业发展渠道”等环节逐渐过渡，但由于政策调整不充分、工作实施推动慢原因导致政策惠及面收窄，农村居民各项补助、政策生活补贴等减少。调研发现，2021年各地特色产业政策逐步调整，以奖代补对象有所减少、奖补金额、奖补范围缩小，据统计资料显示，2021年广西计划发放以奖代补资金13多亿元，低于上年的28.5亿元。忻城县农业农村局出台了产业奖补方案，而其他部门出台政策缓慢，一些工作启动受限。政策方面的调整直接影响到转移收入，进而影响到居民整体收入。

四、几点建议

（一）加强农村困难群体监测和医疗救助

健全医疗保障体系，加强困难群体监测，并有针对性扩大医疗救助范围和比例。充分利用防贫监测系统加强对脱贫地区居民身体健康状况的监测，对突发重大疾病，及患有重病、大病、慢性病的困难家庭进行重点跟踪监测。同时，扩大医疗救助范围和比例，及时了解困难家庭病患病情、家庭经济困难状况，民政、卫健等部门要有针对性的提供重病和大病救助，并提高救助比例，扩大农村居民医疗救助和慢性病报销范围，避免因病致贫、因病返贫。

（二）不断提升职业技能培训精准度

技能培训是有效提高劳动者就业能力，促进增收的重要手段，面对当前存在的问题，提高培训各个环节的针对性和精准度尤为重要。一是开展需求调研。各县人社、农业等部门以乡镇为单位摸清乡村振兴产业发展目标和当地企业用工需求，以村为单位实地收集当地农民务工、技能培训需求。二是加强供求分析。自治区人社和农业等部门针对各地产业发展、企业用工和农民工务工等三个方面的需求，加强比对分析和研究。三是精准实施培训。自治区统筹规划，围绕各地产业发展、企业用工、个人务工不同需求，有针对性地制定培训政策、设置培训课程、建立信息共享平台，实现技能需求和培训供给的精准配对，进而实现企业用工需求和劳动力供给、产业发展需求和社会供给的有效衔接。

（三）注重培育发展初具规模的产业

当前脱贫攻坚与乡村振兴衔接时期，产业等政策调整影响居民转移收入是正常的，同时，经过脱贫攻坚时期的产业政策的红利驱动，各地已经充分挖掘发展出适合当地的产业。现阶段，一是选出有代表性的产业。通过设计规模、产量、盈利、岗位人数等发展指标，在广西每个县筛选出1～2个适应市场发展并初具规模的产业，如东兰食用菌、天峨珍珠李昭平茶产业等。二是用好产业发展政策。按照产业类型分类施策，加强资金、技术和人才支持，解决困难问题和发展瓶颈，引导培育以适应市场需求。三是不断培育有代表性的产业，按照一品一产业、一业一链条的模式打造成为地方经济新的增长动力，并带动相关产业链的发展，带动群众就业、促进增产增收。

（王佳辰）

6-5 2021年广西居民消费价格调查报告

Investigation Report of Consumer Prices in 2021

2021年广西居民消费价格低位运行

2021年，自治区党委和政府坚持稳中求进工作总基调，统筹推进疫情防控和经济社会发展，扎实做好保供稳价工作，居民消费价格低位运行。2021年广西居民消费价格比上年上涨0.9%，与全国平均水平（0.9%）一致，涨幅居全国31个省（自治区、直辖市）第18位。

一、2021年广西居民消费价格总体运行情况

（一）涨幅创2010年来新低

2021年广西居民消费价格上涨0.9%，涨幅比上年回落1.9个百分点，为2010年以来同期最低水平。其中，城市上涨1.1%，农村上涨0.5%，城市涨幅明显高于农村。

图1 2010—2021年广西居民消费价格指数（CPI）走势

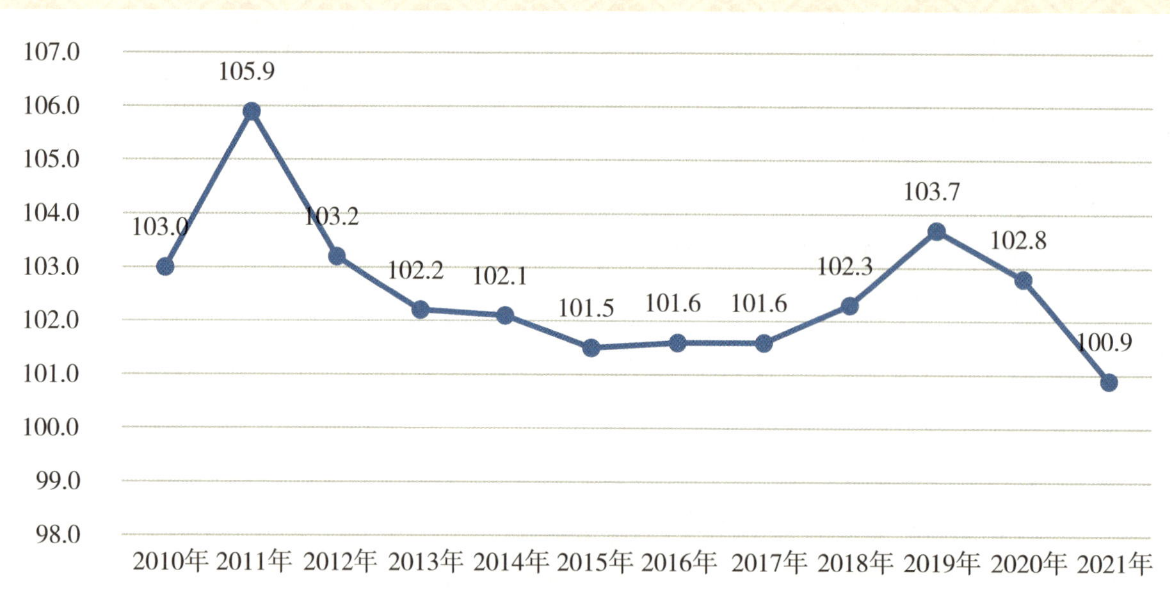

（二）月度呈小幅波动态势

从同比看，各月同比小幅上涨，全年12个月中有7个月涨幅在“0”区间波动，有4个月进入“1”区间，仅有1个月进入“2”区间，月度同比涨幅最高为11月份，同比上涨2.2%。

从环比看，各月环比呈“升—降—升—降”的“M型”走势。1—2月环比上涨，从3月份开始由升转降，连续4个月环比下降，7月份由降转升，7—11月持续上涨，12月份再次由升转降。

图2　2021年1月—2021年12月广西CPI走势

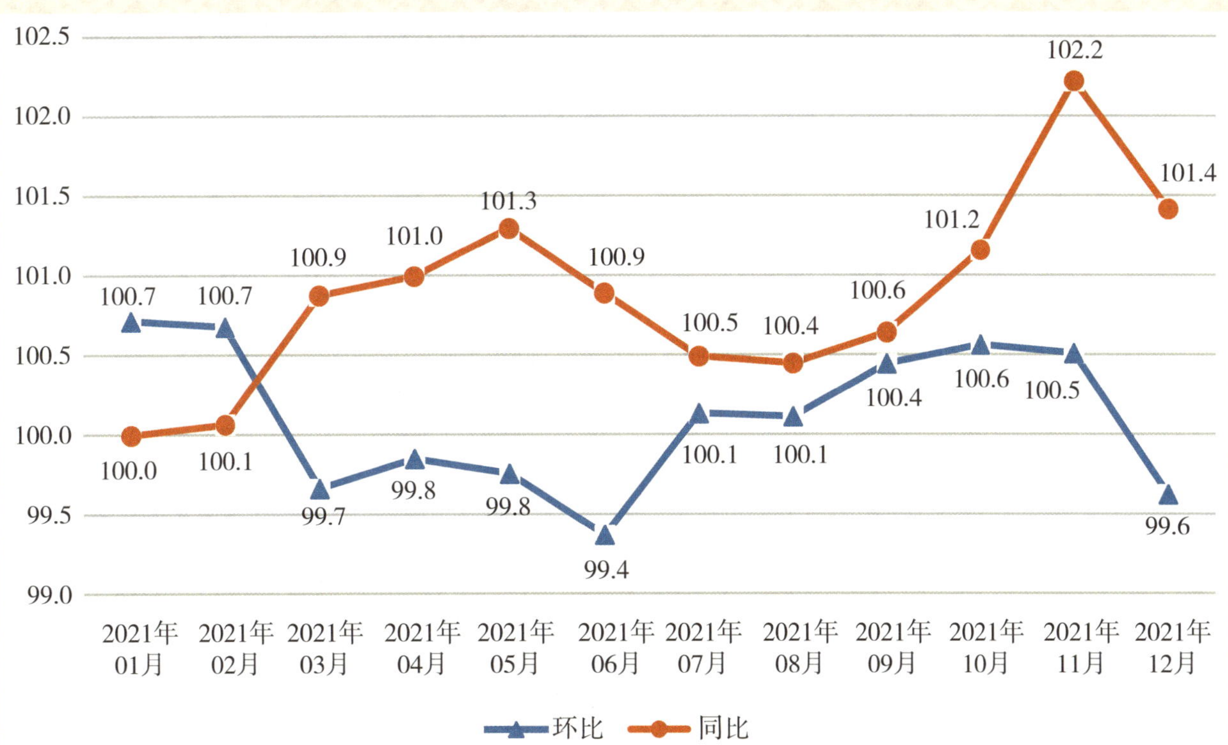

（三）八大类商品和服务价格“六涨二降”

2021年，广西八大类商品和服务价格同比呈“六涨二降”走势。其中，教育文化娱乐价格上涨3.7%，交通通信价格上涨2.7%，医疗保健价格上涨2.4%，衣着价格上涨1.0%，居住价格上涨0.8%，生活用品及服务价格上涨0.4%，其他用品及服务价格下降0.3%，食品烟酒价格下降1.2%。

图3　2021年八大类商品和服务价格指数

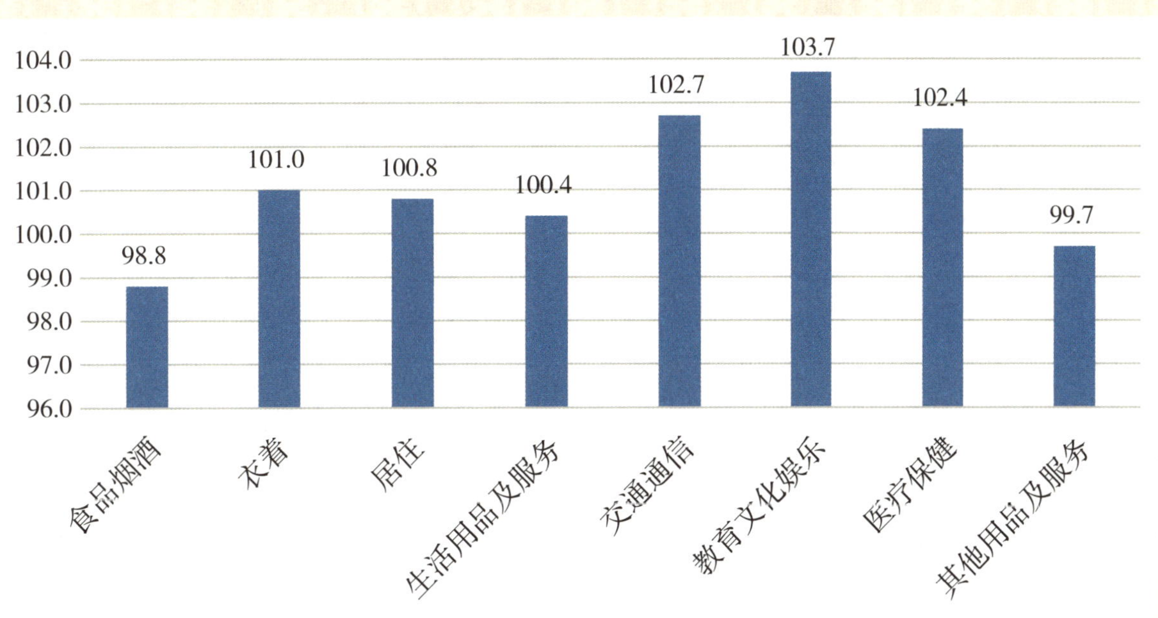

（四）在全国涨幅排序明显下降

在2021年全国31个省（自治区、直辖市）CPI涨幅高低排序中，广西位于第18位，比上年的第4位下降14个位次；在西部12个省（自治区、直辖市）CPI涨幅高低排序中，广西位于第7位。

从结构上看，广西八大类商品和服务价格变动情况与全国趋势基本一致。差距较大的是医疗保健和教育文化娱乐类。广西医疗保健和教育文化娱乐类涨幅分别比全国平均水平高2.0个百分点和1.8个百分点，主要是广西对教育和医疗服务进行政策性调价造成。

图4　2021年各月全国和广西CPI同比走势

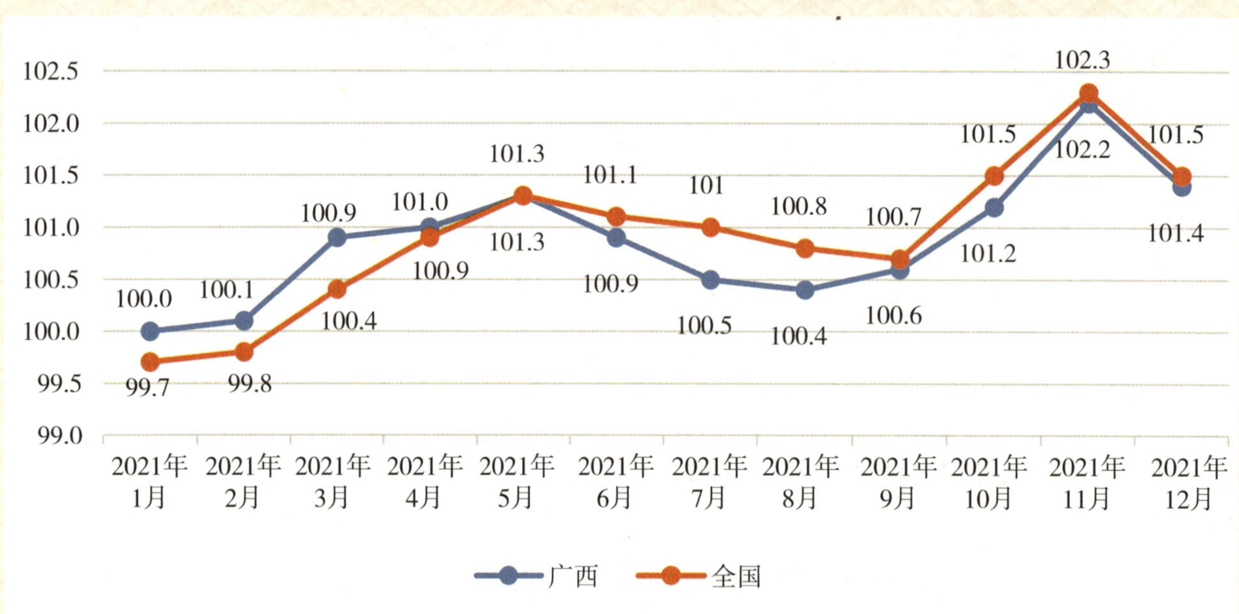

二、影响CPI变动的主要因素

（一）非食品价格影响CPI上涨1.4个百分点

2021年，非食品价格上涨1.8%，涨幅比上年扩大1.4个百分点，影响CPI上涨约1.4个百分点。其中工业品价格上涨1.8%，影响CPI上涨约0.6个百分点；服务价格上涨1.8%，影响CPI上涨约0.7个百分点。

1.大宗商品价格上涨传导推升工业品价格。2021年以来，受疫情后需求恢复、国内限产政策、全球货币政策宽松、输入性通胀等多种因素叠加，石油、有色金属铜、钢材、煤炭等上游大宗商品价格飙升，中下游企业盈利受到影响，工业品成本上涨，通过产业链传导至下游消费端，推高了汽柴油、家电、住房装潢材料等产品价格。2021年广西汽油和柴油价格分别上涨17.4%和19.2%，电视机价格上涨3.9%，空调价格上涨1.5%，住房装潢材料价格上涨2.2%。

2.教育和医疗服务政策性调价推动服务价格上涨。受上年医疗服务改革翘尾影响，广西医疗服务价格上涨幅度较大，2021年广西医疗服务价格同比上涨4.4%。广西各地学校的学费、住宿费收费标准已经执行多年，随着教育成本逐年递增，多年未变的收费标准已明显偏低，2021年春季学期和秋季学期，广西各地陆续上调学校收费标准，推动教育服务价格上涨。2021年广西教育服务价格同比上涨4.0%。

3.文化旅游和家庭服务等服务价格稳步上涨。2021年随着疫情防控形势好转，疫情影响减弱，居民文化娱乐和旅游出行需求逐步改善，文化娱乐和旅游市场逐步升温，其中电影及演出票价格上涨4.7%，景点门票价格上涨1.9%，旅行社收费价格上涨10.1%，飞机票价格上涨11.9%，交通工具租赁费上涨1.9%，其他住宿价格上涨7.4%。受人工成本上涨影响，家庭服务价格继续上涨，其中家政服务、母婴护理服务、家庭维修服务和其他家庭服务价格分别上涨4.4%、1.3%、1.9%和1.2%。

（二）食品价格影响CPI下降0.5个百分点

2021年，食品价格由上年上涨11.6%转为下降2.7%，影响CPI下降约0.5个百分点。

1.猪肉价格持续下降促使CPI低位运行。2021年自治区党委、政府大力推进生猪生产工作，广西生猪生产快速恢复，生猪出栏量和猪肉产量均呈现较大幅度增长。统计数据显示，2021年广西共出栏生猪3113.9万头，比上年增长36.5%；生产猪肉245.2万吨，比上年增长40.9%。但市场终端猪肉消费需求疲软，生猪市场供大于求，价格持续下跌。猪肉价格从3月份开始由升转降，连续8个月呈下降走势，11月受天气转冷猪肉季节性消费需求增加和前期抛售导致可出栏生猪阶段性供应减少影响，猪肉价格触底反弹。2021年广西猪肉价格同比下降32.5%，影响CPI下降约0.9个百分点，是影响广西CPI低位运行的主要原因。

图5　2021年广西猪肉价格指数走势

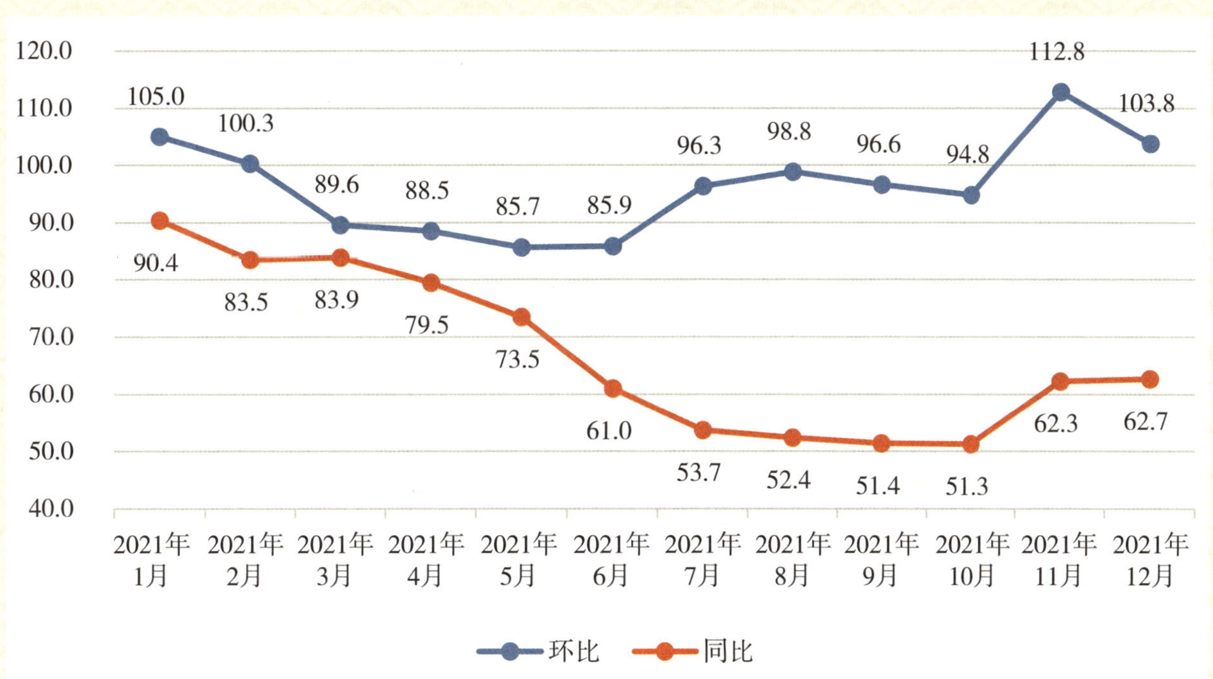

2.鲜菜价格平稳运行，小幅上涨。2021年广西鲜菜市场供应充足，价格总体平稳，但受极端天气影响，价格呈现明显季节性波动。1月份多地连续遭遇寒流侵袭，整体气温较低，寒冷天气不利于蔬菜的生长和运输，市场供应减少，蔬菜价格上涨明显。春节过后，市场需求回落，加上气温回暖，有利于蔬菜生长，市场供应充足，导致2—5月份蔬菜价格普遍下跌。6—11月受高温、台风、强降雨等极端天气，叠加油价上涨运输成本增加影响，蔬菜价格出现

了持续上涨。2021年广西鲜菜价格上涨3.5%。

3.干豆和食用植物油价格上涨明显。2021年全球大豆和植物油供应偏紧，叠加疫情和资金炒作等多方面因素，推动国际大豆和油脂价格大幅上涨。国内油脂油料与国际市场联系紧密，受国际大豆和植物油价格上涨影响，国内价格大豆和植物油价格也随之上涨。2021年广西干豆价格上涨8.2%，食用植物油价格上涨11.0%。

4.市场供应不足和成本上涨推动淡水鱼和鸡蛋价格上涨。受江河禁渔政策影响，淡水鱼网箱养殖面积减少，淡水鱼产量走低，加上玉米、豆粕等饲料原材料价格高位运行，养殖成本上涨，推动2021年淡水鱼价格上涨11.2%。受饲料价格上涨影响，蛋鸡养殖成本增加，加之今年以来随着餐饮、加工食品消费恢复，鸡蛋消费需求增加，拉动2021年鸡蛋价格上涨9.0%。

5.上游原材料价格上涨传导推升调味品和糖果糕点价格。今年以来大宗商品价格大幅上涨，食品制造行业的主要原材料大豆、小麦、棕榈油等价格明显上涨，为了消化成本上涨压力，行业龙头企业陆续上调产品销售价格，受此影响，2021年调味品和糖果糕点价格分别上涨1.2%和1.1%。

三、2022年CPI走势分析

影响未来居民消费价格走势的主要因素有以下方面：

一是宏观经济平稳运行为稳定物价奠定良好基础。中央经济工作会议提出要实施好扩大内需战略，促进消费持续恢复，积极扩大有效投资，增强发展内生动力。在统筹推进疫情防控和经济社会发展不放松的情况下，在宏观和微观政策有机结合、各项改革稳步推进的带动下，我国经济的韧性和活力将进一步展现。2022年制约消费的收入、疫情、避险倾向等因素将进一步好转，新冠疫情对消费的影响逐渐减弱，消费稳步复苏，为物价平稳运行奠定良好基础。

二是食品供需趋于平衡，有利于食品价格稳定。中央农村工作会议提出，2022年要全力抓好粮食生产和重要农产品供给，稳定粮食面积，大力扩大大豆和油料生产，确保2022年粮食产量稳定在1.3万亿斤以上。强化“菜篮子”市长负责制，稳定生猪生产，确保畜禽水产和蔬菜有效供给。当前粮食再获丰收，猪肉需求改善，供需趋于平衡，为食品价格保持稳定奠定了较好基础。

三是上游原材料对下游消费端价格的传导压力仍然存在，工业消费品价格仍有上涨空间。2021年大宗商品供给收缩、供应链不畅，价格高位运行，带动国内工业品原材料价格上涨。虽然目前上游原材料对下游的传导有限，但工业生产者出厂价格指数（PPI）对CPI的传导有滞后性，在下游企业成本承压的情况下，工业消费品价格仍有上涨空间。

四是随着疫情有效控制，文化旅游等服务价格继续回升。2021年受疫情影响，文化旅游等相关服务价格波动上涨，文化旅游消费呈现逐步恢复态势。2022年随着各地科学精准做好疫情防控工作，疫情对服务业的影响有望进一步消退，服务消费和供给继续保持协同向好态势，价格将继续呈上涨态势。

综上所述，随着经济恢复发展，各项保供稳价和促进消费政策不断发力，居民消费领域商品和服务生产供应充足，居民消费需求稳步释放，对物价平稳运行形成有力支撑。预计2022年广西CPI将在合理区间波动。

（骆洁）

6-6 2021年广西工业生产者出厂价格调查报告
Investigation Report of Industrial Producer Prices in 2021

2021年广西工业生产者价格高位运行

据国家统计局广西调查总队调查数据显示，2021年，广西工业生产者出厂价格同比上涨8.9%，比全国平均水平（8.1%）高0.8个百分点，总体看呈现高位运行态势。

一、2021年广西工业生产者价格总体运行情况

（一）工业生产者出厂价格呈波浪形上升

1—5月，随着新冠疫苗的推广，全球疫情有所好转，下游需求增大带动工业品价格迅速回升，同比涨幅持续扩大，环比波动上涨。6—7月受广西错峰用电，高温、雷雨、台风等极端天气影响，生产放缓，需求缩减，同比涨幅回落，环比由升转降。8—10月，受广西能耗双控政策影响，限电限产形势下市场供不应求，推动工业品价格快速上涨，10月工业生产者出厂价格同比上涨15.3%，创近26年新高。11—12月，市场逐步恢复正常，同比涨幅回落，环比涨幅由正转负。

（二）工业生产者出厂价格行业上涨面超八成

广西工业生产者价格调查涉及的36个行业大类中，30个行业大类产品价格上涨，上涨面达83.3%，比上年的43.2%扩大40.1个百分点。受国际油价普涨、能耗双控等大环境影响，黑色金属冶炼和压延加工业上涨24.4%、有色金属冶炼和压延加工业上涨19.9%、石油、煤炭及其他燃料加工业上涨26.6%、化学原料和化学制品制造业上涨20.2%、农副食品加工业上涨6.7%，这五个主要行业价格上涨推高工业生产者价格指数（PPI）上涨7.2个百分点。

（三）新涨价因素推动工业生产者价格高位运行

据测算，2021年广西工业生产者出厂价格翘尾因素是1.8，新涨价因素是7.0，两者共同推动全年PPI快速回升。其中，新涨价因素影响更大，主要是由于2021年全球疫情形势向好，大宗商品价格回升，下半年能源供应偏紧，工业品价格高企。

（四）生产资料价格涨幅大

2021年广西生产资料价格上涨10.8%，影响PPI上涨约8.6个百分点，占总涨幅的97%，PPI结构性上涨特征明显。其中：采掘、原材料、加工工业产品价格同比分别上涨10.2%、13.2%和9.3%。生活资料价格上涨1.4%，影响PPI上涨约0.3个百分点。其中：食品、衣着、一般日用品价格同比分别上涨2.3%、1.1%和1.0%，耐用消费品价格同比持平。PPI的快速回升主要是生产资料价格上涨推动，生活资料价格较为平稳。

二、重点行业产品价格变动情况

（一）黑色金属价格持续上扬，年终回落

2021年，广西黑色金属冶炼和压延加工业同比上涨24.4%，其中钢压延加工（钢材）上涨25%，全年价格呈现持续上扬趋势。主要原因：一是上半年铁矿石价格不断上涨，澳大利亚进口铁矿石从年初不到1000元/吨，到2021年5月现货一度涨至1600元/吨以上，达到历史的最高水平，强力支撑钢材等黑色金属价格上涨。二是下游需求有效增加，上半年建筑行业陆续开工、汽车企业产销两旺，叠加北方环保

限产，钢材产量受控，带动价格上涨。三是下半年广西实行能耗双控政策，叠加全国煤炭价格上涨，钢材生产成本提高，产能减少，黑色金属价格在经历短暂回落后继续上涨。年底随着各工程陆续停工，需求收缩，同时铁矿石、煤炭供应紧张局势得到缓解，钢材价格回落。

（二）有色金属价格高位波动

2021年广西有色金属冶炼和压延加工业同比上涨19.9%。上半年，受全球疫情好转，美国政府1.9万亿的经济措施刺激，国际上经济向好预期增强，国际大宗商品价格持续上涨。春节后国内企业纷纷开工，家电、汽车生产销售形势较好，对有色金属需求增大，铜、铝等有色金属价格不断上扬。铝冶炼自2月起环比价格由降转升，铝压延加工自3月起环比价格由降转升。进入下半年，在国家加紧对大宗商品价格的监控，遏制投机活动，抛售铜储备等一系列措施影响下，铜、铝等相关有色金属价格陆续下跌。8月底，广西实行能耗双控政策，广西铝企业产能下降，加上新能源汽车和家电等下游行业需求增强，氧化铝和电解铝等铝冶炼产品供不应求，价格快速上涨，带动有色金属价格再次回升。10月起，随着全国性限产限电得到缓解，各有色金属生产企业产能释放，而受下游工程项目陆续停工，需求不振影响，有色金属同比涨幅回落。

（三）三季度水泥价格止跌回升

2021年广西水泥价格上涨7.9%。1—7月，受房地产市场冷清，楼市开发速度趋缓，水泥需求减少，水泥价格始终低位徘徊。9月起，按广西能耗双控要求，水泥企业产量和用电负荷不得超过上半年月均的40%，广西水泥企业产量锐减。随着广西水泥传统旺季的到来，加上原料价格上涨等因素影响，水泥价格迅速止跌回升，涨势迅猛。10月份同比价格涨幅高达72.7%。临近年末，限产影响逐步消退，下游需求收缩，水泥价格有所回落，全年同比价格由降转升。

（四）食糖价格指数全年低位运行

2021年，广西食糖价格同比下降3.3%。环比看，全年食糖价格较为平稳，全年里有5个月价格持平；同比看，受上年翘尾因素较低的影响，全年食糖价格同比指数低位运行，12月份同比由降转升。食糖价格下降主要受几方面因素影响：一是供应宽松。2020/2021榨季广西食糖产量略有增加，食糖供应充足，而且从2020年7月1日开始，食糖进口开始采用备案制，进口食糖挤占国内市场，价格上涨动力不足；二是受需求减少影响。传统的“双节”备货需求逐渐弱化，高糖高脂的食品逐步淡出市场消费的主流，同时国内疫情零星散发，也对食糖消费有所抑制。供强需弱的市场环境下，食糖价格短期内难以实现快速回升，预计后市价格平稳微涨。

三、2022年一季度广西PPI走势预计

2022年一季度广西PPI仍将保持上行态势，但涨幅有望缓慢回落。一是2021年广西PPI保持高位运行，其上行势头不会快速回落，较高的翘尾因素将影响2022年一季度广西PPI保持上行态势；二是2022年经济下行压力较大，但随着我国跨周期和逆周期宏观调控政策执行，经济预期仍将保持上行，有利于PPI保持平稳；三是随着国家保供稳价政策效果持续显现，2021年底广西PPI冲高回落。11月和12月，黑色金属、有色金属、水泥、煤炭、化工等产品价格已逐步下降；四是随着多国货币政策收紧压力越来越大，国家保供稳价政策效果进一步显现，大宗商品价格上涨空间较小，PPI上涨的外部压力降低，涨幅或将有所回落。

（罗宇连）

6-7 2021年广西农产品生产者价格调查报告

Investigation Report of Producer Price for Farm Products in 2021

2021年广西农产品生产者价格下跌5.1%

据国家统计局广西调查总队农产品生产者价格调查显示，2021年广西农产品生产者价格比2020年下跌5.1%。从各季度看，一季度上涨2.1%，二、三、四季度分别下跌4.5%、14.2%和6.4%。从主要品种看，生猪价格下跌39.2%，谷物价格上涨12.2%，蔬菜价格上涨6.7%，水果价格下跌8.7%。生猪价格同比大幅下跌是总指数下跌的主要原因。

图1 2020—2021年广西农产品生产者价格指数季度变动趋势

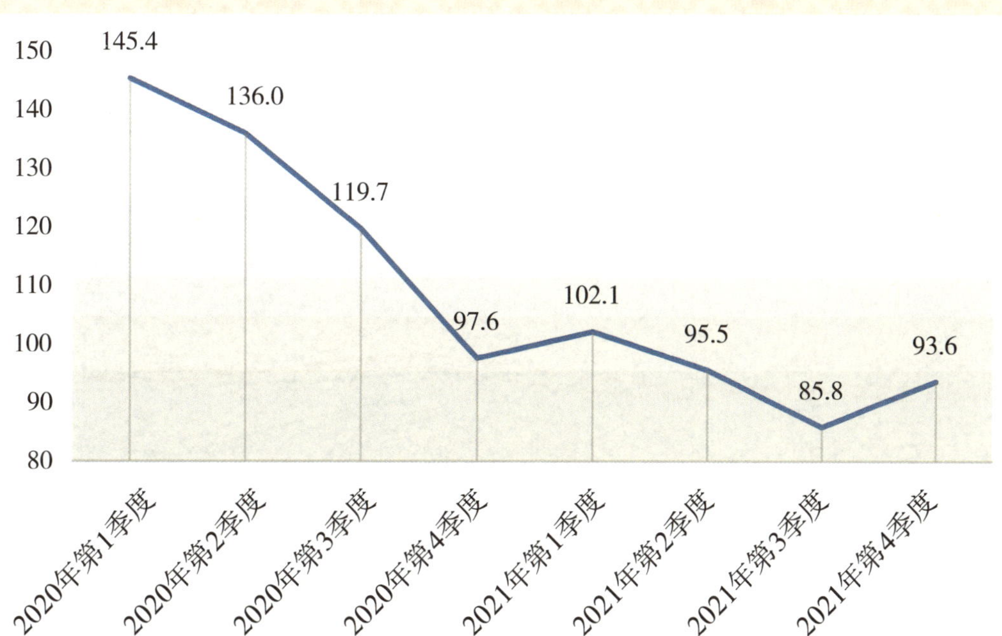

一、广西农产品生产者价格指数变动情况

2021年，广西农、林、牧、渔业四个行业大类农产品生产者价格呈现“三涨一跌”态势。农业、林业、渔业产品价格分别上涨3.3%、4.2%、5.6%，畜牧业产品价格下跌21.7%。

（一）农业产品价格上涨3.3%

2021年广西农业产品生产者价格比上年同期累计上涨3.3%，分季度看，一季度上涨5.0%，二季度上涨0.4%，三季度下跌2.1%，四季度上涨10.7%。分品种看，谷物、油料、豆类、蔬菜及食用菌、茶及饮料原料、中草药材价格同比分别上涨12.2%、1.8%、28.0%、6.3%、0.3%、14.5%，糖料价格与上年持平，薯类、生剑麻、水果价格同比分别下跌10.2%、1.1%、8.7%。

（二）林业产品价格上涨4.2%

2021年广西林业产品生产者价格比上年同期上涨4.2%。分季度看，一至四季度分别上涨

14.3%、8.3%、0.8%、2.7%。分品种看，育种和育苗、竹材采伐产品、林产品价格同比分别上涨1.8%、8.4%、37.5%，木材采伐产品价格同比下跌0.6%。

（三）畜牧业产品价格下跌21.7%

2021年广西畜牧业产品价格比上年下跌21.7%。分季度看，一至四季度分别下跌6.4%、18.5%、36.0%和31.0%。分品种看，猪、牛价格同比分别下跌39.2%和0.4%，羊、活家禽、禽蛋、蚕茧价格同比分别上涨5.9%、9.7%、7.6%和51.5%。

（四）渔业产品价格上涨5.6%

2021年广西渔业生产者价格上涨5.6%。分季度看，一至四季度分别上涨7.5%、5.6%、5.8%、2.1%。分品种看，海水养殖产品、淡水养殖产品价格同比分别上涨8.9%和7.5%，海水捕捞产品价格下跌3.9%。

图2　2020—2021年广西四大类农产品生产者价格指数季度变动趋势

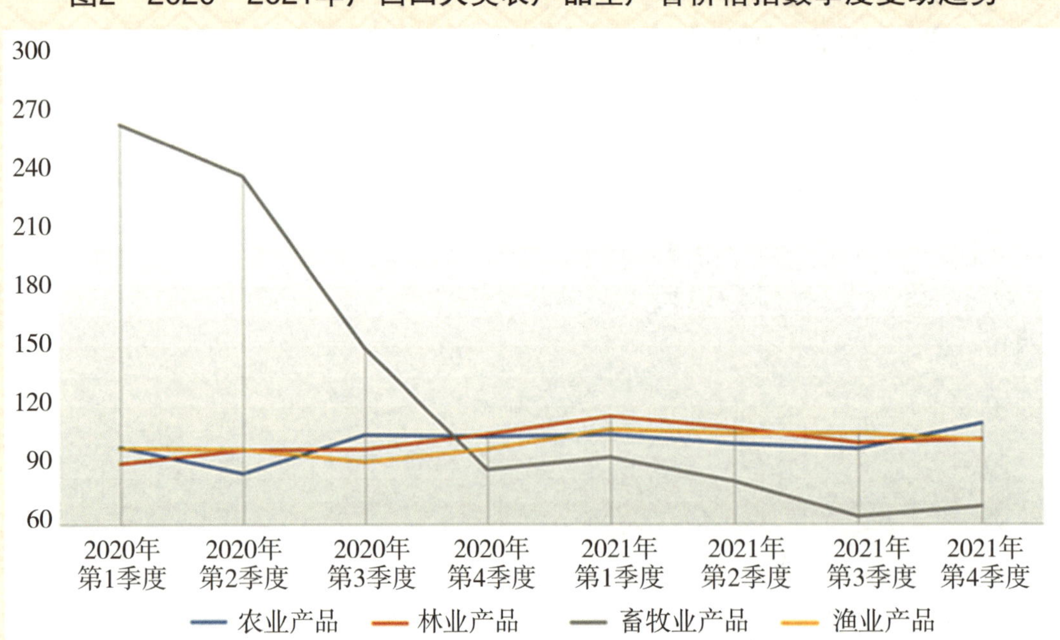

二、主要农产品价格指数变动原因分析

（一）玉米、蔬菜等价格涨跌幅较大

1.玉米需求大增带动价格上涨。据调研，随着2021年生猪产能持续大量释放，作为猪饲料重要原材料的玉米市场需求量大增；同时，本地生产玉米淀粉、酒精产品相关的企业增加，收购玉米的加工企业和贸易商增加。在玉米市场需求大增的背景下，2021年玉米价格同比上涨44.2%。

2.异常天气推高蔬菜价格上涨。调研了解，异常天气对2021年蔬菜价格上涨影响较大。从广西本地蔬菜生产来说，2021年气候偏干旱，降水较少，持续高温天气影响蔬菜生长，导致本地蔬菜长势不好，产量下降。从广西区外蔬菜供应来说，2021年下半年山西省、海南省、广东省等蔬菜主产区出现强降雨、低温和台风等恶劣天气，外省蔬菜物流运输受到一定限制，导致蔬菜市场供应减少。由于异常天气的影响，2021年蔬菜价格同比上涨6.7%。

3.部分水果供大于求价格下跌。2021年水果价格同比下跌8.7%，主要原因是部分水果供大于求。如柑橘类水果，因近年来区内柑橘种植面积扩增快，柑橘市场已趋于饱和，柑橘成熟期大量集中上市，市场供过于求，导致柑橘类水果价格持续下跌。又如龙眼、荔枝等热带水果，2021年上半年广西气候适宜，病虫害较少，挂果较好，产量迎来丰收大年，市场供应充足。另一方面，受部分地方疫情反复的影响，市场消费下降，导致价格下跌。

（二）天然松脂价格大幅上涨

2021年广西天然松脂价格同比上涨16.2%，天然松脂价格上涨原因：一是松脂市场供给减少。由于长期以来乱采滥割松脂，导致近十年来松脂产量逐年下滑，市场松香库存偏少导致价格上涨。二是市场出现抢购松脂现象。部分脂贩囤脂，使得工厂直接采购的松脂量减少，市场出现抢购松脂现象，推动松脂价格上涨。三是人工成本逐年上涨，很多脂农宁愿外出打工也不愿采松脂，导致采脂成本上涨，进一步推动松脂价格上涨。

（三）生猪价格四连降影响畜牧业产品价格整体下跌

1.生猪集中出栏导致价格回落。分季度看，一至四季度分别下跌13.2%、38.4%、57.8%、58.4%。2021年广西猪价持续下跌主要原因：一是出栏量持续保持高位。2021年生猪行业整体呈生产快速恢复态势，总体已恢复到或超过2018年以前水平，生猪集中出栏导致价格回落。随着生猪产能恢复加快，能繁母猪增加，仔猪大量集中上市，但受生猪价格大幅下跌影响，许多养殖户开始退出养猪行业或者处于观望状态，补栏积极性下降，对仔猪需求量减少，导致仔猪价格大幅下跌。二是不明疫情的威胁依然存在。据了解，部分地区仍反复出现不明原因病死猪现象，但是很多养殖户有应对非洲猪瘟疫情的经验，都是在生猪刚出现轻微症状时就及时处理，避免了大规模死猪的现象。局部地区偶尔发生的不明原因生猪死亡和民间传言，导致部分养殖户恐慌出售，在一定程度上导致猪价下跌。

图3　2020—2021年广西活猪生产者价格指数季度变动趋势

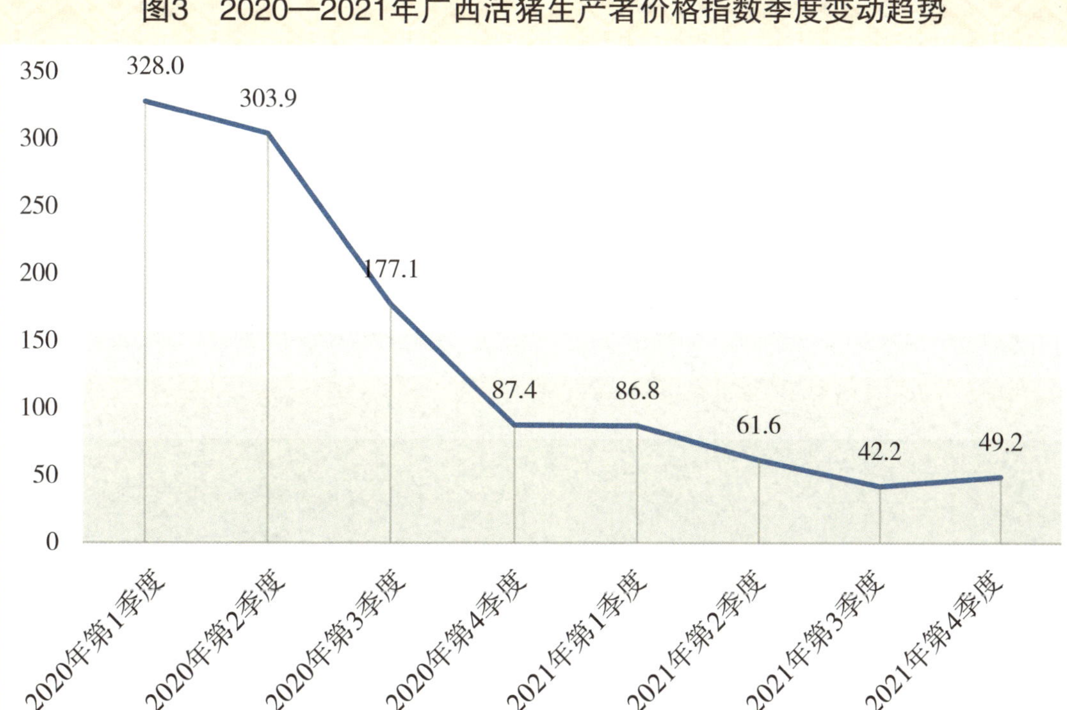

2.禽类供应减少价格回升。据调查，2021年禽类市场供应量减少，禽类养殖市场逐步回温，价格呈现恢复性上涨。据广西某农牧集团有限公司反映，2020年肉鸭市场受产能过剩、消费疲惫的影响，肉鸭出栏价格持续低位运行，大量禽类养殖户退出，市场供应量减少，2021年以来，禽类市场逐步回温，价格有所回升。

3.蚕茧需求大增价格大涨。2021年蚕丝加工企业复工复产较多，对蚕茧需求量大幅增加，导致价格大幅上涨。据来宾市忻城县某丝绸有限公司介绍，2021年以来生丝市场复苏，目前5A高级生丝出售价格已上涨到48万元/吨，比2020年同期上涨13万元/吨，同比上涨37.14%。由于生丝价格的大幅上涨，蚕茧收购价格大幅回升。同时，2021年蚕虫疾病少，蛹茧质量高，出售价格有所提高。

（四）海水养殖、淡水养殖产品价格均上涨

1.海水养殖产品供应不足拉动价格上涨。受2020年新冠肺炎疫情影响，渔业产品持续低迷，不少海水养殖户投苗量大幅减少；同时，2021年雨水较少导致海水咸度过高，牡蛎进食困难，营养不足容易生病，导致有很多死的牡蛎，存活率低产量减少。由于产量减少，市场供不应求，价格上涨。

2.淡水鱼市场供应量减少价格上涨。2021年上半年各地执行禁渔令，对在天然湖泊、河流围栏养鱼、网箱养鱼等违规现象进行治理，导致部分鱼源减少，草鱼、鲤鱼等淡水鱼市场供应量减少。

三、值得重视的几个问题

一是近年来广西种植柑橘类水果越来越多，市场供应量较大，价格已经持续走低，各地应该引导农户谨慎扩大柑橘类水果的种植规模。二是目前广西生猪价格虽有反弹趋势，但仍处于低价阶段，影响养殖户养殖信心，各地应加大对养殖业管理，为养殖户提供信息咨询，提供生产及销售信息，降低养殖户经营风险。三是菜价大幅上涨，暴露出本地菜源不足问题，加之区外蔬菜供应不足，加剧蔬菜涨价态势。各地要加强预警监测和调控，做到稳价保供。

（卢聪聪）

6-8　2021年广西粮食生产调查报告

Investigation Report of Grain Production in 2021

2021年广西粮食再获丰收　但稳定粮食生产仍面临不少困难

据国家统计局公布，2021年广西粮食播种面积为2822.9千公顷，比上年增加16.9千公顷，增长0.6%；单位面积产量为4911.7公斤/公顷，比上年增加29.7公斤/公顷，增长0.6%；总产量为1386.5万吨，比上年增加16.5万吨，增长1.2%。继2020年后，广西又一次实现了面积、总产和单产“三增长”。在全国31个省（市、自治区）中，广西粮食播种面积列第17位，总产量列第17位，单位面积产量列第25位，面积、总产量、单产排位与2020年持平。但稳定粮食生产仍面临不少困难。

一、2021年广西粮食生产概况

（一）分大类看：谷物播种面积3587.3万亩，比上年增加20.4万亩，增长0.6%；亩产364.3公斤，比上年增加2.4公斤，增长0.7%；总产量1306.7万吨，比上年增加15.9万吨，增长1.2%。（注：部分数据因四舍五入，分大类、分季节、分品种合计数与广西合计数略有差异，下同。）

豆类播种面积246.1万亩，比上年增加4.8万亩，增长2%；亩产108.8公斤，比上年减少1.5公斤，下降1.3%；总产量26.8万吨，比上年增加0.2万吨，增长0.6%。（其中，大豆播种面积152.3万亩，比上年增加7.6万亩，增长5.3%，亩产104.7公斤，比上年减少2公斤，减幅为1.9%，总产量15.9万吨，比上年增0.5万吨，增幅为3.3%。）

薯类播种面积401万亩，比上年增加0.1万亩，增长0.03%；亩产（折粮）132.4公斤，比上年增加1.2公斤，增长0.9%；总产量（折粮）53.1万吨，比上年增加0.5万吨，增长0.9%。

（二）分季节看：春收粮食（注：国家口径为“夏粮”）播种面积174万亩，比上年增加3.6万亩，增长2.1%；亩产152.9公斤，比上年增加0.4公斤，增长0.3%；总产量26.6万吨，比上年增加0.6万吨，增长2.4%。

早稻播种面积为1211.3万亩，比上年增加3.5万亩，增长0.3%；亩产为396.3公斤，比上年增加1.6公斤，增长0.4%；总产量为480.0万吨，比上年增加3.2万吨，增长0.7%。

秋收粮食播种面积2849.1万亩，比上年增加18.1万亩，增长0.6%；亩产308.8公斤，比上年增加2.5公斤，增长0.8%；总产量879.9万吨，比上年增加12.7万吨，增长1.5%。

（三）分品种看：玉米播种面积922.5万亩，增加27万亩，增长3%；亩产309.1公斤，增加3.8公斤，增长1.3%；总产量285.2万吨，增加11.8万吨，增长4.3%。

中稻播种面积205.9万亩，增加5.3万亩，增长2.7%；亩产476.2公斤，增加8.6公斤，增长1.9%；总产量98.1万吨，增加4.3万吨，增长4.6%。

晚稻播种面积1217.9万亩，减少13.9万亩，下降1.1%；亩产361.2公斤，增加1.4公斤，增长0.4%；总产量439.8万吨，减少3.4万吨，下降0.8%。

二、2021年广西粮食生产主要特点

（一）播种面积增长

2021年，广西各级党委政府高度重视

粮食安全，认真落实中央有关部署，加大力度抓粮食生产，积极治理农田撂荒，推动开垦复垦、“旱改水”等项目落地实施，全力遏制耕地撂荒，确保耕地应种尽种，全年谷物、豆类、薯类播种面积均实现增长，合计增加25.3万亩。其中，8月初，广西大部出现高温酷热天气，部分地区因缺水无法正常移栽晚稻，高温干旱导致晚稻种植进度受到影响，农民转种玉米等其他作物，晚稻种植面积有所减少。

（二）单产略有增长

全年粮食亩产增加2公斤，增长0.6%，其中谷物、薯类单产增加，早稻、晚稻单产小幅增长，中稻、玉米亩产增幅较大。

一是早稻、晚稻生长期农业气象条件总体有利。早稻生长各期光、温、水、肥等条件较好，单产较2020年稳定增长。但由于早稻晚期遭遇轻度高温热害影响、晚稻生长早期干旱和晚期局部地区轻度寒露风天气影响，单产增幅有限。

二是中稻、玉米气候条件和管护较好。中稻因插播移栽时间较宽裕，作物生长时间长，避开了影响稻谷产量的灾害天气时段，同时农户对田间管护较用心，种植期间气候条件总体适宜，单产增幅较大；玉米由于2020年部分地区旱灾，2021年气候对玉米适宜，同时玉米价格上涨促使农户种植热情高、管护到位，2021年面积和产量都有较大幅度增长。

三、稳定广西粮食生产面临的困难

虽然2021年以来在各项利好政策影响及总体气象条件适宜的情况下，广西粮食生产取得稳步增长的成效，但是粮食生产的基础仍然存在不少薄弱因素：

（一）部分地区耕地非粮化、非农化现象未得到明显改善。虽然各地政府开始逐步限制耕地非粮化的继续发展，但由于种粮比较效益低，近年来各地大力发展水果生产、桑蚕种养等，以促进脱贫攻坚和农业产业化发展，农户出于经济效益和投入劳动量的综合考量等原因，已非粮化的耕地存量不少，粮食种植面积进一步扩大的条件有限。

（二）农民缺乏扩大种粮积极性。目前，农民种粮基本上是够吃就行，扩大种粮面积没有积极性。新冠肺炎疫情缓解后，由于种粮经济效益较低，金额不多的种粮补贴吸引力不大，大部分农村青壮年劳动力还是以外出务工为主，老年人仍是种粮的主力军。

（三）农资价格上涨较大，种粮效益下降。据了解，2021年尿素、复合肥等化肥价格上涨幅度较大，有的甚至上涨50%，农药价格上涨幅度一般也在10%以上。据调查，2021年广西早稻种植亩均成本上涨9.2%，收益减少1.8%。

四、稳定广西粮食生产的几点建议

一是要严格落实粮食安全党政同责，调动多方面力量持续加大粮食种植支持力度，把各种种粮优惠政策落实落地。二是持续加大力度建设高标准农田，同时抓好农田水利基础设施的维修养护，确保水稻有水用、用够水。三是加大力度整治耕地非粮化、非农化，整治耕地撂荒，稳步推进“退果还粮”，大力推广双季稻种植，让良田尽量种粮。四是继续提高农业科技化水平，提升粮食种植社会化服务广度和深度，同时加快土地流转力度，稳步发展粮食种植规模经营。五是稳定农资价格，减少农户种植成本上涨压力，同时适度上调粮食收购价，促进种粮效益稳定增长。

（钟日辉）

6-9　2021年广西主要畜禽生产调查报告

Investigation Report of Production of Major Livestock and Poultry in 2021

2021年广西主要畜禽生产形势总体趋好

2021年，广西各级党委和政府认真贯彻落实党中央、国务院决策，结合广西实际情况出台并落实各项畜禽稳产保供的政策，广西主要畜禽生产总体形势呈现生猪产能快速增长、牛羊生产稳步增长和家禽稳步发展的态势，畜禽产品供给充足。

一、广西主要畜禽生产形势

（一）生猪生产快速增长

1.生猪存栏快速恢复。2021年广西整个生猪市场产能持续恢复并扩大，存栏数量不断增加，生产形势保持稳步提升，生猪存栏和能繁母猪2021年存栏分别突破2000万头和220万头（详见图1）。据调查，2021年广西的生猪存栏为2128.2万头，同比增16.4%；能繁母猪存栏221.0万头，同比增4.5%。主要原因有：一是大型养殖场（户）进驻加快并陆续投产。非洲猪瘟疫情结束后，广西生猪价格高企，如牧原、新希望和双胞胎等各大型上市公司陆续进驻广西投资，目前已陆续投产。据主要畜禽样本摸底调查显示，截至2021年11月底，广西生猪大型养殖场（户）共1024家，较上年同期979家同比增4.6%。养殖户和企业新建、改扩建猪场增多，大幅增加饲养量，生猪养殖端产能恢复持续发力。二是疫情防控工作到位，生猪生产安全有保障。在公司化的封闭式管理下，由专人在养殖场内负责照看，非洲猪瘟防控措施不断完善，生猪生产形势趋于稳定。

图1　2020—2021各季度生猪存栏形势（单位：万头）

2.生猪出栏超过3000万头。随着各大型养殖场的陆续投产，生猪存栏不断增加，产能稳健增长，生猪出栏数量持续上涨。据调查，2021年广西的生猪出栏为3113.9万头，同比增36.5%。主要原因有：一是生猪及能繁母猪存栏快速增长。2020年受猪瘟和新冠疫情影响，生猪产能不足，上市总量少.而2021年在生猪存栏和能繁母猪存栏分别突破2000万头和220万头后，生猪出栏出现较大幅度增长；二是促进生猪生产各项政策效果显著。近年来广西出台并落实各项促进生猪生产恢复政策，给予用地审批、金融扶持等一系列帮扶，各大上市公司加大投入，在广西各市县投资大型养殖场。同时采取公司育种、中小型养殖场（户）加盟育肥、生猪生产全流程管控等模式，迅速扩大生猪产能。

3.猪肉产量超过240万吨。受益于生猪出栏增长、二三季度猪价下跌压栏以及标准化生猪养殖规模扩大等因素的共同影响，广西猪肉产量快速上涨。据调查，2021年广西的猪肉产量为245.2万吨，同比增40.9%；生猪胴体重平均为78.8公斤/头，较上年同期增3.2%。2021年广西生猪出栏3113.9万头，较2016年的3280.1万头少166.2万头，但猪肉产量基本与2016年持平（详见图2）。

图2　2015—2021年广西猪肉产量及胴体重

4.生猪价格快速下跌收益总体平稳。2021年广西生猪价格同比快速下跌。从生猪大县月度监测数据看，进入2021年以来，广西生猪出栏价格呈持续下跌趋势，从1月份最高的36.1元/公斤降至10月份12.1元/公斤，降幅达66.5%，随后又提升至12月份17.8元/公斤（详见图3）。据了解，目前自繁自养的生猪成本在16元/公斤～17元/公斤左右，利润由年初盈利的2200元/头降至10月的亏损600元/头，又在年底恢复至盈利200元/头。

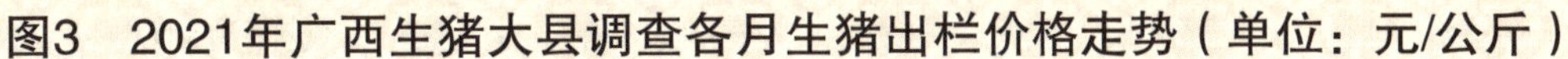
图3 2021年广西生猪大县调查各月生猪出栏价格走势（单位：元/公斤）

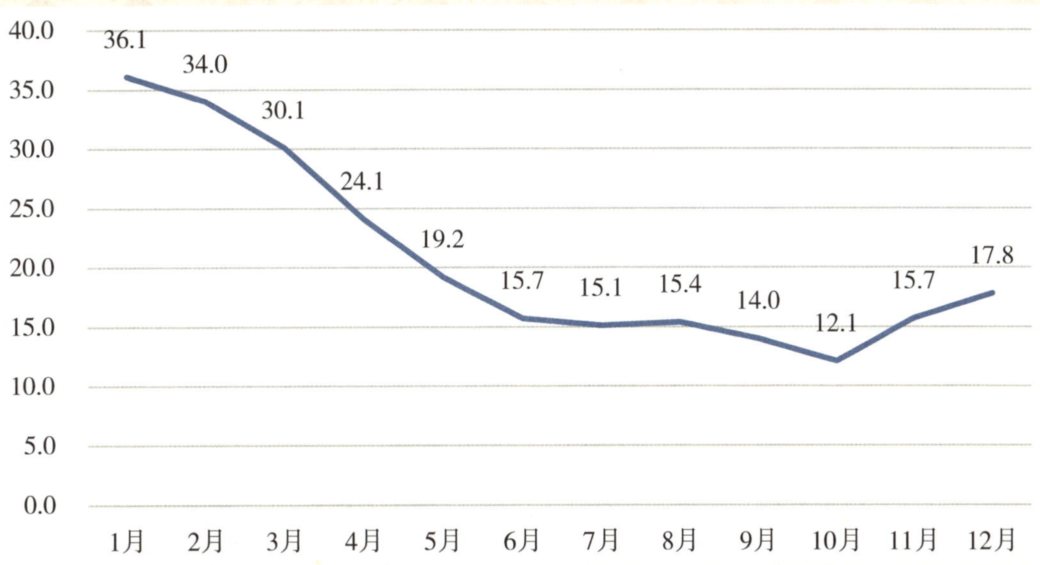

（二）家禽养殖稳中略降

1.家禽存出栏同比下跌。2021年广西家禽生产情况呈现存出栏同比略减态势。据调查，2021年广西的家禽存栏为36483.2万羽，同比降3.8%；家禽出栏为108728.4万羽，同比降5.1%。主要原因有：一是市场需求减弱。随着广西生猪产能的恢复，禽肉替代需求下降，使得家禽生产的产能持续下降；二是部分企业退出市场。原料价格上涨，饲料成本增加，养殖利润下降，导致家禽养殖内卷。大型养殖公司应市减少饲养量，部分家禽养殖户由于管理等原因导致生产成本过高，甚至退出家禽养殖行业。据主要畜禽样本摸底调查显示，截至2021年11月底广西大型家禽养殖场（户）376家，较上年同期415家减少9.4%。

2.禽蛋产量转跌为增。2021年广西禽蛋价格持续回暖，12月鸡蛋价格为10.2元/公斤，较上年同期增长了28%左右。价格的提升刺激了禽蛋的生产，2021年广西蛋鸡存栏较上年同期增6.2%，蛋鸡存栏的增长促进了禽蛋的产量提升。据调查，2021年广西的禽蛋产量为27.1万吨，较上年同期增1.4%，扭转了前三季度同比下跌的形势。

（三）牛羊生产发展基本平稳

广西牛、羊产业受益于精准扶贫政策，河池和百色等地实施贷牛还牛、贷羊还羊的帮扶政策，通过企业和专业合作社协助贫困地区农户进行牛羊养殖。同时广西部分地区开始布局牛羊养殖产业，利用广西甘蔗大省的优势发展牛羊养殖。据2022年样本摸底调查显示，2022年广西大型牛和羊养殖场数量同比分别增4.7%和13.9%。据调查，2021年广西的牛、羊存栏分别为355.7和259.0万头，同比分别增1.9%和8.3%；牛、羊出栏分别为134.4和245.8万头，同比分别增2.5%和7.8%。

二、广西主要畜禽生产存在的困难

（一）市场消费低迷影响生猪生产恢复

受新冠肺炎疫情影响，2021年旅游和餐饮行业尚未恢复到正常年份水平。广西生猪生产受市场消费低迷的影响，季度间生猪供应增加导致生猪价格大幅下跌。生猪市场价格对生猪供应极为敏感，导致广西生猪养殖补栏积极性受挫，生猪生产无法恢复到正常年份季度平均出栏800万头的水平（详见图4）。据调查，2021年广西生猪存栏数量为2017年正常年份的92.8%，能繁母猪存栏数量为2017年正常年份的84.5%，生猪出栏数量为2017年正常年份的92.8%。

图4 2020—2021年各季度生猪出栏数量及价格情况

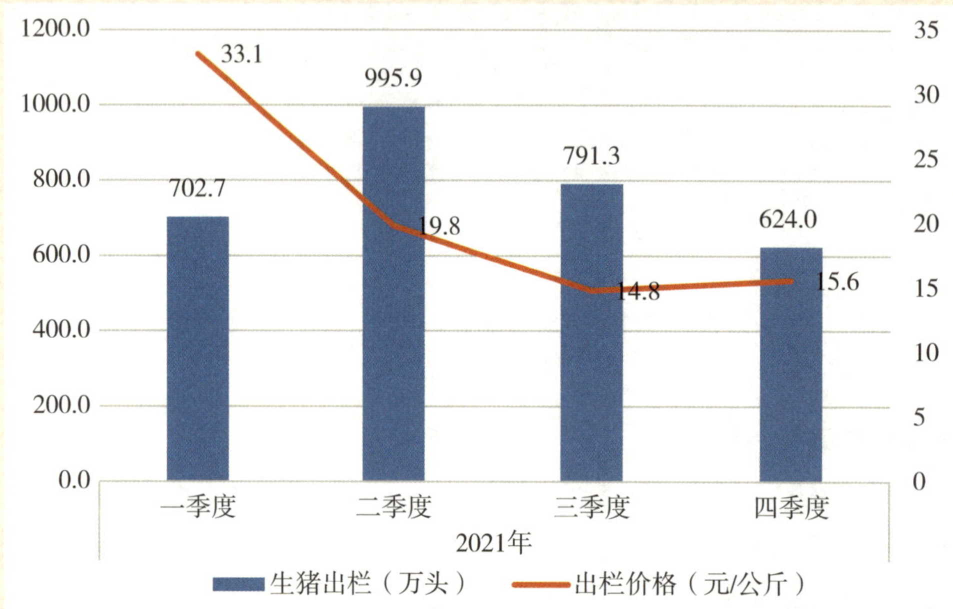

（二）生猪快速增长冲击家禽生产

从广西历年主要畜禽数据来看，受市场总体消费的制约，2015—2018年生猪出栏量达到3000万头时，家禽出栏一般稳定在8亿羽左右。2019年广西出现“非洲猪瘟”疫情后，家禽行业快速扩张，家禽出栏突破10亿羽，并在2020年达到11.5亿羽的历史高位。但随着2021年生猪出栏恢复到3000万头，家禽市场受到冲击处于饱和过剩状态，前期新增的家禽产能在短时间难以快速退出，家禽出栏仍维持在10亿羽，但家禽产能开始回落。

表1 2015—2021年广西生猪与家禽出栏情况表

年份	生猪出栏（万头）	家禽出栏（万羽）
2015年	3416.8	80825.0
2016年	3280.1	82237.3
2017年	3355.1	81530.6
2018年	3465.8	84929.5
2019年	2505.8	101660.6
2020年	2281.2	114571.5
2021年	3113.9	108728.4

（三）饲料压力制约畜禽养殖

据调研，在生猪养殖中，饲料成本占总成本的70%左右，而家禽养殖对饲料的需求也非常巨大。2021年以来，玉米、豆粕等饲料价格一直居高不下，而饲料成本占养猪成本的70%左右，在饲养技术没有突破，生猪料肉比较为固定的情况下，饲料价格高位必然导致养殖成本的直接增加，畜禽养殖效益下降。

（四）母猪结构有待优化

俗话说："有母才有小，有小能育肥"。能繁母猪是生猪生产的基础，前期由于猪价高企，各养殖场（户）为提高生猪产能，不断扩大能繁母猪存栏，一些低产母猪在高收益下得以保留。但随着三季度猪价的深度下跌和亏损扩大，养殖场（户）开始加速淘汰低产母猪，特别是淘汰三元母猪，优化母猪结构，增加母猪产仔效率来降低成本保障收益。

三、促进广西主要畜禽生产的几点建议

（一）进一步健全畜禽市场价格预警机制

积极推行广西主要畜禽电子化记账以及广西畜牧云等现代化信息技术，进一步健全市场价格监测、分析和预警等机制，通过信息化手段及时了解市场行情，发布价格预警信息，协助养殖场（户）优化养殖结构，合理把握出栏时间，提高养殖场（户）的养殖收益。

（二）保持扶持政策稳定畜禽供应

继续保持畜禽养殖政策的实施，保持畜禽养殖的用地审批、环保评测、金融扶持、活禽活畜运输等方面的产业扶持政策不变，持续针对政策实施过程中遇到的困难进行优化微调，大力引进大型养殖企业，加快建立畜禽产能调控机制，促进畜禽供应和市场需求的基本平衡，保障畜禽产品供应稳定。

（三）拓展饲料来源降低养殖成本

结合乡村振兴政策进一步规范和加快农村土地流转，引导企业、农业专业合作社以及家庭农场 利用广西热带亚热带气候的优势，合理扩大青储饲料的种植面积，拓展饲料，进一步降低养殖成本。

（陆海）

国家统计局南宁调查队

2021年，国家统计局南宁调查队（以下简称南宁调查队）在广西调查总队和南宁市委、市政府的正确领导下，坚持以习近平新时代中国特色社会主义思想为指导，深入学习贯彻党的十九大及十九届历次全会精神，扎实推进党史学习教育，紧扣“建‘三高一好’队伍，创‘南宁调查’品牌”工作目标，全面落实广西国家调查工作会议决策部署，圆满完成各项调查任务。

一、坚定思想引领，再创“新高度”，收获“新实效”

持续深入学习贯彻习近平新时代中国特色社会主义思想和党的十九届历次全会精神，跟进学习习近平总书记在党史学习教育动员大会、建党100周年大会及视察广西时的重要讲话和重要指示批示精神，认真学习习近平总书记关于统计工作重要指示批示精神及《意见》《办法》《规定》等重要统计改革文件。强化政治属性，把党的政治建设摆在首位，持续提升“大党建”效能，有效提高干部职工适应新时代统计调查工作要求的思想素质和业务能力，以高质量党建创建高质量发展“新高度”。坚持学思践悟，努力挖掘学习新载体，认真落实“我为群众办实事”清单，党史学习教育收获“新实效”。

二、狠抓执纪监督，全面从严治党打开“新局面”

一是做细做实日常监督。党组纪检组通过逐一走访科室谈话、新提拔干部任前谈话、警示教育谈话、廉政提醒谈话等多种方式做到勤提醒、常监督、早警戒，促进干部廉政勤政。二是严肃整治清查，巩固三项专项治理成果。队党队多次专题会议研究部署，开展清查工作，对存在问题列明清单逐条逐项整改，对遗留的公务接待不规范、违规发放津补贴问题，全部清退到位，清查工作取得实效。三是落实国家局巡视反馈问题整改，对4个方面、7种类别的9条主要问题和11项具体表现，制定19项整改措施，截至11月5日，19项措施整改进度已达100%，提前完成整改工作，打开从严治党“新局面”。

三、党建与业务融合，调查工作展现“新风貌”

一是2021年劳动力调查全面扩样，从全市125个劳动力调查点中，选聘党员辅调员65人，党员比例达52%。通过设立电话核查“红黑灰榜”，亮明党员统计员所在县（区）和党员调查员所在网点，主动接受考核和监督，充分发挥党员先锋模范作用，创先争优的工作氛围逐步形成，有效推动调查工作开展。

二是强化科技应用，农业调查工作实现“新

2021年9月21日，国家统计局党组成员、副局长毛有丰（左）莅临国家统计局南宁调查队检查指导党史学习教育

2021年11月11日，南宁调查队开展劳动力调查入户陪访调研工作

跨越”。“e农调”系统应用稳步推广，使用“E农调”系统完成315个样方的遥感影像采集，扎实推进广西重要商品价格指数平台畜禽专业电子记账手机软件（APP）测试工作，农业调查信息化应用水平大幅提升。

三是巧用网购平台，国际比较项目（International Comparison Program，以下简称ICP）规格品采集取得“新突破”。使用“大数据×实地”调查方式，充分利用美团、京东到家、58同城等手机APP软件及购物网站开展调查，一方面极大节省了实地调查对人力和时间的消耗，另一方面本地难以搜寻的规格品得到了有效补充，采集率比上一轮ICP调查提高了18.1个百分点，工作成效取得新突破。

四是积极探索实践，涉企调查工作使用“新工具”。积极探索信息化在涉企调查数据审核中的应用，自主开发数据审核小程序，应用于服务零售结构调查实地采集数据环节，有效提高了数据采集和审核的效率，得到了广西调查总队和国家统计局贸经司的高度认可。

四、务求工作实效，统计服务工作展现“新作为”

强化主调查指标的跟踪监测和运行预警分析，密切关注调查指标的异常波动和敏感变化，第一时间发挥预警作用。充分利用南宁日报、南宁晚报、南宁新闻网等主流媒体及本队公众号解读调查数据，方便社会公众查询使用。2021年，南宁调查队撰写调查信息208篇，调查报告25篇，获广西调查总队采用调查信息报告170篇次，获市“两办”采用调查信息报告198篇次。

五、适应时代潮流，新闻宣传工作尝试“新载体”

一是积极提升“南宁调查”公众号影响力，2021年共编发微信图文232篇，其中广西调查总队采用39篇，国家统计局采用6篇，六个月位居全国统计调查系统市级微信公众号综合影响力TOP50 榜单，实现个性化制作、可视化呈现、互动式传播。大胆尝试抖音“新载体”，在南宁队官方抖音账号上推送的《壮族三月三，唱支山歌给党听》《巾帼心向党　数海筑梦圆》等内容单篇浏览量均超过1万次。

二是紧扣主题，举办第十二届“中国统计开放日”系列宣传活动。为展现我国政府统计事业开拓奋进、发展变革的光辉历程，彰显统计调查人牢记宗旨、坚持为国统计、为民调查的根本职责，展示统计精神代代传承、继往开来的时代担当，南宁调查队以“赓续红色血脉奋进统计未来”为主题，通过开展丰富的宣传活动，回顾统计工作紧扣时代发展脉搏，砥砺奋进、开拓创新的红色历程，真实

2021年12月13日，南宁调查队到超市进行CPI后台取数和统计法宣传

2021年6月15日，南宁市副市长刘为民（左二）一行莅临南宁调查队指导调研

刻画当代统计人牢记初心使命、传承统计血脉的奋斗精神，将党史学习教育成果转化为工作动力和实效，精心组织、周密部署，开展了多项丰富多彩、有声有色的第十二届“中国统计开放日”系列宣传活动。

三是通力协作，举办调查队管理体制改革15周年系列活动有声有色。活动系统总结南宁调查队成立15年来取得的主要成效，展现新时代国家调查队气质风貌，弘扬宣传“为民调查、崇法唯实”新时代国家调查队精神，激励调查队系统干事创业的积极性，凝聚推进国家调查队改革发展的坚实力量。在南宁主流媒体南宁日报发表文章《收获奋斗荣光　焕发蓬勃力量——国家统计局南宁调查队成立15年来实现跨越式发展》；开展“每年红印　南宁调查队15年历程”活动，按年份篆刻，篆刻作品在继承传统风格的基础上，围绕南宁调查队15年的历程，体现南宁调查队15年的工作主线，《国家调查红印述说15年历程》微信推文被国家统计局“统计微讯”采用；编印《南宁调查队回眸15年》画册，回顾和总结2007—2021年十五年来国家统计局南宁调查队的风雨历程、统计文化和取得成果，以图文并茂的形式，全方位展示南宁调查队十五年来所取得的巨大成就。

2021年7月7日，南宁调查队到宾阳县开展农业调研

国家统计局柳州调查队

2021年6月26—27日，柳州调查队到融水县大年乡高马村归马屯慰问因火宅房屋被完全烧毁的住户调查记账户

2021年，国家统计局柳州调查队（以下简称柳州调查队）紧紧围绕广西国家调查工作会议精神，深入贯彻落实中央领导同志对统计工作的重要指示批示精神和《意见》《办法》《规定》等重要统计改革文件精神，以推动高质量发展为主线，以数据质量为根本，聚焦精益高效，聚力提质增效，聚齐奋勇争先，全力推进柳州调查事业再上新台阶，荣获“自治区脱贫攻坚普查先进集体”“柳州市文明单位”“柳州市学雷锋志愿服务先进集体”等，队党支部荣获“柳州市直机关先进基层党组织”荣誉称号，在广西国家调查队系统年度考核中，单项业务考核优良率达到87.1%，目标管理考核连续三年荣获优秀等次。

一、以突出政治为统领，推动党史学习教育走深走实

2021年，柳州调查队党组迅速传达学习和研究部署党史学习教育工作，成立领导小组和工作机构，研究制定实施方案，充分发挥“头雁效应”，党组成员带头讲5次专题党课，召开4次党组中心组党史学习教育专题学习研讨会。开展“入党故事我来写”“党史故事我来讲”“跟随总书记足迹看发展”“追寻红色记忆”4个系列主题活动，参加“我的入党故事”主题征文比赛荣获优秀组织奖，其中1篇获一等奖、2篇获二等奖、5篇获优秀奖。举办8期“党史故事我来讲”主题讲坛，其中2名党员参加市直机关红色故事大赛获优秀奖。扎实开展好“我为群众办实事”实践活动，精心制定13个项目和21项具体措施的任务清单统筹推进。开展“感党恩　跟党走”等系列活动，集中收看庆祝大会直播，多次集中学习习总书记“七一”重要讲话精神，组织全体党员参加升旗仪式、参观主题党史展览等活动，举办“百年华诞心向党　国调青年有话

2021年7月23日，国家统计局综合司一级巡视员王文波（中）一行到柳州广西善元食品有限公司参加“追寻总书记足记　品味产业新发展”主题党日活动

2021年9月28日，广西调查总队党组成员、副总队长邱洪刚（右二）带队到柳州开展工业生产者价格调查基础工作检查及调研

说”主题学习研讨会，开展“光荣在党50年”纪念章颁发活动，不断掀起庆祝活动热潮，获得国家统计局和广西调查总队党史学习教育巡回指导组充分肯定与好评。

二、以筑牢思想为根基，推动全面从严治队见行见效

（一）提升思想建设，增强战斗堡垒作用

严格落实“三会一课”、组织生活会等党内政治生活制度，队党支部获“柳州市直机关先进基层党组织”荣誉称号；积极开展党建理论课题研究，撰写的课题荣获市直机关党建理论研究征文活动二等奖；认真发展党员，党员先锋堡垒作用不断增强。

（二）压实“两个责任”，增强党风廉政建设

认真梳理廉政风险堵点问题，共梳理出权责事项74项，风险点196个，重要权力（业务）运行流程28个，风险点111个，制定相关措施329条，编印《国家统计局柳州调查队廉政风险防控手册》；全面履行监督责任，开展4次典型案例深化廉政警示教育，5次警示教育月活动，6次考勤纪律抽查；扎实开展三项专项治理，全面清查并形成长效机制。

三、以夯实基础为保障，推动各项业务改革落实落地

（一）强化党建引领，深化党建与业务融合新发展

住户调查方面：持续推进“党旗红·数据真”党建品牌创建暨示范网点（户）建设，在示范网点全覆盖的基础上，年内再新扩2个示范网点，党建与住户类调查业务融合延伸至农民工监测调查样本网点。居民消费价格调查方面：成立居民消费价格调查党员先锋队，党员带头奋战在采价一线，切实增强调查人员对居民消费价格调查工作的自觉性和责任感。

（二）强化责任落实，创新督查促进数据真实准确

住户调查方面：创新开展县区基础工作交叉检查，从执法的角度开展业务专项检查和“回头看”，确保各县区整改到位。强化指导评估，推进新旧样本数据良好衔接。劳动力调查方面：以

2021年10月28—29日，广西调查总队一级巡视员梁开光（右三）带队到鹿寨县四排镇思民村开展粮食统计调查基层基础工作调研暨粮食监测点晚稻实割实测工作

国家统计局桂林调查队

2021年6月28日，广西调查总队党组书记、总队长廖金昌（右中）一行到桂林市采购经理调查企业开展走访调研

2021年以来，在广西调查总队党组的正确领导下，在桂林市委、市政府的关心关怀下，国家统计局桂林调查队（以下简称桂林调查队）坚持以习近平新时代中国特色社会主义思想为指导，深入学习贯彻习近平总书记关于统计工作、视察广西时的重要讲话指示批示精神和《意见》《办法》《规定》等重要统计改革文件精神，紧扣提高数据真实性核心，切实加强党的领导，扎实开展党史学习教育，全面推动各项工作稳步落实。

一、强化党建引领，品牌效能彰显

一是坚持“五级联动”，筑牢思想根基。全年党组开展理论学习18次，党组、党支部开展党史学习35次，编印8期《党史学习教育简报》，开展“百年党史周周讲”、党史知识竞赛活动，组织前往河池韦拔群烈士纪念馆、百色起义纪念馆等开展“追寻红色足迹 赓续红色血脉 感悟百年党史”主题活动。参加总队“我的入党故事”主题征文比赛获得一等奖1名，二等奖2名，优秀奖3名，获得优秀组织奖。二是聚焦工作重点，为民办好实事。研讨制定“我为群众办实事”实践项目清单，追随习近平总书记足迹，组织队员到漓江流域开展保护漓江活动，组织党员干部到临桂二塘市场开展创城志愿服务活动5次，持续转化学习成果。三是推进支部规范化建设。认真落实“三会一课”制度，共召开支部大会7次、支委会15次、党小组会24次，发展1名党员。年内获桂林市先进基层党组织称号、桂林市直机关工委授予“五星级”党支部荣誉称号。“漓江党旗红·调查数据真”党建品牌和党建工作先进事迹获《桂林日报》和桂林电视台报道，党建品牌获国家局优秀党建品牌案例。

2021年7月12日，广西调查总队党组书记、总队长廖金昌（前排左三）带队到桂林市乐群农贸市场开展调研

2021年9月17日，桂林调查队联合市统计局、兴安县政府、兴安县统计局及兴安县调查队开展第十二届“中国统计开放日”暨“赓续红色血脉　奋进统计未来”主题活动

二、坚持依法统计，数据质量提升

一是加强教育培训。分批次安排17个县区37名业务人员来队跟班学习住户和劳动力调查业务，县区工作质量明显提高。二是加强调研走访。采购经理专业走访企业223家次，房价调查走访202家次，新设小微调查走访140家次，做到市区企业走访全覆盖；完成2000余张CPI规格品拍照工作，提高对调查样本的熟悉和掌握程度。三是强化数据审核评估。利用抽样监测数据对非国家调查县粮食统计数据质量开展评估，自制作多类审核附表协助审核；房价调查探索新的评估模式，在数据上报前开展二次核算，审核关口前移。四是改进调查方式方法。创新开展样本管理，组建房价市场辅助调查员队伍，从各中介企业选拔总部人员作为辅调员，协助走访中介门店，确保行业龙头纳入调查；全区首个与多部门合作创建全市规模养殖户调研信息库，夯实数据质量评估基础；全面推广使用住户电子记账，全部国家调查点和秀峰、叠彩等11个县区电子记账率达到100%。

三、拓宽调研广度，统计服务提质

一是做好主要社会经济指标的统计监测。做好进度监测分析，加强形势分析研判力度，整合居民收支、消价、房价、粮食产量、主要畜禽产品产量等数据信息，全年编发12期《桂林调查信息月报》，服务党政决策，满足社会公众数据需求。二是做好快速反应调查。开展疫情对企业复工复产、农民工创业就业、困难群体生产生活等快速调查，充分发挥“轻骑兵”作用。2021年，上报约稿信息163篇次，采用150篇次。三是提高审稿质量，做好

2021年10月25日，广西调查总队一级巡视员梁开光（右二）到桂林市永福县广福乡广福村检查指导秋粮实测工作

2022年2月7日，桂林市市长李楚（前右）到桂林调查队看望并慰问调查队全体干部职工

调查信息报告和政务信息报送。2021年，全队共上报广西调查总队调查信息29篇，采用23篇；上报调查调查报告19篇，采用18篇；撰写政务信息281篇，获广西调查总队采用220篇，其中21篇政务信息获国家统计局采用。四是统计宣传精准发力。完善微信公众号项目设置，精编精推，全年共通过微信公众号推送文章185篇，较上年增加61篇，其中6篇被广西调查总队公众号单篇采用，宣传阵地作用不断加强。与桂林市发展和改革委员会、桂林市统计局联合召开2020年和2021年上半年数据新闻发布会，较好满足对统计调查数据的需求。以国家调查队改革15周年为契机，邀请桂林电视台拍摄15周年宣传片及队长访谈，提升桂林调查队知名度。多种形式举办第十二届“统计开放日”。以重走长征路、发放宣传册、清洁革命老区、局队联合举办文艺汇演、互动问答等多种方式举办系列宣传活动，持续拓宽统计宣传影响力。

四、夯实法治基础，统计生态优化

一是开展专题学习，提高法治意识。全年开展集中学习习近平总书记关于统计工作的重要讲话指示批示精神和中央《意见》《办法》《规定》以及统计法律法规4次，增强法治工作的政治责任感、历史使命感和工作紧迫感。二是制度执行，夯实法治基础。全年开展2次规范化检查，落实“双随机”统计执法检查问题整改工作，严格执行领导干部违规干预统计工作记录制度。三是执法检查，提升监督效能。全年完成6次执法检查，并立案一起，保证执法检查数量和质量。联合全州、兴安县调查队到相关企业开展统计执法检查工作，通过“实战演练”提升区域调查队执法骨干执法检查技能。四是宣传教育，增强普法效力。全年开展7次有针对性的集中法治宣传，辐射调查企业统计负责人、辅助调查员、记账户等近600人。到6家企业进行“点对点”统计法宣传，持续扩大学习统计法治知识受众面，提升学法遵法守法用法意识。

2022年5月13日，国家统计局农村司司长李锁强（左三）到桂林温氏畜牧有限公司开展生猪生产情况调研，广西调查总队一级巡视员梁开光（右二）陪同

国家统计局梧州调查队

2021年，在广西调查总队党组和梧州市委、市政府的正确领导下，国家统计局梧州调查队（以下简称梧州调查队）坚持以习近平新时代中国特色社会主义思想为指导，认真贯彻落实党的十九大和十九届历次全会精神，全面贯彻落实2021年全国统计工作会议精神和广西国家调查工作会议精神，准确把握“围绕中心、建设队伍、服务群众，推动党建和业务深度融合”的发展定位，推动各项调查业务高质量发展不断取得新突破。

一、突出政治引领，夯实思想根基，凝聚推动调查工作高质量发展强大合力

（一）以思想政治建设增强发展政治定力

充分发挥运用“五级联动”学习机制，把学习习近平新时代中国特色社会主义思想作为必学内容，逐级逐层推进，带动全队党员干部筑牢信仰之基、补足精神之钙、把稳思想之舵，确保中央精神和总队部署不折不扣落到实处。持之以恒地坚持“第一议题”学习制度，把习近平总书记对广西工作的重要讲话、重要指示作为党组会议“第一议题”、理论学习中心组“第一专题”、支部主题党日“第一主题”、党员培训“第一课程”，学在日常，抓在经常。深入学习贯彻习近平总书记关于统计工作重要讲话指示批示精神及党中央关于统计工作重大决策部署，将学习《意见》《办法》《规定》《监督意见》等重要文件纳入学习计划；先后多次到藤县天平镇民益村等基层授课，将中央决策部署、统计法律知识传播向基层统计力量、调查对象延伸，思想政治建设取得明显成效。

（二）以党史教育学习为统领推动党建工作强基固本

成立党史学习教育领导小组，围绕“庆祝中国共产党成立100周年”主题以及党史学习教育常

2021年10月19日，广西调查总队党组书记、总队长廖金昌（前排左五）率队与梧州调查队党支部到采购经理、工业生产者价格调查样本企业广西梧州双钱实业有限公司开展“‘小梧’慧企服务+”结对共建主题党日活动

2021年7月12日，梧州市市长钟畅姿（主席台中）在市政府会议室专题听取梧州调查队工作情况汇报。市委常委、常务副市长王永超（左二）出席汇报会

态化长效化的目标方向，开展参观革命遗址、合唱红色歌曲、观看红色电影、研读红色著作等系列活动，其中，结合“七一”和国庆等重要时间节点，开展“学习党史添动力，汇聚调查新活力”知识竞赛、“永远跟党走”全民阅读、“诵读红色经典”大会等主题活动6场，充分调动党员干部学习积极性，让党史学习教育更接地气见实效。

（三）以党建品牌升级版为抓手激发“党建+业务”创新活力

围绕创建模范机关，积极打造“西江党旗红·调查数据真”党建品牌升级版——“‘小梧’慧企服务+”企业调查党建品牌，与5家企业联建“慧企服务+”企业服务站，将企业调查服务站打造成为企业“家门口”的党建宣传主阵地、调查业务的联络点、惠民惠企的服务站，不断提升党建引领统计调查高质量发展水平。开展“我为群众办实事，助力企业解难题”“小梧慧企服务+”2场主题活动，为20余家企业提供服务，先后获评“梧州市直机关五星级党支部”“梧州市优秀党建工作品牌”，切实将党史学习教育成果转化为调查事业高质量发展的动力。

二、突出一线业务，聚焦统计改革，着力提升基层统计调查工作水平

（一）立足新起点，保障数据源头质量

立足调查队成立15周年的新起点，认真贯彻落实国家局《关于进一步加强统计基层基础建设的意见》，推动完善统计基层基础工作标准、工作流程、工作规范，着力提升基层统计工作的标准化、规范化、专业化水平。成立梧州调查队数据质量工

2021年7月9日，梧州调查队党支部、龙圩区发改统计联合党支部以及广平镇政府机关党支部共同到龙圩区广平镇调村开展“党旗在基层一线高高飘扬”暨“党建+住户调查”主题党日活动

2021年8月3日，梧州调查队召开2021年上半年梧州市主要调查数据新闻发布会

作领导小组，制定完善《住户调查访户制度》等7项制度，规范各专业工作记录和流程，切实为调查数据质量护航。由分管领导带队到各县（市、区）抓好数据质量检查和业务指导，年内开展结合专项业务检查的“双随机”执法检查4次，检查企业8家，有效提升数据源头质量。

（二）贯彻新理念，多点突破调查方法

落实国家局关于全面推进企业电子统计台账工作要求，工业生产者价格调查月报、采购经理调查月报和年报实现企业100%联网直报，新设立小微企业和个体经营户跟踪调查、服务零售结构调查100%实地调查。在农作物面积调查中广泛使用“e农调”系统，准确识别调查地块农作物情况，进一步提高调查源头数据的可靠性和真实性，减轻基层工作强度、提升工作效率。组织辖区局队对全市住户调查网点展开全覆盖入户走访，全面推广电子记账，提高记账水平和质量。全市电子记账覆盖率达到95.7%，比样本轮换前提高15个百分点；分省样本E调查覆盖率达到100%。

（三）谋划新篇章，打开国家调查工作新局面

认真贯彻落实自治区政府关于进一步加强国家调查工作的文件精神，活用政策，提请梧州市政府主持召开会议并印发配套文件，为提高国家调查影响力提供坚实保障，为2022年住户调查样本轮换工作做好前期准备。顺利完成全市43个劳动力调查样本点扩样工作，建立起层次科学、布局合理，业务覆盖面广的新样本网点，打开劳动力调查工作新局面。

三、展现新作为，实现新突破，以优质服务带动调查影响力提升

（一）紧盯社会热点，提高统计服务水平

始终坚持以服务各级党委政府决策需要为导向，紧扣“十四五”时期经济社会发展主要目标，进一步增强统计监测预警预判和监测评价能力，对“双减”政策实施、粮食生产安全等社会热点问题加强研判和分析力度，先后向市“两办”报送信息稿件119篇，编发《调查专报》三期、《调查资料》四期，调查报告3篇，其中1篇调查报告获市领导批示。

（二）加大宣传力度，优化统计服务效能

深入开展国家统计局直属调查队管理体制改

2021年9月17日，梧州调查队联合藤县调查队在梧州市藤县天平镇民益小学大岭分校开展第十二届统计开放日庆祝活动

2021年10月12日，梧州市政府召开全市进一步加强国家调查工作会议，市委常委、常务副市长王永超（左二）出席会议并讲话

革15周年宣传活动，以多元化宣传方式全力打造国家调查品牌。8月，首次召开新闻发布会发布解读2021年上半年梧州市主要调查数据，进一步拓宽数据发布形式，优化统计服务效能；9月，《梧州调查队：砥砺耕耘十五载创新改革结硕果》在梧州电视台新闻频道播出；12月，梧州调查队和梧州市统计局联合开展以“深入学习贯彻习近平法治思想，加快推进新时代统计法治建设”为主题的统计法治集中宣传活动，进一步提高梧州国家调查工作的知名度、影响力及统计公信力。全年在《梧州日报》《西江都市报》共发布12次居民消费价格指数变动情况，宣传信息获得《中国信息报》采用3篇，微信公众号发布原创作品156篇。

（三）内强素质外树形象，打造敢于担当作为的干部队伍

坚持严管厚爱相结合，修订目标考核管理办法，实行绩效奖励二次分配激励。晋升7名干部职级，加大科级及以下干部及聘用人员交流轮岗力度；协调藤县县委组织部完成“一出一进”干部双向交流，为队伍注入新力量。成立调查信息报告写作小组，每季度开展会商、培训，进一步提高干部的能力素质和写作水平。成立梧州辖区调查队青年工作委员会，通过举办有意义的专题活动有效凝聚辖区青年干部智慧与力量。

国家统计局北海调查队

2021年6月28日，北海调查队与银海区统计局到银海区福成镇海陆村开展水稻实割实测工作

2021年，在广西调查总队的正确领导下，国家统计局北海调查队（以下简称北海调查队）以习近平新时代中国特色社会主义思想为指导，深入学习贯彻习近平总书记和中央领导关于统计工作的重要讲话指示批示精神、习近平总书记在广西考察的讲话精神和党的十九届历次全会精神，贯彻落实全国统计工作会议决策部署和广西国家调查工作会议部署，推进国家调查事业改革创新发展取得新突破。

一、以政治建设为统领，切实压实“两个责任”

（一）增强政治意识，筑牢思想防线。把《纪律处分条例》《问责条例》《党内监督条例》《监督执纪工作规则》《意见》《办法》《规定》等重要法规的学习列入常态化。印发《国家统计局北海调查队2021年纪检监察及党风廉政建设工作要点》，以高标准和严要求，确保党风廉政建设和反腐败工作与业务工作同谋划同部署同推进。

（二）强化履职担当，全面从严管党治党。北海调查队党组严格落实全面从严治党主体责任，以辖区调查队全面从严治党工作同部署同推进为目标，持之以恒正风肃纪，一以贯之推进从严治党“两个责任”落实落细落地。2021年共召开3次会议研究部署党风廉政建设工作，组织开展了对照巡视整改、落实国家统计局与驻委纪检监察组会商问题及意见建议的整改等工作，确保上级决策部署落地见效。

（三）聚焦纪检监察主责主业，推进全面从严治党向纵深发展。北海调查队纪检组坚持挺纪在前，抓早抓小、防微杜渐，强化日常监督外，组织开展“三项专项治理”自查、廉政警示教育月活动、廉政风险隐患排查、党风廉政建设责任制执行情况专项监督检查等，切实履行政治、权利运行、作风、执纪全方位监督。同时，履行“市管县”的工作职责，年内对合浦队开展党风廉政建设、三项专项治理、巡察整改等5次监督检查。

二、党建引领促发展，夯实思想基础牢

（一）扎实开展党史学习教育。采取“集中学+视频学”专家课堂、“线上APP+线下知识卡”自学课堂、“打卡红色革命基地+党史与传统

2021年8月18日，北海调查队到北海市海城区鸿华花苑访问记账户

2021年9月29日，广西调查总队一级巡视员杨锡虹（主席台左一）莅临北海调查队讲廉政党课

文化融合”实景课堂、“支部共建+学史学业”联学课堂的“5+2”党建课堂，推进党史学习教育学深悟透。

（二）抓好“一支部一品牌”建设。持续推进“党旗红　数据真”向“珠城红船扬帆　数海崇法唯实”党建品牌升级，从选树先锋引领、支部共建共进、培养工作能手、改革创新探索等方面着手，发挥“先进带后进、党员带群众”作用，不断提升调查工作人员技能，推进统计法治进企业进社区进农村，践行崇法唯实的国调精神。

（三）进一步增强意识形态工作。积极利用内网、微信公众号、宣传栏等方式，开展习近平新时代中国特色社会主义思想、社会主义核心价值观、社会公益等宣传。评选表彰最美家庭、优秀党务工作者、党员先锋岗，不断凝聚正能量。开展“猜灯谜忆党史　欢乐闹元宵”“迎接建党百年华诞　民族团结同心向党”端午经典诵读、“党史有温情　七夕话婚恋”“传承红色基因　中秋月圆国圆”等主题活动，弘扬传统文化精神。

三、初心不移数据真，狠抓落实质量提

（一）扎根基层一线，创新手段夯实数据基础。住户调查，切实履行“市管县”职责，从党建引领、培训提升、审核同标、检查联动、整改跟进五个方面全域并进推进“一县三区”住户调查工作数据质量，做到分市县样本与分省样本调查工作同频共振。增加基础工作检查频率，2021年通过抽调市县两级业务骨干开展全覆盖式基础工作交叉检查共3次，住户及农民工调查实现“E调查”全覆盖、“E记账”覆盖率96.25%。农业调查，强化部门会商合作，加强与市农业农村局、统计局、气象局等涉农部门的沟通联系，在信息共享、联合调查、生产评估方面强化合作交流。消费价格调查，组建以市住建局、房地产企业和中介机构为主要成员的房租价格指数专家评估团队，强化对北海市房租价格指数合理性的评估。借助便捷的信息化工具，提高工作效率，利用百度网盘建立调查规格品图片目录库。

（二）聚焦数据服务，增强统计数据服务能力。充分发挥“轻骑兵”作用，围绕社会关注和热点问题，深入一线开展调研，及时反映社会现

2021年10月21日，北海调查队赴广西中粮生物质能源有限公司开展“队企联建　崇法诚信”党建共建活动

2022年4月26日，北海辖区调查队开展“红心永向党，迈步新征程”主题活动，并学习沿途英模事迹

象，为各级党委政府决策提供参考信息。2021年，北海调查队获广西调查总队采用调查信息138篇次、调查报告12篇次；获市委、市政府采用调查信息62篇次。为地方各政府部门提供数据服务26次，通过微信公众号发布城乡居民收入、居民消费价格指数、70个大中城市商品住宅销售价格变动、工业生产者价格等数据和解读共41次，较去年全年增长86.4%；通过《北海日报》刊发信息15篇次，中国信息报2篇次，召开新闻发布会4次，主动强化统计服务。

（三）强化宣传教育和法治监督，打造统计法治建设新高地。积极协调并促成北海市委党校将统计法律法规列为中青班、领导干部网络学习在线教育学院等培训的必修课程。利用业务培训、统计开放日等关键时点，开展统计法治宣传进企业进社区活动，年内还通过北海队微信公众号发布法治宣传图文88篇次，将日常宣传与集中宣传紧密结合，增强法治宣传的广度和深度。推行纪法联动检查机制，年内对9家调查样本企业和1个县区统计局1个开展“双随机”统计执法检查，有效遏制了统计造假弄虚作假行为。2021年在《北海日报》首次发表队长署名法治文章，大力营造依法统计、依法治统良好氛围。

四、做实做细加油干，接续奋斗亮点多

（一）制订模版化工作手册

制订《北海国家调查业务模版化工作执行手册》综合管理类和报表业务类两册工作手册，进一步细化分解各项基础工作流程，助力全队干部职工明晰各项工作流程、操作步骤，有效夯实了基础工作质量。

（二）办公环境极大改善

向地方争取增加8间办公及业务技术用房，通过对办公用房和业务技术用房统筹调整、装修维护，将增配职工健身房、荣誉室，大大改善现有办公条件，也为创建一级档案室打下坚实基础。

2022年5月27日，北海市人民政府市长李莉（前排右一）莅临北海调查队听取统计调查工作汇报

（三）满载荣誉硕果累累

参加广西国家调查队系统“我的入党故事”征文比赛，获集体优秀组织奖，其中个人一等奖2人、三等奖1人、优秀奖6人。北海调查队党支部获市直机关先进基层党组织、农业调查科获市直机关“共产党员先锋”岗。一名同志荣获2019—2020年度广西全区脱贫攻坚先进个人贡献奖、北海“最美家庭”和市直机关“优秀共产党员”“脱贫攻坚先锋”称号，一名同志获北海市“优秀党务工作者”称号。

国家统计局防城港调查队

2021年11月3日，广西调查总队党组书记、总队长廖金昌（右四）率队到广西金川有色金属有限公司调研企业生产经营情况

2021年，在国家统计局广西调查总队的坚强领导下，国家统计局防城港调查队（以下简称防城港调查队）以新时代党的建设总要求为根本指引，以推进调查事业高质量发展为奋斗目标，扎实推进各项工作提质增效。

一、以品牌建设为抓手，深化党建工作成效

防城港调查队始终坚持以党的建设为核心，努力打造“边海党旗红·调查数据真”党建品牌升级版，着力构建大党建、大宣传格局。2021年，防城港调查队坚持不懈抓好党史学习教育，积极开展专题学习、专题培训、主题活动等，扎实推进“我为群众办实事”实践活动，完成配备辅助调查员劳保用品等22项办实事项目。围绕打造“圆桌党建”、深化联合共建等八个方面，不断巩固党建工作品牌创建基础，提升党建工作水平。防城港调查队2021年荣获“防城港市先进基层党组织”荣誉称号，“边海党旗红·调查数据真”党建品牌获市直机关优秀党建品牌，在市直属机关优秀党建品牌展示暨创建模范机关推进会上作典型发言，1名党务干部荣获“防城港市直机关优秀党务工作者”荣誉称号，《广西日报》以“擦亮‘国调名片’争做‘国调先锋’”为题报道防城港调查队党建工作品牌创建成效。

二、以深化改革为目标，夯实统计基层基础

积极推动防城港市政府及时出台《关于贯彻落实〈广西壮族自治区人民政府办公厅关于进一步加强广西国家调查工作的通知〉的实施意》。同时，在学懂弄通做实《意见》《办法》《规定》方面出实招，努力打造“一科室一品牌”，大力推动改革创新，在住户、农业、价格、劳动力等专业开发数据审核辅助工具，扩大审核内容、统一审核尺

2021年8月25日，防城港市人民政府常务副市长陆辉听取防城港调查队工作汇报

2021年9月16日，防城港调查队开展“赓续红色血脉　奋进统计未来”——第十二届“中国统计开放日”活动

度、节省审核时间、管控审核质量，提高数据真实性。住户调查专业印发《为国记账　为己理财——防城港市住户调查记账手册》强化记账规范，配合总队完成住户调查平台维护，整理历年台账，夯实工作基础。农业调查专业建立联动配合机制，建立部门数据共享机制，畅通部门沟通渠道。价格调查专业扎实做好采价网点和规格品动态维护，工价调查样本从25家增加到47家。劳动力调查专业切实加强业务培训指导，加大陪访、回访力度，建立调查户配合核查激励机制等，多层面多举措强化数据质量监督管理。

三、以优质高效为导向，提升综合服务水平

（一）稳步开展数据发布和解读工作

一是召开新闻发布会，发布和解读2020年度防城港市居民消费价格运行情况和防城港市城乡居民收入基本情况。二是通过“防城港统计调查”微信公众号、《防城港日报》等主流媒体等平台，公布CPI、城乡居民收入数据、畜牧业统计调查数据，进一步加大调查指标诠释、调查数据解读、调查制度公开和调查知识普及力度。三是印刷发行《2020—2021年防城港调查年鉴》，为防城港市经济社会发展提供翔实数据，更好地服务社会需求。

（二）凝心聚力提升调查服务质量

一是积极组织调查信息、报告的调研和撰写，邀请广西调查总队综合处领导开展写作培训，与防城港市政府办信息部门开展信息撰写和报送工作座谈。同时，为适应新形势变化需求，强化参谋服务水平，改版升级《调查专报》报送防城港市委市政府，内容紧扣时政要点，突出地方特色。2021年共上报调查信息报告获广西调查总队采用89篇，向防城港市委、市政府报送《调查专报》10期、调查信息报告60余篇。上报“十三五”期间调研报告4篇，获国家局内网首页采用2篇。上报政务信息136篇，获广西调查总队内网采用105篇，国家统计局内网首页采用7篇。改版后报送的5篇《调查专报》中有2篇分别获防城港市市长和副市长的批示。

（三）切实推动统计宣传提质增效

一是为进一步扩大统计调查工作影响力，推进统计调查公开透明，防城港调查队联合上思县统

2021年10月28日，广西调查总队党组成员、副总队长陆奉昌（左三）带队到广西盛隆冶金有限公司开展企业经营情况调研

2021年8月6日，广西调查总队党组成员、副总队长黄茂平（右二）一行到东兴市中山社区开展入户访问

计局开展了以“赓续红色血脉　奋进统计未来”为主题的第十二届“中国统计开放日”现场活动。活动现场邀请群众扫码关注“广西调查统计”“防城港统计调查”微信公众号，并及时向群众推送各类统计调查信息，指导群众通过微信公众号查阅各类统计数据发布和数据解读。同时，利用展板、宣传展架等方式向广大群众充分介绍和宣传了调查队的职责职能，共发放法治宣传册500余份，印有广西调查总队微信公众号及防城港调查队微信公众号二维码和统计宣传标语的宣传品500多个。

二是防城港调查队结合党史学习教育和庆祝建党100周年系列活动，多形式开展成立15周年系列宣传活动。上报“十三五”期间调研报告4篇，获得广西调查总队采用3篇，国家局内网采用2篇；报送“新时代统计调查人”文章4篇；录制“十五年・十五人”宣传视频；录制的队长访谈视频，并获防城港市官方微信公众号“防城港发布”采编发布。

四、以守正创新为根本，筑牢统计法治根基

持续推进《中华人民共和国统计法》（以下简称《统计法》）进党校常态化。首次将《统计法》列入党校各级领导干部培训班课程，每年至少开设1次。2021年以来，防城港市县两级党校分别邀请广西调查总队执法监督处处长和防城港调查队队长对防城港市管处级领导和县科级干部进行统计法律法规专题授课2次。以12.4法制宣传日、2021年统计开放日、党日活动、业务培训、基层调研为契机，面向调查对象、统计调查人员和社会公众开展统计法治宣传，共印发186份《统计法律义务告知书》，发放法治宣传册500余份。同时，高标准、严要求、重实效开展“双随机”统计执法检查4次和专项执法检查1次。截至2021年底，防城港调查队所开展业务涉及的企业没有违反统计法行为发生，统计执法取得明显效果。

2021年12月27日，防城港调查队志愿者服务队赴防城区冲仑村开展抗疫志愿服务

五、以落实“两个责任”为主线，纵深推进全面从严治党

坚持把党风廉政建设和反腐败工作纳入全队中心工作，做到与其它各项工作同研究、同部署、同检查。召开2021年全面从严治党工作会议，严肃开展三项专项治理、巡察及审计整改落实情况检查。常态化开展领导干部讲廉政党课和谈心谈话，开展廉政教育、廉政专题党课、谈心谈话共计50余次。落实政治监督、专项监督和日常监督。经常提醒队党组成员把全面从严治党的主体责任落到实处，通过不定期开展上下班纪律检查、会议纪律检查整顿队风，运用四种形态进行执纪问责，发送节日廉政短信500余条，开展上下班纪律检查、会议纪律检查5次，不断强化干部职工的纪律意识、加强队伍作风建设，努力营造风清气正工作氛围。

国家统计局钦州调查队

2021年11月4日广西调查总队党组书记、总队长廖金昌听取钦州调查队工作情况汇报

2021年，在国家统计局广西调查总队的正确领导下，国家统计局钦州调查队（以下简称钦州调查队）坚持以习近平新时代中国特色社会主义思想为指导，贯彻落实党中央、国务院关于统计工作的重大决策部署，贯彻落实2021年广西国家调查工作会议和年中工作会议精神，进一步强化党建引领，有序推进全面从严治党、从严治队各项工作，奋力推动钦州国家调查事业高质量发展取得新的进步。

一、抓好政治理论学习，强化理论武装

钦州调查队始终把坚持和加强党对统计调查工作的领导放在首位，把学习贯彻习近平新时代中国特色社会主义思想和党的十九大及十九届二中、三中、四中、五中、六中全会精神、习近平总书记在广西、福建、青海、西藏、陕西等地考察时的重要讲话精神，以及习近平总书记关于统计工作重要讲话指示批示精神，特别是在庆祝中国共产党成立100周年大会上重要讲话精神等作为党组织和党员干部的一项重要政治任务，不断增强“四个意识”，坚定“四个自信”，坚决做到“两个维护”，坚决捍卫“两个确立”，全年党组学习17次，党组理论学习中心组学习13次，党支部、支委、党小组学习49次，全队学习20次。为钦州国家调查事业高质量发展提供了强大的精神动力和思想保障。

二、加强政治机关建设，不断夯实党建基础

通过多种形式组织学习贯彻《中共中央关于加强党的政治建设的意见》等文件精神，强化党员干部政治机关意识。规范召开领导干部民主生活会、党支部组织生活会，认真落实2021年《党建工作要点》《党组理论学习中心组学习计划》，调整优化支部班子，落实副书记专职专责，有力推动党

2021年11月4日，广西调查总队党组书记、总队长廖金昌（前排右四）参加钦州调查队党支部“党旗领航　钦调先锋”党建品牌活动

2021年11月4日，广西调查总队长廖金昌（前排右三）与钦州队党员干部一起，到“中共钦州历史陈列馆·钦州市党员学习教育基地”举行“重温红色历史　践行初心使命”主题党日活动。

建工作和政治生活开展。2021年荣获钦州市直机关先进基层党组织荣誉称号，一名支部委员荣获钦州市直属机关优秀党务工作者称号。

三、压紧压实主体责任，不断强化政治担当

队领导班子专题研究党建工作和党风廉政建设工作，召开辖区国家调查队全面从严治党工作会议，听取辖区县级队领导班子成员落实“两个责任”履职报告。召开全面从严治党专题研究会，听取党组履行主体责任、纪检组履行监督责任、班子成员落实“一岗双责”情况汇报。落实纪检“三转”要求，调整了纪检组长分工。党组扩大会议专题学习贯彻《国家统计局防范和惩治统计造假弄虚作假约谈办法》《统计违法案件查处所涉失实历史数据改正办法》等文件精神，压紧压实党风廉政建设“两个责任”。队主要领导、分管领导听取分管科室党风廉政建设情况汇报。认真履行“市管县”工作职责，党组书记和其他班子成员分别带队深入辖区县队检查指导党建、党风廉政建设、数据质量、纪检等工作，促基层队领导干部把党风廉政建设两个责任放在心上、扛在肩上、抓在手上。

四、统计宣传展现新面貌，优质服务成效显著

2021年，钦州调查队主动适应新形势新要求，进一步加大“广西统计调查”“钦州统计调查”微信公众号宣传，积极向“钦州党建”“钦州共青团”投送稿件。通过微信公众号、钦州日报、广西日报等渠道发布CPI、城乡居民收入数据、工作动态，统计新闻宣传频率明显提高，传播覆盖面进一步扩大。深入开展建队15周年系列宣传活动，召开新闻发布会2次，队长接受钦州电视台专题采访2次，《钦州日报》刊发队长署名文章《当好“调查员”守好“主阵地”》，《钦州工作》杂志刊发队长署名文章《牢记统计调查职责使命　服务地方经济社会发展》等，展现了新时代国家调查队良好风貌。

持续抓好统计调查信息服务，统计信息工作质量不断提高。2021年获总队采用调查信息133篇、调查报告11篇，获得1198分，在广西国家调查队系统调查信息报告工作考核评比中荣获年度良好等次，撰写的《我区自贸试验区营商环境满意度较高　但仍存四大短板》获自治区《每日要情》采用并获自治区领导批示，还入选自治区政府办公厅一季度精品政务信息转发各地学习。

2021年11月16—17日，广西调查总队党组成员、副总队长李青（前排右三）到钦州市开展“智慧农业”发展情况调研

2021年7月14日，广西调查总队一级巡视员梁开光（右四）到钦州市钦北区开展粮食生产情况调研

五、强化基层基础工作，调查数据质量稳步提升

开展制度执行、工作进展、数据质量等不定期检查督查工作，严格落实总队进一步提高系统数据质量工作要求，规范执行国家统计调查方案制度。抓好采购经理、工业生产者价格、劳动力、住户调查等业务培训，开展粮食畜牧业全面统计基层基础工作和住户调查数据质量检查，提升数据质量。粮食畜牧业统计归口管理工作顺利推进，农产品价格、中间消耗调查、劳动力调查样本轮换圆满完成。实施《住户调查“辅调之星”评选办法》，编写“住户调查记账顺口溜”等与记账户共享，提高记账质量。

六、加大群团工作力度，不断提升队伍活力

从群团工作实际需要出发，在经费、人员等方面加大工作力度，不断改善工会、妇联、青年工作的条件。成立了钦州辖区国家调查队青年工作委员会，引导青年在统计调查实践中建功立业。指导队工会开展“中国梦劳动美——永远跟党走　奋进新征程”主题教育活动、参加“常学力行守信念，八桂职工跟党走”——百万职工学党史网络学习实践活动，激励干部职工感党恩、听党话、跟党走。积极支持开展春节、端午节职工节日慰问，指导开展“巾帼心向党　奋斗新征程”三八妇女节庆祝活动、“童心筑梦　红心向党”六·一儿童节活动，派员参加市本级一线职工、优秀职工疗休养，开展青年志愿服务主题活动等，通过加强对干部职工的

2021年9月22日，钦州调查队联合钦州市统计局，在钦州湾广场开展第十二届“中国统计开放日”大型宣传活动

思想政治引领和关心关爱力度，不断提升干部职工集体归属感，激发干部职工干事创业积极性。

七、夯实法治基础，统计法治建设水平不断提升

专题研究统计法治工作，举办了辖区国家调查队《意见》《办法》《规定》专题培训班，召开辖区国家调查队统计法治工作会议，将统计法治与业务工作同谋划、同部署、同推进，有效防范统计造假弄虚作假。推动《统计法》、中央《意见》《办法》《规定》《监督意见》纳入党委政府专题学习和市委党校领导干部教育必修课，2021年5月19日钦州市委常委班子在党史学习教育暨市委理论学习中心组学习中专题学习了《意见》《办法》《规定》等文件。全年共开展4次统计执法检查，组织科室之间、县区之间开展业务规范化交叉检查，对“双随机”执法检查情况进行清查整理，有效防范统计造假弄虚作假。开展统计法律法规知识考试学法、业务布置培训会普法，以《党的十九大以来统计违纪违法典型案例通报》等统计违法违纪典型案例以案说法，营造良好的统计法治环境。在“9·20”“12·4”“12·8”等重要节点开展普法大宣传。并通过钦州统计调查微信公众号和投稿其他官方平台发布活动详情，线上线下结合开展，多渠道宣传，为营造全社会了解统计、关注统计、尊重统计、依法开展统计工作创造良好条件。

八、强化保密意识，筑牢安全防线

认真贯彻落实保密工作要求，成立了保密委员会，健全了涉密规章制度，保密各项工作稳步推进。开展了“保密在身边　安全记心间”“传承红色基因　弘扬保密传统”“增强保密意识　筑牢安全防线”等保密与国家安全主题教育活动。组织干部到刘永福纪念馆开展总体国家安全观专题教育活动。结合软件正版化工作专题培训强化网络安全保密工作。订阅学习《保密工作》《全面保密常识须知》《不可逾越的50条保密红线》等，派员参加市委机要保密办保密培训，持续提高涉密人员保密工作能力。修订完善《保密工作规定（试行）》，清查互联网、QQ群、微信群、公众号，落实“谁建立、谁负责”工作机制。扎实推进信息化创新工作，促进提升网络保密能力。

国家统计局贵港调查队

2021年6月8日，广西调查总队党组书记、总队长廖金昌（左三）到贵钢集团开展采购经理调查调研

2021年，国家统计局贵港调查队（以下简称贵港调查队）在广西调查总队和贵港市委、市政府的坚强领导下，坚持以习近平新时代中国特色社会主义思想为指导，深入学习贯彻落实党的十九大和十九届二中、三中、四中、五中、六中全会精神，认真贯彻落实广西国家调查工作会议精神，开拓创新，积极进取，较好地完成了各项工作任务。

一、牢固树立政治机关意识，党的建设获得全面加强

一是党建引领，推进政治机关建设上新台阶。制定“模范机关”创建清单，创建青年干部理论学习小组，搭建“每周一讲”学习平台。连续三年荣获贵港市直机关事业单位党组织五星级党支部称号，2021年获评为市级先进基层党组织。二是党史学习教育走心走实走深。开展红色经典朗诵、党史知识竞赛、健步走、歌咏比赛、“党史周周学”专题学习、主题展览参观、志愿服务等活动，推动党史学习教育、群众性主题宣传教育和“我为

2021年7月15日，贵港调查队到港北区中里乡福团村开展“贵调党旗红　实测数据真”主题党日活动

2021年8月26日，贵港新闻网发布《贵港辖区调查队队长访谈》节目

群众办实事”实践活动落实落地。三是“一支部一品牌”创建工作初见成效。聚焦“为民调查”主责主业，着力打造“荷城党旗扬·贵调业务强”党建品牌，与调查网点所在支部联合开展系列“党建+业务”活动，促进“抓党建”第一责任和“提升数据质量”第一要务有机结合。

二、压紧压实全面从严治党政治责任

高质量配合做好巡察工作，不折不扣地抓好巡察整改工作。成立意识形态工作领导小组，全面加强对工作群、微信公众号等意识形态阵地的建设和管理。落实党风廉政建设责任制，向辖区调查队领导班子成员发放党风廉政建设“两个责任”全程纪实手册，每季度到辖区县队开展党建和党风廉政建设监督指导。开展多形式的警示教育，将党纪国法和统计法律法规制作成电脑桌面背景，将廉政提醒做在“常”。每半年召开一次辖区纪检干部培训班，提高纪检干部履职能力。把专项整治整改落实作为重点任务，深入开展三项专项治理问题自查整改。

三、队伍建设和行政管理提档进位

制定中长期干部队伍建设规划，选拔6名科级领导干部。搭建“数海先锋行”青年干部教育培训平台，选派1名干部驻村助推乡村振兴。开展新任职干部宪法宣誓仪式，提升干部依法行政自觉。顺利完成新办公场所搬迁，极大改善办公条件。印制《办公室服务指南》，严格执行系统内不接待规定，细化公车台账管理，落实重要事项请示报告制度和重点工作督查督办制度。开展国

2021年9月23日，贵港辖区调查队开展“赓续红色血脉　奋进统计未来”党史学习教育和廉政警示教育活动

2021年10月18日，广西调查总队党组书记、总队长廖金昌（右二）与贵港市委常委、常务副市长潘汉胜（左二）共同为贵港调查队新办公场所揭牌

家安全和保密专题学习，提升国家安全意识。深入排查网络安全漏洞和隐患，有序推进信息化创新工作。全面推行网络报账，主动适应财务管理新模式。加强固定资产管理，落实盘点制度，切实摸清“家底”。

四、坚持开拓创新，统计调查业务改革发展取得新成效

一是创新工作模式，联合地方县区政府、统计部门召开粮食畜牧业统计调查工作组织实施会议，定期开展数据质量实地核查和督导，以查促改，不断增强工作合力。二是创新宣传方式，破解劳动力调查“入户难”问题，在大型超市、银行营业网点、出租车等平台及场所LED电子显示屏滚动播放劳动力调查宣传标语，拓宽宣传范围。三是创新工作方法，将规格品样式、型号、采集点门面等相关信息归档整理，定期更新，创新开展消费价格调查规格品图库建设工作。四是科学规范管理，积极参与总队辅助调查员及网点信息管理系统的开发试点工作，实现动态维护管理信息。通过购买人身意外险、提高调查补贴、配置统一调查工作服装，增强辅助调查员统计调查责任心、荣誉感。五是严格执行报表质量通报制度，更新各专业调查流程规范，修订数据质量管理责任追究、基层基础工作检查、数据审核评估等制度，推动数据质量主体责任和相关统计人员岗位责任落实落地。

五、高质量推进中心工作，有效发挥统计调查职能

一是圆满完成各项常规调查业务。夯实住户调查工作基础，加强访户培训和日常数据审核，按季度开展数据质量交叉大检查，以查促改。提高农业调查数据审核和评估分析能力，建立畜牧业和粮食统计调查数据质量评估办法。严格执行“七必访”制度，深入企业核对数据采集准确性，指导规范上报。加强专项调查网点维护能力，坚持定期回访制度，及时指导解决企业生产经营过程及报表填报中遇到的困难和问题。二是全力做好脱贫攻坚普查后续工作。4名干部获评为自治区脱贫攻坚普查先进个人，顺利完成708件脱贫攻坚普查文件、资料的归档移交工作。

六、筑牢统计法治建设堤坝，提升统计服务水平

深入学习贯彻《意见》《办法》《规定》

2022年2月22日，贵港调查队对平南县统计局开展统计执法检查

《监督意见》，严格落实违规干预记录工作制度，修订行政执法责任制，召开防范和惩治统计造假弄虚作假工作会议，举办辖区调查队统计法治培训班和知识竞赛，分类做好统计信用档案的填报和管理，强化统计从业人员和调查对象依法统计意识。积极推进统计法进党校，年内单位主要领导到市委党校宣讲统计法治2次，增强领导干部防范统计造假弄虚作假的自觉性和主动性。依法依规开展统计执法检查，全年开展4次“双随机”统计执法检查，对9家企业进行检查，对1家企业进行立案查处。

提供优质统计服务，2名干部获评为2021年度广西国家调查队系统调查信息报告工作先进个人，2名干部分别获评为2021年度贵港市党委信息工作成绩突出个人、贵港市政务信息工作成绩突出个人，贵港调查队获评为2021年度贵港市党委信息工作成绩突出单位、贵港市政务信息工作成绩突出单位。新闻宣传工作成效显著，新闻通稿获《中国信息报》汇编采用5篇，获贵港日报等本地媒体采用7篇；获广西调查总队微信公众号单篇采用4篇。与贵港日报共同推出的《贵港辖区调查队队长访谈》节目在贵港新闻网发布，展现统计调查部门与时俱进、创新发展、公开透明的形象。

2022年2月25日，贵港调查队到桂平市南木镇合山村开展住户调查基础数据检查

国家统计局玉林调查队

2021年9月16日，广西调查总队党组书记、总队长廖金昌（左三）率队到玉林调查队调研指导工作

2021年，国家统计局玉林调查队（以下简称玉林调查队）在国家统计局广西调查总队和玉林市市委、市政府的正确领导下，坚持以习近平新时代中国特色社会主义思想为统领，认真贯彻落实2021年广西国家调查工作会议精神，坚决执行广西调查总队和玉林市市委、市政府的各项决策部署，有序推进各项工作。

一、提高政治站位，认真贯彻落实上级重大决策部署

一是队内集中学。以党组会、支部会、党小组晨读、周例会等多种形式，对习近平新时代中国特色社会主义思想和党的十九大及十九届二中、三中、四中、五中、六中全会精神、习近平总书记关于统计工作重要讲话和指示批示精神、《意见》《办法》《规定》《关于更加有效发挥统计监督职能作用的意见》（以下简称《监督意见》）进行学习领悟，引导全队干部职工不断强化自我约束。二是辖区联合学。结合《关于加强统计领域数字造假问题监督执纪问责工作的通知》精神，以党课和专题培训会的形式向辖区县队宣讲，通过业务培训会对统计调查业务人员、调查对象进行宣讲。三是创新形式学。玉林调查队党组根据习近平总书记重要讲话、《意见》《办法》

2021年11月11日，玉林调查队开展“两湾融合党旗红　企业统计出实数”主题党日活动暨诚信统计评比活动启动仪式。广西调查总队党组成员、副队长李青（左三）出席活动并讲话

2022年3月8日，广西调查总队党组成员、副总队长黄茂平（左三）率队到玉林市开展住户调查基础工作检查

《规定》《监督意见》中的内容自编知识试题，组织辖区调查队干部职工进行自学并开展测试，通过自学和测试相结合的方式，巩固全队干部职工依法统计、依法治统的思想基础。

二、高标准严要求，推动“党建+业务”融合发展

（一）“学史力行”，推动党史学习教育落地见效

及时召开党史学习教育动员会议，并制定《中共国家统计局玉林调查队党组关于开展党史学习教育实施方案》《国家统计局玉林调查队党史学习教育主要工作安排》。成立领导小组和有关机构，有序开展党史学习教育。

（二）“双轮驱动”，促进党建与业务融合发展

出台《国家统计局玉林调查队“美玉党旗红·国调出实数”党建工作品牌实施方案》，以打造“一科室一品牌”为抓手，着力“党旗领航，诚信统计”“党旗领航谱新曲，住调真数惠民生”“两湾融合党旗红，劳动就业出实效”等科室党建品牌创建，通过在记账户中开展“一比一晒一评”和在调查企业中开展“诚信统计企业”“诚信统计员”评比等有力举措，提高业务规范化水平，努力实现党建与业务融合发展。11月，开展“两湾融合党旗红·企业统计出实数”主题党日暨诚信统计评比活动，充分发挥先进典型在企业调查工作中的先锋模范作用，教育和引导统计调查单位自觉遵守统计法律法规，扩大诚信统计的正面引导效应，全面提升调查单位诚信统计能力，营造诚实守信的统计行业风尚，切实提升统计工作质量水平。

三、真抓实干，推动调查业务高质量发展

（一）夯实基础保质量，稳步推进各项统计调查工作

高质量完成居民收支与生活状况调查、粮食统计调查、居民消费价格调查、月度劳动力调查、采购经理调查、畜牧业调查等21项调查任务。一是牢抓住户调查工作。对新样本记账户、业务人员和辅助调查员进行集中培训和“一对一”指导，着力提高新样本记账数据质量和记账规范性。履行市住调办职能，对各县（市、区）开展住户调查基础工作检查。到调查点开展主题党日活动和座谈会。二是积极做好农业调查工作。做好基层人员培训，按

2021年11月11日，广西调查总队一级巡视员杨锡虹（左三）带队到玉林市调研居民就业情况

2021年9月17日，玉林调查队联合玉林市统计局开展第十二届“中国统计开放日”宣传活动

时完成秋冬播、春播、夏播、春收、夏收和畜牧业统计调查等各项工作，顺利完成报表上报；对各县（市、区）统计局、调查队的粮食畜牧业调查基础资料、样本维护和管理等内容进行检查；联合市农业农村局开展高产示范田验收、播种面积调研。三是全面加强价格统计调查工作。顺利完成新基期轮换工作，完成猪肉、水产品以及家电产品价格变动情况等调研工作。四是持续推进专项调查工作。通过加强数据风险管理、调查员管理、业务培训管理等，圆满完成劳动力新样本轮换工作。

（二）强化写作能力，服务能力再上新台阶

一是修订本队岗位目标管理责任制，开展“优质服务标兵”等评比活动，完善激励机制，强化队内自主选题会商，提高全队干部职工写作积极性和写作质量，强化对统计调查结果的分析，并结合到县区开展实地调研了解情况，分析生产和发展存在的问题，提出合理建议，截至2021年11月30日，玉林调查队撰写调查信息、调查报告分别获广西调查总队采用147篇、13篇，总得分1239分，在14个市队中排名第4；2021年，玉林调查队获玉林市人民政府办公室采用政务信息34篇，得分190分，在市直（中直、区直）单位中排名第8。向市委市政府提交《2021年玉林市粮食生产形势分析》《2021年玉林市生猪生产形势分析》等调查报告，为市委市政府制定相关政策提供决策依据，得到市领导的充分肯定，统计服务能力再上新台阶。二是加强部门合作，强化数据解读。主动对接政府相关部门，加强与农业农村局、人社局、统计局等沟通协调，建立数据共享会商机制，提高数据服务效率。

四、多方着力，强化干部队伍建设

一是强化班子凝聚力。班子成员之间开展谈心谈话，对下一步队内人才队伍建设和业务建设等问题在班子间形成共识；严格执行党组工作规则，坚持重大事项集体决策；班子成员严于律己，宽以待人，在合作共事中加深了解，在相互支持中增进团结，形成领导班子的整体合力。二是为干部干事创业加油鼓劲。班子与干部开展谈心交心，结合党史学习教育，强化干部思想建设，引导全体干部增强干部创业信念信心，把学史明理、学史增信、学史崇德的成果转化为推动发展上的“学史力行”，在统计调查工作中创造新的业绩。三是多渠道增强队伍力量。通过社会招聘和公益性岗位安排等方式增加人员力量，壮大统计调查队伍。

五、持续深化党风廉政建设，为高质量发展提供纪律保障

一是认真开展“三项专项”治理工作；二是以警示教育月为载体，筑牢党员干部廉政思想防线。通过领导干部讲廉政党课、廉政谈心谈话、案例警示教育等系列活动，提高党员干部廉政思想意识。

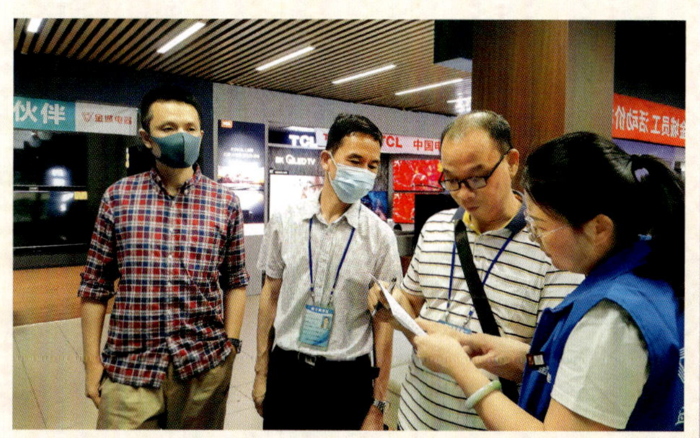

2021年6月8日，玉林调查队到商场开展市场价格调研及采价检查工作

国家统计局百色调查队

2021年9月9日，国家统计局党组成员、副局长毛有丰（右一）到百色调查队督导党史学习教育及基层党建工作，广西调查总队党组成员、副总队长陆奉昌（右二）陪同

2021年，国家统计局百色调查队（以下简称百色调查队）认真落实国家统计局、广西调查总队的决策部署，紧紧围绕提高数据真实性、提升统计服务水平的目标，坚持依法统计、依法治统，接续推动百色国家调查事业不断上新台阶。

一、党建引领，凝聚合力，全面贯彻管党治党职责

（一）坚持党的统领，坚决落实全面从严治党治队。一是压紧压实主体责任。队党组紧跟党中央、国家统计局党组以及广西总队党组决策部署，严格落实“第一议题”制度，深入学习习近平总书记重要讲话、重要指示批示和党中央重要文件精神。严格落实“三重一大”议事规则，坚持民主决策、集体领导。紧紧围绕党中央、国家统计局党组以及广西调查总队党组关于全面从严治党工作的相关部署和要求，定期召开全面从严治党工作会议，适时召开辖区调查队全面从严治党工作推进会，部署推动全面从严治党工作。二是严格履行监督责任。严格落实党风廉政建设“一岗双责”，领导班子成员自觉推动落实党风廉政建设任务和业务工作相结合，党组纪检组加强日常监督检查，加强对干部任用监督，对涉及人、财、物、数廉政风险点进行排查，编制《国家统计局百色调查队廉政风险防控手册》，进一步完善廉政风险防控机制；注重以专项整治工作为牵引，认真开展整治“低级红”“高级黑”问题、三项专项治理自查自纠、推进落实国家统计局与驻委纪检监察组会商问题及意见建议的整改、贯彻落实国家统计局党组巡视广西调查总队反馈问题整改等工作，真抓实纠立改；及时更新党风廉政板报和微信公众号信息，重大节假日组织开展节前廉政警示教育，积极营造不敢腐不能腐不想腐的廉政气氛。

2021年4月29日，广西调查总队党组书记、总队长廖金昌（主席台）到百色开展党史学习教育专题党课

2021年3月16日，广西调查总队党组成员、纪检组长姜永亮（右二）到百色调查队调研指导工作

意 数海求真述农情”品牌，充分发挥基层党组织战斗堡垒作用，队党支部获评百色市直机关党建规范化示范单位。二是坚持“小切口入题”。依托农业、住户、企业、劳动力等调查专业，分别深入田间地头、样本企业、调查网点开展“党建+业务”主题活动5次；组建劳动力调查“文秀先锋队”，在劳动力调查数据采集、审核、陪访、回访等环节充分发挥党员先锋模范作用，工作成效获得广西调查总队劳动力调查处发文肯定。

（二）以党史学习教育为契机，全面推动党建高质量发展。紧握提高党史学习教育质量和促进“办实事”效果落实两个抓手，推动党史学习教育取得实实在在成效。充分利用党组理论学习中心组、“三会一课”等进行专题学习；先后组织举办2期“党史知识大家答”，创新举办5期“青年夜校”，组织观看党史教育影片2部，开展党员集中诵读红色经典2次，组织到百色起义纪念园、边境爱国教育基地以及黄文秀纪念馆等红色教育基地开展现场教学4次，制作2部党史学习教育视频作品，重唱党史红歌2次；组织党员撰写“我的入党故事”及学习心得体会32篇，其中，一篇“我的入党故事”获评系统三等奖；组织参加百色市党史知识竞赛荣获三等奖；精心制定“我为群众办实事”项目清单，认真为群众办理实事69件，奏响了百色调查队党史学习教育“学、讲、诵、写、唱、走”“六部曲”，推进党史学习教育入脑入心。国家统计局党组成员、副局长毛有丰到百色调查队调研时，对百色调查队党史学习教育所取得的成效给予了充分肯定。

（三）激发“红色引擎”，党建融合业务促发展。一是持之以恒推进党建与调查业务深度融合。深化打造“党旗红·数据真”党建品牌升级版“红城轻骑汇民

二、开局争先，精准发力，统筹推进各项调查工作

（一）强化领导责任，展现了扎实有力的起步开局。年初召开党组会议、务虚会议进行专题研究，围绕“凝共识，求改革、谋发展”的要求，凝结“争先进 创一流”的工作理念，“团结务实 高效 奉献”的工作作风和“工作树品牌、队伍出人才、业务创佳绩、事业谋发展”的工作目标，凝聚全队干部职工干事创业的“精气神”和进位争先的共识，进一步明确2021年工作方向、重点。及时印发全队2021年工作要点和重点工作任务分解表，将全队重点工作落实到分管领导、落实到科室，明确每位干部全年目标责任，层层压实

2021年7月2日，广西调查总队党组成员、副总队长邱洪刚（右一）率队到百色开展劳动力调查、脱贫县农村住户监测调查调研活动

责任。

（二）落实落细工作举措，推动调查业务亮点频出。

1.较好地完成各项统计调查任务。认真贯彻落实各项业务规范化实施细则，强化基层基础工作指导检查，扎实推进日常调查业务工作。在2021年度广西国家调查队系统市县级调查队目标管理考核评比中，共有20项专业工作获得良好以上等次，劳动力调查、新设立小微企业和个体经营户跟踪调查、采购经理调查等工作得到广西调查总队相关专业处室认可，相关业务人员在全区工作会议上作典型发言。

2021年9月1日，广西调查总队党组成员、副总队长孟兆维（左一）到百色调查队检查指导工作

2.高质量完成脱贫攻坚普查工作。百色调查队严格按照国家统计局、广西调查总队有关脱贫攻坚普查工作部署要求，出色地完成了两批11个县（市、区）24万多户脱贫攻坚普查工作任务，荣获国家贫困地区重大专项普查工作先进集体荣誉称号，1人获得国家级先进个人荣誉称号、2人获得自治区级表彰、1人被评为全区脱贫攻坚先进个人。

3.政务管理工作有大跨步。一是信息写作质效不断提高。全年撰写篇数、总队采用篇数、国家局采用篇数创近年来新高，排名从上年最后一名升至第六名。二是档案管理工作保持优异成绩。在市级档案管理部门年度检查中，连续十二次获得优秀等次。三是认真开展节约型机关创建工作，获评百色市无烟党政机关。

4.统计调查服务水平上新台阶。负责组稿的多篇约稿信息获得国家统计局内网采用，个别约稿信息获得国家领导、自治区领导关注，有效推动相关政府部门重视解决信息所反映的民生问题，有力地发挥了统计调查服务决策的职能作用。全年调查信息报告工作在全区系统年度考评中获得优秀等次。

三、搭建平台，激发活力，多措并举推进干部队伍建设

1.加大对干部培养选拔力度。配齐配强中层干部。2021年提拔正科级领导干部3人，晋升四级主任科员1人，交流3人。

2.加强业务知识培训。创新开展“强基础、补短板、促提升、勇担当”干部上讲台活动，共7期，以讲促学、以学促干，提升干部专业化水平。

3.强化实践锻炼。通过“上派下挂”的方式，强化实践锻炼，推荐1名副处级领导干部到驻国家发改委纪检组帮助工作，选派1名优秀年轻女干部驻村开展乡村振兴工作。

2021年7月26日，广西调查总队党组成员、副总队长黄茂平（左二）到百色调查队检查指导工作

4.加强对干部关心关爱。大力支持工青妇工作，完成队工会换届，组织开展“雷锋活动日”志愿服务活动、庆“3·8”妇女节活动、“学党史塑家风 共建文明家庭”六一亲子活动和辖区调查队健步走活动等，扎实开展“我们的节日”主题活动，同庆端午、中秋和春节等重大节日，以党建带团建，以党建促融合。

2021年3月3日，百色调查队开展“学党史悟思想办实事开新局 以优异成绩迎接建党一百周年”主题党日活动

国家统计局贺州调查队

2021年，国家统计局贺州调查队（以下简称贺州调查队）在广西调查总队的正确领导下，认真贯彻落实党的十九大和十九届历次全会精神，以党的政治建设为统领，以提高数据质量为中心，不断提升统计调查业务能力和服务水平，较好地完成了各项工作任务。

2021年10月19日至20日，广西调查总队党组书记、总队长廖金昌（左三）率队到贺州市调研限电保供企业生产经营情况

一、提高政治站位，坚决贯彻落实上级决策部署

一是将习近平总书记对统计工作重要指示批示精神和《意见》《办法》《规定》等统计法律法规纳入全年学习计划，做到学深悟透。二是推动统计法进党校。2021年9月份，贺州市人民政府在市委党校举办全市统计专题培训班，专题开展统计法律法规培训。三是严格执行领导干部违规干预统计工作记录制度。四是进一步健全法律法规制度体系。制定《贺州调查队统计法治宣传教育第八个五年规划（2021—2025年）》等文件。五是以抓铁有痕的工作举措，高质量完成巡视整改任务落实。

2021年11月10日，广西调查总队党组成员、副总队长陆奉昌（左二）到贺州调查队督导党史学习教育并调研基层党建工作

二、以政治建设为引领，全面提升机关党建工作质量

坚持把习近平新时代中国特色社会主义思想、习近平总书记最新重要讲话和指示批示精神列入“第一议题”和每月一专题学习研讨内容，把讲政治的要求落实到机关工作各领域和业务工作全过程。2021年，贺州队荣获贺州市首批“创建模范机关示范单位”称号，“党旗红·数据真”党建工作品牌荣获“贺州市直机关十优党建工作品牌案例”，党支部荣获贺州市直机关“五星级党组织”称号，被市委授予“贺州市先进基层党组织”称号，并在贺州市直机关庆祝中国共产党成立100周年暨“两优一先”先进事迹报告会上作典型发言。

三、以走在前作表率的姿态，扎实推动党史学习教育走深走实

一是以党史学习为重点，举办2期党史学习教育主题读书分享会。二是积极开展

"感党恩　跟党走"主题系列活动。会同市直机关"1+X"联创共建单位共同举办"感党恩　跟党走"红色故事大赛，邀请贺州学院齐新林教授作党史学习教育主题宣讲报告会。三是继续拓展发挥红色基地的教育作用。组织党员干部到革命先烈黄士韬故居纪念馆、富川县朝东镇打铁铺、知青馆、红七军桂岭整编地开展党风廉政建设教育工作。四是深入开展"党史学习进基层、我为群众办实事"实践活动。

2021年9月16日，广西调查总队党组成员、纪检组长姜永亮（左二）到贺州调查队指导党风廉政教育建设并上廉政党课

四、强化重点工作落实，扎实推进调查业务改革工作

（一）积极争取调查工作支持。一是主动向贺州市市长彭代元、常务副市长刘洪军汇报自治区政府办公厅《关于进一步加强广西国家调查工作的通知》文件精神，提出具体贯彻落实建议，并得到市长彭代元批示。二是队领导带队深入各县区召开调查工作座谈会，向各县区主要领导、分管领导、统计、农业农村部门领导等宣传解读文件精神，积极争取地方党委政府以及有关部门的支持和配合。

（二）电子记账推广取得新成效。全市电子记账推广工作取得较好效果，2021年全市750户调查户有722户开通电子记账，电子记账率达96.27%，其中分省样本电子记账率为100%。

（三）劳动力调查工作顺利推进。积极争取地方财政支持和相关部门的配合，加强与辖区内统计局、调查队沟通联系，指导各县区做好样本社区核查、辅调员选聘和培训工作。全市29个新抽选样本点已全部正常轮入调查。

（四）创新农业调查方式。在全自治区率先采用"广西'E'农调系统"实现对非粮食大县监测点春播、夏播面积调查。贺州调查队非粮食大县监测点调查数据分析成果及建点工作经验被广西调查总队农业处写入《非大县粮食统计调查制度探索》课题论文。撰写的农业信息《贺州队：启动非大县粮食固定观测点　提高粮食调查数据质量》被国家统计局网站采用。

五、加强政务管理工作，不断提升统计服务能力

一是强化督查督办工作。开展重点工作督查督办9次，有效促进各项工作的推动和落实。二是扎实做好档案管理工作。已完成2021年档案年检和移交进馆工作，积极推进二级档案室创建工作。三是强化网络安全和信息化建设。加强日常网络行为规范督导和网络安全问题排查，确保网络环境绿色健康。四是加强保密和国家安全教育。组织开展4次保密和国家安全教育培训，筑牢队员保密和国家安全思想防线。五是围绕地方中心工作，聚焦民生热点深入调研分析，积极为各级党政决策提供优质信息

2021年8月18日，广西调查总队党组成员、副总队长邱洪刚（右四）率队到贺州市开展"党史学习践初心　互联共建促发展"主题党日活动并进行调研

2021年7月29日，贺州调查队到调查样本企业走访调研

服务。得到贺州市政府“红榜”及点名表扬“年度任务完成情况好”。

六、加强统计法治建设，全面推进依法统计依法治统

一是在各专业培训会、年报会开展统计法律法规培训课程。二是通过入户、入企回访的契机，积极向调查对象宣传统计法律法规知识。三是充分运用微信公众号“贺州调查”新媒体平台开展统计法律法规宣传。四是通过《问政贺州》队长访谈节目，在贺州电视台宣传调查工作，同时制作建队15周年宣传片在广西电视台新闻频道和贺州电视台综合频道宣传播放。五是持续深入开展统计执法检查。

七、加强干部队伍建设，认真贯彻落实新时代党的组织路线

一是加强干部培养规划。制定《贺州调查队干部队伍建设规划纲要（2021—2025）》《贺州调查队大力发现培养选拔优秀年轻干部工作计划》。二是加强干部基层培养锻炼。选派1名科级领导到地方统计局挂任党组成员、副局长。三是安排2名专业人员到总队开展短期学习，1名骨干参加国家局举办的提高班学习。四是关爱队员身心健康。邀请国家二级心理咨询师李林欣博士开展心理健康专题辅导，建立职工活动场所，加强队员身体锻炼。五是加大年轻干部选拔任用。2021年以来，广西调查总队党组在贺州调查队选拔2名副处级领导，贺州调查队党组共选拔1名35岁以下正科级领导、1名30岁以下副科级领导，对4名副科级领导试用期满转正，2名干部开展轮岗交流。贺州调查队年轻干部培养方面的工作经验在系统人事工作培训会议中作典型发言。

八、全面压实“两个责任”，扎实推进党风廉政建设工作

及时传达学习中央、国家局党组及总队党组有关党风廉政建设部署和要求。按照党风廉政建设“市管县”工作要求，加强对富川调查队开展党风廉政建设工作的检查指导。强化中央八项规定及其实施细则精神的落实，加强对人、财、物、数等进行定期监督检查。严格落实谈心谈话制度，不定期开展谈心谈话。在元旦、春节等重要节日开展节前教育，积极营造一个风清气正的良好节日氛围。坚持纪检监察对各项调查专业数据采集和生产全过程进行监督检查，落实统计执法与纪检联动机制。充分利用本队党风廉政教育室开展现场廉政教育和统计法治教育，提升廉政教育成效。主动和地方纪检部门沟通工作，到贺州市纪委监委加强沟通统计监督与纪检监督协作有关工作，形成监督合力。与市纪委监委信访室、派驻市发展改革委和统计局、公安局等部门纪检组召开座谈会，了解贺州调查队领导干部及全体职工是否存在违规违纪违法、信访举报等有关问题线索情况。开展专项整治工作，再次组织开展了公务接待和津贴补贴发放不规范及未经审批开展统计调查问题专项治理工作，扎实做好问题整改工作。

2021年12月3日，贺州调查队联合贺州市统计局在八步区太白社区集中开展第八个“12·4”国家宪法日和“12·8”《中华人民共和国统计法》颁布纪念日法治宣传活动

国家统计局河池调查队

2021年，在国家统计局广西调查总队的正确领导下，在河池市委、市政府的关心支持下，国家统计局河池调查队（以下简称河池调查队）以习近平新时代中国特色社会主义思想为指导，充分发挥国家调查队的职能作用，着力提升统计调查能力，严格执行统计法律法规制度，努力提高数据质量，有力推动各项工作上新台阶。

一、多措并举，认真落实好基层党建主体责任

（一）强化党建引领，发挥阵地作用。一是创新学习方式，采取线上线下结合，进一步强化理论武装。2021年，河池调查队党支部以党的政治建设为统领，深入学习习近平新时代中国特色社会主义思想。同时依托中心组学习、“三会一课”、青年理论学习小组等载体，学习传达贯彻习近平总书记在党史学习教育动员会上的重要讲话精神和“七一”重要讲话精神，通过集体学习+自主学习、线上学习+线下学习、课堂学习+体验学习等多种方式，有力推动党史学习教育热起来、活起来、实起来。二是牢牢把握意识形态主阵地，加强对网络阵地的管理。充分发挥队网站、微信公众号等平台功能，设立“党史学习教育”“廉政建设”等专栏，紧紧围绕党建、党风廉政建设、党史学习教育等中心工作，深入宣传上级决策部署、中国共产党发展壮大的光辉历程，充分展示在党的坚强领导下河池统计调查工作取得的成就。

（二）强化党风廉政建设，落实“两个责任”。一是牢固树立全面从严治党意识，把党风廉政建设融入统计过程的全过程。深入排查廉政风险点，制定《河池调查队廉政风险防控手册》。二是做好政治监督工作，督促队党组结合党史学习教

2021年6月10日，河池辖区调查队赴全州县开展“追寻红色足迹　感悟百年党史”主题党日活动

2021年7月28日，河池调查队首次举办调查数据新闻发布会

育，在学习习近平新时代中国特色社会主义思想上做表率。常态化开展警示教育，进一步提高干部职工廉洁自律意识。三是探索推进“纪检+法治”建设。在纪检干部与执法人员力量整合、学习培训、纪检监察和执法检查等方面进行优化配置。

二、深入开展党史学习教育，强化统计职能职责，成效显著亮点纷呈

（一）紧密结合实际、突出统计特色，扎实推进党史学习教育。一是河池调查队充分用好“家门口”丰富的红色资源，积极组织辖区调查队党员干部到河池革命纪念馆开展“学习党史悟初心　河调青年勇争先”主题党日活动；追寻习近平总书记红色足迹，组织到桂林全州红军长征湘江战役纪念园开展“追寻红色足迹　感悟百年党史”主题党日活动。并结合重要时间节点，延伸拓展党史学习教育实践课题，开展系列富有青年特色的主题活动，如“学党史、颂党恩、跟党走”青年红歌比赛、“党史故事青年讲　英雄赞歌记心间”青年读书活动等。二是河池调查队坚持以人民为中心的发展理念，结合自身调查工作实际，积极到帮扶点、调查点为民办实事好事。河池调查队以党建引领乡村振兴，邀请桑蚕种养技术专家到帮扶点田间地头手把手给农户作现场培训，并捐赠了一批价值5000元的农资化肥，助力农民增产增收。同时到农产品价格及住户调查点开展我为群众办实事活动，积极为群众解决实际困难。

（二）坚持多角度全方位，统计调查服务提质增效。河池调查队在党史学习教育中注重从各方面多角度对党的统计调查历史挖掘和学习，以高质量的统计调查服务成果检验党史学习教育成效。专门编印《数说河池——砥砺统计十五载　启航调查新时代》一册献礼建党100周年和建队15周年，以客观真实的数据立体展示河池市在党的领导下的巨大变化，以丰富的调查成果服务党委政府，服务社会群众。

（三）积极履行统计监督职能，着力提高统计数据质量。一是2021年河池调查队首次对辖区统计局进行执法检查，并开展统计执法提醒谈话。抽调了辖区市县调查队统计执法人员和住户调查业务骨干人员对辖区6个县（区）统计局住户调查工作进行执法检查。对4个问题较多的县（区）人民政府分管统计工作的副县（区）长、统计局领导班子成员和住户调查专业统计人员开展提醒谈话，该项做法所撰写的信息获《中国信息报》单篇刊登报道。二是积极推动统计法律法规进党校活

2021年8月24日，河池市委常委、常务副市长钟钦恒专题听取河池调查队工作汇报

2021年9月17日，河池调查队在思源广场开展第十二届“中国统计开放日”宣传活动

动。河池队纪检组长先后两次到河池市委党校开展统计法律法规及《意见》《办法》《规定》相关内容的授课，不断释放防范和惩治统计造假弄虚作假的高压态势。

三、着力夯实基层基础，统计调查工作提质增效

（一）严格执行国家调查制度，确保调查数据质量。一是加强住户调查网点规范化建设和业务精细化管理。围绕点、图、账、实、人等关键环节的管理，积极探索加强数据质量管控的长效机制，大力推行“建立规范化调查示范点”“评分评优、以奖代补”“交叉检查”等强化基层基础工作的有效机制。二是加快畜牧业调查信息化建设步伐。积极组织各县区开展广西重要商品价格指数平台测试工作，采取日记账的方式填报数据，提高源头数据质量。三是创新培训方式方法。首次运用“我的业务我来讲”的培训方式，邀请企业先进个人以企业采购经理视角来讲解企业填报时遇到的难题和解决方法，提高采购经理调查数据质量。四是强化业务指导。抓住劳动力调查扩样工作的关键环节，加强局队合作，通过“以老带新”“一对一”帮扶指导的方式，确保新样本调查员对劳动力调查工作摸清、吃透。五是圆满完成工价新基期调查企业调查产品设置工作。顺利确定新一轮基期的基本分类和代表规格品，完成了新增19家企业，共计43家样本企业的摸底工作。

（二）全力打造宣传阵地，新闻宣传工作取得新突破。一是首次召开新闻发布会，2021年河池调查队在河池市政府新闻发布厅举办了河池市2021年上半年调查数据新闻发布会，发布了上半年居民消费价格调查数据和上半年城乡居民人均可支配收入、畜牧业有关数据，并就河池调查队成立15周年以来调查工作情况以及有关调查数据回答记者提问。二是加强与地方媒体联系合作。2021年，河池电视台新闻综合频道、河池手机TV，头条河池等官方媒体播出河池市“党建+住户调查”党建工作品牌创建纪实宣传片；同时在《河池新闻》栏目中介绍了河池调查队建队15年来统计调查工作及河池电视台播放了河池调查队统计开放日的宣传片，有效的宣传了统计调查工作。

（三）强化新时期统计分析能力，服务效能更加显著。2021年河池队一篇调查工作报告和一篇专报分别获得河池市领导的批示，优质服务工作成绩显著。同时按季度印发CPI专报、河池市城乡居民收入专报，并编印《河池调查》《2018—2020河池调查资料汇编》等数据资料，及时将调查数据反馈地方党政部门，方便党政部门及时了解经济运行情况。

2021年10月21日，广西调查总队党组成员、副总队长邱洪刚（左三）赴河池开展流通和消费价格基层基础工作调研

国家统计局来宾调查队

2021年10月26日，广西调查总队党组书记、总队长廖金昌（左四）到来宾市调研并与来宾市长廖和明（左三）座谈调查工作

2021年，国家统计局来宾调查队（以下简称来宾调查队）深入学习贯彻习近平新时代中国特色社会主义思想和习近平关于统计工作重要讲话指示批示精神，在深入开展党史学习教育中明理、增信、崇德、力行，在扎实推进各项调查工作中展才干、开新局。

一、开局争先，2021年工作行稳向好

2021年以来，在广西调查总队的正确领导下，在市委市政府的大力支持下，经全体干部职工的奋力拼搏，党史学习教育、党建、重点调查工作稳步推进，取得新成效，党支部获得来宾市直机关五星级党支部荣誉称号，并被授予“来宾市先进基层党组织”荣誉称号；住户、企业工作分别在全自治区住户、采购经理调查工作培训班上作典型发言；服务地方专项调查工作获市长肯定批示，企业调查科兰小姣撰写的《做数海中一朵奔涌的小浪花》获得国家统计局“新时代统计调查人”征文评选活动一等奖。

（一）精准打造标准化党支部，推进党史学习教育走深走实

一是精准打造标准化党支部。积极争创“模范机关”，积极推动“一支部一品牌”创建活动，深化“党建+业务”示范点建设，党支部获得来宾市直机关五星级党支部荣誉称号、获来宾市委、市直机关工委“先进基层党组织”双表彰，并在市直机关“两优一先”表彰会上作典型发言。

二是做实党史学习教育。全年共组织专题学习10次、学习宣传重要讲话精神6次，派员参加来

2021年10月28日，广西调查总队党组书记、总队长廖金昌（中）率队到金秀县长垌乡滴水村开展民族团结结对共建活动

2022年1月21日，来宾调查队向来宾市政府常务副市长李振品（右二）汇报工作

2022年1月26日，来宾调查队到扶贫联系点里望村开展"迎新春送温暖"走访慰问活动

宾市政府系统"感党恩·跟党走"红色故事大赛获三等奖。组织干部职工赴象州县桂中剿匪战役指挥部旧址、全州县红军长征湘江战役战斗遗址接受红色教育。制定"我为群众办实事"实践活动项目清单共五个方面15个项目26项措施，完成24项。

（二）深入学习，抓文件落实成效突出

把学习宣传贯彻落实自治区政府办公厅印发的《关于进一步加强广西国家调查工作的通知》（桂政办发〔2021〕53号，以下简称《通知》）文件精神列入全队重要工作内容，深入学习领会，吃透吃准《通知》精神实质。积极向市政府主要领导和分管领导汇报文件精神，积极向地方申请调查经费，累计获追加经费57.6万元。推动市政府印发《关于进一步支持配合来宾国家调查工作的通知》。

（三）统筹推进，打造调查工作精品亮点

一是建立联系指导员制度，。制定印发《来宾市分市县住户调查基础工作联系指导制度（试行）》，在全系统首次建立联系指导员制度，成效突出，在2021年广西住户调查年报工作培训班上作典型发言。编制《访户审核目录》与县区统计局、调查队共享，列出《问题清单》逐项核实。二是强化粮食畜牧归口管理基础。组织辖区内6个县（市、区）统计局开展粮食畜牧业自查，全方位对全市农业畜牧业调查基础工作进行了督促检查，提升数据质量。三是创新方法，开展实地采价大练兵。开展第七期麒麟国调讲堂——居民消费价格调查知识讲座暨CPI采价员"实地大练兵"活动。组织全体采价员开展现场采价。四是顺利启动劳动力调查扩样调查工作。扎实推进劳动力调查样本扩充后新周期调查，顺利启动全市扩样调查样本调查工作。五是充分发挥调查队轻骑兵优势，服务地方成效获得肯定。圆满完成来宾市政府工作报告、忻城县政治生态、工业园区绩效考评三项专项调查工作，其中政府工作报告重点工作任务完成情况核查报告获时任来宾市政府市长雷应敏高度肯定性批示，《2021年政府工作报告》直接采用调查结果。

2022年2月15日，来宾调查队组织开展"抗疫同行　党员当先"主题党日活动

2022年2月23日，来宾调查队到来宾市兴宾区南泗乡开展春收粮食作物生长情况调研

国家统计局马山调查队

2021年，国家统计局马山调查队（以下简称马山调查队）坚持以习近平新时代中国特色社会主义思想为指导，深入贯彻落实习近平总书记关于统计工作重要讲话和指示批示精神，坚决贯彻落实中央和国家统计局党组、广西调查总队党组、马山县县委及县政府的各项决策部署，以党建工作为统领，以提高数据真实性为目标，不断改革创新，锐意进取，各项工作取得了新成效。

2021年8月18—19日，广西调查总队党组书记、总队长廖金昌（右二）带队到马山调查队调研指导党史学习教育等工作

一、坚决贯彻落实中央决策部署，积极推进模范机关建设

认真落实“第一议题”学习制度，深入学习贯彻习近平新时代中国特色社会主义思想和党的十九大及十九届历次全会精神，深入学习贯彻习近平总书记视察广西时的重要讲话和重要指示精神，深入学习贯彻习近平总书记“七一”中央讲话精神。开展党支部达标创优工作，打造“为民调查当先锋　千山万弄党旗红”党建品牌，组织在职党员进社区，创建模范机关，深化政治机关，促进党建引领。把深刻领会中央领导同志对统计工作的重要指示批示精神，深入学习贯彻落实中央《意见》《办法》《规定》等文件精神列入理论学习计划，按季度组织全员开展深入学习；通过开展学懂弄通做实《意见》《办法》《规定》专题活动，利用公开曝光的统计违纪违法典型案例进行警示教育，加深认识《意见》出台以来的统计法治新形势，增强防惩造假作假的紧迫感、责任感。

2021年11月19日，广西调查总队党组成员、副总队长黄茂平（右四）带队到马山县白山镇开展城乡居民收支情况调研工作

二、抓实统计改革重点工作，统计调查发展取得新进展

（一）凸显统计调查特色，推动党史学习教育走心走实走深。认真贯彻落实党史学习教育相关要求，及时召开动员大会，结合统计调查工作实际，研究制定实施方案，将《党史学习教育主要工作安排》和《“我为群众办实事”实践活动项目清单》，挂图作战，责

2021年7月23—24日，马山调查队到桂林市全州县开展庆祝中国共产党成立100周年暨党史学习教育主题党日活动

任到人，对单销号，稳步推动，引导增效。实干担当，及时解决群众最关心、最迫切的问题，17项“我为群众办实事”实践活动项目已全部完成。

（二）完善制度体系建设，统计调查数据质量进一步向准。一是坚决执行国家统计调查制度，逐步建立并形成了一整套涵盖数据采集、加工、审核、上报、查询、评估等环节的管理机制，不断加大对源头数据的审核力度，有力确保了统计调查数据质量。二是加快统计信用体系建设，不断完善信用管理制度，结合统计诚信建设，及时建立完善辅调员信息库及“一人一档”统计诚信档案，动态跟踪，即时更新，不断提高辅助调查员依法统计的意识，提高源头数据质量。三是开展统计执法检查发现问题整改情况“回头看”工作，组织所有调查专业，对照广西调查总队2020年两批执法检查反馈的问题清单，逐项逐条开展对照自查、整改落实。配合接受总队2021年“双随机”执法检查，对现场反馈的问题能立行立改的立行立改，不断夯实业务基础。

（三）高位推动高质推进，重大统计业务改革任务圆满落地。马山调查队坚持“高起点规划、高质量推进”，周密部署，高位推动劳动力调查工作。通过精心制订工作方案和组织实施，争取地方政府大力支持，落实政策支持和经费保障；始终坚持以数据质量为核心，从渗透式宣传、多层次选聘、多样化培训、全方位陪访和多角度审核五个关键环节入手，进一步严格工作要求，规范调查流程。

（四）抓实抓牢阵地建设，意识形态工作不断强化。充分认识意识形态工作是党的一项极端重要的工作，专题研究马山调查队意识形态建设工作，加强对本队内网、微信公众号等意识形态阵地的建设和管理。强化网络信息和国家安全教育，突出抓好文稿审核工作，扎实做好统计分析、发布和解读工作，充分发挥“轻骑兵”作用，围绕党政部门和人民群众关心关切热点问题深入开展调查研究，形成了一批有价值的调查信息。2020年12月至2021年11月，全队上报调查信息85余篇，调查报告1篇，获广西调查总队采用调查信息78篇，调查报告1篇。7月份向地方政府报送大型生猪养殖户养殖情况调研情况专报，获得县人民政府主要负责人批示。

（五）全面规范政务管理，行政办公效能进一步提高。一是充分运用OA精灵办公软件流转办理公文，提升无纸化办公能力，创建节约节能型机关。二是加强保密工作，规范做好密件的归档整理工作，确保保密工作要求落到实处。三是加强档案管理工作，对历年档案和脱贫攻坚普查档案进行归档整理，做好分类、装订、编号、编页码、装盒等工作，举全队之力进行档案录入。四是加强财务管理，完善财务审批手续。完善固定资产管理流程，确保账账相符、账实相符。五是加强网络安全管理，切实做好统计调查数据安全、信息网络安全

2021年8月12日，马山调查队到永州镇陇角村开展夏播面积调查航拍工作

2021年9月18日，马山调查队联合县统计局开展“赓续红色血脉　奋进统计未来”第十二届中国统计开放日宣传活动

保障和舆情监测工作，有效降低风险隐患。

（六）压紧压实“两个责任”，全面从严治党不断引向深入。全面落实中央纪委五次全会、全国统计部门全面从严治党视频会精神和广西国家调查队系统全面从严治党工作视频会议精神，不断制定完善“两个责任”清单，细化分解任务，落实廉政建设“两个责任”全程纪实机制，经常性开展对照检查，抓好落实情况动态跟踪，确保主要领导落实“第一责任人责任”，班子成员落实“一岗双责”，纪检监察员落实监督责任。

三、创新工作方式方法，统计调查事业取得新成效

（一）地方支持力度创新高。加强沟通汇报，积极争取地方党委政府、部门的支持，为调查工作营造良好氛围。队领导班子及时向县委县政府有关领导专题汇报广西调查队系统2021年年中工作会议精神、自治区政府办公厅关于加强广西国家调查工作的文件精神，积极汇报住户、粮食、畜禽、劳动力调查等民生调查工作开展情况，今年以来，县政府有关领导三次到队开展调研工作，地方党委政府的理解和支持进一步提升。同时积极构建部门沟通协调机制、会商机制，不断加强与统计局、农业农村局等有关部门的沟通联动，推进部门间信息资源共享，提高统计监测预警能力，提升优质服务水平。

2022年5月10日，马山调查队陪同马山县县长韦佳（右三）深入白山镇新兴社区走访慰问住户调查记账户

（二）调查方式方法创新举。立足调查工作实际，积极探索提高调查对象配合度、规范调查流程、保障数据质量的新法子新路子，各项调查业务基础更牢固更坚实。住户调查对记账户记账质量进行量化考核，每季度开展记账户“记账之星”评选，提升记账户积极性和荣誉感，营造浓厚记账氛围，激励记账户努力提高记账能力、规范记账。粮食面积产量调查在踏田估产阶段采取现场录入估产数据、现场抽取、在样本田块立标识牌的办法，有效避免农作物在取样前被农户收割，确保工作的规范性和连续性。主要畜禽监测调查通过打造线上线下立体式培训平台、零距离走访调研现场、完整数据核实体系、协调联动研判环境等，切实夯实基层基础工作，提升了调查工作水平。

国家统计局上林调查队

2021年，国家统计局上林调查队（以下简称上林调查队）始终以习近平新时代中国特色社会主义思想为指导，认真贯彻执行国家统计局、广西调查总队的各项工作部署，扎实开展党史学习教育，始终保持拼搏奋进姿态，坚持依法依规统计，充分发挥统计优质服务职能作用，全力为开启“十四五”新篇章、夺取全面建成社会主义现代化国家新胜利贡献上林调查力量。

2021年7月22日，国家统计局党史学习教育第三巡回指导组成员、综合司一级巡视员王文波（右二）和广西调查总队党组成员、副总队长陆奉昌（中）到上林调查队开展党史学习教育督导和党建工作调研

一、明确党建工作首位度，扎实开展党的建设，思想认识得到进一步深化

（一）坚持党建统领，牢记政治机关意识

深入学习党的十九大、十九届历次全会精神和习近平总书记“七一”重要讲话精神，持之以恒抓好习近平总书记关于统计工作的重要讲话指示批示精神贯彻落实，提高队伍政治站位，全面推进政治机关、模范机关、文明机关同建共创。

（二）扎实开展党史学习教育，思想认识不断提升

一是学习研讨相结合，学习收获多。将党史学习教育作为2021年最重要的一项政治任务，把党史学习教育和调查工作贯彻全年工作始终。国家统计局党史学习教育第三巡回指导组和廖金昌总队长分别到队巡回指导党史学习教育，并给予了充分的肯定。

二是党课党日显特色，思想感悟深。支部书记先后给全体党员干部职工上了3节专题党课，实施“学党史+传统文化”融合。开展讲述一段党的重大历史事件、组织观看一部红色电影、记住一个传统节日由来的“三个一活动”；组织全体党员干部、党员辅调员54人重温入党誓词，到上林县大龙湖开展“红色主题游船”活动，学习红船精神；组织全体干部职工赴全州湘江战役纪念馆追寻红色革命足迹、参观南陔革命遗址。

2021年9月23日，广西调查总队党组书记、总队长廖金昌（后排左六）、上林县县长王鹏（后排右六）一行到上林县三里镇开展第十二届“中国统计开放日”宣传活动

（三）深化“党建+业务”深度融合，打造党建品牌升级版

创建“党旗红、数据真；优服务、促发展”为载体的“一支部一品牌”党建品牌，推出“统计调查

2021年12月21日，广西调查总队党组成员、副总队长黄茂平（左二）一行到上林调查队检查住户调查家庭精准台账、电子记账平台审核、业务规范化材料归档情况等，确保住户调查工作在制度方案下规范开展工作

优质服务站”建设，广泛收集群众反映强烈的难点热点问题，深入分析调查数据增减原因，提出制约居民人均可支配收入因素、分析影响粮食生产不利因素、预判生猪生产形势等，全力抓好调查业务和优质服务，年内共被总队采用调查信息、调查报告54篇次。

（四）夯实党风廉政建设，始终保持清醒的认识

组织开展“知规知责知廉洁守纪守法守初心”警示教育月活动，积极开展廉政警示教育6次，开展廉政谈话12次，引导干部职工检身正己、举一反三。

（五）我为群众办实事，提升调查工作服务能力和水平

发挥好党支部战斗堡垒作用和共产党员先锋模范作用，深入开展了“我为群众办实事”实践活动。深入住户调查点寨鹿村开展支部共建活动，在重阳节为10名五保户送上慰问品，并配合村委开展“三清三拆”工作。帮助调查对象解决了农产品滞销、耕作无水和行路难等问题。

二、牢记数据质量重要性，依法依规开展统计调查，数据质量得到进一步提升

（一）筑牢统计法治意识，依法依规开展统计调查

全员深入系统学好《中华人民共和国统计法》《中华人民共和国统计法实施条例》《意见》《办法》《规定》，坚决防范和惩治统计造假、弄虚作假，进一步增强了队伍法治意识。严格执行统计调查制度，高质量完成住户调查、农业调查、畜禽监测、新设立小微企业跟踪调查和月度劳动力调查等工作。全区调查队系统主要畜禽监测调查电子记账试点工作有序开展，南宁市住户调查台账规范试点工作稳步推进，并积极向总队、市队反馈试点工作存在的优缺点。

（二）聚焦数据质量，坚决防范和惩治统计造假、弄虚作假

认真贯彻执行广西国调系统法治会议精神，组织开展2次统计执法检查，对照《关于开展统计调查数据质量工作检查的通知》，主动开展数据质量自查自纠，无统计造假、弄虚作假问题发生。积极推进统计法律法规纳入各类党政部门培训班，年内在党校专题培训班上开展统计法律法规学习1次，在县委常委扩大会、县政府常务扩大会上先后学习传达统计法律法规及统计改革重要文件等。

（三）发挥统计调查预警作用，让数据“活起来”

年内向地方党政领导分析住户调查、粮产监测、主要畜禽监测、劳动力调查等民生信息材料29篇次以上。针对群众反映的水稻、玉米、桑蚕、黑皮冬瓜等受病虫害影响，深入各乡镇开展调查，积极向地方党政部门反映。年内撰写的《2021年蚕茧

2021年9月13日，广西调查总队一级巡视员杨锡虹（右三）率队赴上林县开展就业工作形势调研及劳动力调查现场督导陪访工作

2021年7月5日，上林调查队到澄泰乡云龙村开展早稻实割实测工作

市场预期较好 建议加大扶持力度》调查信息首次获县委书记批示。

三、提高行政效率，服务调查工作，国家调查影响力得到进一步彰显

一是科学部署，行政管理水平不断提升。始终坚持民主集中制原则，认真贯彻执行“三重一大”制度，确保重要调查工作部署、选人用人、专项整改、大额资金使用及政府采购等重大事项决策的民主性和科学性。规范经费使用审批、用车审批、办文办会、差旅审批等，提高行政效能。修订完善规章制度，做到以制度管人、管事、管财、管物、管数。强抓意识形态工作，干部职工对调查工作自信得到进一步增强。狠抓保密和网络安全教育，实现三个100%全覆盖。

二是做实宣传，统计调查知晓度不断提升。通过“上林调查”微信公众号、宣传LED屏，借助行政村、气象宣传屏等方式多管齐下开展统计调查宣传，加强部门联合，强化舆情监测，防范了负面信息发生。认真学习弄懂吃透《关于进一步加强广西国家调查工作的通知》，首次获地方绩效考核一等奖。为全体辅调员、退休干部征订40余份《中国信息报》。9月23日，承办第十二届“中国统计开放日”上林分会场，开展“八桂住户党旗红 民族团结惠民生”主题宣传活动，进一步展现上林调查风采。

三是加大培养，打造高素质干部队伍。组织开展“立德增才·展现青春风采”活动，每月评选出“青春风采之星”1名。强化干部队伍思想教育，今年党支部新接收3名预备党员，在职干部职工共有8名党员，达到历史最高值。加强对年轻干部队伍的淬炼，选派党员干部到广西调查总队、南宁调查队跟班学习和到乡镇跟班锻炼3人次，选派到广西调查总队、南宁调查队开展“双随机”统计执法、巡察、委托调查等4人次，着力打造高素质干部队伍，提升了队伍“单兵作战”能力，2名同志得到提拔重用，1名同志遴选到南宁调查队、1名聘用调查员考入机关单位，从建队以来支部书记首次获选县党代会代表。

四是主动作为，服务地方党政中心工作。高质量完成地方委托的安全感满意度调查和禁毒预防成效调查工作。积极配合完成镇圩瑶族乡乡、村两级换届选举工作选派。全力开展乡村振兴工作，1名乡村振兴驻村工作队员，6名帮扶干部继续做好帮扶工作，为挂点帮扶的4个村委乡村振兴工作捐赠经费8000元。

2021年12月3日，上林调查队联合县政府办、司法局、法院、政法委、统计局、直属工委等十余个部门在县人民会堂广场开展2021年“12·4”国家宪法日宣传活动

国家统计局横州调查队

2021年，国家统计局横州调查队（以下简称横州调查队）在广西调查总队党组的正确领导及横州市委、市政府的关心支持下，深入学习贯彻习近平新时代中国特色社会主义思想、党的十九大及十九届二中、三中、四中、五中、六中全会精神，紧紧围绕2021年目标任务，狠抓工作落实，较好地完成了各项工作任务。

2021年7月12日，广西调查总队一级巡视员梁开光（左二）到云表镇福塘村开展早稻测产工作

一、深入学习贯彻党中央、国务院关于统计工作重大决策部署、2021年广西国家调查工作会议和年中工作推进会议精神

（一）强化政治理论武装

持续深入学习贯彻习近平新时代中国特色社会主义思想和习近平总书记系列重要讲话精神，第一时间跟进学习贯彻习近平总书记“七一”讲话等最新重要讲话精神，加强对党纪党规和《习近平谈治国理政（第一、二、三卷）》《中共中央关于加强党的政治建设的意见》等内容的学习，提高政治站位。

（二）强化统计法治学习教育

召开统计法治学习会4次，深入学习贯彻习近平总书记关于统计工作重要指示批示精神，对《意见》《办法》《规定》等重要文件精神进行再学习；学习贯彻《统计违法案件查处所涉失实历史数据改正办法》《防范和惩治统计造假弄虚作假约谈办法》，并以案释法，促使全体人员知敬畏、存戒惧、守底线。

（三）及时落实会议精神

召开2021年调查工作会议，传达学习全国统计工作会议和广西国家调查工作会议精神，总结2020年工作情况，研究部署2021年工作重点。

2021年11月1日，广西调查总队党组书记、总队长廖金昌（中间）一行在横州市副市长蒙柯宇（右一）陪同下到西津水电站现场调研

二、聚焦统计调查核心职能，坚持不懈贯彻落实2021年统计改革重点工作，着力推动横州国家调查事业更上一个台阶

（一）强化教育管理，党建工作水平稳步提升

一是认真组织开展理论学习。结合党史学习教育和建党100周年系列

2021年11月12日，横州调查队到横州镇洪德社区开展入户陪访工作

庆祝活动，制定《2021年党支部理论学习计划》和《青年理论学习计划》，明确学习计划和目的。2021年，共召开理论学习会12次，不断增强党员干部的理想信念和党性修养。

二是开展主题宣传教育活动。组织党员干部开展主题党日活动13次，使党员干部铭记党员身份，履行党员义务，提高政治站位和党性意识。

（二）精心谋划部署，党史学习教育深入开展

一是成立党史学习教育领导小组；二是召开党史学习教育动员部署大会；三是印发《关于开展党史学习教育的实施方案》；四是购买习近平《论中国共产党历史》《习近平谈治国理政》（第一卷、第二卷）等学习读本、材料共计23册；五是发动党员干部参加“我的入党故事”征文活动，收到文章4篇；六是制定“我为群众办实事”主题活动项目清单。2021年，共开展党史学习教育11次，上党史专题党课3次，开展“我为群众办实事”主题实践活动5次。

（三）严格监督管理，从严治党治队全面落实

一是扎实落实两个责任。学习贯彻落实《中共中央关于加强对“一把手”和领导班子监督的意见》精神，认真落实全面从严治党“两个责任”，督促履行党内监督职责，做到党风廉政建设和反腐败工作与具体业务、分管工作紧密结合。

二是认真落实民主集中制。凡属“三重一大”问题，均由集体研究讨论决定，支持和保障纪检监察员参加有关重要会议、监督重大决策，并执行主要领导末位表态制。2021年，共召开队务会议16次，讨论事项52项；召开班子会14次，研究事项68项。

三是严格执行党支部组织生活制度、党内谈话制度等工作机制，加强对领导干部特别是“一把手”行使权力的监督制约，加强对党员、干部的日常教育管理监督。不定期开展谈心谈话，2021年，谈心谈话达到35人次。

（四）筑牢思想防线，党风廉政建设不断加强

一是加强警示教育。召开廉政会议4次，廉政谈话会4次，上廉政党课2次，深入学习国家统计局全面从严治党视频会议和全国统计部门党风廉政建设工作视频会议等会议精神，观看警示宣传教育专题片；在重要时间节点，进行廉政谈话，提醒督促党员干部严把廉洁关。

二是坚持正面引导。组织队员赴全州县湘江战役旧址、中共广西省工委横县会议旧址，中国人民解放军粤桂边纵队第八支队暨横县人民政府成立旧址等地开展党性现场教育，增强党员干部廉政意识。

2021年12月16日，横州调查队到马岭镇开展农产品生产者价格调查工作

2022年4月27日，横州调查队到陶圩镇六秀村调查点开展2022年春播无人机航拍工作

（五）加强能力建设，干部队伍素质水平有效提升

一是安排副队长到广西调查总队办公室帮助工作9个月，进一步提升履职能力和水平。安排一名干部参加国家统计局举办的统计专业知识基础培训班，提高调查业务能力。

二是认真抓好党员发展和培养工作，优化党员结构，积极引导年轻干部向党组织靠拢。2021年，有三位同志被吸收为入党积极分子。

三是定期或不定期听取纪检监察员关于党风廉政建设工作情况汇报，掌握工作进展与成效，解决存在的问题和困难，提高纪检干部监督执纪本领。

（六）夯实工作基础，统计调查工作稳步推进

一是加大统计执法检查力度。联合南宁调查队执法人员组成联合执法组对辖区内调查对象进行统计执法检查2次，立案查处企业1家，提高调查人员依法治统的能力和水平。

二是稳固推进“一支部一品牌”党建品牌创建工作。确定横州队党建品牌“党旗耀花都·调查树标兵”，通过调查业务培训会、调查技能竞赛等推进党建与业务深度融合。

三是较好完成各项调查工作。完成2020年住户调查样本轮换工作，新样本电子记账实现全覆盖，前三季度记账总笔数同比增长21.7%；农业调查到点调查率达100%；承接农产品生产者价格调查和中间消耗调查，其中农产品生产者价格调查于第三季度正式开展，中间消耗调查样本名单已确定；通过横州市电视台宣传报道劳动力调查工作2次；完成2021年生猪调出大县调查样本和主要畜禽调查名录库摸底工作。

（七）强化学习指导，统计优质服务水平不断提高

开展政务信息写作培训，提高写作水准。2021年，共上报政务信息97篇，同比增长98%；其中被国家统计局采用1篇，同比增长100%；被广西调查总队采用62篇，同比增长94%；上报调查信息报告56篇，同比增长60%；其中被广西调查总队采用44篇，同比增长57%。

2022年5月23日，横州调查队到六景镇石板村开展住户调查样本户核实与记账培训工作

（八）坚持问题导向，巡察整改工作取得成效

贯彻落实《广西调查总队党组关于印发〈关于巡察横州调查队领导班子的反馈意见〉的通知》精神。及时成立巡察整改工作领导小组，印发《落实2021年巡察反馈意见的整改方案》和《巡察发现的主要问题整改清单》；召开巡察整改专题组织生活会，对照存在的问题，深刻剖析问题根源，提出整改措施和努力方向，有效地推动问题整改。

队领导班子针对巡察反馈问题的三大方面8个主要问题的22个具体表现，制定了52项整改措施。目前已基本完成整改并长期坚持。

国家统计局鹿寨调查队

2021年，国家统计局鹿寨调查队（以下简称鹿寨调查队）在广西调查总队的正确领导下，坚持以习近平新时代中国特色社会主义思想为指导，认真学习贯彻党的十九大及十九届历次全会精神，以加强党的建设为统领，全面压实“两个责任”，不断提高统计数据质量，贯彻落实好全国统计工作会议和广西国家调查工作会议精神，扎实推进各项工作稳步开展，圆满完成各项工作任务。

一、全面加强党建工作,扎实开展党史学习教育

一是结合实际制定《2021年党建工作要点》，明确学习重点，按计划开展理论学习，每次学习有发言、有照片、有记录。二是做好日常党建工作，规范党建文档资料管理，及时收集党建工作资料，做到资料齐全、整理规范，及时归档。三是通过开展系列活动，强化党员的意识，联系服务基层，活跃组织生活，进一步发挥党支部的战斗堡垒作用，打造“党旗红·数据真”党建品牌。四是扎实开展好党史学习教育，通过强化组织领导、搭建学习课堂、扩展学习渠道、开展为民办实事活动等方式抓好党史学习教育的落实。

2021年8月26日，鹿寨调查队到寨沙镇九敢村开展城乡住户调查

2021年10月29日，广西调查总队一级巡视员梁开光（左三）到鹿寨县开展粮食生产形势调研工作

二、抓好“两个责任”的落实，不断加强党风廉政建设

鹿寨调查队领导班子切实履行党风廉政建设“两个责任”，在日常工作中注重抓早抓小，做到早提醒、早防范。一是及时学习贯彻十九届中纪委五次全会精神。二是深入贯彻落实2020年统计系统警示教育视频会议、2021年广西国家调查队系统警示教育视频会议和2021年全国统计部门、广西国调系统全面从严治党工作视频会议精神。三是制定纪检工作要点部署全年党风廉政建设工作。四是认真组织开展各项自查整改工作。

三、全面推进依法统计依法治统

一是抓好理论学习常态化，领导班子每季度、全体队员每半年对习近平总书记关于统计工作重要讲话指示批示精神、中央《意见》《办法》《规定》等重大统计改革文件及统计法律法规进行再学习，增强干部职工法治意识。二是定期开展警示教育，开展集体廉政谈话，学习典型案例，强化纪律规矩意识，筑牢思想防线。三是加大普法宣传力度，日常工作中在工作布置、业务培训和入户调查等环节向辅助调查员和调查对象宣传统计法律法

2021年9月17日，鹿寨调查队联合柳州调查队、鹿寨县统计局开展第十二届“中国统计开放日”宣传活动

规，在统计开放日、普法宣传月等重要时间节点集中开展现场宣传活动。

四、切实做好各项统计调查工作，不断提高数据质量

鹿寨调查队牢固树立国家调查队意识，把统计数据质量放在首位，各专业在工作的部署和培训、报表的收集、审核、上报等全过程中，严格按照制度规范、工作流程开展调查，较好地完成了城乡住户调查、农民工调查、农作物播种面积调查、粮食产量调查、居民消费价格指数调查等常规调查任务。各专业的报表质量都保持了较好水平，工作质量得到不断提高。

五、进一步加强干部队伍教育建设

鹿寨调查队以党史学习教育为重点，积极组织干部职工参加系统内外各类岗位培训、政治理论学习。通过集中学习、网络培训课程、收看党课、撰写学习心得等方式，学习贯彻习近平新时代中国特色社会主义思想、习近平总书记“七一”重要讲话精神和党的十九大及十九届历次全会精神。引导优秀青年不断向党组织靠拢，为党组织注入活力，2021年有1名队员被列为入党积极分子，另有1名队员也向支部递交了入党申请书。

国家统计局阳朔调查队

2021年，国家统计局阳朔调查队（以下简称阳朔调查队）在广西调查总队的正确领导下，在全体队员的共同努力下，认真贯彻落实习近平新时代中国特色社会主义思想和党的十九大及十九届二中、三中、四中、五中、六中全会精神、习近平总书记关于统计工作重要讲话指示批示精神以及《意见》《办法》《规定》等重要统计改革文件精神，学党史、悟思想、办实事、开新局，在2021年广西国家调查队系统市县级调查队目标管理考核中获得了优异的成绩。

一、以学为先，学以致用，筑牢思想政治之魂

阳朔调查队充分利用班子会、全体大会、支部党员大会、支委会会议、个人自学等多种形式，贯彻执行“第一议题”学习制度，深入传达学习习近平新时代中国特色社会主义思想和党的十九大及十九届二中、三中、四中、五中、六中全会精神、习近平总书记关于统计工作重要讲话指示批示精神以及《意见》《办法》《规定》等重要统计改革文件精神。坚持以科学理论引领理想信念，养成良好学习习惯，健全学习制度，注重学习实效，让学的氛围更加浓厚，切实把思想和行动统一到习近平总书记的重要讲话精神上来，统一到党中央国务院、国家局党组和总队党组的决策部署上来，一以贯之推进全面从严治党、从严治队。2021年已开展全体干部集中学习会议18次，国家安全和保密学习6次。

二、系统统筹，扎实推进党史学习教育活动

阳朔调查队按照国家统计局、广西调查总队的部署要求认真开展党史学习教育活动，全队党员干部以党史学习教育为契机，带头深学、深悟、力行，带头深入实际办实事、解难题，带头改革创

2021年7月23日，阳朔调查队组织开展“重走临阳英雄路，重温党史担使命”主题党日活动

2021年8月10日，阳朔调查队到福利镇老梧村委开展无人机夏播面积调查工作

新、攻坚克难，带头真抓实干、开创新局。召开党史学习教育动员部署会，开展“我为群众办实事”主题活动4次，例如到阳朔县杨提乡唐家住户调查网点开展“学史力行　我为群众办实事”主题活动，用实际行动解决果农记账户用工的燃眉之急，并通过消费的方式提升果农记账户收入；与结对共建的调查网点阳朔镇莲峰居委党支部联合开展“结对共建做志愿　我为群众办实事”主题活动，开展社区服务、清洁卫生等志愿服务活动；开展党史学习教育方面主题党日活动5次，例如利用阳朔本地红色资源，开展“重走临阳英雄路　重温党史担使命”主题党日活动，传承红色基因，做好党员党性教育；开展“党史大家讲”系列活动，筑牢理想信念根基。

三、压实“两个责任”，增强“两个意识”，加强党风廉政建设

一是召开党风廉政建设专题会议，部署全年党风廉政建设工作，印发《落实党风廉政建设“两个责任”工作纪实手册》，落实党风廉政建设责任制；印发《国家统计局阳朔调查队廉政风险防控手册》，严格按规定抓好日常管理，管好人、财、物、数等关键环节。二是抓好党风廉政教育。党风廉政建设学习教育常态化。及时利用通报案例，开展警示教育活动；利用重要节点，如春节、五一、中秋、国庆等，及时开展节前廉政警示教育暨廉政集体谈心谈话会议，进一步深化党风廉政建设，落实全面从严治党要求，筑牢防腐拒变思想防线，增强全队党员干部廉洁自律意识。三是严抓三项专项治理，对发现的不规范问题能改的立行立改，该清退的就执行清退，不符合有关规定的如实记录上报，坚决杜绝少报漏报瞒报现象。抓好“四风”问题中“低级红”“高级黑”问题整治工作，确保整治“四风”问题中的“低级红”“高级黑”工作取得实效。认真开展巡视对照整改工作，对照巡视反馈问题，联系本队工作实际制定了14项整改措施，2021年14项整改措施已落实或完成整改。

四、提高数据质量，抓好业务培训，防范数据风险

一是劳动力调查在2021年样本轮换中配置好劳动力调查经费，充分与调查点所在乡镇沟通，争取到乡镇领导大力支持，认真筛选高素质、责任心强、办事认真负责、有能力、品德好的干部作为劳动力调查员，样本轮换后选聘的劳动力调查员中党员占83%，有力的发挥了党建引领业务的作用。圆满完成样本轮换任务，调查工作顺利衔接，每月按

2022年1月18日，阳朔调查队召开阳朔县东岭社区住户调查记账户业务培训班

2022年5月11日，阳朔调查队到福利居委调查点张贴国家统计局阳朔调查队宣传公告

时完成陪访、回访、电话回访工作，随时加强培训指导，提高调查员业务水平。

二是住户调查在2021年启用的新一轮样本，电子记账率依然维持双100%目标，电子记账覆盖率100%，电子记账单轨率100%。2021年以来，开展了两次住户调查数据质量自查整改工作，以刀刃向内的态度，不惧怕暴露问题，坚持实事求是，立查立改，不走过场，严抓落实，进一步夯实住户调查工作基础，不断提高数据质量。

三是农业调查从加强业务培训、加强数据审核、加强评估分析等入手，不断提升农业调查工作水平，切实提高调查数据质量，并在早稻、中稻、晚稻实割实测工作中，队员参与率100%，全部调查点都由队里工作人员实割实测，为数据质量提供有效保障。在2021年评选出了两名优秀党员辅助调查员，并授予荣誉证书，在农产品生产者价格调查样本轮换工作中，获得农业处领导表扬。

五、规范管理，提高综合能力

一是严格按照标准和要求，发挥组织协调作用，在流程规范、车辆管理、后勤服务等日常化工作中做到严谨高效，在来电来访、公务接待、会议组织等事务性工作中做到周密细致。2021年来，协助各股室成功举办7次业务培训，79次专题调研、12次主题党日活动，18次集中学习会，为各股室开展业务培训活动，提供了坚实的服务保障。

二是及时上传下达，发挥中枢作用。对广西调查总队及阳朔县委、县政府等重要文件和通知要做到件件有登记，件件有办理，件件有着落，让各项政令措施尽快传达落实到位，推进工作顺利开展。2021年来，共处理上级来文及阳朔县委、县政府等其他部门来文共636份/次。

三是持之以恒，深化内涵，持续推进文明单位创建工作。根据阳朔县精神文明建设委员会《关于表彰2020年阳朔县文明村镇、文明单位的决定》（朔文明委〔2021〕1号）文件内容，国家统计局阳朔调查队荣获“阳朔县文明单位”称号。阳朔调查队将文明单位创建工作贯穿于阳朔调查队发展的全过程，不断提升全体队员文明素养，强化文明意识和思想道德教育，坚持党建与创建相融合，业务与创建相促进，努力创造优美的工作环境和和谐的工作氛围。

国家统计局全州调查队

2021年，国家统计局全州调查队（以下简称全州调查队）在广西调查总队的正确领导下，在各级党委、政府的关心支持下以习近平新时代中国特色社会主义思想为指导，深入学习贯彻党的十九届六中全会精神，认真贯彻落实国家统计局党组和总队党组的各项决策部署，聚焦统计现代化改革的总要求,不断加强统计调查业务建设，有序推进各项工作。

2021年7月23日，全州调查队与海南调查总队、广西调查总队赴全州湘江战役纪念馆开展主题党日活动

一、党建工作取得长足进步

（一）提高政治站位，强化责任担当。全州调查队始终将党史学习教育作为一项重大政治任务，充分运用“五级联动”学习机制，通过党支部理论学习中心组、“三会一课”、青年理论小组等多种形式按要求开展专题学习。其中支部集中理论学习21天，领导干部讲党课8次，召开党史学习教育专题组织生活会1次，同时围绕必读书目和参考资料，推出“共学一段历史”“共读一批好书”“共话一段故事”等学习活动，逐步形成“个人自学+集中学习+专题研讨”的学习体系。

（二）积极推进“湘江轻骑，国调先锋”党建品牌建设。全州调查队组织支部党员开展一系列支部共建、“我为群众办实事”活动及“业务+”主题党日活动。2021年以来，党支部组织开展主题党日活动12次，如4月20日，开展“学党史办实事　城乡清洁我参与”主题党日活动，走上大街小巷，开展城乡清洁卫生；6月18日，联合粮食产量调查点文桥镇圳头村委党支部开展“永远跟党走”群众性主题宣传教育活动，为基层支部解决降暑设施缺乏的困难，向基层党支部捐赠电风扇8台及相关办公用品等；11月10日，联合住户调查点龙水镇塘前村委党总支部开展“学史力行践初心　我为群众办实事”主题党日活动，在为基层党组织解决办公用品短缺的同时，还深入田间地头，为当地群众挖红薯、摘柑橘，将“我为群众办实事”走实、走深。支部共建及“我为群众办实事”活动从生产生活多方位服务人民，得到广大群众的一致好评。

2021年6月28日，全州调查队到文桥镇圳头村开展“知史爱党、当好‘三个表率’”庆祝建党100周年主题党日活动

二、积极开展统计调查宣传工作

全州调查队认真做好重要时间节点统计宣传教育，带动社会各界广泛参与了解统计调查工作。9月18日，全州调查队以“赓续红色血脉，奋进统计未来”为主题，在全州县中心广场开展第十二届统计开放日现场活动，活动设置宣讲台、发放统计

2021年9月18日，全州调查队在县中心广场开展第十二届“中国统计开放日”宣传活动

调查及统计法律法规知识宣传册，并回答群众的询问，扩大了统计法的群众基础，提升了群众对统计工作的知晓度和满意度。

三、聚焦统计调查数据质量，扎实推进各项调查工作

（一）加强业务培训，提高工作规范化水平。一是针对统计工作人员，通过听取专业学习情况汇报、专业负责人定期解读调查方案等方式督促本队人员认真学习各专业调查制度，领会调查方案目的、掌握调查方案。二是针对辅助调查员，通过组织集中培训班的方式，对重难点专业进行了培训，并于每月调查上报期内，组织业务骨干赴各调查网点对辅助调查员开展重难点问题解答。农业调查对辅助调查员进行实地演练、边讲解、边操作、边示范。CPI调查每月组织采价员参加例会一次，对上月工作中遇到的问题进行针对性剖析纠正，提高采价员工作水平，保障采集数据质量。劳动力调查坚持每月陪访，了解一线调查情况，与辅助调查员共同做好统计调查工作。

（二）加强数据审核评估，提高数据真实性。一是落实审核责任，明确调查对象辅助调查员初审、业务队员二审、专业负责人三审和分管领导四审的机制。二是规范审核流程，紧抓台账报表的完整性和及时性审核；善抓报表的逻辑性和常识性审核；熟练运用数据处理程序进行报表审核；与宏观经济数据、行业性数据等进行关联性协调性审核；了解基层实情，以普遍状况和典型案例情况佐证数据的可靠性。

（三）加强党风廉政建设，推进全面从严治党。紧盯人、财、物、数、基建等风险点和决策制定、决策执行等关键环节，根据新形势新要求，修订完善了《全州县主要畜禽监测调查辅助调查员管理制度（试行）》《全州县粮食产量抽样调查辅助调查员管理制度》《全州县粮食抽样调查数据质量管理办法》等十二项制度方法，不断提高全州调查队管理的科学化、制度化和规范化水平。加强党风廉政教育，严格执行国家统计局党组关于深入贯彻执行中央八项规定实施细则的实施办法，聚焦传统节日等重要节点，通过短信、微信和QQ群发，以及签订廉洁过节承诺书等方式，坚定不移纠“四风”、树新风。不断强化党员干部的纪律意识和规矩意识，筑牢思想防线。

2021年11月9日，全州调查队党支部与“党建+住户”示范点塘前村委党支部联合开展“学史力行践初心　我为群众办实事”主题党日活动

国家统计局兴安县调查队

2021年，国家统计局兴安县调查队（以下简称兴安县调查队）在广西调查总队党组，兴安县委、县政府领导下，在桂林调查队党组关心下，深入学习贯彻落实习近平总书记关于统计工作重要讲话指示批示精神和十九大及十九届历次全会精神，坚持高定位、高标准完成国家局、广西调查总队的各项决策部署。

2021年11月30日，广西调查总队党组书记、总队长廖金昌（左三）到兴安县调查队指导工作

一、以党建为引领，全面加强从严治党、从严治队

1.提高政治站位，全面深入学习文件精神。2021年，兴安县调查队结合“三会一课”，深入学习了习近平总书记关于统计工作的重要讲话批示精神，《意见》《办法》《规定》《监督规定》等重要统计改革文件精神。通过对文件的再学习，再领会，树立防范和惩治统计造假弄虚作假的思想防线，自觉做到依法统计，杜绝数据造假。在常态化学习过程中不断增强“四个意识”，坚定“四个自信”，做到“两个维护”，深刻认识“两个确立”的重大历史意义。

2.全面深入推进“红色兴安，国调为民”党建工作品牌。2021年下半年，兴安县调查队组织开展了“党建+住户”“党建+畜禽”“党建+农业”等“党建+业务”的党建品牌创建活动。兴安队积极创新、积极谋划，通过和调查点村委开展支部共建活动，共同学习十九届六中全会精神、评选先进记账户及辅调员并颁发纪念品、邀请种植养殖大户上课传授经验等多种形式开展品牌创建工作，活动形式多样，干部职工接受度高，品牌创建工作取得实效。

2021年10月26日，广西调查总队一级巡视员梁开光（前排左一）到兴安县自治村、灌山村农产点开展晚稻生产情况调研工作

3.开展庆祝中国共产党成立100周年系列活动。2021年7月1日，纪检于朝明带队前往双河住户调查点，联合村委干部、辅调员以及调查户共同观看庆祝中国共产党成立100周年大会，并在会后进行了党课学习教育。

上完党课后，调查队干部职工后陪同调查点老党员、老干部前往兴安县烈士公园开展纪念活动。在活动现场，老党员带头回顾了各自的入党经历和心路历程。老党员们表示，没有共产党，就没有新中国，中国在共产

2021年7月1日，兴安县调查队与湘漓镇双河村委在兴安县烈士陵园开展庆祝中国共产党成立100周年纪念活动

党的正确领导下，一步步走向繁荣。自己会继续坚定理想信念，对党绝对忠诚，一心一意听党话，坚定不移跟党走，做一名永葆理想信念的合格党员。

二、聚焦数据采集与审核，持续夯实数据质量基础

1.加强辅调员培训。兴安县调查队积极与地方单位开展合作，通过邀请本地县、局领导在辅调员培训会议上授课的方式，强化辅调员责任意识。会上主动邀请辅调员发言，交流工作经验，现场解答工作问题，推进数据采集阶段工作进一步规范化。

2.居民收支调查全覆盖走访、指导、培训、筑牢源头数据质量。兴安县调查队坚持每月对居民收支调查全部调查点或大部分调查点进行走访、指导、培训，不断提高辅调员业务水平。截至10月底，居民收支调查共走访调查户500次余次，平均每户走访次数超5次，有效保障调查数据真实、准确。同时，调查员“一对一”与记账户添加微信好友，做到能加尽加，有效增进与记账户感情交流，提高记账户的配合度和记账能力。

3.多方式强化数据审核，与本地相关部门加强交流。通过横向参考部门数据评估本单位收集数据的准确程度；采用数据多级审核制度，由一线辅调员进行数据的初步审核，再由单位调查员录入数据时进行二次审核，最后对录入完后的数据进行整体审核评估，力争数据真实准确。四是以总队“双随机”执法检查为契机，对所有业务开展基础工作检查，完善各专业现场调查、入户访问、数据采集、数据录入、数据审核、数据上报、数据存储流程，夯实调查基础，切实提高数据质量。

2021年9月18日，兴安县调查队开展“以案示警、以案为戒”参观廉政教育基地主题党日活动

国家统计局藤县调查队

2021年，是“十四五”的开局之年，国家现代化建设进程中具有特殊重要性的一年。国家统计局藤县调查队（以下简称藤县调查队）在广西调查总队的正确领导下，在县党委、政府大力支持下，坚持以党的建设为引领，加强统计能力建设，提高统计数据质量，深化统计改革创新，加快构建现代化统计调查体系，更好为经济社会发展和提供优质高效的统计服务，确保“十四五”开好局起好步。

2021年7月15日，藤县调查队邀请梧州调查队、藤县农业农村局、藤县统计局、东荣人民政府到藤县东荣镇思排开展“党建引领农业粮食调查　无人机护航数据真实”早稻实测实割活动

一、注重思想教育，多措并举强化统计队伍建设

一是加强政治理论学习。一方面持续深入学习习近平新时代中国特色社会主义思想和党的十九大及十九届系列全会精神，切实加强了全体队员把责任扛在肩上的信念，投身到建设中国特色社会主义的伟大征程中。另一方面组织学习《意见》《办法》《规定》等关于统计工作的重要文件精神，深入学习了廖金昌总队长2021年工作报告和年中工作推进会议精神，切实把思想和行动统一到国家统计局和广西调查总队党组的决策部署上来，深入理解“十四五”改革发展目标，扎实推进统计现代化改革。

2021年7月13日，藤县调查队到保良村开展劳动力访户工作

二是推进全面从严治党。制定落实党风廉政建设主体责任和监督责任分解表，明确主体责任清单。2021年以来，通过组织召开廉政过节集体谈话、警示教育，领导班子分别讲廉政党课，并结合业务培训会议，通过“身边案例”，教育党员干部和群众，不断强化干部职工廉洁意识和法治意识，提升全面从严治党水平。

三是深化统计行风建设。坚持党管意识形态，牢牢掌握党对意识形态工作的领导权主动权。通过专题会议、谈心谈话及讲党课，对队员在政治思想、意识形态等方面认真开展舆论引导。结合微党课“我的忠诚观”活动，回顾党的光辉历程，弘扬党的丰功伟绩，引导广大党员干部坚定理想信念、传承红色基因、永葆政治本色、勇于担当作为。

二、压实责任，公正严明提高统计法治权威

一是加强统计法制宣传教育。通过培训会

2021年9月18日，藤县调查队面向广大群众开展赓续红色血脉 奋进统计未来——第十二届“中国统计开放日”宣传活动

议学懂弄通各项制度，增强调查人员依法调查意识，切实加强和夯实统计调查各环节基础工作，确保数据真实性。在统计开放日开展“送法下乡”活动，针对性开展法治专题授课，帮助各社区（村）、企业及群众依法开展统计工作，提高统计法治权威性；二是加强统计法治规范化建设。组织各股室结合主要职责和工作实际，深入开展权力运行制约与监督，针对涉及人、财、物、数等重点权力运行中的廉政风险点进行排查，印发《廉政风险防控手册》，进一步提升依法统计意识。

三、立足本职，科学严谨提供优质统计服务

一是主动作为，服务高质量发展。准确把握社会各界对统计服务的需求，主动作为，开展高质量信息调查。二是迎难而上，提供优质统计服务。认真开展城乡住户一体化、粮食产量等统计工作，汇总分析，继续更新优化反馈数据分析报告等统计信息产品，满足地方政府需要。

四、务实笃行，稳扎稳打夯实统计基层基础建设

一是以经常性检查为抓手，“以查促改”增效提质。按照“自查整改、交叉检查、指导培训”三步走工作思路，各专业进行常态化基础工作检查，发现问题，立行立改，确保调查流程规范、台账齐全。

二是加强部门沟通协调，夯实数据质量。一是与农业农村局、统计局等部门开展统计法制知识到基层、农业知识到现场等活动，提高群众对统计工作的了解度与配合度；二是定期联合各部门召开城乡住户一体化调查工作联席会议、粮食畜牧业生产形势分析会，分析研判居民增收面临的新形势、农业生产新挑战，精诚合作，高质量完成调查工作，为政府决策提供重要参考。

五、严肃缜密，扎实推进巡察、巡视整改工作

一是加强跟进督办，层层压实责任。研究制定了《国家统计局藤县调查队巡察整改工作方案》，明确具体问题整改责任股室、责任领导、责任人和整改时限，压实了责任，切实做到领导责任到位、任务分解到位，为整改工作的全面落实奠定了基础，确保整改工作取得实效。

二是注重统筹结合，建立长效机制。把巡察整改工作与“双随机”统计执法检查问题整改结合起来，及时梳理共性问题，找准问题症结。坚持把巡察整改与持续改进作风、改进工作水平紧密结合、统筹推进，发挥整改对工作的推动作用，注重解决体制机制方面存在的问题，把整改成果常态化、制度化，修订完善相关规章制度，进一步扎紧扎密制度的“笼子”，确保问题不反弹、不回潮。

2022年2月8日，藤县委书记杜诚（左二）到藤县调查队开展走访慰问活动

六、扎实推进党史学习教育成果具体化

一是走红色基地，悟先辈伟力。今年以来，党支部组织党员干部参观红色基地3次，通过现场观摩感悟，接受精神洗礼，汲取前行力量，走好新时代的“长征路”。

二是开展特色主题党日活动。2021年以来，党支部开展了“党史学习教育——传承红色基因”“祖国发展我成长，童心向党庆六一”“听党话、跟党走”“农心向党，统计为民”等主题党日活动，进一步提高全体党员干部政治素质、提高爱党爱国热情，激发全体党员干部自觉地将新时期、新常态下的党建工作更好地融入各项调查业务中，增强党组织的向心力、凝聚力和战斗力。

三是深入开展“我为群众办实事”活动。坚持“切口小、发力准、见效快”的原则，聚焦群众“急难愁盼”，扎实推动“我为群众办实事”实践活动。6月印发了《“我为群众办实事”实践活动项目清单》，压紧压实责任，践行为民服务，对标对表完成工作计划。

七、贯彻落实文件精神出实效

收到《自治区政府办公厅关于进一步加强广西国家调查工作的通知》文件后，及时组织全体队员学习通知文件精神，同时通过班子会分析研讨如何切实把政策用好、用出成效。队领导第一时间向常务副县长当面汇报，积极主动作为，为藤县调查队争取到补充调查经费23万元，并当场答应解决办公条件不足的问题，落实落细通知文件精神。

2022年3月25日，藤县调查队到石夏村调查点开展访户工作

国家统计局岑溪调查队

2021年6月28日，岑溪调查队开展庆祝中国共产党成立100周年“学党史　感党恩　跟党走”系列活动——重温入党宣誓

2021年，在广西调查总队的正确领导下，国家统计局岑溪调查队（以下简称岑溪调查队）聚焦统计现代化改革的总要求，坚持党建引领，聚焦重点工作，克服困难，开拓创新，积极进取，推动统计调查高质量发展。

一、聚焦党建引领，统筹谋划，整合资源，“建‘三情’·记真数”党建品牌创建工作出实效

（一）支部互促，规范支部建设，激发干事活力，增强支部战斗堡垒作用

一是对比先进，规范党建工作。金坡村作为岑溪市四星级党总支部，岑溪调查队通过联学联建，积极学习其规章制度和三会一课规范流程，进一步规范了岑溪调查队党支部党员大会、党课和组织生活会等工作，增设了党员活动室，完善了制度上墙和党务公开等，并荣获2021年度岑溪市党的建设专项工作绩效考评一等等次。

二是沟通研讨，激发干事活力。聚焦业务与党建深度融合目标，岑溪调查队多次与岑溪市直属机关工委、归义镇党委及金坡村党总支部沟通研讨，从谋划到实施、推动、总结均得到了较好的指导，开拓了岑溪队党务工作思路，增强了创新意识，激发了干事热情，为品牌创建工作注入新动力。

三是对标先锋，凝聚支部力量。通过发挥先锋模范作用，吸引年轻队员积极入党。2021年以来，增加党员2名，入党积极分子2名，较大程度增强党支部力量，进一步推动党建工作高质量发展。

（二）党建引领，发挥模范带头作用，提高记账积极性，确保数据质量

一是为民办事，构建情感交流。形式多样开展“我为群众办实事”活动，切实建好“民情”。2021年9月以来，岑溪队共开展送“法”上门、春节慰问、联动带货、“秋收”行动和学习雷锋志愿服务等活动6次，获得记账户一致好评。拉近了与记账户、辅调员和广大群众的距离，构建了情感交

2021年9月16日，岑溪调查队到归义镇金坡村开展“建‘三情’·记真数”党建品牌创建工作部署会

2021年9月8日，广西调查总队一级巡视员梁开光（右五）带队到岑溪调查队生猪调查网点马开展生猪生产形势情况调研工作

流纽带，大大提高了记账户认真做好记账工作的积极性。

二是示范带动，发挥联动效应。通过设立“模范标兵岗”，树立记账示范先锋，起到带动作用。2021年9月以来，模范标兵记账户入户指导共18次，撰写记账心得2篇次，协助开展党建品牌创建活动4次。通过党员示范，推动其他记账户效仿，从而带动记账积极性，提高各调查点的记账水平。

三是互促互进，加强业务水平。聚焦源头数据，狠抓记账户业务水平，开展“一对一”帮扶互促活动。10名记账户结为帮扶对象，每月2次互相学习、互相检查，互促互进。2022年一季度金坡村记账户记账笔数同比增加200笔，不及时记、笼统记情况大大减少，记账质量得到极大提高。

二、围绕庆祝中国共产党成立100周年，多形式开展党史学习教育

（一）“三注重”开展好党史学习教育

注重集中与自学相结合。每周五集中学习，集中对《中国共产党简史》《习近平新时代中国特色社会主义思想学习问答》等学习读本进行集中研学，确保学懂弄通悟透。班子成员围绕讲话精神，结合工作实际，进行了研讨交流，在思想碰撞交流中进一步坚定推动发展的信心，更加明确了2021年的工作重点和目标。

（二）用活资源，奏响“身边故事奏鸣曲”

充分挖掘，讲述“好故事”。通过为党员发送“党员政治生日问候语”、开展“身边的初心故事”“重温入党誓词”等活动，了解“身边事”、认识“身边人”，用“小故事”讲述“大道理”。组织党员干部到红色教育基地学习，使党员干部受到教育，提升政治素质。同时，组织观看《大会师》、《建党伟业》、《长津湖》等红色电影，不断增强系统党员干部的光荣感、责任感和使命感。

（三）开展好“我为群众办实事”活动

积极组织党员干部到挂点帮扶村、双报到社区，开展“我为群众办实事”活动。支持1万元给挂点帮扶村诚谏镇双坪村对村公共政务服务中心进行装修、铺设地板砖、购买办公桌椅，使政务服务中心早日投入使用，服务群众。支持3000元给党员双报到社区永兴社区推进小区党建“六化”建设，使小区党群服务中心更好地服务居民。

（四）开展好庆祝中国共产党成立100周年活动

在七·一来临之际，开展了一系列党建活动。首先，开通了“岑溪调查”微信公众号，用于

2021年9月16日，岑溪调查队在归义镇金坡村举办第十二届“中国统计开放日”文艺展演宣传活动

2021年11月8日，岑溪调查队开展“我为群众办实事”主题党日活动

新闻宣传，统计普法，党建工作等发布，提高岑溪调查队的公信力。其次，组织党员干部开展学党史、参观红色教育基地、老党员现场开党课和观看红色电影等系列庆祝活动，庆祝中国共产党成立100周年。

三、坚持真抓实干，推动调查事业高质量发展

（一）强化制度建设，激发干事热情

2021年以来，岑溪调查队修订了《国家统计局岑溪调查队工作人员考勤管理办法》《国家统计局岑溪调查队谈心谈话制度》《国家统计局岑溪调查队2021年度工作目标管理考核办法》等，进一步完善激励机制，不断提高岑溪调查队管理的科学化、制度化和规范化水平，高效完成国家统计局、广西调查总队的工作目标任务，推动统计调查事业现代化发展。

（二）夯实统计基础，确保数据质量

一是做好调查网点维护。结合住户样本轮换及劳动力调查扩样工作，及时对调查网络进行维护，更新花名册，做好对接沟通及培训工作。电子记账工作稳步推进，岑溪市100个调查户中，电子记账户95户，大大提供了记账效率。二是聚焦业务能力，多形式开展业务培训工作。一方面组织开展集中培训工作，聚焦学习调查方案、注意事项及普遍性存在的问题，加强辅助调查员之间的沟通联系，互学互促，提高业务能力；另一方面，结合个性清单，加强个别指导工作，深入基层一线，对不同的辅助调查员开展有针对性的培训工作，突破个别辅助调查员存在的难点疑点问题，切实提高调查业务水平。

（三）抓实学习教育，注重能力提升

2021年，岑溪调查队结合队伍发展实际，有针对性组织开展一系列学习教育活动。一是加强法治建设，提高法治意识。严格按照要求，组织开展队班子集中学习研讨和全体会专题学习，组织开展统计法律法规知识测试2次。同时，多形式开展第十二届“中国统计开放日”系列宣传活动和12.8法制宣传日活动，大大地提高了群众对统计调查工作及统计法律法规知识的了解，提高了对岑溪调查队的知悉度。二是多形式提高队员工作能力。结合工作实际，先后组织开展了政务信息写作、调查信息写作、规范财务报账和规章制度专题学习等一系列专题学习和交流会，促进队员业务能力提升。同时，主动构建“取经学习”平台，积极组织队员结合日常工作，拟出学习问题纲要，先后组队到梧州调查队与藤县调查队进行实地交流学习。

2022年5月17日，岑溪市委副书记练泽明（左四）到岑溪调查队开展工作调研

国家统计局合浦调查队

2021年，国家统计局合浦调查队（以下简称合浦调查队）坚持以习近平新时代中国特色社会主义思想为指导，认真开展党史学习教育，扎实开展各项调查工作，在广西国家调查队调查队系统市县级目标管理考核中荣获县级优秀等级。

2021年11月10日，广西调查总队一级巡视员杨锡虹（右一）带队到星岛湖镇珊瑚村开展劳动力入户陪访工作

一、抓牢党建推手，贯彻落实习近平总书记重要讲话及指示批示精神

（一）扎实开展党史学习，认真学习习近平总书记重要讲话精神

印发《国家统计局合浦调查队“第一议题”学习制度》，教育引导全体党员干部进一步坚定政治方向，增强“四个意识”、坚定“四个自信”，做到“两个维护”，不断提高政治判断力、政治领悟力、政治执行力，确保第一时间组织学习传达、贯彻落实习近平总书记重要讲话、重要指示批示精神和党中央决策部署,并持续跟进学习习近平总书记最新重要讲话精神,使全体干部职工树立正确党史观，激励其守初心，担使命，不懈奋斗。

以深入开展党史学习教育为抓手，始终在政治上、思想上、行动上与以习近平同志为核心的党中央保持高度一致，并通过开展专题学习、专题党课、主题党日活动、开展党史学习教育专题组织生活会等进一步激发党员干部工作热情，扎实推动党史学习教育走深走实，进一步锤炼党性，筑牢政治忠诚，增强党组织凝聚力。

（二）着力落实“一岗双责”，坚定不移深化党风廉政建设

深刻领会和认真落实党的十九大关于全面从严治党的战略部署，强化全面从严治党主体责任。加大重点领域重点环节的监督力度。加强对“三重一大”“人”“财”“物”、党的纪律规矩执行情况的全面监督和“数”的监督检查。严格贯彻落实八项规定精神，严格控制“三公”经费支出，坚决纠正和制止有关人、财、物、数管理方面的不正之风。加强对干部职工反腐倡廉教育，通过观看廉政专题影片、参观、队领导上廉政党课等方式，进一步增强干部的政治素养。落实过好“紧日子”要求，规范财务管理，进一步建立健全各项规章制度、完善风险防控体系。认真抓好开展公务接待和津贴补贴发放不规范及未经审批开展统计调查问题，以及三项专项治理清查工作。

2021年9月18日，合浦调查队到合浦县还珠广场开展第十二届“中国统计开放日”宣传活动

二、重视数据质量，扎实推进统计调查工作高质量发展

（一）住户+党建深度融合，夯实住户调查基础工作

2021年9月16日，岑溪调查队到归义镇金坡村开展“建‘三情’·记真数”党建品牌创建工作部署会

积极开展业务培训，参与党史学习教育活动进一步促进党建与业务工作的融合。5月7日派员参加市住调举办的住户调查业务培训；10月30日，住户股负责人开展合浦调查队住户类业务调查培训，详细讲解住户调查工作规范，解析调查指标，分配工作任务。积极参与党史教育实践活动，5月7日参加市队开展的“铭记党史践初心，为国记账履职责”主题党日活动，来到自治区爱国主义教育基地南山革命老区纪念馆进行参观，进一步提高了党员调查员的开展住户调查工作的热情和积极性，促进了党建与住户调查业务的融合。

（二）标准化开展农业调查各项工作

一是圆满完成2021年广西生猪调出大县调查样本摸底工作。合浦队严格按照《2021年广西生猪调出大县调查样本摸底工作方案》的工作要求认真组织开展样本摸底工作，并制定《2021年合浦县生猪调出大县调查样本摸底工作方案》明确职责和工作要求，严格根据方案开展调查，确保源头数据质量。二是高质量开展农村统计调查基础工作调研。2021年，合浦调查队农业调查股深入调查点开展调研，共对7个乡镇15条村，5家样本企业，20个样本户，1385块地块进行调研，核查了3688笔数据。将现场核实和账机比对查看等调研结果存在的问题进行原因分析，并提出改进措施形成调研报告。

2021年12月8日，合浦调查队到闸口镇培训辅助调查员

（三）着力提高CPI调查数据质量

一是推陈出新，痕迹管理精细化对标国家局和总队新要求，及时修订更新部分制度内容，建立健全各类台账，形成标准化操作规程。借用微信小程序收集规格品图片，建立规格品替换图片库、异常价格图片库，解决以往将照片上传到微信群过期失效或查找困难的情况。二是人文护航，稳定采价队伍建设。做好后勤保障，给采价员发放充足的医用口罩等防护物资，为每位采价员配备防晒衣、雨衣等劳保用品、购买意外伤害保险。三是实地督查，提升源头数据质量。坚持跟采，通过跟采监督、规范采价员采价行为，通过“针对性”+“全覆盖”开展抽查工作，每月按一定比例抽选规格品开展实地核查，季度内实现所有采价员抽查全覆盖。

三、大力加强推进依法治统工作

一是重点做好中国统计开放日、国家宪法日和统计法颁布纪念日的法治宣传工作。二是积极与地方组织部对接，联合统计部门，积极推进统计法律法规学习进党校。三是继续推进“数据质量检查+执法检查”的深度融合，加强统计法治队伍力量能力建设。加大“双随机”执法检查力度，2021年完成广西调查总队每年2次双随机执法的要求。

2022年4月24日，合浦调查到合浦汉代博物馆开展“重走习近平总书记视察路线　牢记习近平总书记殷切嘱托”主题党日活动

四是加强学习宣传，一方面每季度组织召开全队会议，全体干部职工认真对《意见》《办法》《规定》《防范和惩治统计造假弄虚作假重要文件选编》等文件精神再学习再领会。同时，加强对辅助调查员的普法宣传，提高法治意识；另一方面，微信公众号及时转发。五是在各调查点开展统计法治宣传，送法入户活动，加大对辅统计调查对象的统计普法宣传力度不断推进统计法治建设。

四、防疫坚决不松劲，筑牢疫情防控根基

2021年以来，合浦队高度重视新冠肺炎疫苗接种工作，积极鼓励干部职工接种疫苗，接种率达到100%。并严格落实总队防疫部署，办公室牵头认真做好干部职工出行管理，出行计划及时报备，巩固当前疫情防控的各项成果。召开疫情防控指挥会议，第一时间传达当地疫情防控指挥部疫情防控要求，对单位疫情防控工作作出安排部署，并强调全体干部职工需认清当前疫情防控的严峻形势，严格遵守防疫规定。合浦队当即清点现有的防疫物资，组织购买新的防疫物资，充实防疫物资储备，提高科学防控水平，充分保障后勤物资，全力保障干部职工正常开展工作。

五、狠抓信息工作，服务意识进一步提升

加大对农业、畜牧业、企业、物价走势等领域的分析研究，及时反映地方各行各业生产经营情况和经济运行特点。2021年，获采用调查信息102篇，采用政务信息60篇，工作情况交流采用3篇，向地方政府编印调调查专报4期。

2022年4月24日，合浦调查队到云琅雅居小区开展“进社区听民声　访三事纾民忧”主题实践活动

国家统计局灵山调查队

2021年7月13日，广西调查总队一级巡视员梁开光（前排左一）到灵山县平南镇大山塘开展粮食实割实测

2021年，国家统计局灵山调查队（以下简称灵山调查队）坚持以习近平新时代中国特色社会主义思想为指导，认真落实国家统计局、广西调查总队工作部署，坚持把政治建设摆在首位，以党史学习教育为抓手，强化党的建设，落实全面从严治党，围绕统计调查核心职能职责，真抓实干，不断提升统计调查数据质量。

一、聚焦“学”字用力，深化政治机关意识

一是落实“第一议题”学习制度。灵山调查队把学习贯彻落实习近平总书记等党中央领导的重要讲话和指示批示精神作为首要政治任务，认真落实“第一议题”学习制度，通过队务会议、全体会议、“三会一课”等方式，及时跟进学习贯彻习近平新时代中国特色社会主义思想和党的十九大及十九届二中、三中、四中、五中、六中全会精神。二是根据年度学习安排，每季度开展“《意见》《办法》《规定》+”学习活动。于3月9日、6月22日、8月23日、11月1日开展了学习活动，固定学习《意见》《办法》《规定》，外加《中华人民共和国统计法》《中华人民共和国统计法实施条例》、统计违纪违法典型案例等统计知识。

二、注重“实”字着力，落实全面从严治党

（一）扎实做好党史学习教育

灵山调查队重点围绕庆祝中国共产党成立100周年，将青年干部纳入党史学习教育范围，多形式做好党史学习教育。一是组织开展党史学习教育活动、庆祝中国共产党成立100周年大会、十九届六中全会等专题学习。二是跟进学习习近平总书记在福建、青海、广西、西藏、陕西榆林等重要讲话精神。三是开展“我的入党故事”征文活动。两名党员撰写文章获总队采用。四是打卡红色教育基地，开展现场学习教育7次。五是为队员、辅调员、调查对象上好专题党课5次。六是开展“我为群众办实事”实践活动项目10项，受益群众超1000人次。

（二）夯实党风廉政建设

1.开展三项专项治理、巡察及审计整改落实情况自查工作。根据总队要求，对2013年以来三项专项治理、巡察及审计整改落实情况、其他不规范问题进行全面自查自纠，自查整改各项工作落

2021年9月17日，灵山调查队到灵山县大里村委开展第十二届“中国统计开放日”宣传活动

2021年9月17日，灵山调查队到灵山县党史学习教育基地—新圩镇萍塘村革命斗争史纪念馆开展第十二届“中国统计开放日”宣传活动

到实处。

2.于9月多形式开展“知规知责知廉洁　守纪守法守初心”警示教育月活动。一是开展现场学习教育2次。二是上廉政党课1次。三是利用典型案例开展警示教育4次。三是开展专题学习1次。四是开展谈心谈话。领导班子成员与其他干部进行了9次谈心谈话。五是排查廉政风险隐患工作，形成本队权力运行中廉政风险点及制约清单、权力运行流程及重要风险点图示，制成本队廉政风险手册。

3.深入实施作风建设大提升工程。组织全体干部职工对照作风建设突出问题负面清单，结合实际，填写个人自查情况表，并对自查发现的问题做到立行立改，强化作风建设。

三、围绕“严”字发力，高质量落实国家调查工作

（一）“四进”模式开展统计宣传

1.“进机关”。一是积极争取县委县政府的重视和支持，将《意见》《办法》《规定》纳入各级党委（工委）、党组（总支、支部）理论学习中心组学习重要内容。二是以县人民政府名义转发桂政办发〔2021〕53号文件，要求各部门对遵守统计法律法规等行为进行自查，进一步增强各部门依法治统意识。

2.“进企业”。一是日常到企业开展调查时，向企业宣传统计法律法规和知识。二是开展专题培训。结合“12·8”《统计法》颁布纪念日，对企业统计调查对象开展“送法入企”专题教育培训。

3.“进岗位”。一是面向干部职工，每季度召开全体会议学习《意见》《办法》《规定》及其他统计法律法规。二是面向辅助调查员，将统计法治知识纳入业务培训。三是面向调查对象，日常入户调查时，向调查对象宣传统计知识，发放宣传资料和印有统计知识的宣传品。

4.“进群众”。一是利用重要节点开展统计知识宣传。2021年9月17日，与县统计局联合到灵山县大里村委、萍塘村委等地开展现场宣传。二是将统计法治宣传纳入“我为群众办实事”、志愿服务活动中，在活动中向群众宣传统计法律法规。三是在本队微信公众号及时发布信息。2021年，灵山调查队发布原创信息56篇，转载党史学习教育、数据分析、国家安全等各类信息超300篇。

2021年10月23日，灵山调查队到灵山县三多社区开展“我为群众办实事”——慰问困难留守儿童

2021年12月6日，灵山调查队到灵山县灵城街道六峰路开展统计法治宣传活动

（二）落实责任，开展数据质量检查

1.坚持纪检监察、办公室和业务股室监督机制，开展规范化、数据质量自查，检查后及时通报结果，并督查整改落实，确保整改落实到位。

2."双随机"执法检查。灵山调查队认真执行统计执法检查工作规范，开展"双随机"执法检查，进一步推进统计执法规范化建设。2021年，开展2次"双随机"执法检查。

（三）团结协作，提高政务管理服务水平

1.配齐班子成员。7月5日，向广西调查总队请求为灵山调查队配备副队长。9月2日，经广西调查总队党组会议研究，叶冬雪任灵山调查队副队长。自此灵山调查队配齐班子成员，为稳定发展提供了组织保障。

2.强化激励关爱措施。通过集中、个别谈话等方式，加强思想教育引导。组织队员进行体检，关注队员身体健康。为辅助调查员购买人身意外保险，保证辅助调查员人身安全。实行绩效奖金二次分配，进一步提高工作积极性。

3.加强督促检查。一是实行工作例会。每周研究制订各股室、各专业重点工作，下周跟踪前一周重点工作完成情况。二是根据年初制定督查检查工作计划，进行重点督查。三是实行"任务交办+对账督办+考核结算"的三联单式工作模式，及时了解工作情况和进度。

4.做好国家安全和保密工作。一是开展国家安全和保密工作教育培训。将安全保密知识纳入队员、辅助调查员培训中，提高国家安全意识和保密意识。2021年，开展4次国家安全和保密工作教育培训。二是做好网络安全工作。日常检查机房设备、联网设备、防火墙等基础联网设备，确保网络安全。利用防火墙监控队员的电脑网络运行情况。开展网络安全教育，增强队员网络安全观。2021年，开展2次网络安全教育。

（四）主动积极，对外提供优质统计调查服务

1.加强约稿信息工作。灵山调查队整合资源，以十部轮流主稿聘用人员配合的形式开展约稿调查工作。2021年，灵山调查队约稿调查信息撰写90篇。

2.开展专项统计调查。受灵山县绩效办的委托开展2020年度灵山县机关绩效考评满意度调查，灵山调查队严格按照统计调查项目管理制度要求，坚持先审批后调查原则，确保统计调查工作的合法性，规范调查流程，圆满完成满意度调查工作，提高调查队的知名度。

国家统计局北流调查队

2021年，国家统计局北流调查队（以下简称北流调查队）在广西调查总队的正确领导下，坚持以习近平新时代中国特色社会主义思想为指导，认真贯彻落实习近平总书记“七一”重要讲话精神、广西国家调查工作会议精神，全面落实广西国家调查工作会议决策部署，真抓实干、狠抓落实，有序推进各项工作。

2021年9月23日，北流调查队到北流市桥头公园开展第十二届“中国统计开放日”宣传活动

一、推动“党旗领航强堡垒·铜州国调绘蓝图”党建品牌创建成功

一是“强党建引领队建”，强化党建引领，建立长效工作机制。二是“抓规范提升质量”，争创五星级党支部和文明单位。三是“亮身份增强活力”，评选党员业务标兵，深入开展调查研究。四是“添动力创新手段”，创建“党建+业务”示范点，评选优秀党员辅调员和党员调查对象，开展支部共联共建活动。

2021年9月16日，广西调查总队党组书记、总队长廖金昌（左二）到北流调查队开展调研工作

二、扎实推动各项业务工作齐头并进

（一）扎实开展住户调查工作

一是认真谋划部署。争取市政府全力支持，顺利完成住户调查样本轮换工作。二是强化党建引领。组织党员到调查点开展“送培训下乡”活动，推选出一个“党建+住户调查”业务示范点，并与示范点党支部进行结对共建。三是强化宣传引导。开展以开户和宣传电子记账工作为目的的小型座谈会15次以上，通过新老户间交流宣传，带动新户积极使用电子记账。四是强化数据审核。重新改进账页审核表、问题反馈清单与访户记录等各项台账资料，提高审核效率，确保账页审核做到日审周清月结。

（二）扎实开展农作物播种面积遥感和产量调查工作

一是严管数据质量，通过逻辑性审核、往年主要指标比对等方式核实错漏数据，保证数据来源真实准确。二是定期到调查网点开展粮食入户调查陪访工

2021年10月25日，北流调查队开展“党建+住户调查”示范点授牌仪式

作，指导辅调员提高询问技巧、规范工作流程、高质量开展调查。三是加强与农业和气象部门的沟通联系，掌握本地农作物市场变化规律、气候条件和生产条件、历史数据等信息，实时收集农业生产行政数据。

（三）扎实开展主要畜禽监测调查工作

一是严把数据审核关。强化“业务人员初审、股室负责人二审、分管领导三审”制，对畜禽同环比变幅、生猪和家禽跨期数据，以及容易混淆的关键指标进一步加强审核。二是实地调研开展摸排。与养殖户座谈，了解生猪存出栏恢复情况，畜禽市场近期行情、后期养殖预期以及养殖规划等，全面了解北流市畜禽养殖变化情况，不断提升畜禽业调查服务水平。

（四）扎实开展月度劳动力调查工作

一是积极争取地方党委政府对国家调查事业支持，1月北流市人民政府办公室印发《关于进一步加强劳动力调查工作的通知》。二是圆满完成劳动力样本轮换工作。选聘劳动力调查员15人，通过集中培训和一对一培训切实提高调查员业务水平，保障样本轮换期间数据平稳过渡。三是完善调查制度，紧密结合劳动力调查工作实际，印发入户陪访、入户回访、电话核查、辅调员管理相关制度4个。四是加强数据分析，利用图表进行数据分析，深挖青年人口失业状况和原因，及时把握北流市就业政策、应届大学生就业、招聘会开展等动态情况。

（五）扎实开展新设立小微企业和个体经营户跟踪调查工作

一是把握调查对象动态，每季度查看核实其存活状态，实地调查其经营状况。二是挖掘调查对象经营收入等数据指标变化趋势背后的原因，结合国家政策变化、社会经济变化等因素进行客观分析。三是强化调查数据内在逻辑性审核，确保源头调查数据关系合理、符合实际。四是及时掌握税费减免的政策和相关国家优惠的政策，为个体经营户提出合理化的建议。

三、抓细行政管理规范，提升管理水平

一是健全完善规章制度。2021年共出台制度办法11项，进一步规范调查业务开展、辅调员管理和数据质量管控等方面。二是加强保密安全管理。2021年共召开保密和国家安全相关会议5次，10月29日召开网络安全和信息化培训会，邀请北流市公安局、市委网信办到场培训；11月4日召开“严守国家安全国调阵地，共筑国家安全人民防线”专题学习会。三是创新开展督查督办工作。制定2021年基础工作定期检查方案，以队内自查和市队协查相结合的方式每季度对各股室开展一次全面检查，对各项工作完成情况进行督查督办。

2021年11月11日，广西调查总队党组成员、副总队长李青（右二）到北流市开展乡村振兴情况调研

2022年3月8日，广西调查总队党组成员、副总队长黄茂平（右一）到北流市开展住户调查基础工作检查及一季度居民收支形势调研

二是开创新闻宣传新局面。安排专人维护本队微信公众号，严格建立公众号发布文章审批程序多渠道推广公众号。目前北流调查队微信公众号共发布、转载动态达93篇（次），超出上一年度篇数近50%，超出任务数的86%。加强线下实地宣传，9月23日，联合市统计局在城区开展第十二届“中国统计开放日”现场宣传活动和下沉到民乐镇劳动力调查样本点开展宣传。

四、综合服务工作再创新高

一是统计优质服务工作逐步提高。2021年共有68篇调查信息被广西调查总队及以上采用，采用篇数比2020年全年总数提升约17.3%。共有64篇政务信息被广西调查总队及以上采用，其中2篇被国家统计局内网采用，取得历史性突破。2021年被地方采用调查信息23篇，获地方融媒体“大美北流”采用稿件18篇，联合北流市融媒体中心开展《队长访谈》节目，切实增强国家调查的知名度和美誉度。

2022年5月24日，北流调查队在李明瑞俞作豫纪念馆开展“党旗领航强堡垒　铜州国调绘蓝图”主题党日活动

国家统计局田林调查队

2021年，国家统计局田林调查队（以下简称田林调查队）在广西调查总队的正确领导下，深入学习贯彻习近平总书记关于统计工作重要讲话和指示批示精神、《意见》《办法》《规定》等重要统计改革文件精神以及全国统计工作会议精神，着力加强党的基础建设，着力提高调查数据质量，进一步提高全队的业务水平，同时，大力开展党史学习教育活动，积极响应国家局和总队关于党史学习教育的工作要求和部署。

2021年7月1日，广西调查总队党组成员、副总队长邱洪刚（左三）到田林县开展劳动力调查调研工作

一、加强学习贯彻落实重要讲话和指示批示及文件精神

一是坚持把强化学习教育、提高理论素养、增强党性观念作为党建工作的首要任务。党支部以党史学习教育为契机，强化党员干部的学习教育，开展一系列学习教育活动，在6月底完成了四个专题学习，及时跟进学习习近平总书记在党史学习教育动员大会、庆祝建党100周年大会上及党史学习教育的系列讲话精神。召开专题组织生活会，报告党支部工作情况特别是开展党史学习教育情况，通报党支部检视问题情况，并有针对性地提出了今后努力方向和整改措施，党员同志认真开展批评与自我批评，会后党支部和党员个人制定整改清单，落实整改要求。

二是坚持以习近平新时代中国特色社会主义思想为指导，认真落实"第一时间""第一议题"学习制度要求，利用全体会、专题会和"三会一课"学习会，及时跟进学习习近平总书记最新重要讲话指示批示精神、最新理论著作，学习十九届中纪委第五次会议、全国两会等中央重大工作会议精神。

2021年5月6日，田林调查队到记账户的秧田里开展助农插秧活动

严格执行《中国共产党国家机关基层组织工作条例》严格落实党建工作责任材制，严格党内组织生活，突出抓好制度建设，切实提高党建工作的规范化、制度化水平。一是严格落实党建工作责任制。领导班子高度重视党建工作，始终把党建工作列为本队的首要任务，切实加强领导。在具体工作中始终做到党建工作与业务工作同部署、同检查、同落实，定期召开党建工作会议，研究解决党建工作

中的重大问题，坚持带头参加党支部的各种活动和双重组织生活。二是严格落实党内组织生活。严肃党内政治生活开展好"三会一课"、谈心谈话、民主评议党员等组织生活制度的落实，不断增强组织生活力。三是规范做好党员教育管理。加强党员管理，进一步规范党员日常教育、日常管理，组织党员按月交纳党费，做好党员信息更新和党组织关系转移、党员培训和发展党员等工作。

2021年12月8日，田林调查队在县城三宝庙广场开展统计法颁布纪念日宣传活动

强化纪律教育，廉政警示教育常态化。首先强化政治意识和纪律教育。组织干部职工集中学习十九届中纪委五次会议精神、学习习近平总书记对统计工作的重要指示批示精神和《意见》《办法》《规定》等统计重要文件精神，提高党员干部的政治意识和法律意识。其次强化廉政教育。运用典型案例开展警示教育，引导干部职工检身正己、举一反三，从反面典型案例中汲取教训，做到“知敬畏、明底线、受警醒”，严守党的政治纪律和政治规矩。目前共开展案例警示教育6次，参观廉政基地1次，班子成员给党员干部上廉政党课3次。

二、聚焦重点工作，全面统筹促统计调查事业高效发展

1.积极参与乡村振兴工作。全面脱贫后，积极响应地方党委、政府工作部署要求，安排1名工作队员常驻浪平镇弄陀村开展乡村振兴工作，为该村发展提供可靠力量。

2.优质服务工作有条不紊。2021年，田林调查队政务信息被国家统计局采用5篇，广西调查总队采用篇数53篇，参与约稿86篇，参与约稿数量在县级队中排名前七。

3.党员队伍不断壮大。严格按照“成熟一个发展一个”的原则，着重从业务骨干中发展年轻党员，为党支部注入活力。2021年，吸纳党员干部职工2名，发展预备党员2名,确定发展对象1名。

4.参与地方经济建设。严格按照国家统计局的有关规定，加强工作汇报、建言献策，全力争取地方政府的支持。每季度向县直各职能部门收集关于城乡居民增收和社会经济发展的“亮点”材料，定期反馈居民“两个收入”数据，参加国民经济运行分析会、农业生产情况工作会，积极为地方经济发展做贡献。

2021年9月18日，田林调查队联合靖西调查队开展第十二届“中国统计开放日”宣传活动

三、凝心聚力，不断加强统计调查队伍建设

田林调查队坚持推进领导班子的新老交替与合作,加强领导班子和干部队伍建设,切实把培养年轻干部作为战略举措。一是根据干部职工个人特长，进行岗位调整，充分发挥干部职工特长，激发干部队伍活力，效果明显。2021年田林调查队业务员在百色辖区住户调查业务培训班做了经验交流发言；积极配合总队工作，抽选两

2021年12月13日，田林调查队到八桂乡八修村开展劳动力宣传工作

名骨干参加自治区和国家专项调查工作，表现良好；倪元波同志被聘为百色市统计专家库成员，黄宝树同志荣获全国脱贫攻坚普查先进个人，班明礼、盘朝星和王晖同志获得自治区脱贫共建普查先进个人，潘光暖同志被聘为百色市住户调查讲师团及文秀先锋质检组成员。二是加强建章立制工作。制定田林队干部及聘用人员目标管理考核办法，严格执行并建立长效机制，将才能与岗位相统一、职责与权力相统一、考核与奖惩相一致，干部职工干事创业担当作为明显提升。注重干部职工身心健康发展和教育培训，积极组织干部职工参加总队开展心理健康培训和干部能力提升培训，干部职工的素养和业务能力提升明显。三是深入贯彻落实总队年轻干部工作会议精神，抓好年轻干部培养工作。

四、积极探索“党建+志愿服务”机制，进一步提高统计调查服务水平

田林调查队聚焦群众“急、难、愁、盼”问题，切实把党史学习教育成果转化为“我为群众办实事”实践的具体行动，真正把实事办在群众“心坎上”，实现服务群众“零距离”。

田林调查队志愿者们各尽其责,用实实在在的行动，赢得群众的一致好评，有效提高记账户调查工作配合度。

2022年1月19日，田林调查队到八洞村对记账户进行慰问

国家统计局靖西调查队

百舸争流，唯奋楫者先。2021年，在建党100周年和“十四五”开局之年的特殊年份里，恰逢国家统计局直属调查队管理体制改革十五周年。国家统计局靖西调查队（以下简称靖西调查队）坚持以习近平新时代中国特色社会主义思想为指导，聚焦统计现代化改革的总要求，全队各项工作顺利推进。在2021年度广西国家调查队系统市县队目标管理考评中获得良好等次。

2021年4月10日，国家统计局党组2021年第一轮巡视第四巡视组成员袁伯刚（右二）到靖西调查队开展巡视工作

一、举旗帜、明方向，党的领导全面加强

围绕建党一百周年，扎实推进党史学习教育。充分发挥靖西边境资源优势，活用边关红色资源，以“我为群众办实事”作为重要载体，着眼于群众所需，开展助力春耕、服务疫苗接种、动员拆旧复垦等工作切实为群众做好事、办实事、解难题。落实意识形态责任，巩固全队团结奋斗的思想基础。加强支部规范化建设，推动党建与业务融合发展。2021年，党建信息获《中国信息报》采用1篇，党员参与广西调查总队组织的“我的入党故事”征文比赛获得二等奖1篇，政务信息获国家统计局内网采用6篇，获广西调查总队内网采用58篇，本队微信公众号推送文章共60余篇，其中原创文章14篇，推送素材获广西调查总队微信公众号综合采用5条，1名党员获靖西市委市直工委授予“靖西市直属机关优秀共产党员”称号。党建工作在2021年广西国家调查队系统市县队目标管理考评中获得良好等次，新闻宣传工作获得优秀等次。

二、强基础、重保障，调查业务顺利开展

（一）各项常规调查业务规范推进

2021年3月18日，广西调查总队、靖西调查队到靖西市新甲乡开展植树绿化暨民族团结宣传活动

一是住户调查基础更加扎实。完善住户调查等工作制度，规范调查过程。采用“集中+个别”和“线上+线下”相结合的模式开展业务培训，提升队伍专业素质。与靖西市人民政府及其他住调工作联席单位加强沟通，提升各有关部门和记账户对国家调查工作的理解度和配合度，提前防范干扰统计调查的行为。二是农业调查保持高标准推进。在农产品生产者价格和中间消耗调查新旧样本交替期间，通过加强组织领导、业

2021年6月2日，靖西调查队到靖西市足英国门党校开展“学党史汲取戍边精神　悟思想凝聚国调力量”主题活动

务培训、信息核实、入户指导和评估分析等举措，新样本试运行工作顺利完成。在农作物播种面积和产量调查方面，快速适应从手持PDA系统走田调查向无人机遥感调查转变，确保了农作物播种面积调查工作高质量完成。三是劳动力调查开启新局。立足2021年劳动力调查扩样工作实际，顺利完成新旧样本轮换、每月调查、实时监督审核数据质量、政策宣传等工作。四是按总队要求积极推进专项调查、主要畜禽等调查工作，各专业在总队统计执法检查反馈问题上举一反三，做好自查整改工作，及时消除数据质量风险隐患。2021年，靖西调查队参与广西国家调查队系统市县队目标管理考评业务类考评共14个，获评优秀等次2个，获评良好等次8个。

（二）统计法治工作扎实推进

将中央《意见》《办法》《规定》《监督意见》等文件精神列入班子、干部、党员学习内容，并按季度组织开展学习。梳理《统计法》发展历程编印成宣传单页发放，将统计法治宣传融入党史学习教育学习、研讨、为民办实事等过程，发挥靖西边境优势，深化法治宣传效果。在统计开放日及中秋节期间，组织干部职工制作具有统计文化的花灯进行展示，吸引广大群众了解统计法治。年内组织开展统计法治宣传6次，各专业全覆盖开展统计法治宣传，社会各界对统计的支持配合程度得到提高。2021年市县联动开展1次双随机执法检查，推动本单位各项调查业务依法依规开展，向调查对象传导统计法治的高压态势。法治工作在2021年度目标管理考评中获优秀等次。

三、建制度、谋长远，单位管理成效显现

一是干部培养成果丰硕。坚持“人岗相适、人尽其才”原则，合理使用干部，有针对性进行分类培养。完善管理机制，助推形成追赶比拼态势。2021年，靖西调查队干部获得职级晋升2人次，遴选到广西调查总队工作1人，提拔到科级领导岗位2人，交流到其他县队任职1人，干部队伍上升渠道不断拓宽。二是积极争取地方政府支持。认真贯彻落实自治区关于进一步加强国家调查工作文件精神，向靖西市人民政府汇报文件精神并与组织部、乡村振兴局等相关部门研究落实具体举措，获得靖西市委、市人民政府及各有关部门积极配合调查工作，在人力、物力、财力上均给予充分保障。三是政务管理高效便捷。积极推进节约型机关创建，完善食堂管理制度、公务用车管理制度、固定资产管理办法等，为树立单位和队伍形象，推进调查业务顺利开展提供有力保障。每季度组织开展保密和国家安全教育，完善本队保密硬件设施，提高保密工作水平。政务管理工作在2021年

2021年9月17日，靖西调查队到新甲乡新荣村开展住户调查集中宣传活动

2021年9月17日，百色辖区国家调查队在靖西农业调查点新荣村开展农业调查遥感及无人机技术应用比赛，提高业务员技术水平，确保统计调查数据质量

度目标管理考评中获良好等次。

四、察实情、惠民生，统计服务提质增效

一是综合调查工作保持争先劲头。充分利用与广西调查总队综合处建立党建联系点的优势，联合开展基层综合调查业务培训提升工作。2021年度，靖西调查队调查信息获广西调查总队采用68篇，采用得分677分，排名县级调查队第三，综合统计工作在广西调查总队目标管理考评中获得优秀等次。二是志愿服务活动展国调风采。积极参与疫情防控、拆旧复垦、消费扶贫、文明创建等志愿服务，以入户开展调查工作为契机，宣传党委政府各项优惠政策，帮助调查对象解决实际困难。三是巩固拓展脱贫攻坚成果持续发力。2021年，在村党组织建设、村集体经济发展、基础设施建设等方面给予帮扶联系村多纳村帮助与支持。帮扶干部扎实做好帮扶工作，发挥调查力量助力乡村振兴。2021年10月，组织人员力量对脱贫攻坚普查的文件、表册、影响等档案资料进行整理，完整移交百色市脱普办，脱贫攻坚普查工作有始有终。2021年，1名干部被评为广西壮族自治区脱贫攻坚普查先进个人。

五、敲警钟、筑防线，廉政建设纵深发展

一是围绕责任落实，拧紧工作链条。坚持把落实党风廉政建设责任与打好疫情防控阻击战、抓好统计调查工作紧密结合，班子成员团结一心、各负其责、齐抓共管，将落实党风廉政建设与分管业务工作同部署、同落实。二是加强警示教育，筑牢规矩意识。通过会议传达学习违反中央八项规定、违反统计法律法规典型案例通报，结合统计开放日宣传开展“知规知责知廉洁　守纪守法守初心”警示教育月活动。三是加强监督检查，确保责任落实。加强对统计调查流程是否规范、巡察、审计整改是否落实以及三重一大决策是否按规定执行等情况进行监督检查，有效推动工作全面落实。围绕内部管理抓监督，对单位三公经费使用情况、出差报销情况等进行监督，防范违规违纪行为的发生。四是加强谈话提醒，层层传导压力。五是深化思想认识，从严从实推进整改落实。

2021年9月18日，靖西调查队联合靖西市统计局在靖西市中山广场开展以“赓续红色血脉　奋进统计未来”为主题的第十二届“中国统计开放日”宣传活动

国家统计局富川调查队

2021年，国家统计局富川调查队（以下简称富川调查队）以习近平新时代中国特色社会主义思想为指导，贯彻落实习近平总书记关于统计工作重要讲话指示批示精神和党的十九届六中全会及中央经济工作会议精神，在国家统计局广西调查总队党组的正确领导下，在富川党委、政府的大力支持下，富川调查队认真贯彻落实2021年广西国家调查工作会议精神，扎实开展各项工作，圆满完成各项任务。

2021年4月22日，广西调查总队党组成员、副总队长、党史学习教育第四巡回指导组组长邱洪刚到富川调查队指导党史学习教育工作，并召开巡回指导座谈会

一、认真贯彻落实党中央、国务院关于统计工作重大决策部署

富川调查队在广西调查总队党组的正确领导下，不断增强“四个意识”，坚定“四个自信”，做到“两个维护”。领导班子每季度带头学习习总书记关于统计工作重要讲话及指示批示精神和《意见》《办法》《规定》，并通过组织全体干部职工学习，干部职工防范和惩治统计造假弄虚作假，保障统计数据真实准确意识进一步增强。专题学习全国统计工作会议和2021年广西国家调查工作会议精神，按照国家统计局、广西调查总队的各项部署，在队班子的统一带领下，围绕高质量发展目标，严格执行调查方法制度，扎实在疫情防控常态化下开展住户调查、农业调查、专项调查及劳动力调查等各项工作。

二、坚持党建引领，扎实开展党史学习教育

建立党支部组织学、党员干部集中学、全队干部自觉学为一体的“三级联动”机制，推动党史学习教育实现全覆盖。开展党史周周学，上好廉政党课，过好政治生日等主题活动，通过专题研讨、队领导上党课、现场参观学习、知识测试和为预备党员颁发党徽、品味粽香、迎端午气排球比赛等形式，掀起党史学习教育热潮。联合富川县气象局党支部开展“感恩党　跟党走　红色歌曲大家唱”主题活动，凝聚奋进力量。开展“学党史、践初

2021年4月10日，富川调查队开展劳动力调查入户陪访工作

心、为民办实事”主题党日活动，深入富川瑶族自治县秀水状元村开展街道清洁卫生活动，以实际行动为民办实事。观看红色电影《大会师》《长津湖》，赓续革命传统，传承红色基因。热烈庆祝中国共产党成立100周年，集中收看习近平总书记在庆祝中国共产党成立100周年大会上的讲话。

2021年9月13日，富川调查队到石家乡龙湾村开展第十二届“中国统计开放日”活动

三、全面从严治党，加强党风廉政建设

认真履行管党治党政治责任，不断压紧压实“两个责任”，召开2次专题会议听取领导班子成员落实全面从严治党主体责任情况汇报，组织对本单位落实中央八项规定精神、弛而不息纠正“四风”、坚持民主集中制、执行“三重一大”决策制度、加强作风建设、健全完善工作机制等情况监督检查4次，创新开展“一月一警示”教育活动。强化廉政风险防控，梳理出14个方面廉政风险点及制约清单，明确18个重要权力（业务）运行流程，形成《廉政风险防控手册》。高质量配合做好巡察工作，为巡察高效开展工作创造良好的环境、提供最便利的条件，以最坚决的态度、最扎实的作风、最严格的标准、最有力的举措，不折不扣地抓好巡视整改工作。完成历次公务接待和津贴补贴发放不规范及未经审批开展统计调查问题专项治理工作检查。

四、夯实基层基础，稳步推进统计调查工作

2021年劳动力调查在广西扩样后，富川县有5个村委（社区）列入调查样本范围，富川调查队及时制定工作方案，选聘好劳动力辅调员，建立辅助调查员人才库，组织辅调员培训，顺利完成劳动力调查数据审核上报工作，确保入户调查数据质量。住户调查持续深化党建与住户调查业务融合，充分发挥党员辅助调查员和党员记账户示范引领作用，以“住户党旗红·记账数据真”为主题，联合开展党史学习教育活动，助力电子记账覆盖率提高到88.67%。根据《广西农产品生产者价格调查和主要农产品中间消耗调查样本轮换实施方案》要求，成立农产品生产者价格和主要农产品中间消耗调查样本轮换工作领导小组，并按方案做好样本轮换相关工作。

2021年6月28日，富川调查队到广西富川立新畜牧有限公司开展统计法治进企业宣传活动

五、坚持依法治统，强化统计法治建设

组织学习廖金昌总队长在2021年广西调查总队党组统计法治专题会议上的讲话精神；严格执行领导干部违规干预统计工作记录制度，按时上报领导干部违规干预统计工作记录台账、领导干部来访信息表；完善富川调查队统计从业人员统计信用档案、企业统计信用档案，加快统计信用建设；购买执法照相机、执法记录仪，

2021年10月26日，广西调查总队居民收支调查处到富川朝东镇塘源村开展居民增收亮点调研工作

保障执法硬件基础。联合县统计局、县委党校、县委政法委开展统计法律法规知识培训进党校，将统计法律法规列入党校培训重要内容。推动《中华人民共和国统计法》和习近平总书记关于统计工作的重要指示批示精神列入县政府常务会议学习，抓住关键领导干部普法学习。

六、加强信息撰写，提升统计服务水平

将统计优质服务纳入《国家统计局富川调查队2021年信息写作工作考核评分办法》，加强引导和督促干部职工完成各类信息的撰写，组织学习国家统计局、广西调查总队采用的各类信息，以学促写，以写代训，提高调查信息报告写作数量和质量。2021年以来政务信息被国家统计局采用1篇，被广西调查总队采用政务信息46篇，工作交流5篇；调查信息被广西调查总队采用81篇，获得786分，县级调查队排名并列11名。统计调查优质服务能力得到进一步提升。开通“富川调查”微信公众号，制定《官方微信公众号管理办法（试行）》，全年发布动态54条，转发66条，扩大了富川调查队知晓度。

2021年11月11日，富川调查队到莲山镇开展劳动力入户回访工作

国家统计局宜州调查队

2021年,国家统计局宜州调查队（下简称宜州调查队）在广西调查总队的正确领导下，全面贯彻落实2021年广西调查队系统工作会议精神，坚持以党的建设为统领，全队勇于担当，团结进取，真抓实干，圆满完成各项调查工作任务。

2021年10月15日，广西调查总队一级巡视员梁开光（左五）到宜州区德胜镇榄树村农产量调查点开展晚稻生产形势调研工作

一、提高政治站位，狠抓决策落实

2021年，宜州调查队深入贯彻落实党中央、国务院关于统计工作重大决策部署，深入学习习近平新时代中国特色社会主义思想、党的十九大精神及重要统计改革文件精神，并结合本队实际，深入研究部署为全年工作顺利开展理清思路。

二、着力党建工作，推进党风政风建设

坚持以习近平新时代中国特色社会主义思想为指导，树牢“四个意识”，坚定“四个自信”，做到“两个维护”，坚持以党的政治建设为纲领，突出问题导向，强化使命担当，推动管党治党各项举措落地见效，促进党建与统计调查业务融合发展，以优异成绩向中国共产党成立100周年献礼。

一是加强党组织基础建设，不断增强党组织的创造力和凝聚力，进一步巩固基层党组织的领导核心地位；二是紧抓学习教育，提高党员队伍思想政治素质，为各项工作开展奠定了思想政治基础；三是强化党支部规范化建设，切实落实“三会一课”制度，为中心工作的推进提供强有力的组织保障；四是开展形式多样化、内容丰富的主题党日活动，切实加强党员党性修养。

2021年10月21日，广西调查总队党组成员、副总队长邱洪刚（右二）到宜州区开展消费者价格调研工作

三、深入开展党史学习教育，用党的光荣传统和优良作风坚定信念、凝聚奋进力量

深入贯彻上级决策部署，按照“学史明理、学史增信、学史崇德、学史力行”的要求，扎实有序高效推进党史学习教育各项工作。一是持续真学深学细学，从百年党史中汲取前进力量，接受党史学习教育，研读《论中国共产党史》等指定书目，并围绕新“四史”等开展专题研讨；二是强化宣传教育，营造党史学习浓厚氛围，厚植爱党、爱国、爱人民、爱社会主义的情感；三是

2021年7月21日，宜州调查队联合环江调查队到巴马县西山革命纪念馆开展党史学习教育实践活动

解决急难愁盼问题，提升群众获得感，严格按照上级关于“我为群众办实事”实践活动的部署要求，围绕“五聚焦五着力”，切实把党史学习效果转化为为民办实事的动力。

四、坚持党要管党，扎实推进惩治和预防腐败体系建设

一是强化政治建设，不断增强“两个维护”的政治自觉，牢牢把握党领导一切的定位，落实“第一议题”制度。严格执行党内政治生活制度，严督意识形态，加强阵地建设管理；二是扛牢政治责任，规范权力运行。认真落实党风廉政建设“一岗双责”，严格遵守“三重一大”及廉政谈话制度；三是强化专项整治，推动作风建设成果更加巩固。按照广西调查总队要求组织专人深入开展三项专项治理自查工作，并根据国家统计局党组关于巡视工作的统一要求和局党组第四巡视组巡视广西调查总队党组的反馈意见，结合本队实际，排查问题，制定整改措施，完成整改。

五、坚持依法治统，保证统计法律法规实施

一是加强队内学习。通过多种会议形式反复加大对习近平总书记关于统计工作的重要讲话指示批示精神、统计法及《意见》《办法》《规定》等统计法律法规的学习，增强干部数据质量意识，为统计调查工作奠定法治基础；二是加强当地机关单位领导学习。通过持续推动地方党委、政府学习中央关于统计工作重要文件和统计法律知识，推动统计法纳入地方党校（行政学院）领导干部教育培训必修课，进一步提高领导干部依法治统意识，为全面贯彻落实依法行政、依法统计奠定坚实的基础；三是加强对外宣传。通过“入住户”“走田间”形式，面对面向群众宣传；利用网络平台、地方媒体进行线上宣传；联合地方统计局开展统计开放日活动等宣传形式，提高宣传效果，营造统计法治氛围，为将来的统计工作开展打下基础；四是加大执法检查力度，推进“双随机”执法检查常态化制度化建设；五是落实防范统计违法行为机制，坚持把领导干部、地方机关违规干预统计工作记录制度落实到位。

六、完善规章制度，促进规范化管理

一是按照国家统计局、广西调查总队、地方有关部门的要求，及时修订或制定多项制度，促进

2021年9月11日，宜州调查队到宜州区德胜镇上坪村开展劳动力调查陪访工作

2021年9月17日，宜州调查队到宜州区福龙乡开展第十二届“中国统计开放日”宣传活动

2021年11月9日，宜州调查队党支部联合河池调查队党支部、宜州区统计局党支部、宜州区农业农村局党支部、庆远镇畔塘村党支部开展主题党日活动

规范化管理。二是完成三级综合档案室建设；三是加强内部控制管理。不定期开展单位各项事物的自检自查工作，针对存在问题认真整改，严防风险点。不定期开展随文督办、随会督办、重点工作督办，时刻追踪工作进度，推进重点工作高效高质完成；四是加强保密和国家安全管理；六是及时上报人事变动信息，为新干部入职、老干部退休、干部职务职级变动提供有利依据。完善目标考核，激励提高信息写作能力和积极性。七是持续推进统计改革，提高数据质量。

七、落实疫情防控工作，防疫调查两不误

在疫情期间，宜州调查队认真贯彻落实相关防疫工作指示精神，多次在防疫责任区开展"门前五保""敲门行动"等防疫工作，同时加强队内防疫监督，配备防疫物资，做好防疫物资出入库登记，确保防疫工作与统计工作齐头并进。

八、工作亮点

（一）加强汇报，多点开花，贯彻落实桂政办发〔2021〕53号文件精神成效突出

一是争取地方调查业务经费39万元，并增加一间办公用房，干部职工绩效也获得地方全额发放，为调查工作高效顺利开展提供充分保障；二是积极对接宜州区委组织部及宣传部，将宜州调查队纳入地方培训计划，将统计法纳入地方党校领导干部教育培训必修课，将习近平总书记关于统计工作的重要指示批示精神及相关统计法律法规列入区委中心组学习内容；三是将调查工作形成专门报告递交宜州区政府，区政府转发各乡镇及各部门，要求各单位积极配合调查工作，工作开展愈加顺利。并成立了以常务副区长为组长的劳动力调查工作领导机构，劳动力调查工作得到极大重视。

（二）集思广益，努力创新，统计法治及调查工作宣传深入人心

一是积极协调，在"统计开放日"当天，宜州区各部门电子宣传栏均为统计开放日宣传内容，实现"多维度宣传"；二是创建"宜州调查"微信公众号，展示各项调查工作流程及成效，打开对外宣传的大门。

2021年12月4日，宜州调查队联合河池市统计局、宜州区统计局集中开展统计普法宣传活动

2022年4月22日，罗城县统计局一行3人到宜州区北牙乡农产量调查点观摩学习宜州调查队无人机春播面积实地调查方法

国家统计局南丹调查队

2021年，国家统计局南丹调查队（以下简称南丹调查队）坚持以习近平新时代中国特色社会主义思想为指导，深入学习贯彻党的十九大及十九届二中、三中、四中、五中、六中全会精神，坚决落实习近平总书记关于统计工作重要讲话指示批示精神和党中央深化统计改革发展重大决策部署，积极开展党史学习教育，狠力推动全面从严治党，全力以赴推动调查事业高质量发展。

一、落实党建工作，全力发挥党支部的战斗堡垒作用

（一）政治建设常抓不懈，提高政治机关意识。积极落实支部书记抓党建第一责任人责任，旗帜鲜明加强党的政治建设，着力在做好“两个维护”上下功夫，坚定不移沿着正确的政治方向前进。一是坚持“第一议题”，第一时间传达学习习近平总书记重要讲话精神和中央重大决策部署，并坚决做到贯彻落实，保证在思想上政治上行动上同党中央保持高度一致。二是积极组织党员干部组织理论学习培训。队领导班子全体人员参加广西调查总队、县委组织的党的十九届五中全会精神轮训班学习；全体干部职工参加国家统计局组织的“钉钉”在线学习等学习，不断提升理论水平。三是不

2021年5月27日，广西调查总队党组成员、纪检组长姜永亮（右三）到南丹县城关镇恩村开展住户调查记账检查工作

2021年10月13日，广西调查总队一级巡视员梁开光（右二）到南丹调查队督导党史学习教育开展情况

断提升党建工作标准化规范化水平。完成党员活动室以及党风廉政文化长廊进行升级改造，优化制度上墙，营造更加浓厚的政治机关氛围。四是本着“预防为主、注重教育、抓早抓小、治病救人”的原则，执纪监督重在预防，以教育为抓手，不断增强全体队员党纪政纪观念。五是积极开展三项专项治理工作。组织人力开展开展三项专项治理自查工作，进一步强化了干部职工严格遵守中央“八项规定”的思想意识，对我党的全面从严治党有更进一步的认识，牢固树立“八项规定”永不过时，纠治“四风”没有退路的思想。六是认真做好“巡视”整改工作。根据广西调查总队的安排部署，对照国家统计局巡视广西调查总队党组发现的问题，结合本队实际，认真梳理，查摆本队存在的问题，采取措施全面完成整改任务。

（二）党史学习教育走深走实。党史学习教育是党的政治生活中的一件大事，南丹队将党史学习教育作为一项重要政治任务来抓。一是思想端正“动起来”。召开党员大会及时学习习近平总书记在党史学习教育动员大会上的讲话。制定了党史学习教育实施方案，成立了工作领导机构，排出时间表、画出“路线图”、明确“任务书”，推动党史学习教育有条不紊开展，为党史学习教育开好局

2021年12月31日，南丹调查队开展迎元旦文体活动

起好步提供了强有力的组织保障、奠定了扎实的基础。二是权威资料“用起来”。集中学习《中国共产党简史》《习近平论中国共产党历史》等著作，深入四个历史专题的学习研讨，为党员干部提供“精神食粮”。三是形式多样“学起来”。采用跟随习总书记脚步学、结合本地特色学、“线上+线下”学、追逐红色现场学等多种方式，让党史学习教育真正落地生根，走心走深走实。四是“为群众办实事”有声有色。南丹调查队用为群众办实事的实际行动检验党史学习教育成效，扎实推进“我为群众办实事”实践活动，广泛征求意见建议，从群众最关心的问题入手、从最现实的利益出发，切实解决群众的困难事、烦心事，在此基础上，明确责任分工，完成“我为群众办实事”实践活动项目（事项）12项、措施14项。在采茶时节到劳动力调查样本村六寨镇龙马村帮助农户采摘茶叶；结合五四青年节到城关镇桥村开展清理河道卫生；到住户调查点月里镇上稿村帮助记账户老人采摘李子；到月里社区开展乡村振兴研讨会，并给予资金支持；优化办公环境，打造美丽整齐有氛围有归属感的办公环境；及时维修维护公务电车，为职工的安全办公提供保障；结合业务深入村屯开展种植养殖技术宣传，深入养殖户了解生猪、羊等养殖，受疫情、流行病影响情况，并与农业农村局共同开展养殖技术宣传等；结合翁乐村、南胃村、巴定社区等本地务工人员较多的调查点，进行劳动法、合同法、民法典的宣传讲解，增强群众学法用法的本领，提高用法保护合法权益的能力。

（三）深化“党旗红·数据真”党建品牌创建工作。制定“一支部一品牌”实施方案，进一步强化党建引领一切的思想认识，强化党支部的堡垒作用，强化了党员创先争优的先锋模范意识。推进党建+劳动力调查业务、畜禽监测调查业务、住户调查业务、农民工监测调查等业务的深度融合。

（四）强化政治监督与日常监督，发挥监督执纪作用。把广西国家调查队系统党风廉政建设会议精神落到实处，切实履行监督职责，认真执好纪、问好责、把好关，切实维护中央八项规定和各项纪律的严肃性。结合实际，制定实施细则，落实责任，对照责任分解、责任考核、责任追究要求，细化分解反腐倡廉建设的目标和任务、量化考核的标准和要求、布置年度党风廉政建设工作要点，把党风廉政建设工作与业务调查工作同部署同落实同考核。今年以来，检查发现44个问题，通过现场督促整改，“回头看”检查再次督促整改，现已完成所有问题整改。

二、坚定不移贯彻习近平总书记等中央领导同志关于统计工作重要讲话指示批示精神

（一）深入学习习近平总书记关于统计工作的重要讲话指示批示精神。采取召开专题学习会议、支部集中学习、在线学习等形式进行学习，组织专题学习，确保即学即行。坚决杜绝数据造假、统计造假、弄虚作假，从源头遏制“数字上的腐败”，做到依法统计、依法治统。

（二）持续做好《意见》《办法》《规定》的学习及贯彻落实。将贯彻落实习近平新时代中国特色社会主义思想、中央《意见》《办法》《规定》列入干部培训学习重点内容。每季度召开专题学习会议进行学习研讨，并采取支部集中学习、在线学习等形式进行学习，确保即学

2022年3月25日，南丹调查队到六寨镇银寨村开展助力春耕活动，并邀请农业部门技术人员现场讲解春耕技术要点

2022年4月8日，南丹调查队到利乐村与白裤瑶同胞开展民族团结一家亲活动，学习瑶族同胞刺绣文化

即行。不断强化纪律意识，不断提高遵规守纪自觉性。

（三）多措并举推动法治宣传教育。一是利用中国统计开放日、国家宪法日、统计法颁布纪念日等重要时间节点为契机，运用展板、横幅、知识竞答、广场普法和社区普法等方式加强统计普法宣传。二是通过“党建+调查业务”活动、业务培训会等组织辅调员、调查对象等学习统计法律法规。三是举办辅助调查员统计法律法规培训班，提升辅调员法治意识；四是在调查样本点上开设法治小课堂，向调查对象讲解统计法律法规知识，为统计调查工作高质量开展奠定坚实的法治基础。

三、深入贯彻落实广西国家调查工作会议精神,高质量推动调查事业发展

（一）召开专题会议，抓好贯彻落实。1月29日，南丹调查队组织召开全体会议，传达学习2021年广西国家调查工作会议精神，并结合强化党建引领、狠抓数据质量、加强统计服务能力三点内容对2021年重点工作进行部署，会后，根据会议要求拟定了本队年度督察督办计划、法治工作要点及干部培训要点等年度计划，为全年工作顺利开展理清思路。

（二）严格落实统计调查制度、提升数据质量。一是严格按照制度的要求，规范数据采集、管理、审核等流程，确保源头数据质量；二是加强数据质量检查。先后对住户一体化调查、劳动力调查、农业播种面积调查和主要畜禽监测调查数据采集环节进行监督，对辖区内畜禽生产发展开展数据核查，对大型养殖场开展现场督查核查，保障数据质量。

（三）信息服务工作能力进一步提升。从日常管理、考核制度等方面着手，充分调动队员撰写信息约稿的积极性和主动性。截至目前，南丹调查队上报政务信息82篇（获采用61篇，其中国家统计局内网采用4篇）；约稿上报71篇。

（四）着力加强干部队伍能力建设，提升干部队伍素质。研究制定单位干部培训要点、支部理论学习计划方案，强化干部政治理论水平；积极选派年轻干部参加地方培训班、大力支持年轻干部参加总队组织的专项调查、“双随机”检查等方式提升干部素质。

四、全年工作亮点

（一）党的建设不断加强，基层组织堡垒作用进一步提升。2021年完成了预备党员转正、发展对象、积极分子的确认工作。全体在职在编人员全部向党组织靠拢，党员干部队伍不断壮大，单位干部队伍政治素质进一步提高。共召开了18次党员大会、3次专题党课、12次主题党日活动。扎实推进“我为群众办实事”实践活动，明确责任分工，完成“我为群众办实事”实践活动项目（事项）12项。

（二）数据质量进一步提高，调查业务取得成效。住户调查获得上级领导的充分肯定，并在今年的住户会上进行了经验交流，住户调查电子记账户比例已达98%。完成劳动力调查、产品价格调查和中间消耗调查的轮换工作。农业调查和专项调查工作质量不断提升。

2022年5月10日，南丹县委常委、常务副县长芦红飞（中）到南丹调查队开展统计调研工作

国家统计局环江调查队

2021年，国家统计局环江调查队（以下简称环江调查队）在广西调查总队的正确领导下，在环江县党委、政府的关心支持下，坚持以习近平新时代中国特色社会主义思想为指导，深入贯彻落实习近平总书记关于统计工作重要讲话指示批示和《意见》《办法》《规定》等重要统计改革文件精神，以开展党史学习教育为契机，强化基础工作，抓实数据质量，提升优质服务，较好地完成了各项工作。

2021年7月21日，环江调查队联合宜州调查队到巴马县革命教育基地"香刷洞"开展党史学习教育实践活动

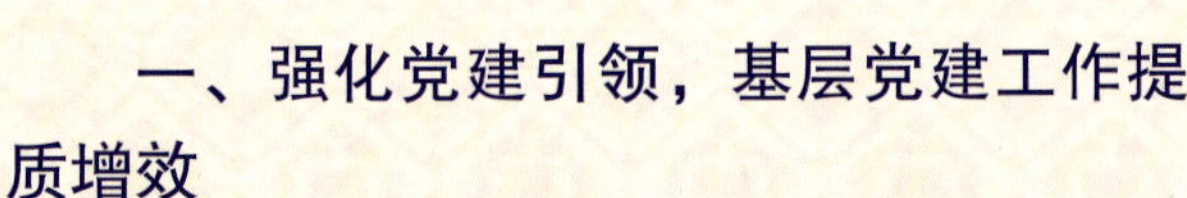

一、强化党建引领，基层党建工作提质增效

一是加强组织领导，专题研究党建工作。2021年召开3次专题会议，研究制定了《环江调查队2021年党建工作要点》《2021年党风廉政建设和反腐败工作要点》《国家统计局环江调查队落实党风廉政建设主体责任和监督责任分解表（2021）》，做到责任主体明确、责任范围明确、责任内容明确。

二是开展理论学习，提升党员队伍素质。制定《环江调查队2021年理论学习计划》，重点学习贯彻落实习近平新时代中国特色社会主义思想和党的十九届历次全会精神，特别是习近平总书记在庆祝中国共产党成立100周年大会上等重大活动以及在福建、广西、西藏、陕西榆林等地考察期间的重要讲话精神。同时，全体队员充分利用统计网络平台和学习强国APP进行自学，多次获得环江县"学习强国"红榜通报。

三是丰富党内活动，增强党支部活力。严格落实"三会一课"制度，抓实抓细主题党日活动，切实丰富了党员干部的理论知识和提高服务群众能力。

2021年7月13日，环江调查队到水源镇三才村开展踏田估产工作

四是精心谋划部署，推进党史学习教育。及时成立了党史学习教育领导小组，印发实施方案，按照学习安排，共开展党史专题学习8次，为群众办实事5件，开展了党史故事上台讲、红色歌曲一起唱、红色经典大家看、党史知识抢比赛、打卡红色基地之"感党恩　跟党走"五个一活动，特别是先后到全州县湘江战役纪念馆、东兰和巴马红色革命教育基地，开展党史学习教育现场教学活动，增强了全体队员的爱国爱党热

2021年9月14日，环江调查队到罗城于成龙廉政文化展示馆开展廉政主题党日活动

情，汲取奋进力量。

五是持续推进“党建+”，打造品牌升级版。打造“党旗红·数据真”党建品牌升级版，各个调查专业通过召开业务培训会、走访入户以及举行支部共建活动等方式，积极深化“党建+业务”融合工作，做到党建业务与调查业务同部署、党建知识与业务知识共学习，注重树立党员先锋模范作用，树立国家调查形象，以党建引领业务工作，不断提高了调查数据质量。

二、认真履职尽责，各项调查工作扎实推进

一是抓职责分工，调查工作得到高效完成。严格按照调查制度方案要求，扎实推进城乡居民收支调查等11项常规调查项目工作开展。积极推进住户调查电子记账推广使用，电子记账使用率达89%，“e调查”达100%；充分利用2台无人机、4台PAD，采集农业样本地块基础数据，实现了先进科技覆盖农业调查，顺利完成秋冬播、春播、夏播播种面积调查无人机航拍工作；在做好主要畜禽监测调查业务的同时，加强与相关部门建立信息联动机制，及时掌握畜牧业调查相关动态信息，促进工作高效顺利开展；定时对农产品生产价格、中间消耗调查点进行跟踪了解，开展农产品生产价格样本轮换实地摸底和新点调查工作，确保数据质量；积极推进劳动力调查扩点样本轮换工作，年内4个新调查点全部正常开展调查；加强企业业务培训和指导，按要求完成新设立小微企业跟踪调查调查任务。认真开展广西青年发展调查工作，年内选派1人参加区级文明城市测评工作，专项调查工作顺利完成。

二是抓统筹协调，行政管理职能得到有效发挥。全面使用OA办公，保障行政运行的畅通有序高效，认真执行每一份文件要求，做好文件登记、拟办、传阅和办理以及拟稿、审稿、签批和发文工作，圆满完成2020年度档案归档、整理工作。认真开展督查督办，年内完成督察督办7次，保障了工作落地见成效。积极配合总队继续开展“县账省管”工作，认真做好年度财政预算、决算。重新修订了《财务管理和会计工作规范》等12项财务制度，不断完善财务风险防控体系建设。

三是抓调查研究，统计优质服务得到充分展现。始终把政务信息工作和调查信息摆在全队工作的重要位置，积极采取“压担子，传帮带，互促互助带动写等有效措施，提高队员动脑动笔撰写信息的积极性。年内，全队撰写政务信息61篇，获广西调查总队内网采用43篇，其中国家统计局采用1

2021年9月20日，环江调查队联合县统计局开展第十二届“中国统计开放日”宣传活动

2022年3月7日，环江调查队到好禾调查点开展住户调查慰问和收支核实工作

篇；参与调查信息约稿69篇。

四是抓法治教育，统计法治工作得到全面执行。每季度组织全体干部职工集中学习《意见》《办法》《规定》，促使全体队员牢固树立“数据质量第一”意识。利用统计开放日、“环江调查”微信公众号、LED显示屏等宣传统计法治知识，进一步提升了统计法知晓率和覆盖面。

五是抓信息化建设，网络安全得到正常保障。加强对信息安全管理，严把计算机、视频会议系统等设备管理关，加强网络的日常维护与管理工作，定期开展信息化巡查工作，消除网络安全隐患；强化保密意识，利用工作例会及召开专题会议开展保密宣传教育，观看保密宣传片，抓实抓好保密安全工作，年内无泄密责任事故发生。

三、坚持从严管理，党风廉政建设持续强化

一是主动担当作为，严格落实主体责任。领导班子成员切实履行党风廉政建设工作“一岗双责”，将党风廉政建设与调查业务工作有机结合，做到与业务工作同部署、同要求、同检查、同考核。队主要领导强化担当，年内3次听取汇报、研究部署全队党风廉政建设工作。

二是强化监督检查，保证关键部位安全。纪检监察员对日常考勤、公车使用、财务工作等开展不定期重点抽查，对发现问题及时开展提醒，要求责任人立即整改。特别是今年完成了原队长离任经济责任审计，并结合审计、巡察提出的问题，认真开展“三项治理”自查，组织精干力量对2013年以来所有会计凭证和公务接待等事项进行全面排查，促进财务管理进一步规范。开展数据质量检查，不定期抽查各专业原始台账、审核记录、上报审批、规范化建设等，加大对统计调查过程中弄虚作假等行为的监管，年内未发生统计造假、弄虚作假等“数字腐败”行为。

三是坚持防微杜渐，强化廉政警示教育。坚持“节前谈话、节中监督、节后报告”制度，不断强化党的纪律执行情况、中央八项规定精神落实情况、领导干部履行职责情况的监督检查；结合工作实际和风险苗头新问题，及时对全体队员开展廉政提醒谈话，把风险消除在萌芽状态。年内共开展了集体廉政谈话2次、个别廉政谈话4次，案例警示教育6次，参观廉政教育基地2次，上廉政党课3次。

2022年3月8日，广西调查总队一级巡视员梁开光（右三）到环江毛南族自治县实地调研畜牧业发展情况

国家统计局都安调查队

2021年，在广西调查总队的正确领导和都安县党委政府的关心支持下，国家统计局都安调查队（以下简称都安调查队）始终坚持以习近平新时代社会主义思想为指导，深入贯彻党的十九大和十九届历次全会精神，以党的政治建设为统领，推动统计调查事业高质量发展。

2021年9月16日，都安调查队到归义镇金坡村开展“建‘三情’·记真数”党建品牌创建工作部署会

一、聚焦“学深悟透”，着力强化政治理论武装

坚持以习近平新时代中国特色社会主义思想为指导，以三会一课、主题党日为抓手，通过深入学习党的十九届六中全会、《治国理政第三卷》《习近平法治思想学习纲要》等重要论述，引导党员干部深刻领会“两个确立”的决定性意义，增强“四个意识”、坚定“四个自信”、做到“两个维护”。加强队班子政治建设、提高政治能力、强化政治担当，不

2021年9月16日，都安调查队到归义镇金坡村开展“建‘三情’·记真数”党建品牌创建工作部署会

2021年9月14日，都安调查队到罗城仫佬族自治县参加河池辖区调查队现场廉政警示教育活动

断提高政治判断力、政治领悟力、政治执行力。

二、聚焦“党建引领”，着力深化党建工作高效发展

都安调查队党支部认真贯彻落实广西调查总队“党旗红·数据真”党建品牌创建工作的总体布局和工作要求，全力打造“党建引领强调查，凝心聚力办实事”支部党建品牌。

（一）凝心聚力抓好党建与业务大融合

都安调查队紧密围绕业务发展、乡村振兴及为民办实事等重点工作，发挥党支部示范带头和先锋模范作用，利用业务培训会、主题党日活动等机会，开展特色“党建+住户调查”主题活动，把业务培训会场地搬到统计调查工作一线，将党建工作向基层和群众延伸，许多在会上难以理解的枯燥理论，通过现场查看、动手操作、对照讲解变得通俗易懂，也让基层调查工作人员增加互动交流的机会，相互学习、取长补短，有力夯实统计基层基础。

（二）围绕民生抓党建提升群众获得感

根据《关于推动广西国家调查队系统党史学习教育常态化长效化的通知》要求，都安调查队坚持持续探索建立“我为群众办实事”长效机制，多次组织开展为民办实事活动。

三、聚焦“主体责任”，着力硬化监督执纪问责

突出政治监督，紧紧住主体责任“牛鼻子”，突出重点内容，监督保障执行。一是畅通举报渠道，设立廉政信箱，公布投诉举报电话、邮箱、地址等，形成全天候、立体化监督格局。二是制定《国家统计局都安调查队廉政风险防控手册》，深入开展廉政风险排查，各业务股室围绕涉及人、财、物等，从关键环节，全面排查、分析岗位职责、工作流程、制度方法等方面存在的廉政风险点入手，认真梳理职责清单、排查廉政风险、制定防控措施等，设好“警戒线”、筑牢“防火墙”，打造廉洁干部队伍。三是对“三重一大”事项全程监督，纪检监察员参加队务会议，参与年度考核、采购等环节，确保监督责任履行到位。四是加强工作纪律监督，对干部职工工作作风问题整改情况及日常工作纪律进行督查，在全队形成真抓实干、敢于斗争、充满干劲、攻坚克难的浓厚氛围。

四、聚焦“优质服务”，着力优化统计服务水平

充分发挥调查“轻骑兵”作用，切实履行统计调查职能职责，立足广西调查总队和地方党委、政府科学决策需要，持续优化调查服务。一

2021年9月17日，广西调查总队一级巡视员梁开光（前排右）到都安县开展三季度农业农村生产形势调研

2021年9月17日，都安调查队在都安县广场举办第十二届“中国统计开放日”活动

是加强进度分析，围绕城乡居民收入、粮食生产、生猪生产、劳动力就业和居民消费情况，及时开展调研，按照时间节点报告主要指标数据。二是积极对口广西调查总队、“两办”信息需求，围绕中心工作和民生热点，积极参与约稿调研，2021年共撰写调查信息94篇。

五、聚焦“警示教育”，着力固化党风廉政建设

一是队领导上廉政党课，组织党员干部学习党规党纪、统计法律法规，认真抓好理想信念、道德、法纪教育。二是抓牢廉政教育重要节点，在“元旦、春节、清明、五一、端午”等重大节假日，通过组织节前廉政集体谈心谈话、推送微信及QQ工作群、群发短信等方式，教育干部职工牢固树立廉洁过节意识，筑牢反腐倡廉防线。三是强化警示教育，做到警钟长鸣。今年以来共组织开展警示教育4次，通过观看警示教育片、对近年来全国调查队系统、自治县通报的作风问题典型案例进行剖析，引导干部职工进一步强化自我约束，增强全队干部职工纪律规矩意识。四是加强廉政谈话，及时发现问题。严格落实谈心谈话制度，紧扣谈话对象特点，坚持分层分类有的放矢，了解干部思想动态、工作动态和生活情况。

2021年11月12日，都安调查队开展“田间地头办实事　真情助农庆丰收”深入基层为民办实事主题党日活动，帮助调查点农户收玉米

国家统计局象州调查队

2021年，国家统计局象州调查队（以下简称象州调查队）在国家统计局广西调查总队的正确指导下，在象州县委、县政府的关心与支持下，以习近平总书记关于统计工作重要讲话重要指示批示为根本遵循，坚决贯彻落实党中央、国务院关于统计工作重大决策部署，主动担当，奋发作为，努力开创象州调查队统计调查事业新局面。

2022年5月18日，广西调查总队党组成员、党组纪检组组长姜永亮（左二）到石龙镇花山村委调查户家中查看记账户电子记账情况

一、学史力行践初心，推动党建工作开创新局面

（一）推动党史学习教育取得显著成效

党中央召开党史学习教育动员大会以后，象州调查队迅速制定了在象州调查队开展党史学习教育的实施方案，强化政治责任、做好统筹安排，通过系统学习抓深化、聚焦主题抓延伸、联系实际办实事，注重突出统计调查特点，结合实际开展党史专题党课、主题党日活动、参观红色教育基地、入党故事征文、结对帮扶共建、志愿服务活动等多种学习教育活动，不断筑牢信仰之基、补足精神之钙，把对党和人民的忠诚和热爱牢记在心目中、落实在行动上，高标准高质量推动党史学习教育和“我为群众办实事”实践活动取得成效。2021年党史学习教育已集中专题学习15次，集中研讨3次，为群众办实事9次，开展特色活动9次，专题党课2次。

（二）党支部通过标准化规范化建设验收

6月8日，中共象州县直工委派出工作组对象州调查队党支部标准化规范化建设进行验收。工作组通过现场核实相关记录材料，对党员进行访谈后给予反馈：象州调查队党支部党建工作基础扎实，党建与业务深度融合，党支部建设标准化规范化达到验收标准，予以通过验收。

2021年10月27日，广西调查总队党组书记、总队长廖金昌（右五）率调研组在象州县三江口节能环保生态产业园开展调研

（三）打造“古郡党旗红·青春心向党”支部品牌

为庆祝中国共产党成立100周年，打造“党旗红·数据真”党建工作品牌升级版——“古郡党旗红·青春心向党”支部品牌。以党支部为

2021年7月12日，象州调查队到象州镇龙门村委调查点开展早稻踏田估产工作

龙头，年轻党员干部为主要力量，凝聚全体干部职工力量，切实贯彻“为民调查　崇法唯实”的新时代调查队精神，增强党支部凝聚力、战斗力、创造力，有力促进年轻干部职工迅速成长，以更高标准推动党建和业务工作高质量发展。2021年，党支部已发展一名青年干部入党成为预备党员，一名青年党员获评象州县县直工委“优秀党员”称号，两名党员干部通过自主考录入职公务员系统。

二、稳中有为谋发展，统计调查业务改革展现新气象

（一）统计调查改革取得新进展

凝心聚力做好住户调查样本轮换“后半篇”，通过加强数据分析评估，认真做好新老样本的比对工作，积极查找差异项，依托相应案例佐证，确保新老样本数据稳步衔接。深入推进粮食畜牧业统计调查数据归口管理工作，加强组织、打牢基础、严格审核，提升粮食统计数据质量，促进粮食统计调查工作提质增效，从源头加强数据真实性、完整性、及时性，为地方党委政府制定政策提供科学可靠的统计依据。依托广西重要商品价格指数平台规范辅助调查员和调查网点管理，目前共录入辅助调查员35名，调查网点总数104个，进一步实现系统规范调查网点及辅助调查员名录库管理，为加快推进统计现代化改革共同奋斗。

（二）行政后勤管理得到新提升

一是新购一台公务车。根据广西调查总队购车指标，及时将2009年购买使用的猎豹牌越野车（桂GGT558）申请报废处置，并严格按照财务相关规定，2021年10月份在政采平台采购一辆越野公务用车，确保今年年底实现新公务车及时上岗。二是新增办公用房。办公室通过向县府申请，与相关部门多方交流沟通后，2021年11月份通过调剂新增一间办公室，解决了本队无独立办公室存放样本的燃眉之急，为保障各项统计调查工作顺利开展保驾护航。三是完成资产盘点工作。结合2021年审计工作对本队提出的资产管理方面薄弱问题，办公室及财务人员从头重新清查，逐一进行盘点，摸清资产存量，开会讨论逐批报废，进一步完善资产登记。

（三）内外宣传平台实现新发展

2021年，象州调查队为多形式多角度多渠道做好统计调查工作、党史学习教育宣传工作，开通了官方微信公众号—象州调查统计，保证统计内网、微信公众号宣传阵地统一步调，截止目前共累计发表文章26篇。同时积极向学习强国平台投稿，其中：突出统计调查特点作品《广西象州县：稻谷香　丰收忙》在学习强国广西学习平台发布，通过坚持正确政治方向、舆论导向、价值取向，加大新闻宣传理念、内容和形式创新，打

2021年9月23日，象州调查队开展第十二届“中国统计开放日”宣传活动

2021年9月17日，大新调查队联合大新县统计局在大新县文化广场举办"赓续红色血脉　奋进统计未来"第十二届"中国统计开放日"宣传活动

答、党员心声大家谈、志愿服务大家做等参与性高、获得感较强的活动。二是大力开展"打卡党性教育基地"活动。3月19日，组织全体党员干部到西门岛烈士纪念碑进行打卡学习；3月26日，组织到硕龙镇念典村村史馆参观；6月，组织到东兰县韦拔群烈士陵园、列宁岩进行现场教学；7月，到全州湘江战役纪念馆参观学习，不断提升党员干部党性修养。

（三）践初心、办实事，"我为群众办实事"取得实效。4月，到农业调查网点开展"春耕"活动，帮农户插秧，为困难农户送去化肥和技术；到住户调查网点帮群众抢收青梅、宣传和扩大销售渠道，解决群众的急难愁盼问题。10月，到农业调查网点帮助困难群众抢收倒伏的晚稻；与县文明办联合到北三村委开展重阳节敬老志愿服务活动。

三、狠抓重点任务落实落地，工作成效突显

大新调查队坚持高定位、高标准，围绕重点、狠抓落实，不断推进统计调查工作高质量发展，取得新进展、新成效。2021年，荣获广西国家调查队系统2018—2020年度五星级党支部、广西国家调查队系统"党建+业务"示范点、大新县先进基层党组织荣誉称号、2020年度地方绩效考评综合奖一等奖，4个专项工作考评荣获一等奖1个，二等奖3个、崇左辖区市县国家调查队主题演讲比赛一等奖；政务信息获得国家统计局采用4篇；配合做好"百队调研"工作，提出7条有建设性的意见；推动《关于进一步加强广西国家调查工作的通知》文件落地，成功增加劳动力、粮食产量、畜牧业调查业务经费纳入地方财政年度预算。9月，在系统统计执法骨干培训班上做典型经验发言，推广法治工作模式；潘美婵同志荣获大新县优秀共产党员荣誉称号、兰丽鲜同志荣获大新县2020年担当作为、善

2021年10月20日，大新调查队党支部与农产点公益村党总支部开展结对共建"党建+农产量调查"主题党日活动

2022年4月9日，大新调查队到疫情防控责任区冠林华府小区协助大新县常态化核酸检测采样工作

作善成先进个人荣誉称号。

（一）以数据质量为主线，夯实住户调查基础。融入法治元素，提升数据质量意识。编印《住户调查与你同行》宣传册，依托党员微课堂平台，结合记账工作要求，到各个调查点宣传，提高记账质量。

（二）多措并举，高效完成农村农业调查工作。重视无人机遥感应用。选派3名干部参加UTC证培训，全员通过考试并获得证书，目前全队有6名无人机飞手。持续推动党建与业务深度融合。1月，选树和宣传“党旗红·数据真”优秀党员辅调员；8月，开展“党建+农业”知识竞赛活动；10月，联合农产点公益村开展“红色度量衡　实测数据真”活动，通过现场培训、实操演练提高辅调员业务能力。

（三）坚持党建引领夯实统计调查数据之“实”。坚持党建引领,充分发挥党员先锋模范作用，在实施重大事项部署和重大任务时一定有党员干部冲锋在前。2022年3月，在大新县疫情防控的关键时刻，千方百计做好数据生产，确保疫情期间统计工作不断不乱，及时掌握调查网点疫情防控管理要求，做好工作预案，精准研判后及时向广西调查总队报告，适时调整调查工作模式，做好源头数据采集、审核及上报等工作。

附录 全国及各省（直辖市、自治区）主要统计调查指标

APPENDIX Main Statistical Survey Indicators by Region

附录1-1　全国及各省（直辖市、自治区）居民人均可支配收入

Per Capita Disposable Income of Households by Region

单位：元　　（yuan）

地　区	Region	2017	2018	2019	2020	2021
全　国	**National**	**25974**	**28228**	**30733**	**32189**	**35128**
北　京	Beijing	57230	62361	67756	69434	75002
天　津	Tianjin	37022	39506	42404	43854	47449
河　北	Hebei	21484	23446	25665	27136	29383
山　西	Shanxi	20420	21990	23829	25214	27426
内蒙古	Inner Mongolia	26212	28376	30555	31497	34108
辽　宁	Liaoning	27835	29701	31820	32738	35112
吉　林	Jilin	21368	22798	24563	25751	27770
黑龙江	Heilongjiang	21206	22726	24254	24902	27159
上　海	Shanghai	58988	64183	69442	72232	78027
江　苏	Jiangsu	35024	38096	41400	43390	47498
浙　江	Zhejiang	42046	45840	49899	52397	57541
安　徽	Anhui	21863	23984	26415	28103	30904
福　建	Fujian	30048	32644	35616	37202	40659
江　西	Jiangxi	22031	24080	26262	28017	30610
山　东	Shandong	26930	29205	31597	32886	35705
河　南	Henan	20170	21964	23903	24810	26811
湖　北	Hubei	23757	25815	28320	27881	30829
湖　南	Hunan	23103	25241	27680	29380	31993
广　东	Guangdong	33003	35810	39014	41029	44993
广　西	Guangxi	19905	21485	23328	24562	26727
海　南	Hainan	22553	24579	26680	27904	30457
重　庆	Chongqing	24153	26386	28920	30824	33803
四　川	Sichuan	20580	22461	24703	26522	29080
贵　州	Guizhou	16704	18430	20397	21795	23996
云　南	Yunnan	18348	20084	22082	23295	25666
西　藏	Tibet	15457	17286	19501	21744	24950
陕　西	Shaanxi	20635	22528	24666	26226	28568
甘　肃	Gansu	16011	17488	19139	20335	22066
青　海	Qinghai	19001	20757	22618	24037	25919
宁　夏	Ningxia	20562	22400	24412	25735	27904
新　疆	Xinjiang	19975	21500	23103	23845	26075

附录1-2　全国及各省（直辖市、自治区）城镇居民人均收入与支出

Per Capita Income and Expenditure of Urban Households by Region

单位：元 （yuan）

地　区	Region	城镇居民人均可支配收入 Per Capita Disposable Income of Urban Households		城镇居民人均消费支出 Per Capita Consumption Expenditure of Urban Households	
		2020	2021	2020	2021
全　国	**National**	**43834**	**47412**	**27007**	**30307**
北　京	Beijing	75602	81518	41726	46776
天　津	Tianjin	47659	51486	30895	36067
河　北	Hebei	37286	39791	23167	24192
山　西	Shanxi	34793	37433	20332	21965
内蒙古	Inner Mongolia	41353	44377	23888	27194
辽　宁	Liaoning	40376	43051	24849	28438
吉　林	Jilin	33396	35646	21623	24421
黑龙江	Heilongjiang	31115	33646	20397	24422
上　海	Shanghai	76437	82429	44839	51295
江　苏	Jiangsu	53102	57743	30882	36558
浙　江	Zhejiang	62699	68487	36197	42193
安　徽	Anhui	39442	43009	22683	26495
福　建	Fujian	47160	51140	30487	33942
江　西	Jiangxi	38556	41684	22134	24587
山　东	Shandong	43726	47066	27291	29314
河　南	Henan	34750	37095	20645	23178
湖　北	Hubei	36706	40278	22885	28506
湖　南	Hunan	41698	44866	26796	28294
广　东	Guangdong	50257	54854	33511	36621
广　西	Guangxi	35859	38530	20907	22555
海　南	Hainan	37097	40213	23560	27565
重　庆	Chongqing	40006	43502	26464	29850
四　川	Sichuan	38253	41444	25133	26971
贵　州	Guizhou	36096	39211	20587	25333
云　南	Yunnan	37500	40905	24569	27441
西　藏	Tibet	41156	46503	24927	28159
陕　西	Shaanxi	37868	40713	22866	24784
甘　肃	Gansu	33822	36187	24615	25757
青　海	Qinghai	35506	37745	24315	24513
宁　夏	Ningxia	35720	38291	22379	25386
新　疆	Xinjiang	34838	37642	22952	25724

附录1-3 全国及各省（直辖市、自治区）农村居民人均收入与支出

Per Capita Income and Expenditure of Rural Households by Region

单位：元 (yuan)

地 区	Region	农村居民人均可支配收入 Per Capita Disposable Income of Rural Households		农村居民人均消费支出 Per Capita Consumption Expenditure of Rural Households	
		2020	2021	2020	2021
全 国	**National**	**17131**	**18931**	**13713**	**15916**
北 京	Beijing	30126	33303	20913	23574
天 津	Tianjin	25691	27955	16844	19285
河 北	Hebei	16467	18179	12644	15391
山 西	Shanxi	13878	15308	10290	11410
内蒙古	Inner Mongolia	16567	18337	13594	15691
辽 宁	Liaoning	17450	19217	12311	14606
吉 林	Jilin	16067	17642	11864	13411
黑龙江	Heilongjiang	16168	17888	12360	15225
上 海	Shanghai	34911	38521	22095	27205
江 苏	Jiangsu	24198	26791	17022	21130
浙 江	Zhejiang	31930	35247	21555	25415
安 徽	Anhui	16620	18368	15024	17163
福 建	Fujian	20880	23229	16339	19290
江 西	Jiangxi	16981	18684	13579	15663
山 东	Shandong	18753	20794	12660	14299
河 南	Henan	16108	17533	12201	14073
湖 北	Hubei	16306	18259	14472	17647
湖 南	Hunan	16585	18295	14974	16951
广 东	Guangdong	20143	22306	17132	20012
广 西	Guangxi	14815	16363	12431	14165
海 南	Hainan	16279	18076	13169	15487
重 庆	Chongqing	16361	18100	14140	16096
四 川	Sichuan	15929	17575	14953	16444
贵 州	Guizhou	11642	12856	10818	12557
云 南	Yunnan	12842	14197	11069	12386
西 藏	Tibet	14598	16935	8917	10577
陕 西	Shaanxi	13316	14745	11376	13158
甘 肃	Gansu	10344	11433	9923	11206
青 海	Qinghai	12342	13604	12134	13300
宁 夏	Ningxia	13889	15337	11724	13536
新 疆	Xinjiang	14056	15575	10778	12821

附录1-4　广西与全国居民消费价格主要分类指数（2021年）

Consumer Price Indices by Category in Country and Guangxi（2021）

（上年＝100）　　　　(preceding year=100)

指　标	Item	全国平均 National Average	广　西 Guangxi
居民消费价格指数	**Consumer Price Index**	**100.9**	**100.9**
食品烟酒	Food, Tobacco and Liquor	99.7	98.8
粮食	Grain	101.1	101.6
鲜菜	Fresh Vegetables	105.6	103.5
畜肉类	Livestock Meat	82.8	78.7
水产品	Aquatic Products	109.4	107.0
蛋	Eggs	110.8	107.3
鲜果	Fresh Fruits	102.8	101.6
衣着	Clothing	100.3	101.0
居住	Residence	100.8	100.8
生活用品及服务	Household Facilities Articles and Services	100.4	100.4
交通通信	Transportation and Communication	104.1	102.7
教育文化服务	Education Culture Services	101.9	103.7
医疗保健	Health Care and Medical Services	100.4	102.4
其他用品及服务	Other Supplies and Services	98.7	99.7
商品零售价格指数	**Retail Price Index**	**101.6**	**101.1**
食品	Food	99.7	98.0
饮料、烟酒	Beverages, Tobacco and Liquor	101.5	100.7
服装、鞋帽	Garments, Shoes and Hats	100.3	101.0
纺织品	Textiles	100.4	100.1
家用电器及音像器材	Household Appliances, Music and Video Equipment	101.1	101.8
文化办公用品	Cultural and Office Appliances	101.5	101.4
日用品	Articles for Daily Use	99.8	98.9
体育娱乐用品	Sports and Recreation Articles	100.8	101.9
交通、通信用品	Transportation and Communication Appliances	100.5	99.5
家具	Furniture	101.3	100.3
化妆品	Cosmetics	98.7	100.1
金银珠宝	Gold, Silver and Jewelry	99.5	101.4
中西药品及医疗保健用品	Traditional Chinese and Western Medicines and Health Care Articles	99.6	98.2
书报杂志及电子出版物	Books, Newspapers, Magazines and Electronic Publications	100.6	101.0
燃料	Fuels	114.3	116.1
建筑材料及五金电料	Building Materials and Hardware	101.8	101.5

附录1–5 全国及各省（直辖市、自治区）居民消费价格指数

Consumer Price Indices by Region

（上年=100） (preceding year=100)

地区	Region	2017 指数 Index	2017 排位 Rank	2018 指数 Index	2018 排位 Rank	2019 指数 Index	2019 排位 Rank	2020 指数 Index	2020 排位 Rank	2021 指数 Index	2021 排位 Rank
全国	**National**	**101.6**		**102.1**		**102.9**		**102.5**		**100.9**	
北京	Beijing	101.9	6	102.5	3	102.3	29	101.7	28	101.1	10
天津	Tianjin	102.1	4	102.0	22	102.7	19	102.0	25	101.3	5
河北	Hebei	101.7	8	102.4	6	103.0	10	102.1	24	101.0	13
山西	Shanxi	101.1	28	101.8	25	102.7	17	102.9	3	101.0	12
内蒙古	Inner Mongolia	101.7	9	101.8	24	102.4	25	101.9	27	100.9	20
辽宁	Liaoning	101.4	24	102.5	2	102.4	26	102.4	15	101.1	11
吉林	Jilin	101.6	15	102.1	13	103.0	9	102.3	19	100.6	23
黑龙江	Heilongjiang	101.3	25	102.0	20	102.8	15	102.3	16	100.6	24
上海	Shanghai	101.7	10	101.6	29	102.5	22	101.7	29	101.2	9
江苏	Jiangsu	101.7	7	102.3	9	103.1	6	102.5	14	101.6	1
浙江	Zhejiang	102.1	3	102.3	10	102.9	12	102.3	21	101.5	2
安徽	Anhui	101.2	26	102.0	19	102.7	16	102.7	8	100.9	14
福建	Fujian	101.2	27	101.5	31	102.6	20	102.2	23	100.7	22
江西	Jiangxi	102.0	5	102.1	14	102.9	14	102.6	11	100.9	19
山东	Shandong	101.5	17	102.5	5	103.2	4	102.8	5	101.2	8
河南	Henan	101.4	23	102.3	11	103.0	8	102.8	6	100.9	15
湖北	Hubei	101.5	16	101.9	23	103.1	7	102.7	7	100.3	26
湖南	Hunan	101.4	20	102.0	21	102.9	11	102.3	20	100.5	25
广东	Guangdong	101.5	18	102.2	12	103.4	3	102.6	9	100.8	21
广西	Guangxi	101.6	13	102.3	8	103.7	1	102.8	4	100.9	18
海南	Hainan	102.8	1	102.5	4	103.4	2	102.3	18	100.3	29
重庆	Chongqing	101.0	29	102.0	16	102.7	18	102.3	17	100.3	28
四川	Sichuan	101.4	21	101.7	27	103.2	5	103.2	2	100.3	27
贵州	Guizhou	100.9	31	101.8	26	102.4	24	102.6	12	100.1	31
云南	Yunnan	100.9	30	101.6	30	102.5	21	103.6	1	100.2	30
西藏	Tibet	101.6	11	101.7	28	102.3	27	102.2	22	100.9	16
陕西	Shaanxi	101.6	12	102.1	15	102.9	13	102.5	13	101.5	3
甘肃	Gansu	101.4	22	102.0	17	102.3	28	102.0	26	100.9	17
青海	Qinghai	101.5	19	102.5	1	102.5	23	102.6	10	101.3	6
宁夏	Ningxia	101.6	14	102.3	7	102.1	30	101.5	30	101.4	4
新疆	Xinjiang	102.2	2	102.0	18	101.9	31	101.5	31	101.2	7

附录1–6 全国及各省（直辖市、自治区）商品零售价格指数

Retail Price Indices by Region

（上年=100） (preceding year=100)

地 区	Region	2017		2018		2019		2020		2021	
		指 数 Index	排 位 Rank	指 数 Index	排 位 Rank	指 数 Index	排 位 Rank	指 数 Index	排 位 Rank	指 数 Index	排 位 Rank
全 国	**National**	**101.1**		**101.9**		**102.0**		**101.4**		**101.6**	
北 京	Beijing	99.2	31	101.1	28	100.5	30	101.0	23	101.7	11
天 津	Tianjin	100.8	25	101.6	19	101.7	21	101.0	22	101.5	17
河 北	Hebei	101.4	9	102.2	8	101.8	19	101.4	16	101.9	9
山 西	Shanxi	101.3	14	101.7	15	101.8	20	100.9	26	102.7	2
内蒙古	Inner Mongolia	101.2	17	101.6	18	101.5	26	100.5	31	103.8	1
辽 宁	Liaoning	100.7	26	101.4	24	101.7	23	101.1	21	101.9	8
吉 林	Jilin	101.4	6	102.4	5	102.1	11	100.7	28	101.8	10
黑龙江	Heilongjiang	99.9	30	101.1	29	102.1	12	101.5	14	101.6	14
上 海	Shanghai	100.9	22	101.6	20	100.4	31	100.9	25	101.3	25
江 苏	Jiangsu	101.9	2	102.6	3	102.6	3	101.8	9	102.3	3
浙 江	Zhejiang	101.4	10	102.1	9	102.5	5	101.2	20	102.2	4
安 徽	Anhui	101.7	4	101.9	13	101.9	18	101.6	11	101.6	12
福 建	Fujian	100.6	27	101.5	21	101.9	17	101.3	19	101.1	30
江 西	Jiangxi	101.0	19	101.0	30	101.9	15	101.6	13	101.2	28
山 东	Shandong	100.8	24	102.2	7	102.2	10	102.0	6	101.4	24
河 南	Henan	101.3	11	102.9	1	102.4	7	100.9	24	101.5	16
湖 北	Hubei	100.3	29	101.2	26	102.6	4	102.2	4	101.2	29
湖 南	Hunan	101.3	15	102.3	6	102.3	9	101.3	17	101.6	15
广 东	Guangdong	101.6	5	102.1	12	101.4	27	100.8	27	101.4	20
广 西	Guangxi	101.2	18	101.6	17	103.2	1	101.4	15	101.1	31
海 南	Hainan	102.0	1	102.5	4	102.5	6	101.6	12	101.3	26
重 庆	Chongqing	100.8	23	101.2	27	101.6	24	102.2	5	101.4	22
四 川	Sichuan	100.5	28	101.4	25	102.7	2	102.7	1	101.4	23
贵 州	Guizhou	100.9	20	101.8	14	101.7	22	101.6	10	101.2	27
云 南	Yunnan	101.3	13	101.5	22	101.5	25	102.4	3	101.4	21
西 藏	Tibet	101.4	7	101.5	23	102.0	14	102.0	7	101.5	19
陕 西	Shaanxi	101.3	12	102.1	11	102.4	8	101.9	8	101.6	13
甘 肃	Gansu	101.4	8	101.7	16	101.9	16	101.3	18	102.0	5
青 海	Qinghai	101.2	16	102.1	10	102.0	13	102.4	2	101.5	18
宁 夏	Ningxia	101.8	3	102.9	2	101.1	29	100.6	30	102.0	6
新 疆	Xinjiang	100.9	21	100.9	31	101.3	28	100.6	29	102.0	7

附录1-7　全国和36个大中城市居民消费价格指数

Price Indices of Consumer in China and 36 Large and Medium-sized Cities

（上年＝100）　　(preceding year=100)

地区	Region	2017		2018		2019		2020		2021	
		指数 Index	排位 Rank	指数 Index	排位 Rank	指数 Index	排位 Rank	指数 Index	排位 Rank	指数 Index	排位 Rank
全　国	**National**	**101.8**		**102.2**		**102.8**		**102.1**		**101.1**	
北　京	Beijing	101.9	14	102.5	8	102.3	32	101.7	32	101.1	20
天　津	Tianjin	102.1	7	102.0	25	102.7	23	102.0	24	101.3	10
石家庄	Shijiazhuang	101.4	30	102.3	13	102.7	19	102.3	17	100.9	26
太　原	Taiyuan	101.8	19	101.8	29	102.7	22	102.6	4	101.0	23
呼和浩特	Hohhot	101.4	29	102.1	20	102.6	24	102.0	26	100.9	25
沈　阳	Shenyang	101.4	27	103.0	2	102.4	30	102.3	20	101.3	11
大　连	Dalian	102.1	8	103.0	1	102.4	29	102.1	22	101.4	7
长　春	Changchun	101.3	33	102.0	22	102.9	13	101.9	29	100.5	31
哈尔滨	Harbin	101.6	23	102.5	7	102.6	25	101.4	35	100.6	27
上　海	Shanghai	101.7	22	101.6	33	102.5	28	101.7	33	101.2	17
南　京	Nanjing	101.9	15	102.4	10	103.1	8	102.4	13	101.5	6
杭　州	Hangzhou	102.5	3	102.3	15	103.1	7	102.1	21	101.3	13
宁　波	Ningbo	101.8	17	102.2	17	103.0	12	101.9	28	102.1	1
合　肥	Hefei	101.4	26	102.0	24	102.9	14	102.3	14	101.7	2
福　州	Fuzhou	101.4	31	101.5	34	102.5	26	102.4	9	100.6	28
厦　门	Xiamen	102.0	10	101.8	28	103.0	11	102.5	6	101.2	16
南　昌	Nanchang	102.1	6	102.3	14	102.8	17	102.5	7	101.0	22
济　南	Jinan	102.0	12	102.6	5	103.3	5	102.4	11	101.5	5
青　岛	Qingdao	102.0	13	102.1	19	103.3	3	102.4	10	101.5	4
郑　州	Zhengzhou	101.8	20	102.4	11	103.1	9	102.3	15	101.1	21
武　汉	Wuhan	101.9	16	101.9	27	103.2	6	102.4	8	100.6	29
长　沙	Changsha	101.3	32	102.0	23	102.9	15	101.8	30	101.1	19
广　州	Guangzhou	102.3	4	102.4	12	103.0	10	102.6	3	101.1	18
深　圳	Shenzhen	101.4	28	102.8	3	103.4	2	102.3	18	100.9	24
南　宁	Nanning	102.3	5	102.5	6	103.4	1	102.3	19	101.4	9
海　口	Haikou	103.3	1	102.4	9	103.3	4	101.6	34	100.5	30
重　庆	Chongqing	101.0	34	102.0	21	102.7	20	102.3	16	100.3	35
成　都	Chengdu	102.0	9	101.4	35	102.8	16	102.5	5	100.5	33
贵　阳	Guiyang	101.0	35	101.7	32	102.7	18	102.4	12	100.5	34
昆　明	Kunming	100.5	36	101.7	31	102.3	31	103.1	1	100.2	36
拉　萨	Lasa	101.4	25	101.1	36	102.2	33	102.0	25	100.5	32
西　安	Xi'an	102.0	11	101.9	26	102.7	21	102.1	23	101.7	3
兰　州	Lanzhou	101.5	24	101.7	30	102.2	34	102.0	27	101.3	14
西　宁	Xining	101.8	18	102.7	4	102.5	27	102.7	2	101.3	12
银　川	Yinchuan	101.7	21	102.2	18	102.2	35	101.8	31	101.4	8
乌鲁木齐	Urumqi	102.8	2	102.2	16	102.0	36	100.9	36	101.3	15

附录1-8 全国和36个大中城市商品零售价格指数

Price Indices of Retail in China and 36 Large and Medium-sized Cities

（上年=100） (preceding year=100)

地区	Region	2017		2018		2019		2020		2021	
		指数 Index	排位 Rank	指数 Index	排位 Rank	指数 Index	排位 Rank	指数 Index	排位 Rank	指数 Index	排位 Rank
全国	**National**	**100.9**		**101.7**		**101.6**		**101.2**		**101.6**	
北京	Beijing	99.2	36	101.1	29	100.5	35	101.0	21	101.7	16
天津	Tianjin	100.8	29	101.6	23	101.7	22	101.0	20	101.5	21
石家庄	Shijiazhuang	100.9	25	101.9	15	101.6	24	101.3	17	101.7	15
太原	Taiyuan	101.7	5	101.7	20	101.5	26	100.5	32	102.8	3
呼和浩特	Hohhot	101.2	17	101.6	22	101.3	29	99.9	36	105.3	1
沈阳	Shenyang	101.0	23	101.7	18	101.4	28	100.8	26	102.5	4
大连	Dalian	101.5	10	101.5	26	102.1	16	101.4	14	102.0	10
长春	Changchun	101.2	16	102.9	2	102.2	14	100.0	35	101.8	14
哈尔滨	Harbin	99.7	34	100.7	34	102.2	13	101.5	11	101.8	13
上海	Shanghai	100.9	24	101.6	24	100.4	36	100.9	23	101.3	30
南京	Nanjing	101.6	8	102.8	3	102.1	15	101.4	13	102.1	6
杭州	Hangzhou	101.0	20	102.0	13	103.1	2	100.9	24	101.6	19
宁波	Ningbo	101.1	19	102.1	11	102.3	10	100.2	34	103.3	2
合肥	Hefei	102.3	1	101.7	21	101.6	25	101.3	18	101.9	11
福州	Fuzhou	100.3	32	101.5	25	101.8	21	100.8	28	100.9	36
厦门	Xiamen	100.8	28	101.8	17	102.5	4	102.1	6	101.5	20
南昌	Nanchang	101.0	21	100.8	33	101.3	30	101.5	10	101.6	18
济南	Jinan	101.0	22	102.6	5	102.5	6	101.9	8	101.3	29
青岛	Qingdao	100.8	30	101.8	16	102.4	7	101.5	12	101.4	23
郑州	Zhengzhou	101.7	7	103.6	1	103.0	3	100.8	27	101.3	33
武汉	Wuhan	100.1	33	101.4	27	102.5	5	102.2	3	101.3	31
长沙	Changsha	101.4	14	102.5	6	102.2	12	100.8	25	102.0	9
广州	Guangzhou	102.0	2	102.2	9	100.6	34	100.6	30	101.3	32
深圳	Shenzhen	101.5	9	102.0	12	101.3	31	100.5	33	101.8	12
南宁	Nanning	100.9	26	101.1	30	103.1	1	100.9	22	101.1	35
海口	Haikou	101.7	4	102.4	7	102.4	8	101.3	16	101.4	24
重庆	Chongqing	100.8	27	101.2	28	101.6	23	102.2	5	101.4	26
成都	Chengdu	99.4	35	100.7	35	101.9	20	102.2	4	101.1	34
贵阳	Guiyang	101.4	13	102.3	8	102.3	11	101.2	19	101.7	17
昆明	Kunming	101.3	15	101.1	32	101.5	27	102.3	2	101.5	22
拉萨	Lasa	101.2	18	101.1	31	102.3	9	102.1	7	101.4	25
西安	Xi'an	101.7	6	102.2	10	102.1	17	101.5	9	101.4	27
兰州	Lanzhou	101.8	3	101.7	19	102.0	18	101.4	15	102.0	8
西宁	Xining	101.4	12	102.0	14	101.9	19	102.4	1	101.3	28
银川	Yinchuan	101.5	11	102.7	4	101.1	33	100.5	31	102.0	7
乌鲁木齐	Urumqi	100.7	31	100.5	36	101.2	32	100.7	29	102.2	5

附录1-9　全国及各省（直辖市、自治区）农产品生产者价格指数

Producer Price Indices for Farm Products by Region

上年=100　　　　(preceding year=100)

地　区	Region	2017	2018	2019	2020	2021
全　国	**National**	**96.5**	**99.1**	**114.5**	**115.0**	**97.8**
北　京	Beijing	96.2	103.6	109.9	110.9	98.2
天　津	Tianjin	95.5	104.2	108.8	114.9	109.8
河　北	Hebei	96.2	104.7	107.1	111.5	108.1
山　西	Shanxi	95.9	104.7	115.2	109.4	104.8
内蒙古	Inner Mongolia	95.6	102.0	105.6	111.0	107.6
辽　宁	Liaoning	93.6	103.7	107.6	108.1	105.1
吉　林	Jilin	89.5	106.1	108.7	117.1	109.3
黑龙江	Heilongjiang	95.1	100.8	106.2	118.5	111.1
上　海	Shanghai	98.4	100.5	105.6	106.7	104.4
江　苏	Jiangsu	97.9	100.9	109.3	107.5	100.3
浙　江	Zhejiang	99.1	100.8	109.9	107.3	99.3
安　徽	Anhui	98.4	99.0	109.3	115.6	101.3
福　建	Fujian	98.9	102.6	106.9	102.3	104.5
江　西	Jiangxi	97.3	97.4	113.2	111.0	96.1
山　东	Shandong	98.6	100.5	112.2	108.7	104.2
河　南	Henan	94.9	97.9	119.9	116.8	98.0
湖　北	Hubei	99.3	96.6	110.1	118.1	101.0
湖　南	Hunan	98.0	95.4	118.0	123.3	90.1
广　东	Guangdong	99.4	101.3	107.3	104.7	98.8
广　西	Guangxi	98.2	97.3	115.5	115.5	94.9
海　南	Hainan	101.9	97.3	109.2	112.8	106.3
重　庆	Chongqing	96.8	99.7	112.1	113.6	98.4
四　川	Sichuan	97.8	100.2	115.6	116.1	94.3
贵　州	Guizhou	96.7	92.6	116.2	122.6	86.4
云　南	Yunnan	98.7	96.9	109.6	120.2	96.8
西　藏	Tibet					
陕　西	Shaanxi	98.4	100.9	107.7	112.3	99.3
甘　肃	Gansu	99.1	101.7	109.9	106.6	101.9
青　海	Qinghai	101.0	100.3	109.6	122.6	104.1
宁　夏	Ningxia	99.3	105.0	106.4	113.1	106.5
新　疆	Xinjiang	100.7	106.3	99.6	111.0	114.2

附录1-10　全国及各省（直辖市、自治区）工业生产者出厂价格指数

Producer Price Indices for Industrial Products by Region

上年=100　　　　(preceding year=100)

地　区	Region	2017	2018	2019	2020	2021
全　国	**National**	**106.3**	**103.5**	**99.7**	**98.2**	**108.1**
北　京	Beijing	100.7	100.0	99.6	99.1	101.1
天　津	Tianjin	108.4	105.4	99.3	97.1	110.9
河　北	Hebei	115.0	106.2	100.2	98.5	116.4
山　西	Shanxi	119.4	106.7	99.7	96.7	130.2
内蒙古	Inner Mongolia	110.6	103.2	102.1	99.7	128.5
辽　宁	Liaoning	108.1	104.8	99.5	97.0	113.6
吉　林	Jilin	103.1	102.8	98.9	98.6	105.1
黑龙江	Heilongjiang	109.3	109.0	98.2	93.4	112.3
上　海	Shanghai	103.5	101.7	98.8	98.3	102.1
江　苏	Jiangsu	104.8	102.8	98.9	97.8	106.3
浙　江	Zhejiang	104.8	103.4	98.9	96.9	106.3
安　徽	Anhui	108.0	103.0	100.3	99.1	107.7
福　建	Fujian	104.1	102.8	100.6	98.4	104.9
江　西	Jiangxi	107.9	104.2	98.9	98.3	110.5
山　东	Shandong	105.5	103.7	99.7	98.1	110.3
河　南	Henan	106.8	103.6	100.2	99.2	107.8
湖　北	Hubei	105.6	104.2	100.2	99.1	104.1
湖　南	Hunan	105.8	103.2	99.6	99.0	105.9
广　东	Guangdong	103.3	101.8	100.2	99.0	103.4
广　西	Guangxi	107.6	103.2	99.3	99.4	108.9
海　南	Hainan	108.8	108.2	97.4	93.8	113.5
重　庆	Chongqing	104.1	102.1	99.8	99.1	103.2
四　川	Sichuan	106.5	103.6	100.4	98.8	105.9
贵　州	Guizhou	107.2	101.8	99.8	98.3	106.5
云　南	Yunnan	105.2	102.4	100.0	98.6	110.0
西　藏	Tibet	110.0	100.1	98.9	99.4	101.5
陕　西	Shaanxi	110.8	105.4	100.8	95.1	116.9
甘　肃	Gansu	114.5	109.5	98.3	93.9	116.4
青　海	Qinghai	116.7	104.8	98.5	96.6	114.5
宁　夏	Ningxia	112.1	107.3	99.4	96.9	119.9
新　疆	Xinjiang	113.7	111.2	98.5	91.6	119.4

附录1-11 全国及各省（直辖市、自治区）工业生产者购进价格指数

Purchasing Price Indices for Industrial Producers by Region

上年=100 (preceding year=100)

地 区	Region	2017	2018	2019	2020	2021
全 国	**National**	**108.1**	**104.1**	**99.3**	**97.7**	**111.0**
北 京	Beijing	104.4	100.8	99.6	99.5	103.7
天 津	Tianjin	111.1	106.2	98.8	96.9	114.7
河 北	Hebei	114.5	104.0	102.1	98.4	119.8
山 西	Shanxi	115.2	105.5	101.1	97.2	116.3
内蒙古	Inner Mongolia	106.3	102.4	101.1	99.5	128.0
辽 宁	Liaoning	108.0	104.5	100.8	98.2	115.0
吉 林	Jilin	103.4	103.5	99.2	98.7	106.2
黑龙江	Heilongjiang	110.2	109.0	100.3	95.1	110.5
上 海	Shanghai	108.9	105.2	98.7	96.9	107.3
江 苏	Jiangsu	109.7	104.6	97.2	96.5	113.8
浙 江	Zhejiang	109.6	105.1	97.1	95.9	114.5
安 徽	Anhui	109.2	105.3	99.9	98.5	111.5
福 建	Fujian	105.3	102.8	99.0	98.6	109.2
江 西	Jiangxi	107.2	103.2	98.2	97.0	112.3
山 东	Shandong	107.3	103.6	99.2	97.5	109.5
河 南	Henan	107.3	104.0	101.2	99.4	109.5
湖 北	Hubei	108.3	104.8	99.3	98.4	108.5
湖 南	Hunan	107.2	103.5	100.2	98.9	108.1
广 东	Guangdong	105.3	102.5	99.2	97.4	108.0
广 西	Guangxi	106.5	103.4	99.5	98.5	110.7
海 南	Hainan	112.4	110.8	103.1	92.0	116.5
重 庆	Chongqing	104.4	102.5	100.1	99.9	107.2
四 川	Sichuan	108.3	105.3	100.6	98.1	107.5
贵 州	Guizhou	109.7	103.4	99.4	98.6	112.0
云 南	Yunnan	106.2	104.4	99.0	97.3	108.9
西 藏	Tibet					
陕 西	Shaanxi	106.4	104.2	100.3	97.6	116.3
甘 肃	Gansu	115.5	109.8	99.0	94.1	118.1
青 海	Qinghai	108.0	104.5	98.2	96.1	111.5
宁 夏	Ningxia	112.9	106.5	97.5	94.7	120.8
新 疆	Xinjiang	112.8	109.2	100.0	93.4	115.0

附录1-12 全国70个大中城市住宅销售价格指数（2021年）

（上年同期=100）

地 区	Region	新建商品住宅价格指数				
		1月 January	2月 February	3月 March	4月 April	5月 May
北 京	Beijing	102.9	103.4	103.6	104.5	104.3
天 津	Tianjin	101.5	102.3	103.2	103.6	103.9
石家庄	Shijiazhuang	102.9	102.7	103.0	102.8	103.1
太 原	Taiyuan	99.2	99.2	98.9	98.9	98.7
呼和浩特	Hohhto	104.7	104.5	104.1	103.6	103.1
沈 阳	Shenyang	105.8	105.1	105.1	104.9	104.7
大 连	Dalian	104.7	104.5	105.2	105.4	105.8
长 春	Changchun	102.7	102.6	102.1	101.8	101.7
哈尔滨	Harbin	99.9	100.3	100.3	99.6	99.9
上 海	Shanghai	104.4	105.0	105.3	104.9	104.5
南 京	Nanjing	105.0	105.7	106.3	105.1	104.6
杭 州	Hangzhou	104.2	104.5	103.5	103.3	103.2
宁 波	Ningbo	104.3	104.9	105.4	105.9	105.0
合 肥	Hefei	104.3	105.0	105.6	106.8	107.1
福 州	Fuzhou	105.4	105.1	105.7	105.7	105.8
厦 门	Xiamen	104.7	105.1	105.5	105.6	106.1
南 昌	Nanchang	100.8	100.9	101.6	101.6	101.2
济 南	Jinan	99.6	100.2	101.1	101.9	102.4
青 岛	Qingdao	102.9	103.4	104.4	104.6	105.1
郑 州	Zhengzhou	99.4	100.3	101.2	101.8	102.7
武 汉	Wuhan	104.6	105.0	105.5	106.7	107.3
长 沙	Changsha	104.9	105.6	105.9	106.3	106.7
广 州	Guangzhou	105.9	106.9	108.6	109.9	111.2
深 圳	Shenzhen	103.7	103.8	103.4	103.9	103.7
南 宁	Nanning	105.0	105.5	106.1	106.0	105.9
海 口	Haikou	103.2	103.8	104.1	104.6	105.4
重 庆	Chongqing	104.9	105.7	106.2	106.7	108.0
成 都	Chengdu	106.9	106.5	106.5	106.6	106.2
贵 阳	Guiyang	103.4	103.2	103.7	105.0	105.2
昆 明	Kunming	105.6	106.5	107.5	107.5	106.8
西 安	Xi'an	106.5	107.4	107.8	108.0	108.0
兰 州	Lanzhou	104.9	105.6	106.6	106.7	106.6
西 宁	Xining	109.0	109.1	108.2	108.0	107.9
银 川	Yinchuan	113.9	114.9	114.1	113.7	112.4
乌鲁木齐	Urumqi	103.4	104.6	105.1	104.5	104.7

Residential Sales Price Index in 70 Large-scale and Medium-scale Cities（2021）

(preceding year=100)

Housing Price Indices of Newly Constructed Commercial Residential Buildings						
6月 June	7月 July	8月 August	9月 September	10月 October	11月 November	12月 December
104.9	105.4	104.9	104.5	104.9	105.4	105.1
104.2	104.3	104.3	104.1	104.0	103.0	102.4
102.9	102.8	102.4	102.1	100.8	99.2	98.5
97.9	98.0	98.0	97.8	97.9	97.7	97.1
103.1	102.3	102.1	101.2	100.1	99.3	99.1
104.5	104.2	103.4	103.3	103.1	102.8	102.7
106.0	106.1	106.5	106.1	105.5	105.3	104.7
101.2	100.9	100.6	100.7	100.9	100.9	101.0
99.8	99.9	99.4	99.3	98.7	98.3	98.2
104.6	104.5	104.3	104.0	103.8	104.0	104.2
104.4	104.6	104.8	105.0	104.5	103.9	104.1
102.6	102.8	103.0	103.4	103.9	104.7	105.5
104.8	104.7	104.2	103.9	103.7	103.5	103.3
106.4	106.1	106.0	105.7	104.9	104.0	103.5
105.8	105.7	105.7	105.4	105.1	104.2	103.4
105.8	105.5	105.6	105.3	105.4	104.3	103.9
100.9	101.0	101.3	101.1	101.2	101.2	100.6
103.6	104.2	105.2	105.5	105.2	105.0	105.1
105.1	105.4	105.4	104.9	105.0	104.7	104.4
103.2	103.7	103.1	102.8	102.6	102.4	101.9
106.7	106.5	106.4	106.0	105.3	104.3	103.7
106.7	107.1	106.8	106.9	107.1	107.5	107.5
111.6	110.9	109.8	109.0	107.9	106.3	105.0
103.5	103.3	103.9	103.8	103.4	103.4	103.3
105.4	104.9	103.7	102.7	102.1	102.1	101.7
105.8	106.5	105.8	105.6	105.4	104.5	104.0
108.0	108.3	108.8	108.3	108.0	108.0	107.9
105.7	104.8	104.2	103.6	102.8	102.6	102.4
104.7	104.9	104.2	103.7	102.9	101.1	100.2
104.7	103.8	102.4	101.5	100.0	99.8	99.4
108.2	108.1	107.7	107.5	107.4	107.4	106.3
106.7	106.7	105.9	105.1	104.5	103.5	102.6
107.8	108.6	108.0	107.6	106.6	105.5	103.7
111.2	110.0	108.5	108.0	107.9	107.7	106.7
103.7	103.5	104.3	104.2	103.3	102.6	102.8

附录1-12　续表 1

（上年同期＝100）

地　区	Region	新建商品住宅价格指数				
		1月 January	2月 February	3月 March	4月 April	5月 May
唐　山	Tangshan	109.8	109.2	108.3	106.9	105.9
秦皇岛	Qinhuangdao	103.1	103.3	103.3	102.5	101.7
包　头	Baotou	102.6	102.5	102.9	103.4	103.3
丹　东	Dandong	106.2	106.3	105.9	105.6	105.5
锦　州	Jinzhou	106.4	106.9	106.7	106.0	105.7
吉　林	Jilin	103.0	103.4	103.2	103.2	103.4
牡丹江	Mudanjiang	98.0	97.6	97.6	98.7	99.3
无　锡	Wuxi	105.6	105.6	105.8	105.9	105.7
徐　州	Xuzhou	110.0	110.3	110.1	109.9	109.7
扬　州	Yangzhou	107.0	107.7	108.0	108.5	108.8
温　州	Wenzhou	104.3	104.9	105.5	105.2	105.2
金　华	Jinhua	105.9	106.3	107.0	106.9	106.6
蚌　埠	Bengbu	105.6	105.8	105.5	104.8	104.0
安　庆	Anqing	98.6	98.5	98.8	98.8	98.7
泉　州	Quanzhou	106.0	107.1	107.4	108.0	107.7
九　江	Jiujiang	103.2	103.6	104.3	104.0	103.8
赣　州	Ganzhou	104.8	105.1	105.5	105.2	105.3
烟　台	Yantai	105.0	104.6	104.8	105.1	105.2
济　宁	Jining	108.8	109.4	109.9	110.0	110.4
洛　阳	Luoyang	102.3	102.2	102.4	102.9	103.5
平顶山	Pingdingshan	103.3	103.6	103.8	104.0	103.8
宜　昌	Yichang	102.9	103.3	104.1	104.6	104.9
襄　阳	Xiangyang	103.6	103.7	104.1	105.0	105.4
岳　阳	Yueyang	101.0	101.8	101.3	100.9	100.9
常　德	Changde	98.5	98.3	99.0	99.2	98.6
韶　关	Shaoguan	100.0	101.2	101.8	102.3	102.9
湛　江	Zhangjiang	101.1	102.1	103.3	103.9	104.8
惠　州	Huizhou	107.1	107.4	107.9	108.0	107.5
桂　林	Guilin	100.3	101.2	102.0	101.8	101.8
北　海	The North Sea	96.3	95.8	95.6	95.5	96.3
三　亚	Sanya	104.6	104.8	106.3	106.0	106.8
泸　州	Luzhou	99.4	99.8	100.8	100.5	100.6
南　充	Nanchong	99.4	100.8	100.8	100.0	98.5
遵　义	Zunyi	100.4	101.4	101.4	101.5	102.2
大　理	Dali	100.4	100.2	100.3	100.1	99.8

continued

(preceding year=100)

Housing Price Indices of Newly Constructed Commercial Residential Buildings						
6月 June	7月 July	8月 August	9月 September	10月 October	11月 November	12月 December
104.7	103.1	101.2	99.8	99.1	98.6	98.3
100.6	100.3	99.2	98.2	97.8	97.3	96.3
103.3	103.0	102.3	101.6	101.2	101.0	100.2
105.8	105.1	104.6	103.9	103.7	102.7	101.7
105.6	104.8	103.7	104.4	104.6	103.7	103.2
103.4	103.5	102.9	101.8	101.8	101.7	102.2
99.6	99.9	99.4	98.7	98.7	98.5	98.5
105.9	105.4	104.5	104.7	104.6	104.4	104.2
109.2	107.9	107.2	105.5	104.5	104.3	103.9
109.3	109.0	108.1	107.3	106.0	105.1	104.2
104.6	104.4	103.2	103.7	103.4	103.7	104.0
106.3	106.1	105.3	105.2	105.2	104.8	104.1
103.5	103.6	103.4	102.8	102.2	101.7	101.3
99.1	99.2	100.0	100.2	99.6	99.1	98.7
107.2	107.2	106.6	106.1	105.7	105.0	103.7
103.3	103.4	103.8	103.1	102.6	102.5	101.8
105.2	104.3	103.7	103.5	102.9	102.3	102.5
104.9	105.0	103.6	102.8	101.8	101.3	100.9
110.6	110.2	109.0	108.4	107.6	105.9	104.9
103.8	103.6	103.7	103.7	103.9	103.5	102.8
103.3	102.7	102.9	102.8	103.0	102.1	101.7
105.0	104.8	104.7	104.2	103.2	102.6	102.2
105.2	105.0	104.7	104.1	103.5	102.3	101.1
99.9	99.1	98.3	97.6	97.6	98.0	97.6
98.3	97.9	97.6	97.5	97.7	97.8	97.5
103.5	103.0	103.1	102.6	101.2	100.9	100.5
104.6	104.7	104.0	102.5	101.4	100.6	99.6
106.3	105.1	102.8	101.8	100.9	101.4	100.9
101.8	101.6	102.3	101.1	100.0	99.8	99.9
97.1	97.7	98.4	98.4	98.8	98.5	98.4
107.3	106.6	105.9	105.1	105.1	105.3	105.0
99.9	99.7	99.1	97.8	97.3	96.7	96.8
99.0	99.0	98.9	98.8	98.7	98.4	97.8
102.3	102.1	101.8	101.7	101.2	100.3	100.4
99.5	98.8	98.3	97.6	96.8	95.8	95.7

附录1-12　续表 2

（上年同期＝100）

地　区	Region	二手住宅价格指数				
		1月 January	2月 February	3月 March	4月 April	5月 May
北　京	Beijing	106.9	108.5	109.9	110.1	109.3
天　津	Tianjin	96.6	97.1	98.0	98.5	99.4
石家庄	Shijiazhuang	97.9	97.7	97.8	98.4	98.7
太　原	Taiyuan	97.1	97.4	96.0	96.3	96.9
呼和浩特	Hohhto	99.1	99.3	100.1	100.1	100.4
沈　阳	Shenyang	107.2	107.4	107.6	106.3	105.9
大　连	Dalian	106.5	107.0	107.2	106.8	106.5
长　春	Changchun	98.9	98.3	97.8	97.3	97.6
哈尔滨	Harbin	96.0	96.3	96.5	96.5	96.9
上　海	Shanghai	107.6	108.8	109.7	109.3	109.4
南　京	Nanjing	104.7	105.2	105.9	106.1	106.2
杭　州	Hangzhou	107.7	108.2	108.7	108.7	108.7
宁　波	Ningbo	108.8	110.1	110.5	110.4	109.7
合　肥	Hefei	105.0	105.8	106.3	106.3	106.1
福　州	Fuzhou	103.4	104.1	105.2	105.1	104.6
厦　门	Xiamen	105.1	105.6	105.9	105.8	104.9
南　昌	Nanchang	100.2	100.1	100.7	100.9	100.2
济　南	Jinan	97.7	98.0	98.2	98.9	99.2
青　岛	Qingdao	97.9	98.8	99.7	100.2	100.7
郑　州	Zhengzhou	97.0	97.2	98.3	99.3	100.6
武　汉	Wuhan	101.1	101.6	102.0	102.8	103.1
长　沙	Changsha	102.0	102.7	103.5	104.4	104.7
广　州	Guangzhou	108.7	109.8	111.5	112.9	113.5
深　圳	Shenzhen	115.3	116.0	114.6	112.9	110.9
南　宁	Nanning	103.2	103.3	103.1	102.6	102.5
海　口	Haikou	102.6	103.2	104.5	105.6	106.7
重　庆	Chongqing	100.1	100.7	102.3	103.7	104.8
成　都	Chengdu	109.3	109.3	109.3	107.4	106.8
贵　阳	Guiyang	96.7	96.8	97.3	98.0	98.4
昆　明	Kunming	103.9	104.4	104.2	104.2	104.1
西　安	Xi'an	103.8	104.7	105.6	106.6	107.4
兰　州	Lanzhou	103.9	104.4	105.3	105.2	105.3
西　宁	Xining	108.6	108.7	108.6	108.1	107.7
银　川	Yinchuan	109.7	110.0	110.4	109.8	109.3
乌鲁木齐	Urumqi	106.1	107.2	106.3	106.0	104.8

continued

(preceding year=100)

Housing Price Indices of Second-Hand Residential Buildings						
6月 June	7月 July	8月 August	9月 September	10月 October	11月 November	12月 December
109.9	110.7	110.4	109.7	108.8	108.1	108.5
100.0	100.1	100.9	101.7	101.6	101.5	101.3
98.4	98.5	98.4	98.1	97.9	97.3	96.6
97.9	98.6	97.8	97.9	97.9	97.3	96.2
100.0	99.1	99.0	98.4	98.1	98.0	98.3
105.5	105.2	104.5	104.2	103.3	102.4	101.8
106.3	106.0	105.7	105.5	105.3	104.9	104.1
97.5	98.1	98.3	98.7	99.0	99.0	99.3
98.1	99.0	99.4	99.4	99.3	98.8	98.4
110.1	110.3	109.7	108.0	107.0	106.7	106.5
106.4	106.5	106.4	106.1	105.4	104.5	103.8
108.6	107.8	107.3	106.6	105.7	105.5	105.2
109.0	108.1	107.1	105.9	104.8	104.0	103.2
106.3	106.1	105.6	105.0	104.3	103.5	102.5
105.0	105.7	105.6	105.1	104.3	104.2	103.1
104.4	104.2	104.2	104.0	103.3	102.5	101.4
100.2	100.6	101.0	101.0	101.0	100.4	99.6
100.0	100.2	100.9	101.0	101.1	101.1	101.5
100.8	101.3	101.0	101.2	101.5	101.4	101.2
101.3	101.8	101.7	102.0	101.7	101.3	100.9
104.2	104.1	103.3	102.8	102.5	102.3	102.2
104.9	105.7	106.0	106.2	105.7	105.5	105.1
113.2	112.2	110.9	109.6	108.3	106.9	105.8
108.7	107.0	105.4	103.6	102.5	101.7	100.6
102.4	101.5	101.0	100.5	99.8	98.8	98.1
107.4	108.1	107.8	108.0	107.5	107.4	107.2
105.5	105.6	105.0	104.9	105.0	104.7	104.4
106.7	106.0	105.3	105.1	104.8	103.7	103.8
98.5	99.3	99.1	98.7	98.7	98.2	97.9
103.1	102.6	102.4	101.3	100.6	100.1	100.5
107.8	107.9	107.3	106.8	106.2	106.0	105.6
105.0	104.6	104.2	103.4	102.6	101.9	101.2
106.8	106.2	105.8	105.5	104.4	103.1	102.1
108.4	107.4	106.1	105.4	104.3	103.5	103.0
103.5	102.8	102.4	101.1	99.9	99.3	98.5

附录1-12 续表 3

（上年同期＝100）

地 区	Region	二手住宅价格指数				
		1月 January	2月 February	3月 March	4月 April	5月 May
唐 山	Tangshan	107.8	107.7	106.8	105.5	104.3
秦皇岛	Qinhuangdao	103.0	103.3	103.6	103.2	102.4
包 头	Baotou	101.8	102.0	102.7	103.9	103.3
丹 东	Dandong	104.6	104.5	104.6	104.6	104.7
锦 州	Jinzhou	99.4	99.6	99.4	99.6	99.8
吉 林	Jilin	98.2	98.4	98.6	98.7	98.7
牡丹江	Mudanjiang	90.0	90.1	90.6	91.7	92.9
无 锡	Wuxi	107.9	108.5	109.0	108.7	108.2
徐 州	Xuzhou	109.1	108.8	109.8	110.6	110.9
扬 州	Yangzhou	105.0	105.5	106.1	106.5	107.1
温 州	Wenzhou	105.8	106.6	107.5	107.3	107.4
金 华	Jinhua	106.2	107.0	107.3	107.5	108.1
蚌 埠	Bengbu	103.9	104.2	105.0	104.8	104.6
安 庆	Anqing	98.4	98.4	98.0	97.4	97.3
泉 州	Quanzhou	105.0	106.1	107.1	108.2	108.2
九 江	Jiujiang	102.0	102.4	103.0	103.4	103.1
赣 州	Ganzhou	102.4	102.5	102.8	102.6	101.9
烟 台	Yantai	99.6	100.6	101.5	102.3	102.8
济 宁	Jining	105.4	106.0	106.3	106.3	106.9
洛 阳	Luoyang	102.9	102.8	102.9	103.8	104.1
平顶山	Pingdingshan	103.4	103.7	103.6	103.5	103.4
宜 昌	Yichang	99.3	99.1	99.9	99.9	100.0
襄 阳	Xiangyang	98.8	98.6	99.1	99.6	99.7
岳 阳	Yueyang	100.9	101.1	100.6	99.9	99.3
常 德	Changde	98.2	98.2	98.9	99.2	99.3
韶 关	Shaoguan	99.8	100.3	100.7	101.7	102.5
湛 江	Zhangjiang	98.1	98.8	100.0	101.1	101.4
惠 州	Huizhou	103.9	104.5	105.0	105.5	105.4
桂 林	Guilin	102.6	102.6	102.6	102.1	101.7
北 海	The North Sea	96.6	96.7	96.6	96.7	97.3
三 亚	Sanya	100.6	101.3	102.5	103.5	105.1
泸 州	Luzhou	97.3	98.4	98.5	99.2	100.1
南 充	Nanchong	94.4	95.1	94.7	95.5	95.6
遵 义	Zunyi	99.9	100.9	101.2	101.2	100.8
大 理	Dali	102.0	102.6	102.6	102.7	102.5

continued

（preceding year=100）

Housing Price Indices of Second-Hand Residential Buildings						
6月 June	7月 July	8月 August	9月 September	10月 October	11月 November	12月 December
103.5	102.2	100.8	99.7	99.5	99.4	98.8
101.4	99.9	98.8	98.1	97.8	97.3	97.1
102.8	102.3	102.0	101.4	101.5	101.1	100.5
104.6	104.4	103.6	103.1	102.6	101.8	100.6
99.4	99.3	98.9	98.5	98.3	97.5	97.4
98.6	99.4	99.5	99.3	99.2	99.3	99.4
94.0	94.6	95.7	95.4	95.2	95.3	94.3
107.5	106.7	105.7	104.9	104.5	104.0	103.4
110.4	109.4	108.1	106.4	105.4	104.1	103.2
107.8	108.0	107.1	106.1	104.9	104.2	102.6
107.2	106.5	105.6	104.7	104.2	103.6	103.0
108.4	107.9	106.4	105.5	104.9	104.3	103.2
104.9	105.0	104.6	104.2	103.7	102.7	101.9
97.2	97.3	97.2	96.8	96.5	96.3	96.2
108.3	108.4	107.7	106.9	106.0	104.8	103.6
103.0	103.2	103.3	103.2	103.1	102.0	101.4
101.8	101.2	100.7	100.3	100.8	100.8	100.9
103.3	104.2	104.2	103.7	103.1	102.6	102.4
106.8	105.9	104.6	104.2	103.6	103.2	101.9
104.2	103.7	103.3	103.3	103.2	102.5	101.5
103.1	102.7	102.1	101.3	100.8	100.5	100.3
99.9	98.9	98.9	98.4	98.1	97.7	97.5
100.0	100.5	100.1	100.1	99.7	99.7	99.5
98.8	98.1	98.2	97.6	97.8	97.3	96.8
99.7	99.4	98.8	99.0	99.0	98.4	97.8
101.7	101.4	101.3	101.4	100.8	99.9	99.9
102.1	102.2	101.9	100.9	100.4	100.2	100.0
105.6	104.8	103.6	102.4	101.6	101.2	100.6
101.8	101.8	101.5	100.7	99.9	99.0	99.0
98.1	98.7	98.6	98.7	98.9	98.9	98.3
105.3	105.4	106.3	105.9	106.3	106.0	104.7
100.2	100.6	101.6	101.5	100.8	100.0	99.9
95.5	95.0	95.0	95.1	94.8	94.8	94.7
100.6	100.4	99.7	99.3	99.0	98.7	98.6
102.3	101.5	100.4	99.6	98.9	98.1	97.6

附录1-13 全国粮食作物播种面积（1980—2021年）

Sown Area of Grain Crops by Nationwide（1980—2021）

单位：千公顷 (1 000 hectares)

年份 Year	粮食作物播种面积 Sown Area of Grain Crops	稻谷 Rice	小麦 Wheat	玉米 Corn	大豆 Soybean	薯类 Tubers
1980	117234	33878	28844	20087	7226	10153
1981	114958	33295	28307	19425	8024	9620
1982	113462	33071	27955	18543	8419	9370
1983	114047	33136	29050	18824	7567	9402
1984	112884	33178	29576	18537	7286	8988
1985	108845	32070	29218	17694	7718	8572
1986	110933	32266	29616	19124	8295	8685
1987	111268	32193	28798	20212	8445	8868
1988	110123	31987	28785	19692	8120	9054
1989	112205	32700	29841	20353	8057	9097
1990	113466	33064	30753	21401	7560	9121
1991	112314	32590	30948	21574	7041	9078
1992	110560	32090	30496	21044	7221	9057
1993	110509	30355	30235	20694	9454	9220
1994	109544	30171	28981	21152	9222	9270
1995	110060	30744	28860	22776	8127	9519
1996	112548	31406	29611	24498	7471	9797
1997	112912	31765	30057	23775	8346	9785
1998	113787	31214	29774	25239	8500	10000
1999	113161	31283	28855	25904	7962	10355
2000	108463	29962	26653	23056	9307	10538
2001	106080	28812	24664	24282	9482	10217
2002	103891	28202	23908	24634	8720	9881
2003	99410	26508	21997	24068	9313	9702
2004	101606	28379	21626	25446	9589	9457
2005	104278	28847	22793	26358	9591	9503
2006	104958	28938	23613	28463	9304	7877
2007	105999	28973	23770	30024	8801	7902
2008	107545	29350	23715	30921	9225	8057
2009	110255	29793	24442	32948	9339	8088
2010	111695	30097	24459	34977	8700	8021
2011	112980	30338	24523	36767	8103	7998
2012	114368	30476	24576	39109	7405	7821
2013	115908	30710	24470	41299	7050	7727
2014	117455	30765	24472	42997	7098	7544
2015	118963	30784	24596	44968	6827	7305
2016	119230	30746	24694	44178	7599	7241
2017	117989	30747	24508	42399	8245	7173
2018	117038	30189	24266	42130	8413	7180
2019	116064	29694	23727	41284	9332	7142
2020	116768	30080	23380	41260	9883	7210
2021	117632	29921	23568	43324	8415	7333

附录1-14　全国粮食作物总产量（1980—2021年）

Total Output of Grain Crops by Nationwide（1980—2021）

单位：万吨　　(10 000 tons)

年　份 Year	粮食作物总产量 Total Output of Grain Crops	稻　谷 Rice	小　麦 Wheat	玉　米 Corn	大　豆 Soybean	薯　类 Tubers
1980	32056	13991	5521	6260	794	2873
1981	32502	14396	5964	5921	933	2597
1982	35450	16160	6847	6056	903	2705
1983	38728	16887	8139	6821	976	2925
1984	40731	17826	8782	7341	970	2848
1985	37911	16857	8581	6383	1050	2604
1986	39151	17222	9004	7086	1161	2534
1987	40298	17426	8590	7924	1247	2821
1988	39408	16911	8543	7735	1165	2697
1989	40755	18013	9081	7893	1023	2730
1990	44624	18933	9823	9682	1100	2743
1991	43529	18381	9595	9877	971	2716
1992	44266	18622	10159	9538	1030	2844
1993	45649	17751	10639	10270	1531	3181
1994	44510	17593	9930	9928	1600	3025
1995	46662	18523	10221	11199	1350	3263
1996	50454	19510	11057	12747	1322	3536
1997	49417	20073	12329	10431	1473	3192
1998	51230	19871	10973	13295	1515	3604
1999	50839	19849	11388	12809	1425	3641
2000	46218	18791	9964	10600	1541	3685
2001	45264	17758	9387	11409	1541	3563
2002	45706	17454	9029	12131	1651	3666
2003	43070	16066	8649	11583	1539	3513
2004	46947	17909	9195	13029	1740	3558
2005	48402	18059	9745	13937	1635	3469
2006	49804	18172	10847	15160	1508	2701
2007	50414	18638	10953	15512	1279	2742
2008	53434	19261	11293	17212	1571	2843
2009	53941	19620	11589	17326	1522	2793
2010	55911	19723	11614	19075	1541	2843
2011	58849	20288	11863	21132	1488	2924
2012	61223	20653	12254	22956	1344	2883
2013	63048	20629	12371	24845	1241	2855
2014	63965	20961	12832	24976	1269	2799
2015	66060	21214	13264	26499	1237	2729
2016	66044	21109	13327	26361	1360	2726
2017	66161	21268	13433	25907	1528	2799
2018	65789	21213	13144	25717	1597	2865
2019	66384	20961	13359	26077	1809	2883
2020	66949	21186	13425	26067	1960	2987
2021	68285	21284	13695	27255	1640	3044

附录1-15 全国及各省（直辖市、自治区）粮食作物播种面积

Sown Area of Grain Crops by Region

单位：千公顷 （1 000 hectares）

地　区	Region	2017	2018	2019	2020	2021
全　国	**National**	**117989.1**	**117038.2**	**116064.0**	**116768**	**117631.5**
北　京	Beijing	66.8	55.6	47.0	49	60.9
天　津	Tianjin	351.4	350.2	339.0	350	373.5
河　北	Hebei	6658.5	6538.7	6469.0	6389	6428.6
山　西	Shanxi	3180.9	3137.1	3126.0	3130	3138.1
内蒙古	Inner Mongolia	6780.9	6789.9	6828.0	6833	6884.3
辽　宁	Liaoning	3467.5	3484.0	3489.0	3527	3543.6
吉　林	Jilin	5544.0	5599.7	5645.0	5682	5721.3
黑龙江	Heilongjiang	14154.3	14214.5	14338.0	14438	14551.3
上　海	Shanghai	133.1	129.9	117.0	114	117.4
江　苏	Jiangsu	5527.3	5475.9	5381.0	5406	5427.5
浙　江	Zhejiang	977.2	975.7	977.0	993	1006.7
安　徽	Anhui	7321.8	7316.3	7287.0	7290	7309.6
福　建	Fujian	833.2	833.5	822.0	834	835.1
江　西	Jiangxi	3786.3	3721.3	3665.0	3772	3772.8
山　东	Shandong	8455.6	8404.8	8313.0	8282	8355.1
河　南	Henan	10915.1	10906.1	10735.0	10739	10772.3
湖　北	Hubei	4853.0	4847.0	4609.0	4645	4686
湖　南	Hunan	4978.9	4747.9	4616.0	4755	4758.4
广　东	Guangdong	2169.7	2151.0	2161.0	2205	2213
广　西	Guangxi	2853.1	2802.1	2747.0	2806	2822.9
海　南	Hainan	282.5	286.1	273.0	271	271.4
重　庆	Chongqing	2030.7	2017.8	1999.0	2003	2013.2
四　川	Sichuan	6292.0	6265.6	6279.0	6313	6357.7
贵　州	Guizhou	3052.8	2740.2	2709.0	2754	2787.7
云　南	Yunnan	4169.2	4174.6	4166.0	4167	4191.4
西　藏	Tibet	185.6	184.7	184.0	182	187.2
陕　西	Shaanxi	3019.4	3006.0	2999.0	3001	3004.3
甘　肃	Gansu	2647.2	2645.3	2581.0	2638	2676.8
青　海	Qinghai	282.6	281.3	280.0	290	302.4
宁　夏	Ningxia	722.5	735.7	677.0	679	689.3
新　疆	Xinjiang	2295.9	2219.6	2204.0	2230	2371.7
广西居全国位次	**Order of Precedence of Guangxi in the Country**	**18**	**17**	**17**	**17**	**17**

附录1-16　全国及各省（直辖市、自治区）粮食作物总产量

Total Output of Grain Crops by Region

单位：万吨　　　　(10 000 tons)

地　区	Region	2017	2018	2019	2020	2021
全　国	**National**	**66160.7**	**65789.2**	**66384.3**	**66949.0**	**68285.1**
北　京	Beijing	41.1	34.1	28.8	31.0	37.8
天　津	Tianjin	212.3	209.7	223.3	228.0	249.9
河　北	Hebei	3829.2	3700.9	3739.2	3796.0	3825.1
山　西	Shanxi	1355.1	1380.4	1361.8	1424.0	1421.2
内蒙古	Inner Mongolia	3254.5	3553.3	3652.5	3664.0	3840.3
辽　宁	Liaoning	2330.7	2192.4	2430.0	2339.0	2538.7
吉　林	Jilin	4154.0	3632.7	3877.9	3803.0	4039.2
黑龙江	Heilongjiang	7410.3	7506.8	7503.0	7541.0	7867.7
上　海	Shanghai	99.8	103.7	95.9	91.0	94
江　苏	Jiangsu	3610.8	3660.3	3706.2	3729.0	3746.1
浙　江	Zhejiang	580.1	599.1	592.2	606.0	620.9
安　徽	Anhui	4019.7	4007.3	4054.0	4019.0	4087.6
福　建	Fujian	487.2	498.6	493.9	502.0	506.4
江　西	Jiangxi	2221.7	2190.7	2157.5	2164.0	2192.3
						5500.7
山　东	Shandong	5374.3	5319.5	5357.0	5447.0	
河　南	Henan	6524.2	6648.9	6695.4	6826.0	6544.2
湖　北	Hubei	2846.1	2839.5	2725.0	2727.0	2764.3
湖　南	Hunan	3073.6	3022.9	2974.8	3015.0	3074.4
广　东	Guangdong	1208.6	1193.5	1240.8	1268.0	1279.9
广　西	Guangxi	1370.5	1372.8	1332.0	1370.0	1386.5
海　南	Hainan	138.1	147.1	145.0	145.0	146
重　庆	Chongqing	1079.9	1079.3	1075.2	1081.0	1092.8
四　川	Sichuan	3488.9	3493.7	3498.5	3527.0	3582.1
贵　州	Guizhou	1242.4	1059.7	1051.2	1058.0	1094.9
云　南	Yunnan	1843.4	1860.5	1870.0	1896.0	1930.3
西　藏	Tibet	106.5	104.4	103.9	103.0	106.5
陕　西	Shaanxi	1194.2	1226.0	1231.1	1275.0	1270.4
甘　肃	Gansu	1105.9	1151.4	1162.6	1202.0	1231.5
青　海	Qinghai	102.5	103.1	105.5	107.0	109.1
宁　夏	Ningxia	370.1	392.6	373.2	380.0	368.4
新　疆	Xinjiang	1484.7	1504.2	1527.1	1583.0	1735.8
广西居全国位次	**Order of Precedence of Guangxi in the Country**	**15**	**17**	**17**	**17**	**17**